Cases of CNC
Machinery
Equipment

"数控一代"案例集

（流体传动与控制卷）

中国机械工程学会
流体传动与控制分会 编著

中国科学技术出版社

·北 京·

图书在版编目（CIP）数据

"数控一代"案例集.流体传动与控制卷/中国机械工程学会，流体传动与控制分会编著.—北京：中国科学技术出版社，2016.6
ISBN 978-7-5046-7163-9

Ⅰ.①数… Ⅱ.①中… ②流… Ⅲ.①液压传动—机械工业—技术革新—案例—中国 ②气压传动—机械工业—技术革新—案例—中国 Ⅳ.① F426.4

中国版本图书馆 CIP 数据核字 (2016) 第 126998 号

策划编辑	赵　晖　郭秋霞
责任编辑	赵　晖　郭秋霞
版式设计	中文天地
责任校对	杨京华
责任印制	张建农

出	版	中国科学技术出版社
发	行	科学普及出版社发行部
地	址	北京市海淀区中关村南大街16号
邮	编	100081
发行电话		010-62103130
传	真	010-62179148
网	址	http://www.cspbooks.com.cn

开	本	787mm×1092mm　1/16
字	数	400千字
印	张	19.5
版	次	2016年6月第1版
印	次	2016年6月第1次印刷
印	刷	北京市凯鑫彩色印刷有限公司
书	号	ISBN 978-7-5046-7163-9 / F·815
定	价	124.00元

（凡购买本社图书，如有缺页、倒页、脱页者，本社发行部负责调换）

编写组织机构

指导委员会

主　任：杨华勇
副主任：宋天虎　孔祥东
委　员：焦宗夏　李永顺　徐　兵　廖显胜　左晓卫　罗　平

编审委员会

主　任：孔祥东
副主任：焦宗夏　徐　兵　李宝仁　赵曼琳　罗　经　王　玲
委　员：（按姓氏笔画排列）

丁宇亭	丁坚持	丁忠军	王　昕	王　昭	王少萍
王志民	王益群	尤新荣	牛世勇	艾　超	左哲清
石　岩	叶　骞	田一松	冯世波	权　龙	权凌霄
毕瑞琨	朱笑丛	向树民	刘　城	刘永华	刘邦才
刘宇辉	刘志会	刘昕晖	刘春潮	闫清东	阮　健
孙喜明	芦光荣	李　胜	李松晶	李国强	李跃军
杨　强	杨晓东	肖文晖	吴晓明	何　枫	何友文
何清华	何琪功	邹　波	邹小舟	宋　豫	宋国刚
张　策	张大庆	张军辉	张时剑	张青松	张锡文
陈　江	陈飞飞	陈利明	陈慧宇	苗　蕾	明　飞
周维科	郑金朝	赵如愿	赵金光	赵静一	郝鹏飞
俞　滨	施光林	姚　静	贺　晶	顾梦元	徐其俊
翁之旦	翁振涛	栾大凯	高英杰	高隆隆	郭　勇
唐剑锋	阎耀保	陶国良	曹　伟	曹　剑	曹　涌
彭　刚	韩永庆	程　敏	虞启辉	蔡茂林	翟富刚
缪　云	冀　宏	穆洪斌	魏　巍	魏列江	

总　序

　　实施"中国制造2025",加快我们国家从制造大国迈向制造强国,要以科技创新为主要驱动力,以加快新一代信息技术与制造业深度融合为主线,以推进智能制造为主攻方向。

　　智能制造——数字化网络化智能化制造是新一轮工业革命的核心技术,是世界各国全力争夺的技术制高点,为中国制造业结构优化和转变发展方式提供了历史性机遇,成为中国制造业"创新驱动、由大到强"的主攻方向。

　　制造业创新发展的内涵包括三个层面:一是产品创新;二是生产技术创新;三是产业模式创新。在这三个层面上,智能制造——数字化网络化智能化制造都是制造业创新发展的主要途径:第一,数字化网络化智能化是实现机械产品创新的共性使能技术,使机械产品向"数控一代"和"智能一代"发展,从根本上提高产品功能、性能和市场竞争力;第二,数字化网络化智能化也是生产技术创新的共性使能技术,将革命性地提升制造业的设计、生产和管理水平;第三,数字化网络化智能化还是产业模式创新的共性使能技术,将大大促进服务型制造业和生产性服务业的发展,深刻地变革制造业的生产模式和产业形态。

　　机械产品的数控化和智能化创新具有鲜明的特征、本质的规律,这种颠覆性共性使能技术可以普遍运用于各种机械产品创新,引起机械产品的全面升级换代,这也是"数控一代"和"智能一代"机械产品这样一个概念产生的缘由和根据。

　　2011年年初,18位院士联名提出了关于实施数控一代机械产品创新工程(简称"数控一代")的建议,中央领导同志高度重视、亲切关怀,科技部、工业和信息化部、中国工程院联合启动了数控一代机械产品创新应用示范工程，其战略目标是：在机械行业全面推广应用数控技术，在10年内，实现各行各业各类各种机械产品的全面创新，使中国的机械产品总体升级为"数控一代"，同时也为中国机械产品进一步升级为"智能一代"奠定基础。

4年来，全国工业战线的同志们团结奋斗，用产学研政协同创新，数控一代机械产品创新应用示范工程进步巨大、成就卓著，在全面推进智能制造这个主攻方向上取得了重大突破。

中国机械工程学会是实施数控一代机械产品创新应用示范工程的一支重要推动力量。4年来，学会发挥人才优势和组织优势，动员和组织学会系统包括各省区市机械工程学会和各专业分会的同志们广泛参与，着重于推动数控一代工程在各行业各区域各企业的立地和落实，为企业产品创新助力、为产业技术进步服务。在这个过程中，学会重视发现典型、总结经验，形成了《"数控一代"案例集》。

《"数控一代"案例集》总结了典型机械产品数控化创新的丰硕成果，展示了各行业各区域各企业实施创新驱动发展战略的宝贵经验，覆盖面广、代表性强，对于实现中国机械产品的全面创新升级有着重要的借鉴与促进作用。

衷心祝愿《"数控一代"案例集》持续推出、越办越好，助百花齐放、引万马奔腾，为数控一代机械产品创新应用示范工程的成功、为"中国制造2025"的胜利、为实现中国制造由大变强的历史跨越做出重要贡献。

周济

2015年4月

前　言

装备制造业是一个国家制造业的脊梁，流体传动与控制技术则是装备制造业的精髓。

流体传动与控制技术包括液压、气动和液力技术，是机电产品向自动化、高速化、高效率、高精度、高可靠性、高集成化方向发展不可缺少的关键技术，广泛应用于工程机械、轻工机械、矿山机械、灌装机械、建筑机械、冶金机械、锻压机械、铸造机械、纺织机械、机械制造、汽车工业、船舶工业、航空航天等行业。近20年来，通过科技攻关、引进消化、改良创新，国内的流体传动与控制产品基本满足普通机电装备和少量高端应用的需求，部分产品甚至已经达到国际先进水平，并随主机出口欧美和东南亚等国际市场，已成为我国装备制造业提升生产水平和质量、从制造大国走向制造强国的关键部件。流体传动与控制技术融合电子技术、自动化技术、信息技术，采用新材料、新工艺，更是取得了突飞猛进的发展。各类装备的数字化、智能化、信息化、柔性化和网络化进程，既推动流体传动与控制行业迈向新的台阶，又对流体传动与控制技术提出了更高的要求。新型元件和系统的计算机辅助设计、计算机辅助工程、计算机辅助测试等技术的数字化已成为流体传动与控制技术的研究热点和发展方向。

2014年，习近平总书记号召：推动中国制造向中国创造转变。2015年，李克强总理在政府工作报告中指出要实施"中国制造2025"，重点瞄准了智能制造、工业强基、高端装备等战略领域，计划实施的高档数控机床和机器人、航空航天、海洋工程、农机装备等专项，都离不开核心基础零部件和关键技术的支撑作用。

流体传动与控制技术作为主要的动力系统和控制元件关键技术，是其重要的组成部分。因此，促进流体传动与控制技术和产业的稳健发展是国家的意志，是实现国家战略宏图的使命。

为了将2012年国家组织实施"数控一代机械产品创新应用示范工程"已取得的成果总结推广，中国机械工程学会组织编撰《"数控一代"案例集》丛书。流体传动与控制分会积极参与，在中国机械工程学会的领导下，总结流体传动与控制领域数字化技术创新与示范案例，编撰《"数控一代"案例集（流体传动与控制卷）》，其核心是液压气动与液力技术的数字化、网络化、智能化，重点体现技术创新、产品创新、生产创新和模式创新。本卷共收录生产企业、高校、研究所的产品技术与学术研究案例34个，涵盖比例伺服阀、电磁换向阀、数字阀、开关阀、多路阀、液压泵、液力变矩器等关键基础元件数字化生产制造与控制技术、计算机仿真分析技术，以及液压气动系统为主机配套的数字化、智能化应用，以期推广相关的学术研究、技术研发和生产管理等方面的优秀成果和经验，为机械装备的转型升级、创新能力的自主提升、数控工程的顺利实施提供重要支持。

在新的机遇和挑战下，流体传动与控制技术要充分发挥优势，不断突破创新，提高竞争实力，必将为中国实施智能制造做出更大的贡献。

《"数控一代"案例集（流体传动与控制卷）》编审委员会
2016年1月

目录
CONTENTS

液压元件

案例 1   2D 数字伺服阀及其数字控制技术   / 1

案例 2   工程机械用多路阀数字化技术   / 11

案例 3   先导式大流量电液比例阀数字化技术   / 21

案例 4   传动液力变矩器数字化制造   / 33

案例 5   多余度直接驱动伺服阀技术   / 43

案例 6   低速液压泵/马达数字配流与调速技术   / 51

案例 7   齿轮泵信息化智能测试系统   / 59

案例 8   带数控芯片的低功耗电磁换向阀   / 65

案例 9   基于 CAN 总线的数字式直接驱动阀控制器   / 71

案例 10	液压产品与制造数字化智能化研究	/ 79
案例 11	液压泵马达产品数字化制造应用示范	/ 87
案例 12	液压高速开关阀	/ 95
案例 13	数字化集成控制非关联比例阀	/ 103
案例 14	数字伺服阀数字化设计及制造技术研究	/ 109
案例 15	数字控制变量轴向柱塞泵技术	/ 117

液压系统

案例 16	大型双臂抢险救援工程机械电液数字控制技术	/ 123
案例 17	信息化全工况流动式架桥机	/ 133
案例 18	起重机液压混合动力系统研究	/ 143
案例 19	高精度冷带轧机数字化厚度自动控制（液压 AGC）系统研发	/ 151
案例 20	基于网络化的数字化大型液压载重车	/ 159

案例 21	基于嵌入式数字控制器的电液伺服动态加载装置	/ 173
案例 22	移动机械液压产品的数字化技术	/ 181
案例 23	数字化快速锻造液压机组	/ 193

气动技术

案例 24	无线技术在气动技术产业中的应用	/ 201
案例 25	气动系统应用案例——气动人机互动触觉接口	/ 209
案例 26	压缩空气系统节能技术	/ 215
案例 27	旋流非接触吸盘数字化仿真及优化设计	/ 225
案例 28	数字化高压电-气伺服阀及高压气动伺服技术	/ 229

仿真技术

| 案例 29 | 极端环境下电液伺服阀的数字化分析与设计 | / 235 |
| 案例 30 | 轴向柱塞泵/马达的数字化设计与测试关键技术及应用 | / 249 |

案例 31	液力元件流场仿真技术	/ 259
案例 32	液压仿真技术	/ 269
案例 33	液压挖掘机多学科联合仿真平台及其应用	/ 279
案例 34	锻造液压机组多学科建模及控制优化	/ 289

案例 1

2D 数字伺服阀及其数字控制技术

浙江工业大学特种装备制造与先进加工技术教育部重点实验室

2D 数字伺服阀利用伺服螺旋机构将阀芯的旋转运动转化阀芯的直线位移（阀开口），其结构独特，体积小，重量轻，抗污染能力强，响应速度快，具有双冗余度。采用闭环同步跟踪控制算法，实现了其电—机械转换器输出无失步快速精确地跟随输入信号的运动，拓宽了其频宽。采用数字控制技术，不仅减小或消除了滞环和死区，改善了阀本身的动静态性能，而且降低了对加工工艺的要求，降低生产成本。

一、导言

电液伺服阀作为电液伺服控制系统的关键元件，其性能在很大程度上决定了整个电液控制系统的性能。传统的电液伺服阀主要有喷嘴—挡板阀、射流管阀、动圈式伺服阀、电液比例伺服阀等。喷嘴—挡板阀动态响应速度很快，但是其抗污染能力差，对液体介质的清洁度要求十分苛刻；而射流管阀虽然其抗污染能力在一定程度上有所增强，但却以泄漏功耗更大为代价，其频响也较喷嘴—挡板阀为低；至于比例伺服阀，其对油液的清洁度要求低于电液伺服阀，但是其动态性能介于伺服阀和普通比例阀之间，动态响应仍较喷嘴—挡板伺服阀差。随着航空、航天及现代工业的需要，对电液伺服阀提出更高的技术要求：如更强的抗油液污染能力、高频响、大流量、使用方便和成本低等。传统的电液伺服阀已经难以达到这些要求，新型电液伺服阀的研制始终成为流体控制领域发展的重要课题。

进入信息时代后，机电控制技术的数字化成为必然的发展趋势和人们的共识。电液控制系统实现数字控制有间接和直接两种方法。间接的方法是利用计算机通过 D/A 转换器实现对模拟式电液控制元件（比例阀或伺服阀）的数字控制。直接的方法则在电液控制系统中应用数字阀。数字阀以步进电动机作为电—机械转换接口。步进电动机是一种数字执行元件，它将电脉冲信号转换为角位移信号，因此，它是一种数字式电—机械转换器。步进电动机作为电-机械接口便于实现电液伺服系统数字化控制，其具有数字控制的一般优点，如无需 D/A 转换器、信号传递不受外部环境干扰等。显然，采用数字阀是实现电液控制系统数字化更理想的方式，这不仅因为数字阀具有数字控制的一般优点，更重要的是通过嵌入式数字化控制，可以为电液伺服阀的动静特性的全面提升带来前所未有的机遇。如何把握这一机遇也成为电液控制技术成功与进一步发展的关键所在，这对于高性能的电液伺服阀依靠仿制和大量进口的我国，意义尤为重大。

浙江工业大学自从 20 世纪 90 年代以来一直从事 2D 数字伺服阀及其数字控制的研究，经过 20 多年的努力已建立了独具特色的具有自主知识产权的数字伺服阀及电液直接数字控制技术的理论体系，形成了完整的 2D 数字伺服阀设计方法。

二、2D 数字伺服阀及其数字控制技术

2D 数字伺服阀的结构如图 1 所示。它由阀体、电-机械转换器（步进电动机）、传动机构和角位移传感器等组成。传动机构主要是用来连接电-机械转换器与阀芯，实现运动传递

和力矩放大作用。角位移传感器实时检测步进电机转子的角位移，以实现对步进电机转子角位移的闭环同步跟踪控制。

1. 2D 数字伺服阀的阀体（液压伺服螺旋机构）的研究

2D 伺服阀其阀体部分主要由阀套和阀芯等组成，

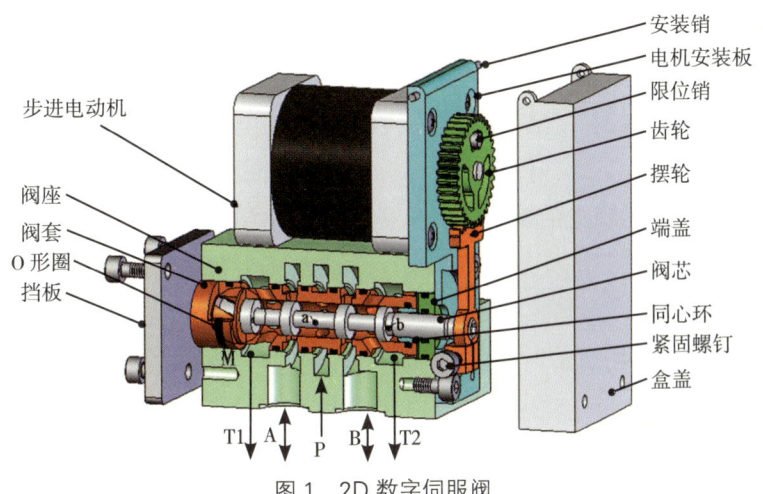

图 1 2D 数字伺服阀

见图 2。其中，P 口为进油口，T1 口和 T2 口为回油口，A 口和 B 口为负载口。阀右腔通过小孔 b、阀芯杆内通道和小孔 a 与进油口 P 相通，右腔压力为进油口的压力（系统压力），而右腔面积在设计上为左敏感腔面积的一半。在阀芯左端台肩上开设有一对高低压孔；在阀芯孔左端开设有一螺旋槽。螺旋槽和高低压孔相交构成一液压阻尼半桥，该液压阻尼半桥控制了阀左敏感腔的压力。在静态时，若不考虑摩擦力及阀口液动力的影响，左敏感腔压力为入口压力的一半，阀芯轴向保持静压平衡，此时，高低压孔与螺旋槽相交的弓形面积相等。当阀芯以逆时针（面对阀芯伸出杆）的方向转动时，高压孔与螺旋槽相交的弓形面积增大，低压孔与螺旋槽相交的弓形面积减小；于是，左敏感腔的压力升高。左敏感腔的压力升高推动阀芯右移。阀芯右移的结果是高低压孔又回到螺旋槽的两侧，高低压孔和螺旋槽的相交面积又重新相等，左敏感腔的压力恢复为入口压力的一半，阀芯重新保持轴向力平衡。若阀芯以顺时针的方向转动，变化则正好相反。在 2D 数字伺服阀中，阀芯角位移与轴向位移（主阀开口）之间的转换运动与普通的机械螺旋机构的转换运动相一致，不同之处在于阀芯的轴向运动由液压驱动，因此实现 2D 数字伺服阀阀芯转角与轴向位移转换的导控结构也称为液压伺服螺旋机构。从结构和工作原理可以看出 2D 数字伺服阀为一双级位置反馈液压流量伺服阀。

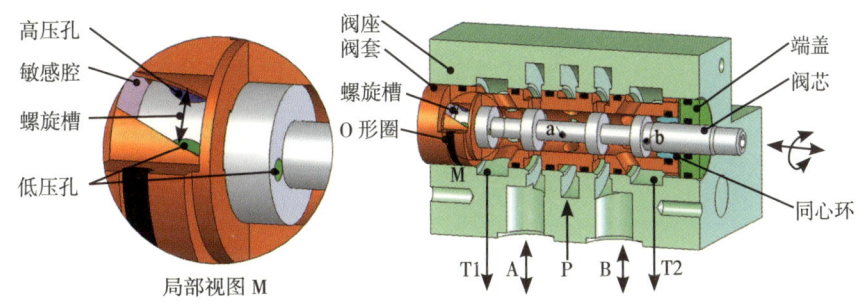

图 2 2D 数字伺服阀阀体

2D数字伺服阀利用伺服螺旋机构将阀芯的旋转运动转换为阀芯轴向运动从而实现伺服阀液压功率放大，其集导控和主阀芯于单一阀芯上，这种独特的结构使得2D数字伺服阀的结构简单、紧凑，体积和重量远小于传统的电液伺服阀，这一优点使得其在大流量伺服阀以及航空航天、军工等行业的应用具有巨大的优势。另外，2D数字伺服阀的导控由阀芯上高、低压小孔和阀套上的螺旋槽的重叠面积所构成的液压阻尼桥路实现，导控油路孔径比较大，极不容易堵塞，即使某一侧的高压（或低压）重叠区域被堵塞，阀芯的力平衡将被破坏而产生轴向移动，移动的结果将增大被堵塞区域的面积而有利于清除堵塞物，因此，2D数字阀具有很强的抗污染能力。同时，也降低了对加工精度的要求，此外在设计上采用对称的双螺旋槽和两对高低压孔结构的设计，2D数字伺服阀还具有双冗余度，提高了工作可靠性。

2D数字伺服阀的结构参数主要有高、低小孔的半径、初始弓高（螺旋槽和高、低孔初始接触高度）、敏感腔长度以及工作压力等。不同的结构参数对阀的动态特性的影响是不一样的。图3给出了不同结构参数对阀频率特性的影响。从图3可以看出，增加初始弓高、高

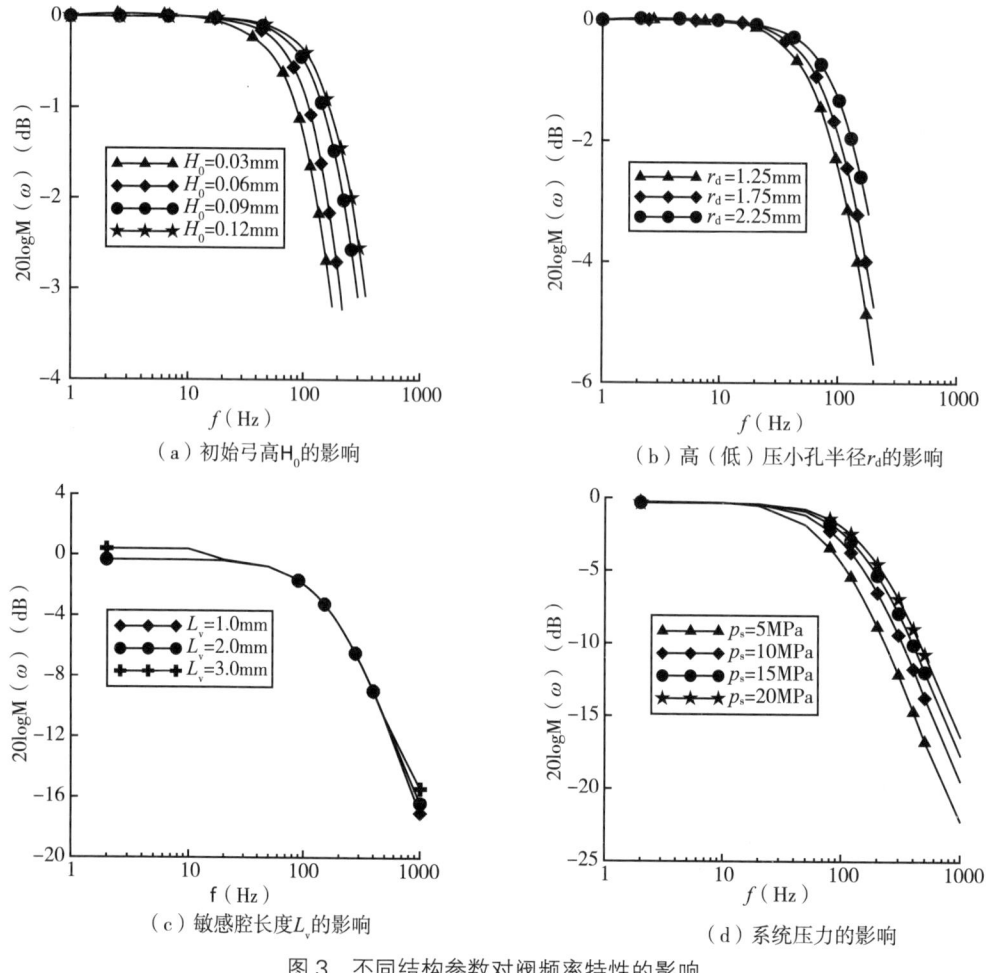

（a）初始弓高H_0的影响　　（b）高（低）压小孔半径r_d的影响

（c）敏感腔长度L_v的影响　　（d）系统压力的影响

图3　不同结构参数对阀频率特性的影响

（低）压小孔的半径以及系统工作压力可以提高阀的响应速度和频宽，而敏感腔长度对阀的响应速度和频宽无明显作用。

2. 2D 数字阀的电－机械转换器控制的研究

2D 数字伺服阀多采用步进电动机作为电－机械转换器。图 4 为两相混合式步进电动机的结构图。步进电动机传统上以步进的方式工作时阀的分辨率有限，虽然采用细分的方式可以提高阀的分辨率，但降低了阀的频响，存在着阀的分辨率和响应速度之间的矛盾，因此，步进电动机作为 2D 数字伺服阀电－机械转换器，需采用新的工作方式。

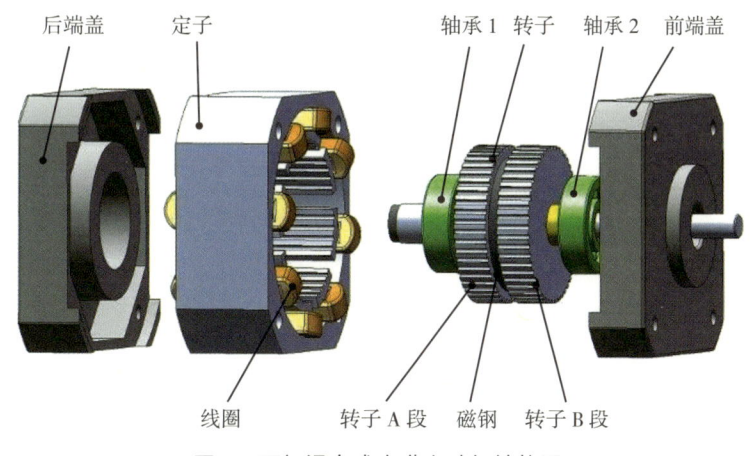

图 4 两相混合式步进电动机结构图

实际上，混合式步进电动机从原理上讲是永磁感应子式同步电动机。它通过转子分段错齿和转子轴向永磁励磁，在结构上实现了多极对数永磁感应子式同步电动机的思想。因此，我们可以采用同步电机的工作原理实现对步进电动机的同步控制。其工作原理如图 5 所示。当 A、B 两相绕组中通入相位差为 $\pi/2$ 的正弦电流 i_a、i_b，则在步进电动机内部产生一旋转磁场 θ_m。在此旋转磁场 θ_m 作用下，转子同步转动，输出角位移 θ。当两相绕组中的电流交变一个周期，转子转过一个齿距。因此，如果能控制步进电动机绕组的电流 i_a、i_b，也就控制了步进电动机内部的旋转磁场 θ_m，从而控制了步进电动机转子的位置 θ，实现转子在任意位置快速精确定位。

为了防止步进电动机失步，失调角在工作中必须被限制在 $(-\pi) \sim \pi$ 之间（±半个齿距角）。由于在失调角 $\pm\pi/2$ 处，输出转矩最大，因此，失调角一般在限制 $(-\pi/2) \sim (\pi/2)$ 之间。要做到这一点，必须实时检测步进电动机转子的角位移，然后通过限制旋转磁场 θ_m（通过控制两相绕组的电流来实现）使失调角满足上式，实现旋转磁场对转子角位移的跟踪控制。

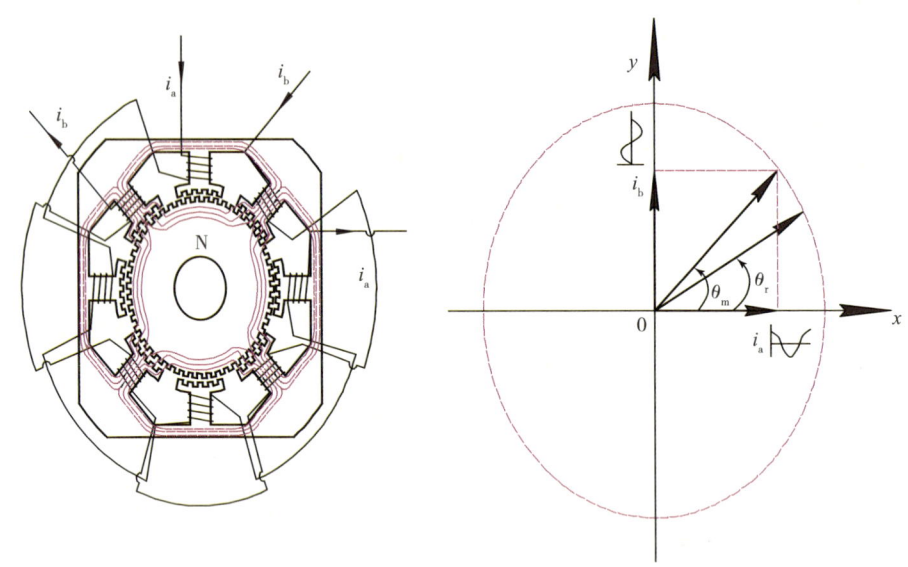

图 5 2D 数字伺服阀电－机械转换器工作原理

根据上述分析，为了保证步进电动机作为电－机械转换器既有较高的响应速度，同时又保证其转子的输出角位移可以在任意点精确快速定位，在这里提出同步跟踪控制算法，如图 6 所示。在同步跟踪控制算法下，步进电动机转子角位移能够无失步地快速精确地跟随输入控制信号的运动。图 7 和图 8 分别为同步跟踪控制下的输入输出特性和频率特性。

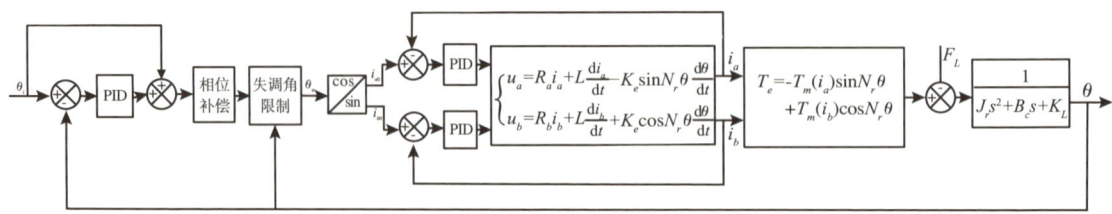

图 6 2D 数字伺服阀电－机械转换器闭环同步跟踪控制算法

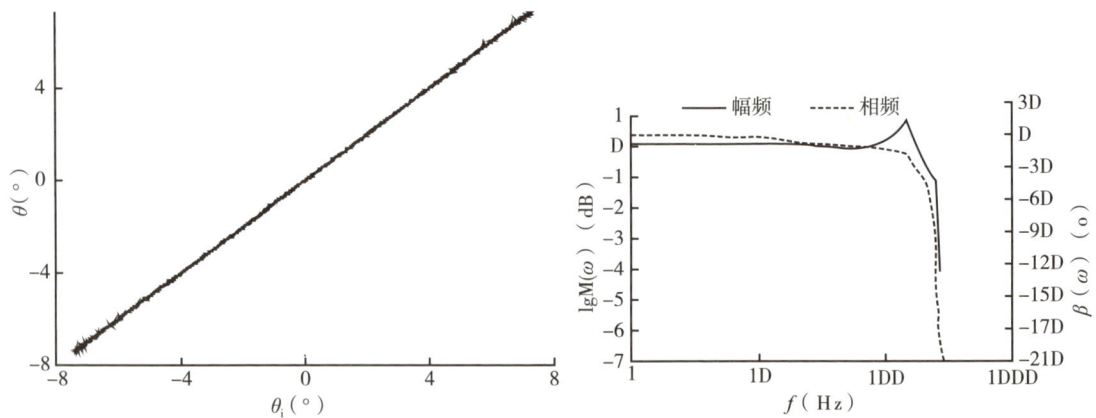

图 7 2D 满幅值 0.1Hz 正弦信号下输入输出特性　　图 8 2D 数字伺服阀电－机械转换器的频率特性

3. 2D数字伺服阀的数字控制技术的研究

（1）滞环颤振补偿技术。

在2D数字伺服阀中，步进电动机作为电—机械转换器通过齿轮传动机构驱动阀芯运动。理想条件下，齿轮传动机构输出与输入之间的关系不是单值的线性关系，而是表现出滞环非线性特性。由于滞环会对系统性能产生不利的影响，在此采用颤振补偿技术来抑制或消除滞环对系统的影响。图9是采用颤振补偿后的2D数字伺服阀的输入－输出曲线。从图9可以看出，未采用颤振补偿技术的2D数字伺服阀的滞环约为2.2%；采用了颤振补偿技术后，对应叠加信号幅值为间隙量的25%、50%、100%时，滞环宽度分别约为1.7%、1.1%、0.5%。图9表明采用颤振补偿技术可以有效地削弱或消除2D数字伺服阀的滞环。

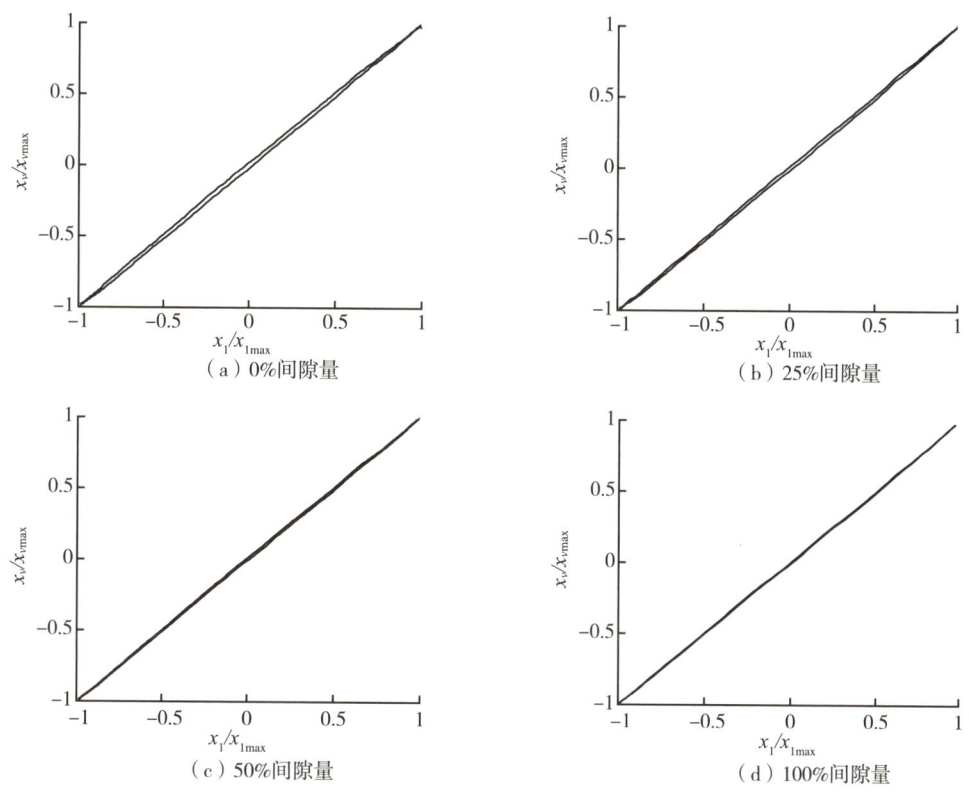

图9 采用颤振补偿技术后2D数字伺服阀的输入－输出曲线

（2）死区的颤振补偿和流量规划。

死区是电液伺服阀的一种常见非线性，多见于负开口阀，会对系统性能产生非常不利的影响，严重时甚至导致系统不稳定。长期以来人们一直在对电液伺服阀及电液系统的死区补偿进行研究。空载流量特性死区颤振补偿技术就是一种简单实用、行之有效的数字补偿技术。

图10是死区的颤振补偿原理图,其思想是:在阀芯的轴向位移上叠加一高频颤振周期信号(如高频正弦颤振信号),该高频颤振信号引起阀芯作轴向高频颤振运动,以阀在一个颤振周期内的平均流量作为阀在此阀口下的流量。此原理类似与高速开关阀的工作原理。

图11为所测得的颤振补偿后的空载流量特性曲线。图11(a)是在未采用颤振补偿技术下得到的空载流量特性曲线,死区约为3.8%。图11是采用颤振补偿技术所测得的空载流量特性曲线,所对应颤振补偿信号幅值分别为死区量

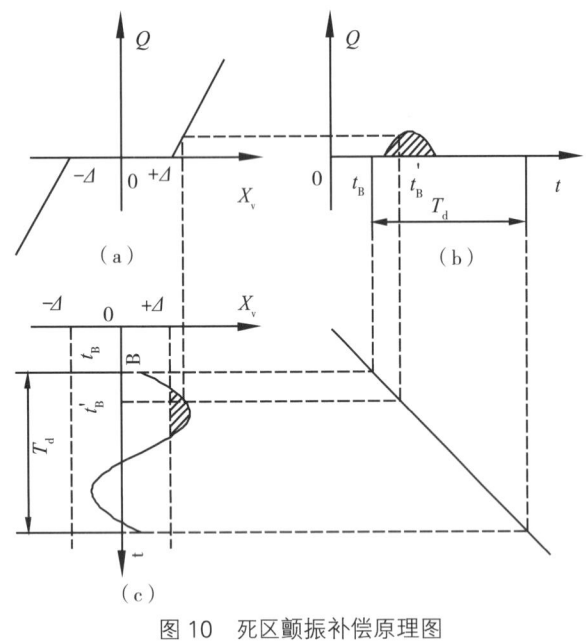

图10 死区颤振补偿原理图

的50%、100%、480%。空载流量特性曲线的死区分别减少到2%和4%;当颤振补偿信号幅值为死区量480%时,空载流量特性曲线的死区没有了。这说明,采用颤振补偿技术可以减

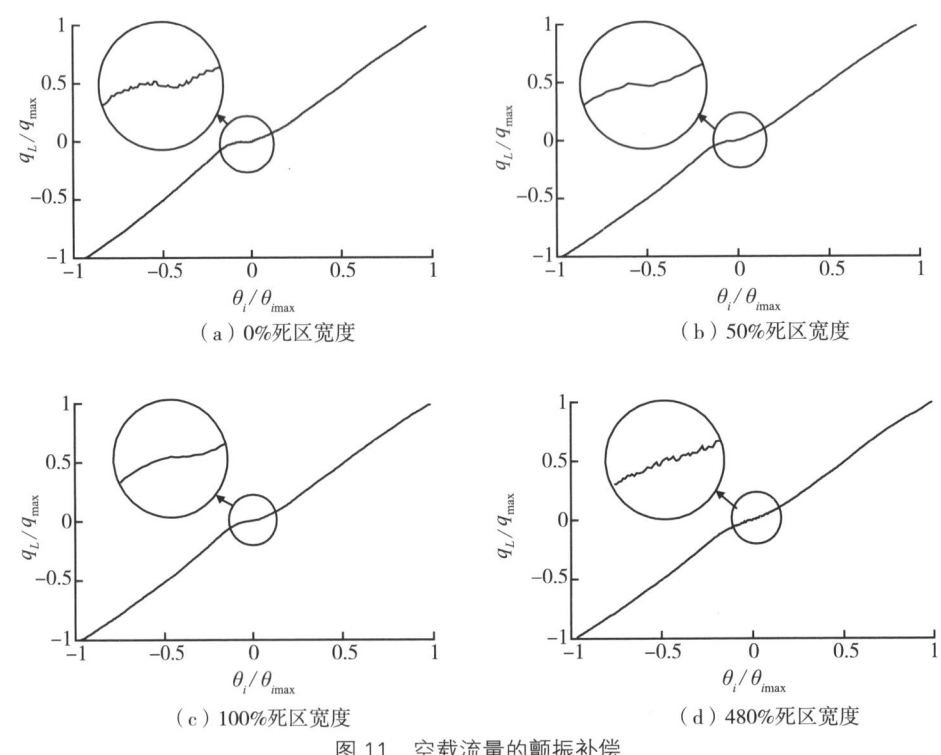

图11 空载流量的颤振补偿

小或消除死区，并且随着颤振幅值的增加，死区变小。

采用颤振补偿虽然可以消除或减少空载流量特性的死区，但是空载流量特性的线性度改善却并不太显著。为提高空载流量特性的线性度、获得线性流量增益，可以采用流量特性的线性规划，其设计思想是：首先，在实际测得空载流量特性的基础上，将空载流量和输入信号归一化后建立空载流量和输入信号的关系表格；然后，将所需要的空载流量归一化后查表，并经线性插值得到所需要的归一化后的输入控制信号；再将得到的归一化的输入控制信号转化为实际的输入控制信号；这样，由实际的输入控制信号控制阀芯位移，得到所需要的流量，从而使空载流量特性线性化。空载流量和输入信号归一化的目的是使所建立的表格和系统压力无关，适用于不同的系统压力。空载流量的线性规划必须建立在颤振补偿消除死区的基础上，因为此时空载流量和阀芯位移是单值函数，对应某一流量只有唯一的阀芯位移与其对应。否则，即使流量特性线性化了，但是死区仍然还是存在。图12是采用流量特性线性规划后实际所测得的空载流量特性。由图12（a）可见，采用流量线性规划前空载流量特性的线性度约为4.09%，而线性规划后在系统压力为20 MPa时空载流量特性的线性度约为0.45%，很显然，流量线性规划后空载流量特性的线性度明显地得到了提高。由图12（b）可知，在系统压力为10 MPa时，空载流量特性曲线的线性度约为0.56%，和图12（a）相比，空载流量特性的线性度没有明显的变化，这表明流量线性规划并且不受系统压力的影响。图12也表明，采用数字控制可以提高阀本身的性能。

空载流量的数字颤振补偿和流量规划是通过数字补偿技术来消除2D数字伺服阀的死区。与传统的配磨工艺相比，其并不是通过实际的磨削来消除或减少死区的，因此，其可以看成是一种"软"配磨。可见，采用空载流量的数字颤振补偿和流量规划不仅可以消除死区，获得线性流量增益，提高2D数字阀本身的静态特性；同时，还降低了伺服阀对加工工艺的要求，提高了生产效率和产品率，降低了生产成本。

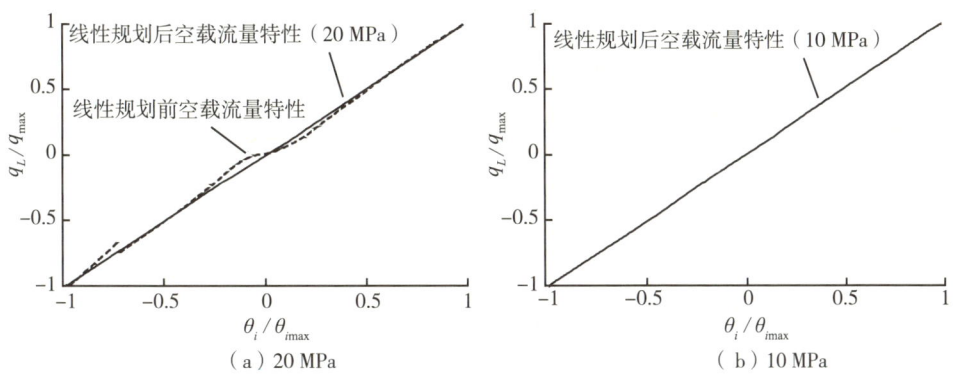

图12 流量线性规划后的2D数字伺服阀的空载流量特性

三、结论

（1）2D数字伺服阀独特的结构使得2D数字伺服阀的结构简单、体积小、重量轻、抗污染能力强，具有双冗余度。

（2）2D数字伺服阀本质是两级位置反馈的液压流量伺服阀，其固有频率由阀芯质量和敏感腔的体积所决定，由于敏感腔可以设计得很小，基本没有死容腔，2D数字伺服阀液压固有频率非常高，到达10000~100000 Hz。此外，2D数字伺服阀以步进电动机作为电—机械转换器，普通型的步进电动机固有频率是200~400 Hz，低惯量步进电动机其固有频率则会更高。因此，2D数字伺服阀具有较快的响应速度。

（3）2D数字伺服阀采用闭环同步跟踪控制算法控制，不仅使其电—机械转换器输出角位移能够无失步地快速精确地跟随输入控制信号的运动，而且也拓宽了其频宽。同时，采用数字控制技术，不仅改善了阀本身的动静态性能，如减小或消除了滞环和死区等非线性的影响，而且，也降低了对加工工艺的要求，提高了生产效率，降低生产成本。如果融入故障诊断、现场总线等技术，将进一步完善阀和液压伺服系统的功能，提高系统整体性能和管理水平。

案例 2

工程机械用多路阀数字化技术

山河智能装备股份有限公司

在多路阀开发过程中应用数字化技术,将使产品开发周期大大缩短;同时,通过与数字化技术融合,多路阀具备了智能化的特征,在节能与高效方面表现优异。山河智能装备股份有限公司在中挖阀的研制过程中,建立了标杆研究数据库,应用数字仿真技术,对液压系统、阀内流场、受力变形等状态进行研究,并借助 CAM 和 CAT 技术,完成制造和试验。产品通过与控制器集成,搭载在主机上完成装机试验和工业性试验。

一、导言

工程机械多路阀是液压系统的核心控制部件，由于近年来从行业直至国家都存在重主机、轻配套、重成果、轻基础的问题，长期以来，我国工程机械多路阀一直依靠进口，工程机械多路阀技术一直掌握在国外少数跨国企业手里，这些企业依靠市场垄断地位，制定"霸王条款"，产品不但价格高、交货期长，而且销售至我国市场上的经常是国外已经淘汰的产品。为突破这一限制我国工程机械行业发展的瓶颈，自主开发工程机械多路阀迫在眉睫。

山河智能装备股份有限公司产品历来以自主创新的风格享誉业内，从涉足液压元件领域开始，摒弃传统的测绘仿制等开发模式，坚持自主创新，依托集团公司多年主机开发优势，致力于开发具有核心专利技术的专用液压元件产品。液压元件项目立项之初，公司董事长何清华教授就敏锐地指出：突破设计门槛和制造门槛是解决液压元件瓶颈的关键。在这个思想的指导下，我们重点建设两个平台，进行突破。一是基础研究设计平台，该平台依托山河智能产学研一体化的优势，联合高等院校、科研院所，利用现代数字化仿真技术开展工程机械液压系统机液耦合、液压阀流量分配特性、阀口控制特性的研究，包括应力、流场、液压脉动、液压冲击、材料配对等方向，逐渐突破并掌握流体传动的核心技术，为开发高端液压多路阀提供理论基础。二是制造平台，多路阀产品内部流道错综复杂，精密铸造技术成为液压件产业化实施的第一大难题，同样液压零部件产品对加工精度要求几近苛刻，这两大难题构成了液压元件开发的制造门槛；山河智能制造平台依托已经良好运行的无锡液压元件制造基地，并在此基础上，引进先进的数字立式、卧式加工中心和数字化台架试验检测设备，逐步实现制造门槛的突破。

二、电液控制多路阀组的数字化研制

1. 电液控制多路阀组的数字化 CAD 设计

工程机械用多路阀组的数字化 CAD 设计技术路线如下：通过对电液控制系统进行调研与分析（包括客户需求分析、对手调查、功能对比分析、性能对比分析、质量分析、国内外市场供应需求现状与预测分析），并通过数据查询系统查阅现有的产品技术发展和专利，建立电液控制多路阀组数据库，在此基础上，构思创新的液压回路，并利用现代计算机仿真技术，对电液控制多路阀组的液压系统和阀体结构进行建模与仿真，研究工作阀口的流量分配与压力损失、流场分布、阀体变形情况、阀芯阀体耐久性情况，在完成回路和结构设计的优化后，应用数字化三维设计和二维设计软件，完成电液控制多路阀组的数字化 CAD 设计。

（1）建立电液控制多路阀组数据库。

综合已有的文献、专利和图纸资料对力士乐（博世力士乐液压及自动化有限公司）、KYB（萱场工业株式会社）、KPM（川崎重工业株式会社）、东芝（东芝机械株式会社）等数十家国外标杆企业的工程机械多路阀产品进行了原理与结构研究，并从单动作、复合动作、直线行走、结构特点等不同方面进行归类类比，同时，对 KYB 和 KPM 的典型代表产品进行了实体解剖，进行标杆实物研究。通过完成上述工作，团队借助计算机数字平台，建立了较为完整的国外标杆工程机械多路阀组产品数据库（图1），作为多路阀组回路设计和结构设计的参考。

		GAT320B	GAT320C	GAT320D	EX200-1	EX200-2	EX200-3	ZX200	ZX200-3	270XB	PC200-1	PC200-3
	阀芯数量				9	7	7	9	9	9	9	9
	阀芯直径									28		
	阀芯行程									10		
	负流量控制	Y	Y	Y	Y	LS	LS	正	正		Y	Y
	直线行走	Y	Y	Y	Y	Y	Y	Y	Y		Y	Y
	动臂合流	Y	Y(阀外管路合流)	Y(阀外管路合流)	Y	Y	Y	Y	Y	Y(阀后合流)		
	斗杆合流	y			Y	Y	Y	Y	Y	Y(阀前合流)		
	铲斗合流	N	N	N	N	N	N	N	N		N	N
特点	斗杆回油再生 方式	N	再生单向阀在阀芯外 先导控制	再生单向阀在阀芯外 先导控制	N	阀芯外再生	阀芯外再生	阀芯外再生	阀芯外再生	阀芯内		
	再生率											
	斗杆再生切断 外部控制	N	N	N	N	N	N	Y	Y	Y	N	N
	自动切断	N										
	动臂再生	N	Y（阀芯外）	Y（阀芯外）	N	N	N	阀内再生	阀内再生	Y（阀芯内）		
	动臂保持阀		Y	Y						Y（防爆阀）		
	斗杆保持阀											
	动臂优先	N	N	N	N	N	N				N	N
	回转优先	N	N	N	N	N	N	仅铲斗、斗杆流量限制			N	N
	斗杆优先	N	Y（arm1外控 arm2固定）	Y（arm1外控 arm2固定）	N	N	N				N	N
	内置信号油路	Y	N（梭阀块）	N（梭阀块）	N?	Y	Y	Y	Y		Y	Y
	扩展备用油口	N	n	n（多一个备用阀芯外部合流）	Y	Y	Y	Y	Y		Y	Y

图1 中挖多路阀对比分析库

（2）建立电液系统仿真平台。

通过研究挖掘机的能量传递规律，搭建挖掘机机—液系统联合仿真模型，并与各单动作和复合动作的实测数据对比，修正系统的仿真误差，完成仿真平台建设。在此虚拟环境下，进行挖掘机的不同工况模拟，研究液压系统流量分配和压力特性，考察机器的工作速度和稳定性等特征，为优化液压系统设计提供理论依据。

（3）多路阀组回路设计和原理性试验。

通过对比研究、理论分析和长期以来对于多路阀组的应用经验总结，团队创新性地构思了正、负流量系统共用，主油路和先导油路分离的多路阀方案，并设计了斗杆内收全再生和动臂下放主泵不供油的新型液压回路方案，为验证上述方案的可行性，设计了原理性试验方案在现有批量生产的中型液压挖掘机上进行了原理性试验，其中，斗杆内收全再生试验回路和参数如图2所示，试验数据见表1。试验结果表明，所构思的方案切实可行，并且系统节

13

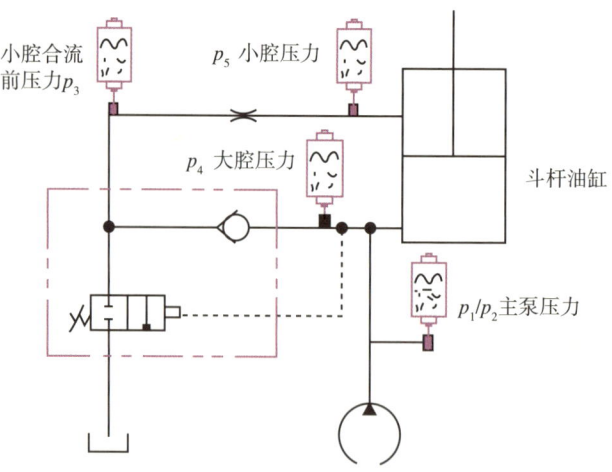

图2 斗杆内收全再生测试回路

表1 发动机 2150 r/min 斗杆全再生试验参数表

曲线编号	2150-斗杆全再生测试											状态说明
	主泵1 p_1-bar	主泵2 p_2-bar	小腔 p_3-bar	大腔 p_4-bar	小腔再生育 p_5-bar	小腔 q_r-L/min	大腔 q_b-L/min	回油 q_t-L/min	主泵 q_p-L/min	主泵理论 q_p^n-L/min	再生比例	工作时间 $t(a)$	测试姿态:动臂举升到前叉水平,动作:斗杆内收和外摆到最大
阀芯内再生曲线			220	85								3.00	原始状态曲线
	135	135	220	90							约0.3	3.00	原始状态曲线
77#	192	192	296	161	213	263.81	538.61	0	274.80	352.86	0.96	2.91	阀外全再生最初曲线,全再生-没有回油
80#	197	197	270	155	220	271.01	553.31	0	282.30	334.29	0.96	3.06	小腔再生侧阀芯加大3mm,全再生
79#	197	197	261	155	217	246.74	503.77	0	257.02	334.29	0.96	3.04	小腔再生阀芯加大3mm,全再生
83#	200	200	265	152	215	278.45	568.51	0	290.05	334.29	0.96	2.84	斗杆1小腔再生侧加大3mm+大腔进油侧阀芯加大6mm,全再生
85#	185	185	263	158	212	295.99	604.30	0	308.32	371.43	0.96	2.73	斗杆1小腔再生侧加大3mm+大腔进油侧阀芯加大6mm+斗杆2阀芯5mm,全再生
改善措施	↓	↓	↓	↓	↓	—	—	0	↓	↓	1.00	(2.3-2.5)	针对曲线85#全再生来看
说明	1.从压力表现来看,由于试验方案中的接管变径和过流面积不是最合理状态,所以若要用全再生方案,则需要保证在再生管路的压损最小,在阀体设计中使过流面积尽量大。从而使主泵、小腔和大腔压力整体下降,使主泵工作在变量点以下; 2.需要加大阀芯全开口的进流面积,使其从主泵到大腔还会由于再生量大而增加过大的压力损失,同样使小腔回油再生在阀芯处的压损尽量低,从而间接地降低主泵的压力; 3.从流量来看,全再生时主泵需求流量可以不用达到最大排量,可以通过其他途径降低主泵的输出流量,这样可以防止由于流量过大使整个工作压力上升												
91#	115	115	139	77	100	256.28	523.25	165.17	432.14	432.14	0.21	2.9	小腔部分回油,弹簧伸出长度12.0mm
改善措施	↑	↑	↓	—	↑	↑		↓		↑	(2.3-2.5)		针对曲线95#部分回油来看
说明	1.从压力表现来看,主泵的工作压力低于变量点,主泵排量达到了最大,然而再生比例过小,只有0.21,可以保证最大排量的情况下,使其工作压力逼近变量点。同时尽最大可能降低管路中和阀芯处的压力损失,减小回油孔的有效过流半径,从而实现0.5~0.7左右的再生比例,工作时间在2.3~2.5s左右												

能高效，效果明显，由此形成了具有自主知识产权的中型液压挖掘机新型液压回路。

（4）电液控制多路阀组的数字化结构设计。

在电液控制多路阀组液压回路得到确定的基础上，开展多路阀组的数字化3D结构设计。多路阀组结构设计分为主油路部分设计和先导油路部分设计。主油路部分结构设计采用整体式铸造成型方案，根据该方案所铸造的多路阀组具有：主阀体积小，压力损失小，加工经济性好等优点，但是其阀内内部流道结构错综复杂，且结构设计与现有铸造工艺技术、加工工艺技术密切相关，如何解决该问题成了难题。一方面，通过采用计算机仿真技术，进行虚拟装配，并结合多路阀内部流场分析，优化阀体内部流道和受力情况，如图3所示；另一方面，通过数字化阀口面积计算平台，合理开设阀芯节流口，有效降低内部流通阻力，并提高复合动作协调性，如图4所示。

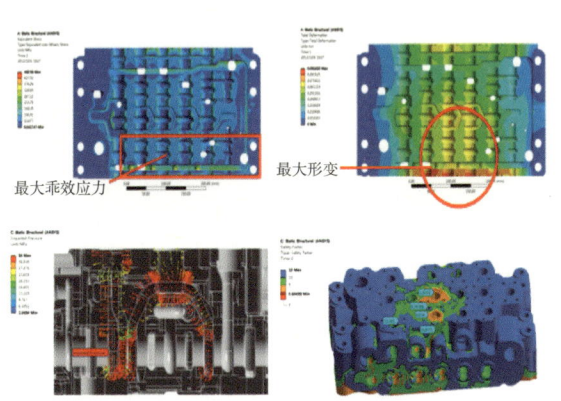
图3　阀体的应力应变、压力场和疲劳强度分析

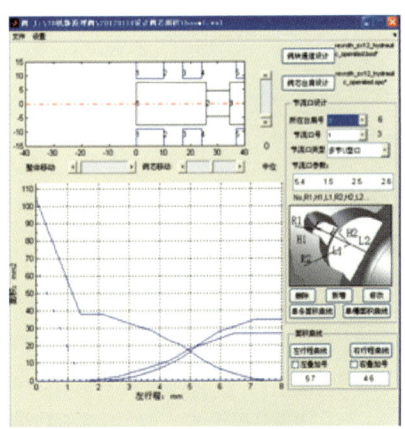
图4　数字化阀口面积计算平台

经过数轮优化设计，完成了多路阀组的结构设计，如图5所示，该中型液压挖掘机多路阀组结构上具有以下特点：

（1）主油路和先导油路为独立结构，可按使用要求，形成正流量控制系统或者负流量控

图5　多路阀组内部流道图和三维结构图

15

制系统,增强了多路阀的通用性。

(2)多路阀安装形式具有直立安装和倒立安装两种方式,更加方便主阀在机器上的管路布置。

(3)斗杆内收再生和动臂下降再生为阀体再生结构,相比传统的阀芯内再生,具有流通面积更大、节能效果更好的特点。

(4)多路阀各阀联布置按照工作负载大小布置,即负载越大越靠近多路阀进油口,使得复合动作时,为保证动作协调而产生的压力降低,从而节能效果更好。

2. 多路阀组的数字化 CAM 制造

多路阀组的试制车间位于山河智能的无锡分公司,该公司为专业的液压阀生产制造公司,拥有完善的铸造生产线、加工中心生产线、无尘装配车间等高精密液压元件生产线,具备多年液压阀片的生产加工经验,是赫斯可液压有限公司(HUSCO)等国外知名液压企业的战略合作供应商。电液控制多路阀组的试制分为以下阶段进行。

(1)阀体开模与铸造。

整体式多路阀组开发在国内尚属首次,为保证项目的成功实施,在模具开发之前,项目组创新性地引进了数字化 3D 打印技术进行泥芯的制作,以此对多路阀浇注方案的可行性进行验证,如图 6 所示。数字化 3D 打印技术辅助完成的浇注毛坯,为多路阀批量生产的模具开发奠定了基础,在此前提下,通过与模具供应商合作,开发完成了多路阀组模具。

图 6 3D 打印泥芯和铸造流道组装图

(2)多路阀阀体等零件的数控加工。

利用公司已有的机加工工艺基础,并通过引进卧式数控加工中心和珩磨机,确立了多路阀组主阀体的加工工艺路线,完成阀体和各零部件的加工。

珩磨是阀芯孔的最终精加工工序,其加工精度决定主阀的加工质量,珩磨刀的长度设定很关键,较长的珩磨刀有修复直线度的机能,加工时珩磨刀接触点是核心,如果出现接触点位置不对,孔径就会偏差,锥度以及圆度也会超差。引进的高精密数控珩磨机,保证了阀芯

图 7 数控卧式加工中心和珩磨机加工多路阀组阀体现场

孔尺寸的一致性（图 7）。

3. 多路阀组的数字化 CAT 测试

样机试制完成后，由公司品质管理部门牵头，联合各协同攻关单位的项目负责人员，依据相关技术标准对样机进行了台架试验、装机试验和工业性试验。

（1）电液控制多路阀组台架测试。

台架试验主要测试多路阀组的功能和性能，测试项目包括气密性试验、耐压试验、回路功能试验、内泄漏试验、压力损失试验、优先阀测试、保持阀压力测试、梭阀组功能试验等。采用 CAT 系统进行数据采集，CAT 系统可同时进行三路加载试验，可对挖掘机复杂的复合动作流量、压力进行数据采集（图 8）。

（2）多路阀组耐久性台架试验。

为考核所开发的多路阀组的可靠性，分别进行阀体的 800 万次脉冲试验，和整阀的 100 万次换向耐久性试验。脉冲试验台在设计时通过搭建仿真模型，进行试验台的选型设计。经过耐久性试验后的主阀功能和性能正常。

（3）多路阀组装机测试。

多路阀组装机后，通过与自主开发的控制器进行集成，构成整机的电液控制系统。通过

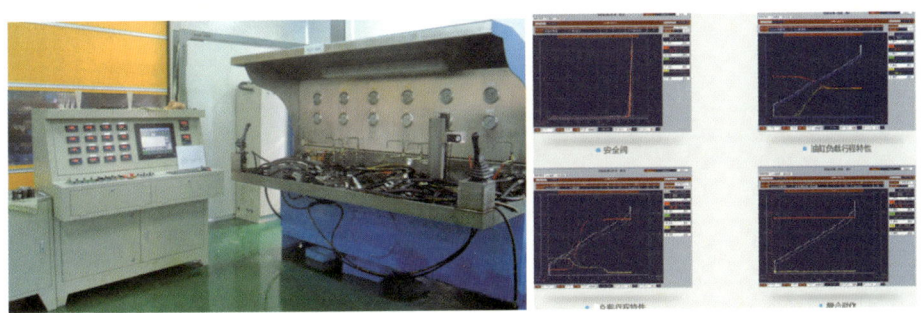

图 8 多路阀组 CAT 试验台及测试曲线

现场调试阀芯和控制软件，实现机器的智能化控制。通过与搭载国外先进电液系统的现有量产机和国际一流品牌的挖掘机产品进行各项性能对比测试（图9）。

图9 多路阀组装机试验

（4）工业性试验。

完成装机试验的多路阀组，进行2000 h工业性试验，试验结果记录如表2，通过工业性试验表明，搭载自主研制的工程机械多路阀可靠性高，完全满足挖掘机使用要求。

表2 工业性试验结果记录表

序号	项目	规定要求	检验结果
1	总作业时间（T_0）/ h	≥ 2000	2107
2	总排除故障时间（T_1）/ h	/	6
3	总维护保养时间（T_2）/ h	/	16
4	总土方量（V）/ m³	/	418732
5	总消耗燃油量（Q）/ L	/	21730
6	平均当量无故障时间（MTBF）/ h	≥ 200	646.2
7	平均生产率（E）/ m³/h	/	498.5
8	燃油消耗量（M）/ mL/m³	/	51.8
9	致命故障次数	0	0
10	可靠度 / %	≥ 80%	97%

三、主要成果

（1）突破了限制我国液压元件发展的设计门槛和制造门槛，开发了具有自主知识产权的电液工程机械多路阀，并通过总体集成技术，使产品作业效率、油耗、排放指标明显优于国内外主流产品，为掌握基础元件核心技术、振兴民族装备制造业，做出了贡献。

（2）申报专利34项，其中发明专利18项、授权3项；参与制订了3项液压元件领域的国家标准；在国内外核心刊物上发表学术论文24篇；培养了博士生1名、硕士生5名、博士后出站1名，极大地提升了项目团队科技创新能力。

四、经济性、节能、环保性分析

在中挖阀的开发过程中，通过引入数字化技术，大大缩短了产品开发的周期，将为产品迅速占领市场起到重要作用，其产生的间接经济效益难以估量。通过数字化仿真技术，使得开发的产品在理论上得到了保障，大大减少了仅依靠多次试验摸索来进行开发的费用；3D打印技术的应用，减小了模具开发的风险，节省了重复进行模具开发费用的投入达数百万元；CAM和CAT技术的应用，既大幅提高了生产效率，又节约了大量人工成本。

应用数字化技术开发的多路阀产品经过第三方权威机构检测，作业效率和油耗明显优于国内外同类产品，节能效果显著，市场推广的预期经济效益相当可观。以2015年的行业数据为例，2015年全年挖掘机销量约50000台，按20～36 t型挖掘机占比40%计算，销量约为20000台，本产品与进口产品相比，每台约节约采购成本1万元，按照未来市场竞争中，本产品占市场份额的15%计算，成本节约产生的直接经济效益达3000万元。此外，该产品对比同类产品作业速度提高10%以上，油耗降低26%以上，按20 t级挖掘机计算中、大型挖掘机，取正常挖掘作业的平均油耗为23 L/h，每天的工作时间为8 h，每年的工作日为200天，则采用本产品的挖掘机，油耗与同类型传统液压挖掘机相比降低26%以上，一台挖掘机一年节省燃油约为9568 L，一年累计减少的排放污染物将大大降低，以燃油每升单价5元，本产品占市场份额的15%计算，所取得的直接经济效益预计约为1.44亿元。作业效率的提升，节省的人工费用和工期也将非常可观。综上，所取得的直接和间接经济效益预计约达2亿元。

五、展望

工程机械用多路阀数字化技术在国内还处于起步阶段，随着研究的深入和技术的进步，开发工程机械用多路阀将更加广泛地应用数字化技术，进一步提升产品性能，缩短开发周期，与此同时，多路阀技术与数字化技术将更好地融合在一起，大幅提升机器的智能化水平，引领工程机械向着绿色、高效的目标发展。

案例 3
先导式大流量电液比例阀数字化技术

北京华德液压工业集团有限责任公司　浙江大学

北京华德液压工业集团有限责任公司围绕国家在基础零部件领域的战略规划，针对市场需求，在数字化先导式大流量电液比例阀方面作了深入研究，运用数字解析与模拟技术，优化比例电磁铁磁系结构；采用CFD软件，对典型阀口进行数值仿真和优化；与浙江大学合作研制数字式比例控制器，提高比例阀灵敏度和快速响应性；通过数字化生产装配，消除传统管理方式中人为因素的影响，保证产品全生命周期设计制造过程中的稳定性。

一、导言

液压传动与控制作为工业自动化的基础技术，是中国制造业结构优化和转型升级规划中关键基础件应重点突破的领域。随着电子技术和 IT 技术的飞速发展，液压行业也进入了数字化时代，数字化设计、数字化制造与数字化管理成为了行业重点发展的核心技术。

为打破国外垄断，落实国家科技中长期发展规划纲要、国务院关于振兴装备制造业以及国防发展的要求，北京华德液压大力发展关键液压基础件，深入开展数字化控制研究，开发了多规格配套用高性能数字化控制电液元件和数字控制器，旨在掌握核心设计与产业化关键技术，增强自主创新能力，同时为行业提供可以借鉴的经验，满足智能制造的迫切需求。

二、主要研究内容

本案例主要研究 NG10～NG35 全系列带位置反馈的先导式大流量电液比例阀及数字控制器如图 1 所示，主级引入位移—电反馈，频率响应更好，控制精度更高；配合高性能数字控制器，可进行软件编程，方便故障诊断、智能控制算法的应用，补偿由于油温、负载变化引起的精度误差，显著提升了比例阀的性能；产品性能技术指标达到国际同类产品先进水平，可以满足大多数工程应用为 80～1000 L/min 额定流量范围的要求，广泛应用于各类自动化设备。

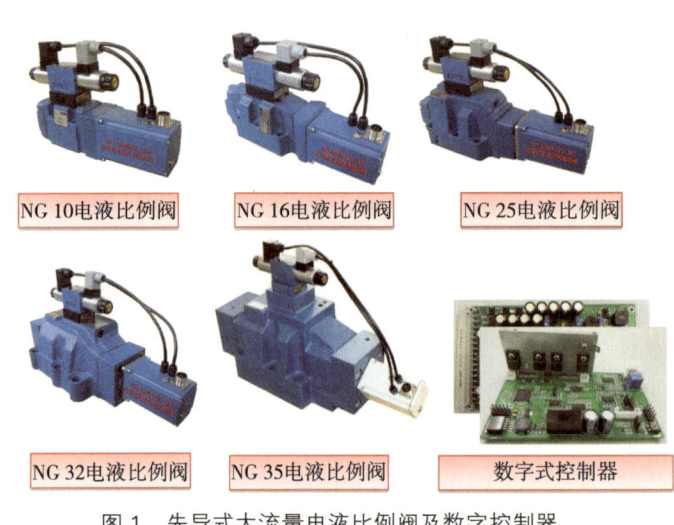

图 1　先导式大流量电液比例阀及数字控制器

北京华德液压先导式大流量电液比例阀生产线及其装配试验基地，具备年产 20000 台的生产能力；研制的系列产品已在国防军工、工业自动化液压系统等领域得到应用，截至 2013 年 12 月，累计销售 1.2 万台，实现产值 8223 万元。

1. 比例电磁铁的磁场优化及结构设计

比例电磁铁在比例阀中起着关键的作用，直接决定主阀性能的优劣。不同的空间磁系结构，其磁场分布状况以及对推杆的磁吸能力均不相同，进而影响电磁铁的工作性能。为此，本案例建立了比例电磁铁磁场的数值仿真模型，将影响比例电磁铁电磁力特性的衔铁长度、径向间隙、隔磁角、隔磁曲线及导磁套厚度等主要因素参数化，利用有限元方法进行仿真分析，优化比例电磁铁结构，如图2、图3所示，最后通过实验进行验证。

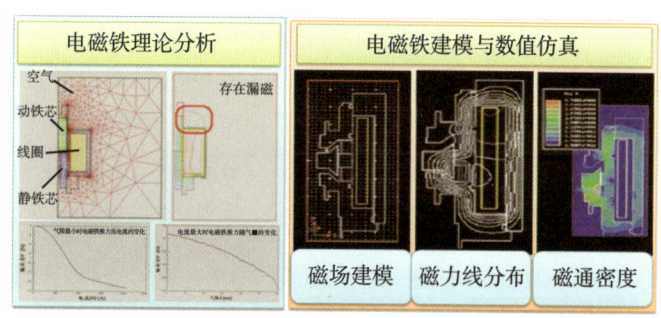

图2 比例电磁铁的磁场优化及结构设计

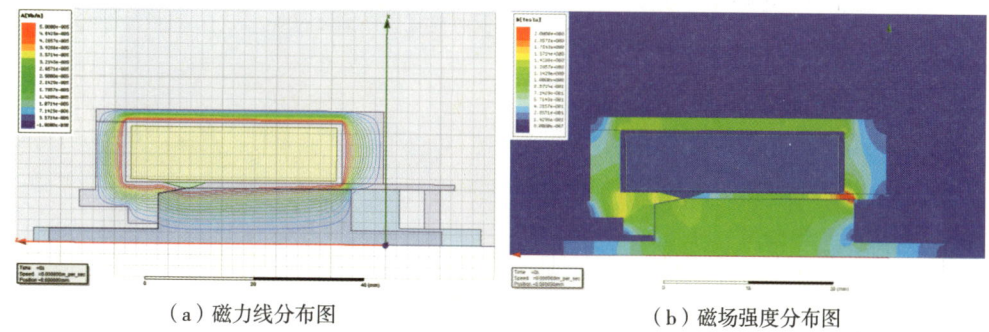

（a）磁力线分布图　　　　　（b）磁场强度分布图

图3 磁铁磁场有限元仿真

通过综合仿真比较，得到一组最优设计参数，对应不同电路时的力—行程曲线，如图4所示。该电磁铁的线性度较好的区间为气隙 0.3 ~ 3 mm，较已有电磁铁的 1 mm 线性段有大幅的提高；同时，在相同的电流下，电磁力的大小也有明显的提高。

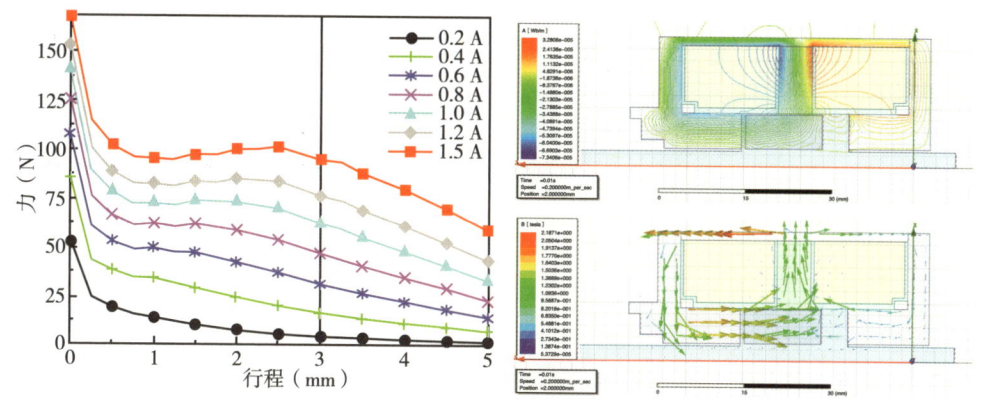

图4 磁铁电磁有限元仿真的电磁力特性曲线及磁路分布

2. 基于典型应用的主阀阀口优化设计方法

针对不同的控制对象和要求，比例阀中位机能和阀口形式大相径庭。如为了满足液压马达增减速度的平稳性要求,需将主阀阀口进出油口都设计成非全周节流口;为了满足不对称液压缸的往复等速度控制要求,需将进出油口开度设计成非对称形式(常见比例 2:1 和 1.3:1)。目前国内比例阀产品品种单一,缺乏有针对性的应用设计,本案例根据比例阀在工业装备中的典型应用,进行阀口特性分析,并设计异形复合变增益阀口,最后采用 CFD 软件进行数值仿真和优化设计。

首先通过 Solidworks 建立阀口流道三维模型,如图 5、图 6 所示;运用有限元分析方法,得到不同开度及压差下阀口的流场特性,如图 7 所示。通过压力场分布情况,分析容易产生

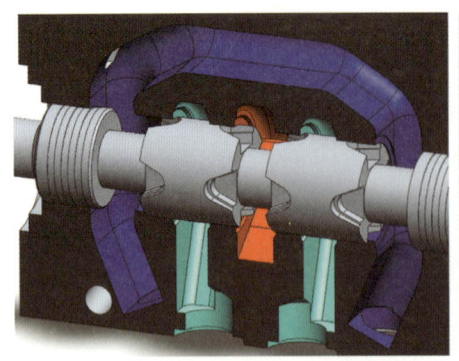
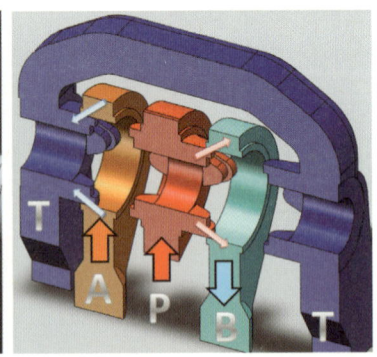

图 5 主阀内部结构模型图及油液模型

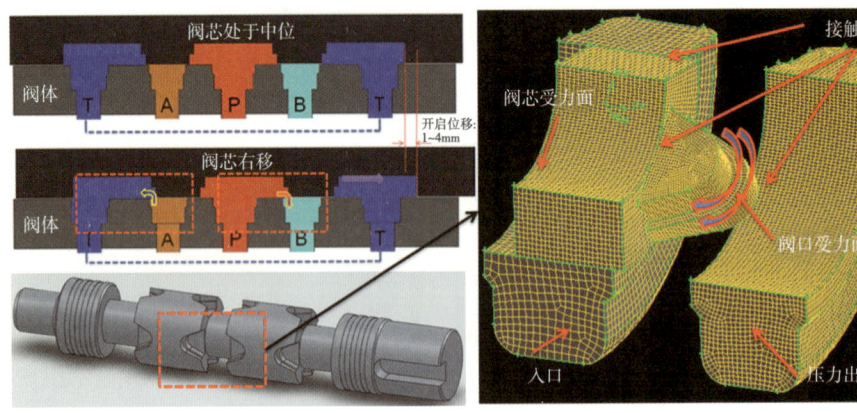

图 6 主阀阀口 CFD 仿真模型及边界条件设置

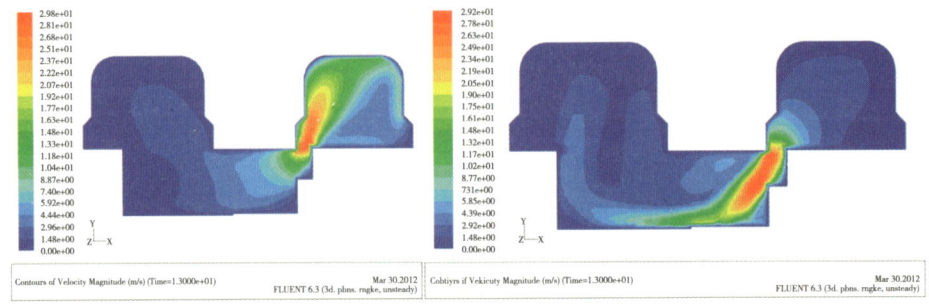

图 7 阀芯位移 1 mm 阀口、压差 0.5 MPa 下,两个节流口的速度场分布

气穴的区域，进而通过结构尺寸上的调整对比，降低了产生气穴的可能性；通过分析不同压差下不同开度时通过阀口的流量，获得了阀口流量—开度的线性度，如图8所示。通过修改阀口参数，得到了线性度较好的阀口形式和尺寸和不同压差、阀口开度下的液动力，为整阀模型中主阀芯稳态液动力提供精确的仿真数值。

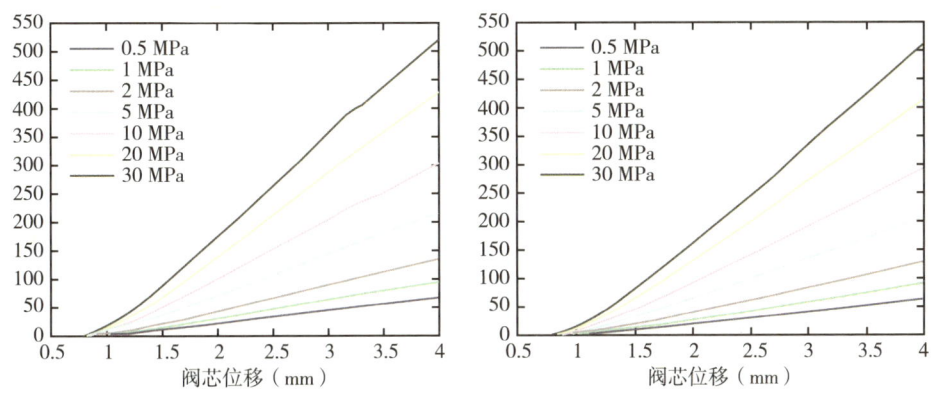

图8　结构优化后，进出油口的流量与阀芯位移关系曲线

3. 数字式比例阀控制器研制

数字式比例阀控制器系统结构如图9所示，采用控制器为ARM7系列高性能可编程逻辑控制器，不但可实现传感器比例阀放大器的所有功能，同时由于嵌入式处理器的引入，运用以软件取代硬件的思想，使传统比例控制器的一些硬件单元如信号处理电路、颤振信号发生器和PID调节器等可以灵活配置，大大拓宽了比例放大器的适用范围。

（1）高控制性能位置闭环控制算法。

为了满足比例阀不同应用场合的要求，如位置控制模式、速度控制模式、力控制模式，比例放大器的闭环控制算法必须具备一定的灵活性。针对比例阀的典型应用工况，在设计过

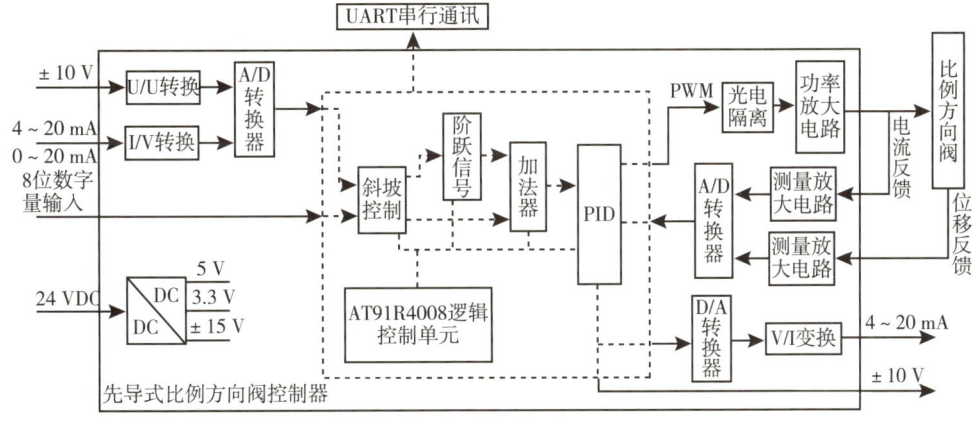

图9　数字式比例阀控制器系统结构

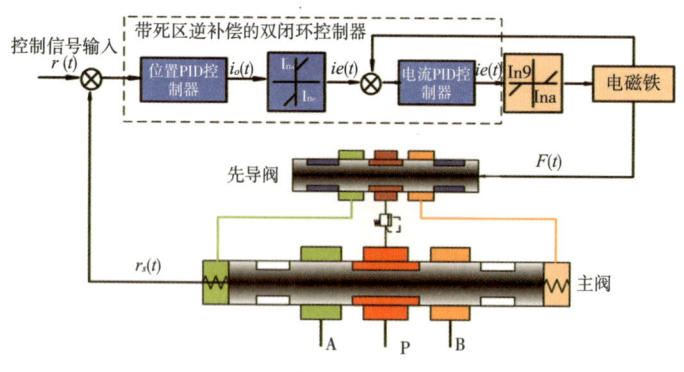

图 10 双闭环位置闭环控制算法示意图

程中进行大量测试和试验，固化一部分 PID 缺省配置，同时预留少量参数用于现场调整。

数字式比例控制器所有控制程序和算法可以通过上位机进行编程和配置，经过充分的实验对比和验证，开发出高控制性能位置闭环控制算法，其基本原理如图 10 所示。

与传统的位置闭环反馈控制算法不同，为了提高比例阀的响应速度，对比例电磁铁的驱动电流进行采样，并把采样信号作为电流闭环的反馈信号；为了补偿先导阀的控制死区，算法中内置自适应死区逆补偿控制模块。实验结果表明，采用该算法后，同等条件下阀芯位移阶跃响应时间由 50 ms 缩短至 35 ms 左右，与国外某公司同规格产品相近，其超调量仅为 2%，优于国外某公司同规格比例阀的超调量（5%），如图 11、图 12 所示。

（2）数字 / 模拟 / 总线及人机配置接口。

为了满足各种外设的需求，增强适应性及放大器参数调试要求，比例阀控制器一般具有模拟量、数字量以及总线多种输入接口，在已研发比例控制器中的输入接口有 8 位数字量输入接口、±10 V 电压输入接口、4~20 mA 电流信号输入接口以及备选的 0~20 mA，±20 mA 输入接口；输出接口有：±10 V 电压输出接口、4~20 mA 电流输出接口，备选的有 0~20 mA，±20 mA 输出接口；有 RS232 总线接口，可以与上位机进行串口通讯，可以实现控制参数传递、反馈变量和控制状态量反馈传输等功能。目前，这些接口具有良好的兼容性和可靠性。

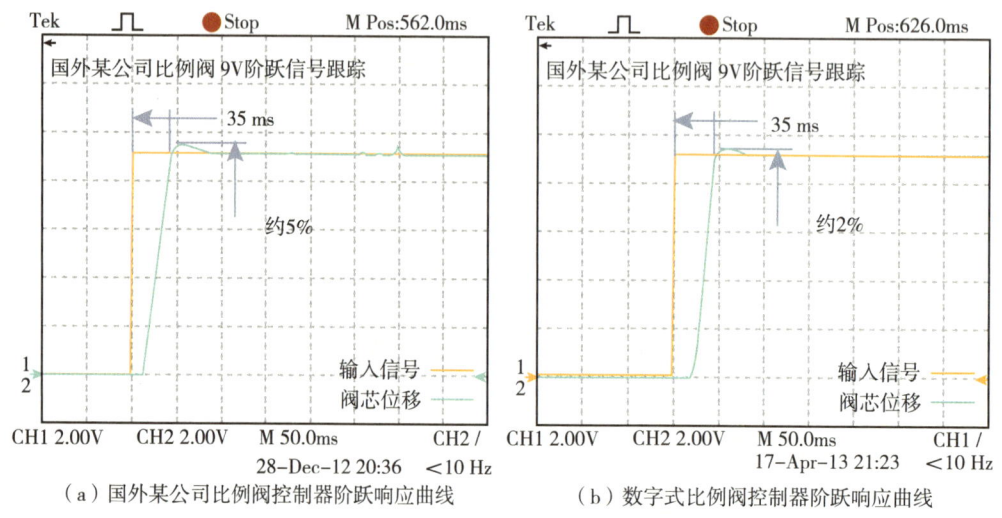

（a）国外某公司比例阀控制器阶跃响应曲线　　（b）数字式比例阀控制器阶跃响应曲线

图 11 阶跃信号响应对比

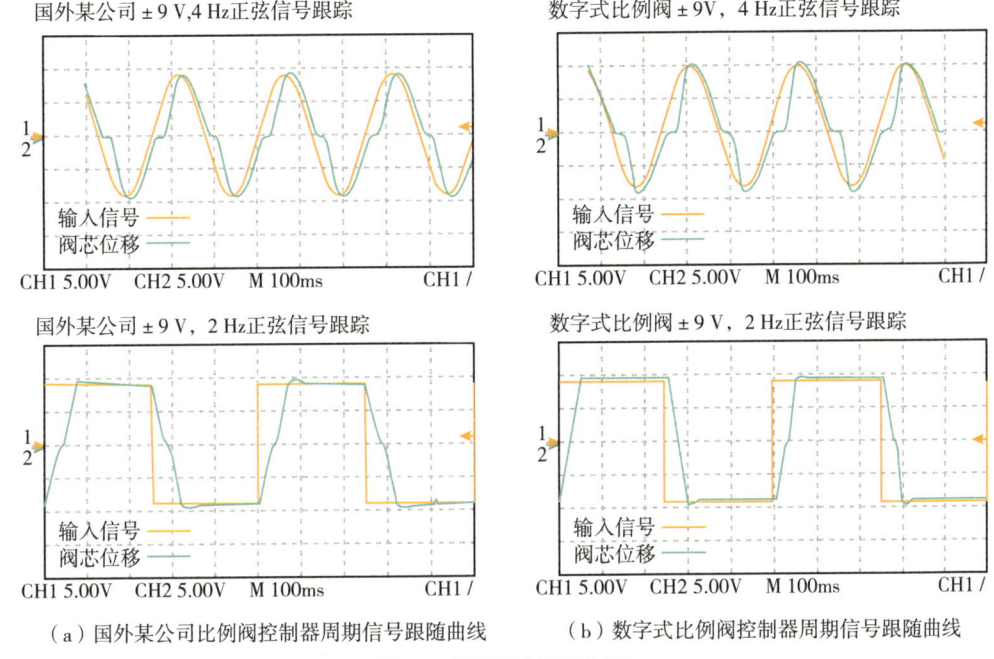

（a）国外某公司比例阀控制器周期信号跟随曲线　　（b）数字式比例阀控制器周期信号跟随曲线

图 12　周期信号跟随对比

为了进一步提高控制器的适用性和灵活性，设计上位机配置软件，并在控制程序中开放部分参数，实现上位机的高级配置。通过该软件，可以实现友好的人机交互，完成控制参数的配置，并通过串口传输给控制器，控制器内置解码模块，可实现参数的传递和硬保存。

（3）安全自保护模块及故障自诊断模块。

为了提高比例阀的可靠性，在控制器的硬件和软件中专门设置了安全自保护模块，其中安全保护模块包括硬件保护（电压反接保护、电磁铁电流限流保护）和软件保护（自动识别电磁铁的短路和断路、阀芯未复位、阀芯卡死等常见故障）。

为了补偿多种制造安装偏差，专门研制了参数自整定算法，该控制算法可补偿多偏差，如图 13 所示。

为了验证研制放大器在实际产品中的适应性情况，针对不同规格、不同型号的比例阀进行抽样实验，测试了比例阀的静态性能指标和动态性能指标，结果表明该自整定算法可以有效补偿左右电磁铁、不同放大驱动电路、不同规格通径等引起的偏差。本案例以 NG16 系列电液比例阀为例，测试对比结果如图 14、图 15 所示。

图 16（a）为国外某公司比例阀在 4 Hz、9 V 正弦信号下的输入信号—位移反馈跟随性能，从图中可以看出，比例阀的位移能较好跟随输入信号，但略微存

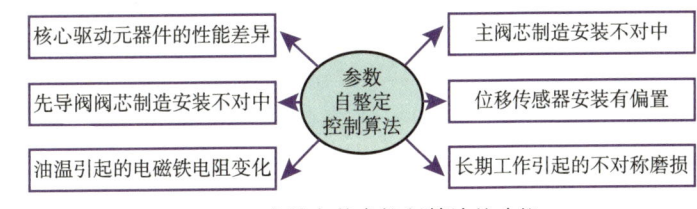

图 13　参数自整定控制算法的功能

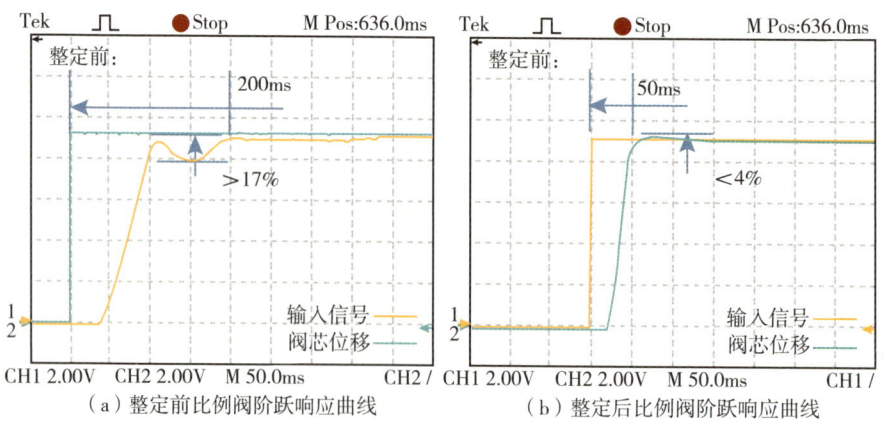

图 14　同一比例阀采用自适应控制算法前后的阶跃响应对比

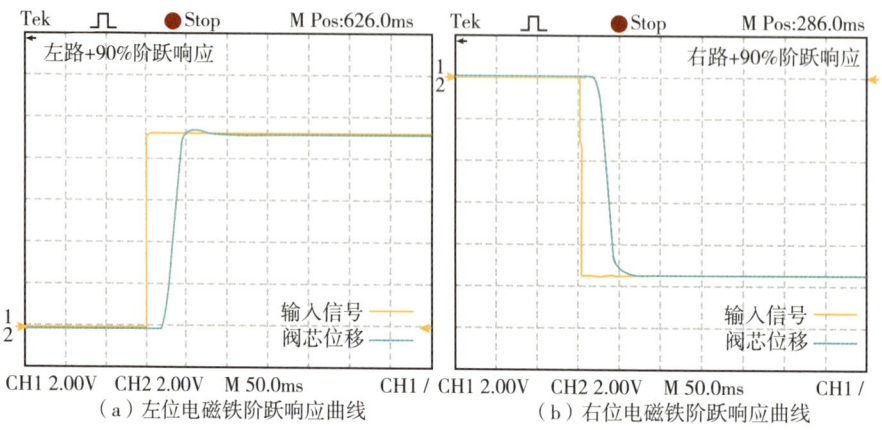

图 15　同一比例阀左右电磁铁采用自适应算法后阶跃响应曲线

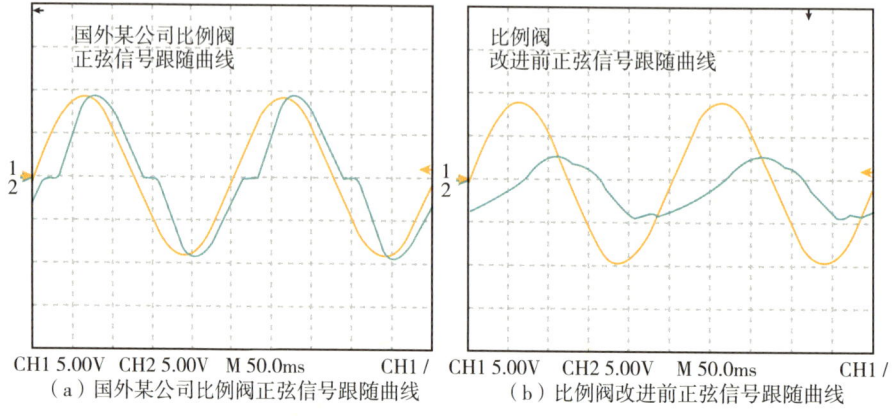

图 16　国外某公司比例阀正弦信号跟随曲线及比例阀改进前正弦信号跟随曲线

在相位偏移。图 16（b）为比例阀在 4 Hz、±9 V 正弦信号下的输入信号—位移反馈跟随性能，从图 16（b）可以看出，比例阀的位移已不能很好跟随输入信号，幅值衰减比较严重。

图 17 为两台华德数字式比例阀在采用自适应控制算法后的控制效果,明显可以看出位移跟随性能明显改善,已接近国外某公司控制效果。图 18 为两台华德数字式比例阀在 2 Hz、

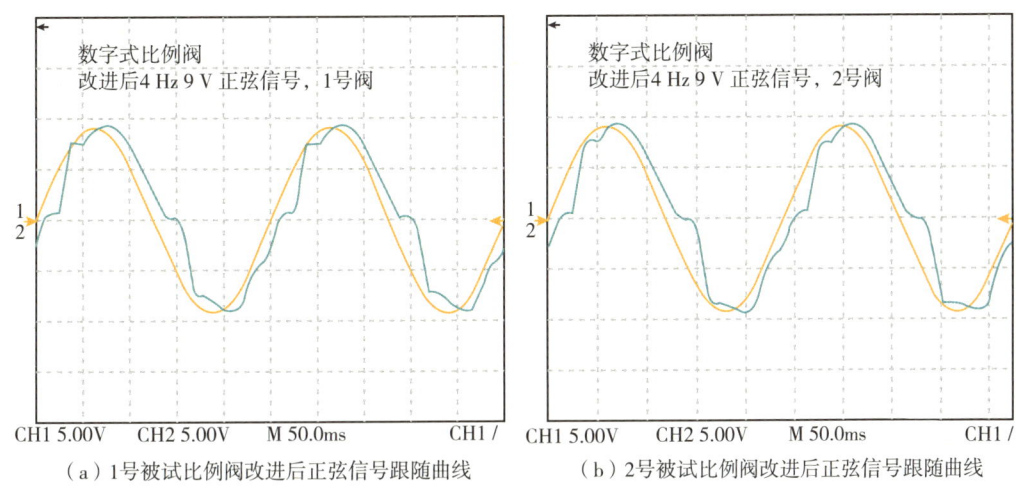

(a)1号被试比例阀改进后正弦信号跟随曲线　　(b)2号被试比例阀改进后正弦信号跟随曲线

图 17　不同规格型号比例阀的高频正弦信号跟随测试曲线

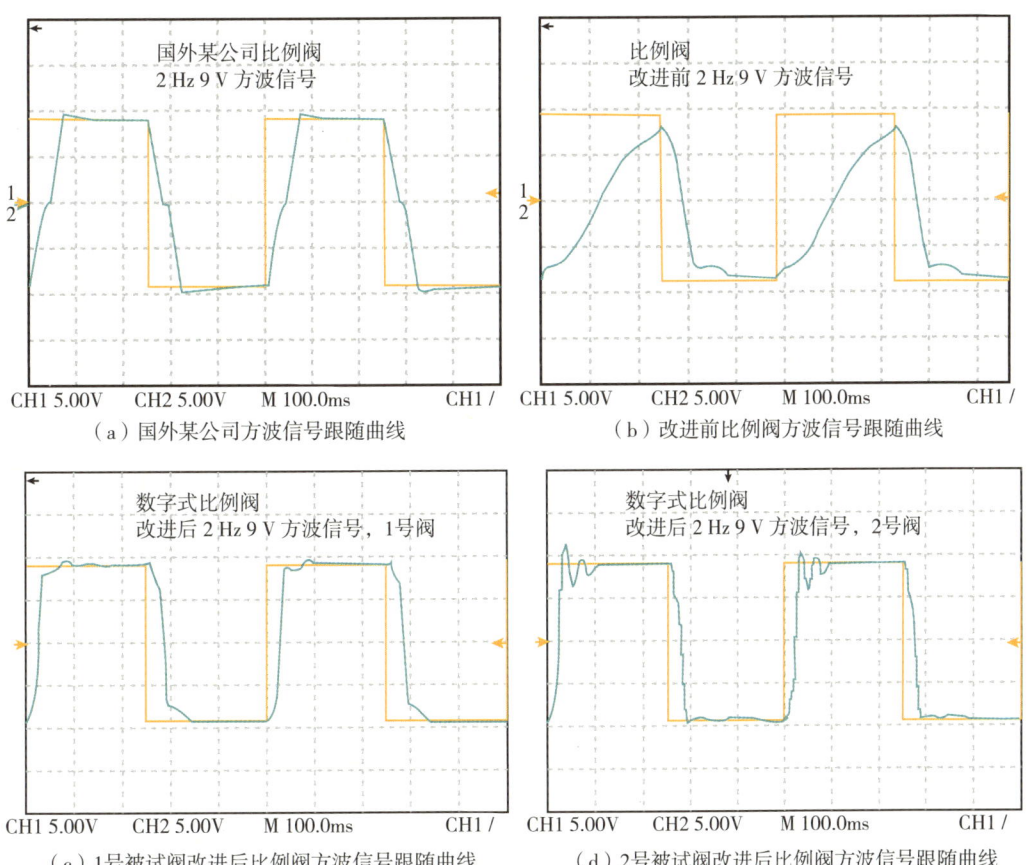

(a)国外某公司方波信号跟随曲线　　(b)改进前比例阀方波信号跟随曲线

(c)1号被试阀改进后比例阀方波信号跟随曲线　　(d)2号被试阀改进后比例阀方波信号跟随曲线

图 18　不同规格型号比例阀的高频方波信号跟随测试曲线

±9 V 方波信号下的跟随特性，同样也有明显的改进效果。

4. 自动化装配生产线的建立

国内液压阀生产均为手工装配，装配及检测手段落后，无法稳定控制产品的装配质量。北京华德液压工业集团有限责任公司的数字化装配线的上下料、机器人识别系统、安装、拧紧、翻转、传送等12个工位全部采用自动化控制，是在解决了多品种柔性化生产、在线检测自动化装配的关键技术基础上，综合应用工业计算机控制技术、传感技术、数据采集、在线检测等先进技术集成研制的数字化装配检测系统（图19）。其特点主要包括：

1）采用了先进的机器人上料技术，满足阀体高精度的定位要求；

2）国内首个以电磁铁为动力，实现了阀芯与阀体 8 ~ 12 μm 间隙的自动化装配技术，并且能严格控制阀芯与阀体装配质量；

3）节约劳动成本，数字化装配线 10 s 组装一台液压阀，是人工组装效率的 10 倍。并可以控制人为因素造成的产品质量缺陷；

4）通过在线检测系统，能够检测各个零部件是否合格，严格掌控液压阀的装配质量。

自动化装配线控制核心采用西门子可编程控制器（PLC）控制，其触摸屏界面包括自动操作画面、手动选择画面、报警画面、系统画面和 I/O 状态监视画面等。

自动化装配线可控制人为因素造成的产品质量缺陷，有力地保障了后续液压阀的装配质量。

图19 液压阀数字化控制自动装配线

三、结论与展望

本案例成功研制了 NG10 ~ NG35 系列先导式主级带位置反馈比例方向阀及配套的数字式比例放大器。产品经台架性能试验、耐久性试验考核和工业性考核应用，整体技术指标达到国际同类产品先进水平，随机实物对比测试结果表明，产品在滞环、重复性、动态响应时间等关键指标均处于国际领先水平。

本案例在电液比例阀机—电—液联合仿真设计手段与工具方面取得突破，获得了高精度的理论仿真模型，有效地指导了产品的结构优化设计工作；创新性地提出了高分辨率复合异形阀口结构、先导阀与主阀的匹配设计方法；开发了先进的总线型数字式比例阀控制器，并提出双闭环自适应鲁棒算法，比例阀的静动态特性得到显著提高；通过自动化装配，提高了比例阀产品性能的稳定性和一致性；电液比例阀系列产品通过了1000万次寿命考核，为产品规模化制造提供了有力支撑。项目开展期间共申请专利14项，其中受理6项发明专利，授权8项实用新型专利；负责和参与国家标准2项，行业标准8项。

本案例的成功实施，填补了我国关键基础件在高性能数字化电液元件技术方面的空白，对满足国内巨大的市场需求，摆脱对国外产品的依赖，打破国外产品的价格垄断，促进装备制造业的发展具有重要意义。对我国工程装备及工程机械等领域的技术进步起到积极的推动作用。

案例 4

传动液力变矩器数字化制造

山推工程机械股份有限公司

液力传动在工程机械、工业车辆等行业中应用广泛，随着数控技术、网络技术应用的普及，液力行业也进入了数字化时代。山推工程机械股份有限公司传动分公司是液力传动部件的重要研发、制造基地，近几年在数字化设计、制造、管理方面开展各种数字化、信息化建设，包括变矩器理论研究、流体分析、参数化优化平台建设、PDM、ERP 管理，模拟工况加载试验等，都取得了初步成果。

一、导言

20世纪50年代末，我国开始自行设计制造液力传动部件，在高校、研究所和相关工厂的共同努力下，首先在轿车和内燃机车上得到了应用。经过50多年的发展，液力传动已在我国得到了广泛的推广和应用。现在，国内工程机械、起重运输机械、车辆等行业广泛采用液力传动装置。目前国内的液力传动产品生产企业，相比于国外如福伊特、采埃孚、艾里逊等国际公司，存在规模小、技术研发能力弱的特点。山推工程机械股份有限公司自1980年研制推土机时，为之配套的液力变矩器技术同时攻关，经过对其技术的完善、创新和超越，产品不断适应了主机发展和配套需要。特别是近几年，随着数字技术的发展，液力变矩器的开发、制造、管理等迈入数字化时代，为满足《GB 16710-2010 土方机械 噪音限制》Ⅱ阶段噪音要求开发了一系列低转速液力变矩器，相关成果获得国家机构鉴定，并获得多项行业奖项；为满足国内最大马力SD90-5推土机的配置，开发了带双离合器的闭锁式液力变矩器，该型号推土机荣膺"中国工业首台（套）重大技术装备示范项目"称号，填补了国内的空白。

二、液力变矩器数字化研发制造平台

液力变矩器作为车辆传动系统的核心部件，对整车的动力性与经济性有着重要影响。随着产品设计的更新换代以及用户整车性能要求的不同，对同一尺寸型号的变矩器性能参数要求也不同。所以，需要一套新的变矩器叶栅优化设计方法，在不改变变矩器整体的安装尺寸前提下，通过叶栅形状的改变获得所需参数的变矩器，以适应不同发动机与整机的匹配要求。

随着计算机CFD仿真分析的发展，科研人员借助于流体分析软件开展了变矩器叶栅形状与变矩器性能关系的研究，但大多数也是停留在分析方法，参数方法的研究，未进行整体的优化方法探索。随着分析软件技术的进步，出现了单个轮子叶栅优化方法的探索，但单个轮子的性能优化可提升范围有限，不能明显改善变矩器性能。山推工程机械股份有限公司探索了新的变矩器叶栅优化方法，可进行变矩器多个轮子同时优化，在变矩器性能提升方面效果得到显著提高，在变矩器优化方面，该设计方法处于国际先进水平。

1. 优化流程

变矩器性能优化是在现有变矩器叶栅结构的基础上，进行性能的改变或者效率提升，图1为变矩器优化流程。优化流程是首先对现有叶栅结构进行参数化建模，并设定约束叶栅形状的参数范围，如图2所示，叶栅形状采用一条骨线来表达，叶栅的厚度变化用骨线法向的曲线表示。其中骨线的变化采用贝兹曲线拟合，厚度方向采用 B 曲线进行拟合，如图 2（a）所示。叶栅形状的变化经过计算与实践证明，通过 3 个参数 β_1、β_2、γ 的调整变化，可以实现叶栅较大规模的调整，如图 2（b）所示，通过调整 3 个参数，可以调整叶栅进出口角与整个叶栅弯曲形状。第二步是对叶栅进行网格的划分，如图 3 所示。叶栅参数化完成后，将所用到的参数范围设定，将保存好的模型进行网格的划分，并组装网格模型，这些步骤与大多数的有限元分析类似。选择适合变矩器分析的叶栅类型，如图 3（a）所示。设定网格参数，在参数设定过程中尽量保证网格质量，网格质量的高低决定了后续叶栅数据库形成过程时的计算成功率。将每个轮子的叶栅网格划分完毕后，最终将其组装，进行下一步分析工序，

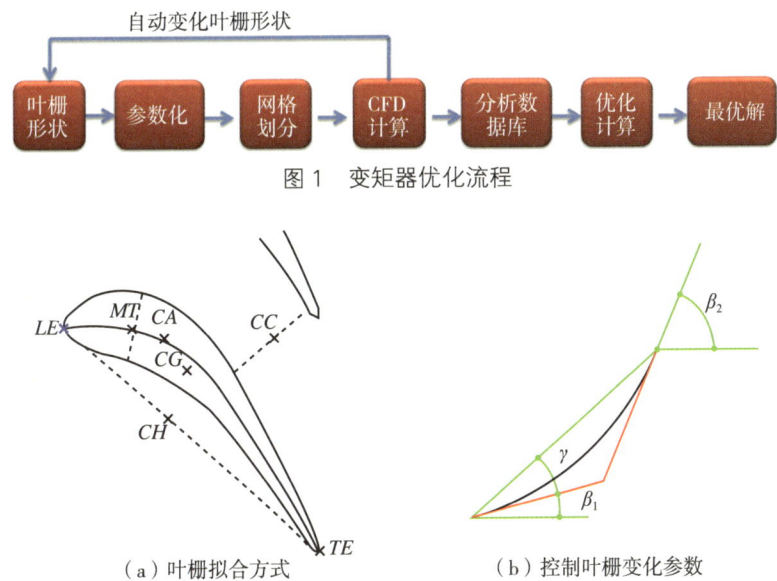

图 1 变矩器优化流程

(a) 叶栅拟合方式   (b) 控制叶栅变化参数

图 2 叶栅的参数化方法

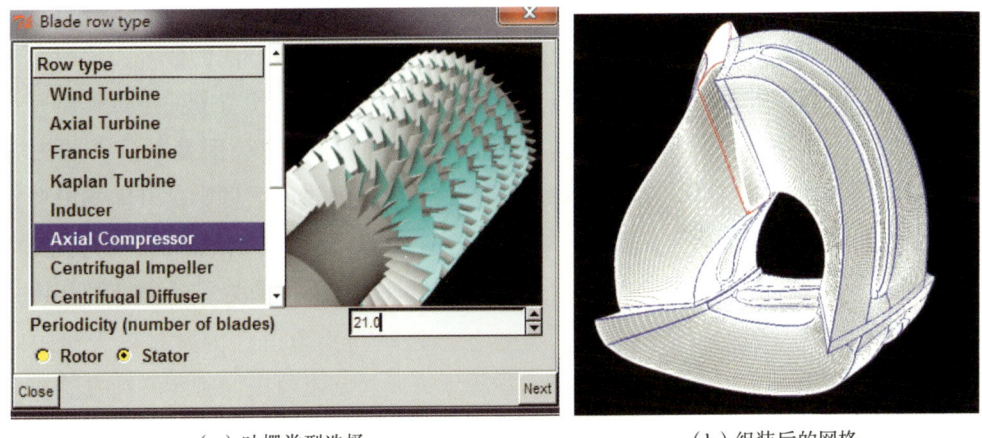

(a) 叶栅类型选择   (b) 组装后的网格

图 3 叶栅的网格划分

如图3（b）所示。第三步进行CFD的流体计算，将计算结果放入分析数据库。第四步，根据参数化设定的参数范围，拟合出一套优化叶栅模型，再进行如上流程到第四步，将计算结果放入分析数据库，如此往复进行直到数据库规模到设定值大小，再基于数据库形成的形状与性能参数之间的规律进行多次的插值优化，采用基于先进数学理论的优化手段进行优化设计，带有神经网络、遗传算法以及模拟退火算法的全新的智能优化方法，可以实现多目标、多参数优化，用户可以自行定义多个优化目标，同时可以保证几何及机械约束。最终获得所设定的优化目标。

2. 优化目标的确定

本案例以某推土机为例，说明优化目标如何确定。优化目标的确定，一方面要考虑发动机匹配要求，发动机与液力变矩器组合构成一种复合动力装置，输出特性的好坏并不单纯取决于发动机或液力变矩器自身的性能，两者之间匹配是否合理对各自性能的发挥及整机牵引特性均有重要的影响。所以，首先根据不同发动机的性能要求，确定变矩器的参数，如图4（a）发动机与变矩器的共同输入特性曲线；其次，我们要考虑整机的要求，包括油耗、牵引特性等，根据适应不同工况的产品提出不同要求的牵引特性，如图4（b）所示，各挡速度与牵引力大小之间的关系，以适应不同工况的产品要求；再次，我们还要考虑整机的节能，各位工作在变矩器高效区范围内，根据产品的工作环境要求，尽量保证推土机在最常用的工况下油耗尽量低。

3. 优化实例

液力变矩器优化目标是根据整机传动系统匹配优化期望值提出，以下是对某一种型号的液力变矩器优化结果和试验结果分析例证。根据整机传动系统匹配，液力变矩器能容提高后与发动机匹配能大幅提高整机的作业效率及燃油经济性，以提高变矩器效率与提高能容为优化目标。根据优化后的叶栅形状，首先进行CFD的流场分析计算，如图5（a）所示，红色曲线为优化后的变矩器性能曲线，蓝色曲线为优化前变矩器性能曲线。3条曲线分别表示变矩系数K，效率η与能容Mbg。图5（a）为变矩器优化前后分析计算结果，计算结果显示优化后变矩器高效区传动效率提高了3%～5%，能容增大了5%～8%。图5（b）为根据优化模型试制后进行试验的结果对比，试验结果证明优化后的变矩器效率与能容与优化设计目标一致，实现了优化目标，证明优化方法是可行性的。

4. 叶栅模具制造数字化

变矩器性能优化后，叶栅模具有复杂的曲面，采用普通的加工手段难以保证加工精度，通过由CAM软件生成数控加工代码，传输到多轴加工中心进行模具加工，保证了模具精度。如图6所示。

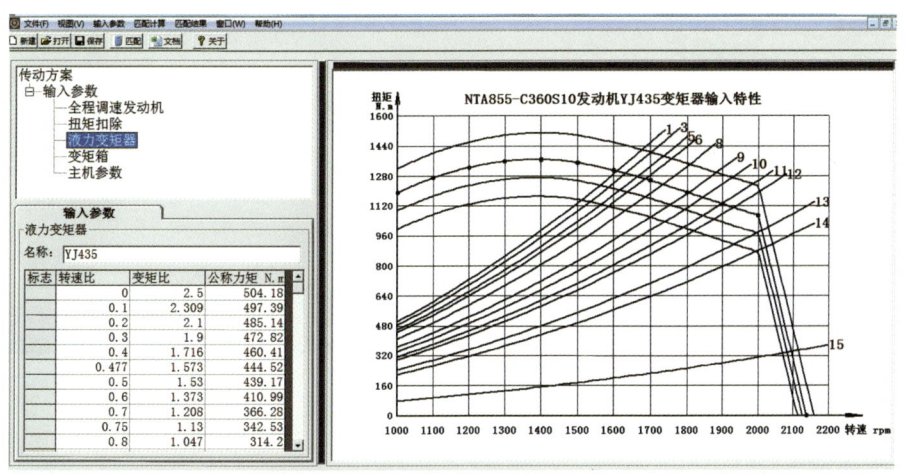

（a）共同输入特性曲线

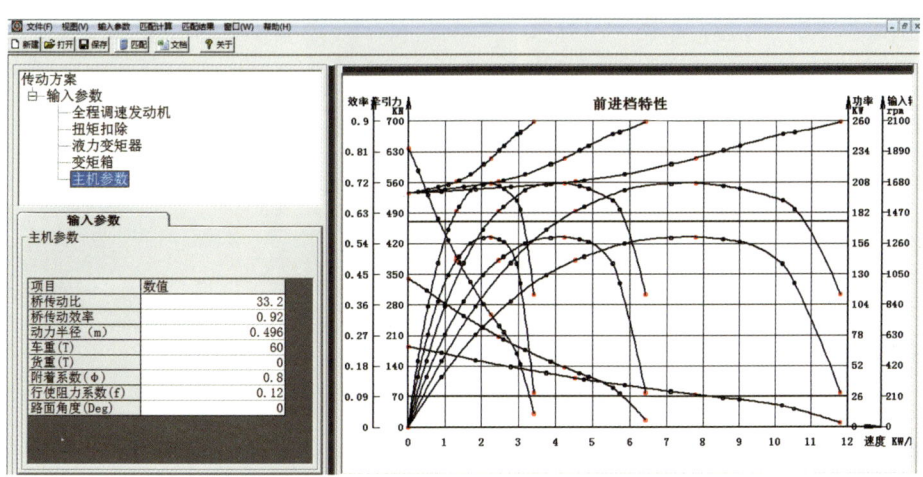

（b）各档牵引力、传动效率、速度曲线

图 4　变矩器与发动机和整机的匹配

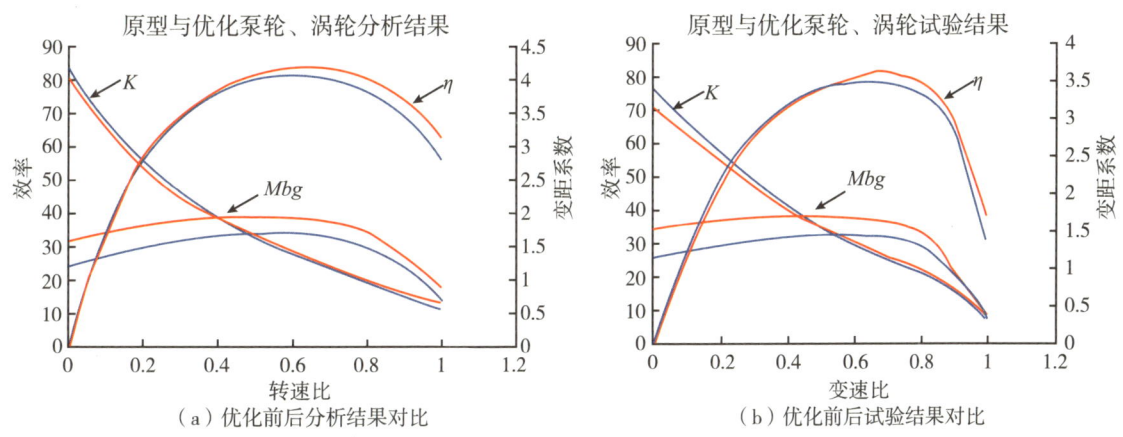

（a）优化前后分析结果对比　　　　　　（b）优化前后试验结果对比

图 5　变矩器优化前后分析与试验结果对比

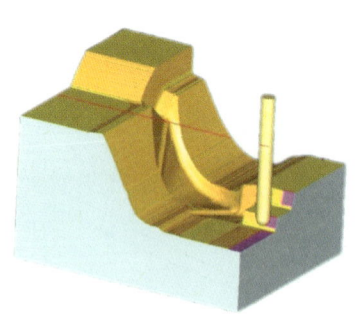

图 6　在线模具加工

5. 优化典型产品

通过变矩器数字化研发平台，开发了 1.5～6 t 装载机用节能型液力变矩器，如图 7 所示。

1.5～2 t 装载机用液力变矩器　　　3 t 装载机用液力变矩器　　　5～6 t 装载机用液力变矩器

图 7　节能型液力变矩器

三、数字化制造平台

山推制造管理采用 ERP 管理系统，从订单需求、制造计划下达、零部件库存及管理、零部件加工、产品装配、试验、入库通过线上运行，各环节实现数字化管理，通过 ERP 管理系统一目了然。如图 8～10 所示。

（1）生产采用 ERP 数字化制造资源管理系统，购买、生产、库存、销售、人力资源的各个环节有效衔接，使得部门间横向的联系有效且紧密，提升管理绩效。

（2）核心零部件加工采用数字化加工平台，有效保证了零部件的加工质量，制造精度。

（3）装配线采用数字化流水线作业，各装配参数（压紧力、拧紧力矩）采用数控设备设

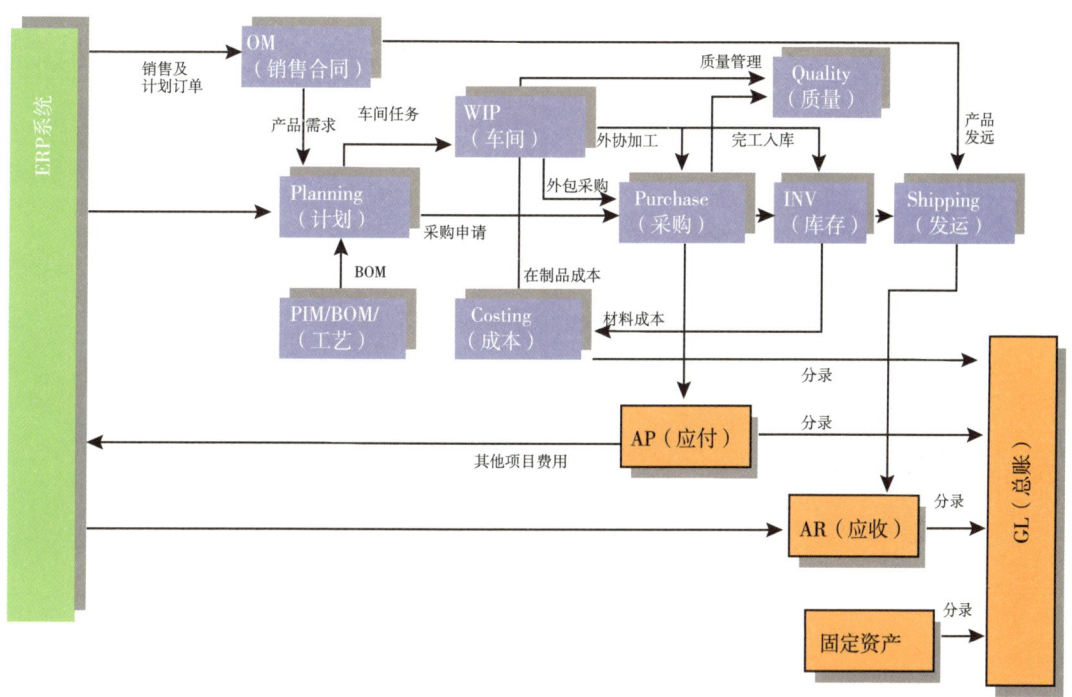

图 8 ERP 管理系统

数字化加工线　　　　　　　　　　恒温室

图 9 数字化加工线、恒温室

图 10 信息化装配线

39

置,保证了装配质量。

(4)试验采用数字化模拟工况加载试验台,如图11所示,把采集的实际作业工况载荷谱输入加载控制策略,试验产品在模拟工况下能反映在实际工作中可能产生的故障现象,研发人员根据试验结果进行产品优化设计,保证出厂产品的质量和可靠性。

图11 数字化模拟加载试验台

四、实施效果

山推工程机械股份有限公司传动分公司(以下简称山推传动)通过实施设计、制造、管理的数字化,加快了新产品的开发速度,提升产品的效率、质量和可靠性。山推传动响应国家节能(绿色制造)号召,进行1.5~5t装载机用节能型变矩器产品系列化开发。前瞻性的设计思路,通过对发动机的匹配研究,实现了山推传动产品在主机上的节能技术领先,低速大能容5t装载机变矩器综合节能达到了10%,YJSW315-8A变矩器因其在5t装载机节能降耗方面的突出表现获得2011年度液气密协会行业技术进步奖三等奖;山推传动1.5~5t装载机大力矩节能变矩器在装载机行业的推广获得2013年度液气密协会行业节能型液力变矩器的应用与推广技术进步奖二等奖。推土机闭锁技术的应用,率先应用在SD52、SD90等大马力推土机上,通过高速轻载的偶合工况的应用,达到了20%以上的节能效果。山推传动承担了双变样机的开发和试制,完成在现有量产推土机液力变矩器平均最优数据基础上,最高效率提升了8%以上,高效区转速范围向下限扩展2%以上、上限扩展1%以上。

五、发展展望

液力传动行业作为基础零部件行业,液力变速器是工程机械等主机的核心部件,未来的发展将朝着绿色节能、模块化、数字化、智能化方向发展。发展高效节能经济已成为政府调整经济结构的重点，也是夯实长远发展基础的前提，开发高效节能产品已成为企业义不容辞的社会义务。作为液力行业的领跑者，山推股份传动分公司提供传动系统解决方案、通过传动系统数字化、智能化控制和绿色制造，可以实现工程机械、工业车辆智能化控制，提升传动效率和节能减排，可以实现自动换档和无人驾驶等，提升中国工程机械、工业车辆的核心竞争力。

（1）高效性。根据客户需求，为客户提供成套传动系统解决方案，根据不同的工程工况特点，将需求、设计、制造有效地串联在一起，传动系统优化，整机合理配置，量身定做，体现舒适、节能、高效、个性化特点。目前山推传动已初步形成了以"低转速发动机、高效节能变矩器、重新优化地传动和液压系统"为核心特征的整机节能新方案。经过国家工程机械权威检验部门测试，在效率提升的前提下，实现平均节油超过10%。高效节能变矩器从40～175 kW已陆续投放市场，全国各大主机厂装有高效节能变矩器的节能产品也纷纷上市。

（2）模块化。模块化设计是实现快速制造的基础，通过数字化工程，根据用户需求，采用不同的模块组合，满足不同用户的个性化需求，实现差异化装配，体现山推传动的产品优势。

（3）智能化。整机的智能化设计离不开传动系统的智能化控制，通过整机不同工况的研究，形成专家控制策略。电喷发动机、自动换挡变速箱、变量泵作为实际执行元件，是实现整机智能化的基础，通过数字化控制，达到整机优化匹配节能效果。对传动而言，通过掌握自动变速箱技术、传动系统的控制策略为用户提供智能化传动系统解决方案。

（4）绿色节能。传动系统的优化匹配对整机的节能有重要意义，变速箱、变矩器自身的高效性是传动系统节能高效的基础。通过对齿轮传动、离合器换挡过程的研究，提高变速箱的传动效率，通过对变矩器叶栅优化设计，CFD分析，结构设计，增加闭锁耦合工况，最大限度地提高变矩器的传动效率，拓展高效区范围，对整个系统传动效率的提升起到至关重要的作用。

"十三五"期间，在国家经济形势继续看好、大力倡导建设节约型社会和提倡大力发展节能产品的大背景下，拥有节能降耗、智能化控制产品的液力行业迎来了新的发展机遇和前所未有的发展空间。深入发展液力变矩器传动系统的相关研究，对于民族工业的振兴有着非同一般的意义和影响。发展具有自主知识产权的传动系统解决方案，摆脱对国外产品的依赖，有利于减低企业的成本，提高生产效率，进而加快我国的现代化进程。政府要加大对自主知识产权的帮扶力度，大力吸纳和培养优秀的技术人才，将会对我国的现代化建设提供极有力的帮助，加快"中国梦"的实现。

案例 5
多余度直接驱动伺服阀技术

西安飞行自动控制研究所

多余度直接驱动伺服阀技术是国内外先进战机的标志性产品，改型产品具有抗污染能力强、结构简单、可靠性高的特点，是电传飞控的关键部件。为打破国外技术封锁，西安飞行自动控制研究所借助于数字化的研发环境，大大缩短产品的研发周期，通过数字化研发平台提高产品设计质量和效率。快速研制了该型产品，满足国家武器装备换代要求，并成功应用于智能工程机械、机器人等多个领域。

一、导言

在飞行控制领域，国外从 20 世纪 80 年代开始研发直接驱动伺服阀（DDV）技术，主要解决三代机组合式电传伺服作动器结构复杂、成本高、可靠性及维修性差的问题，并将其迅速应用于多种机型的主控舵面。使用直接驱动伺服阀技术的作动器重量明显减少、抗污染能力显著提高，可靠性指标 MTBF 大幅提升。在国外余度式直接驱动伺服阀技术已经成功应用于四代机 F22 的关键舵面（平尾舵机）控制中。

自 2000 年以来，借助于数字化的研发环境，西安飞行自动控制研究所开展了国内外先进的新型精密液压控制元件直接驱动伺服阀研制工作，彻底打破国外技术封锁，目前已经掌握了直接驱动伺服阀的关键技术，研制的产品覆盖从单液压系统/单电气系统到液压双系统/电气四余度多种构型，从直线式到旋转式多种原理，广泛应用于军民多个领域。目前已拥有 8 项国家发明专利、国防发明专利技术，形成了多品种、系列化的实用产品。

二、数字化研发

1. 产品介绍

电液伺服阀是伺服作动器的核心部件，它的技术先进性、可靠性决定整个系统的性能。目前国内外大量使用的两级电液伺服阀（EHV）抗污染能力差，因此可靠性低，是液压伺服系统主要的故障源，在飞行控制领域伺服阀故障率占所有故障的 50% 以上。直接驱动伺服阀（DDV）采用稀土力马达或力矩马达直接驱动控制阀运动的方式实现精确的流量控制，由于取消了传统电液伺服阀中易被污染的喷嘴挡板液压放大级，大大提高产品的可靠性。同时，可以简化伺服作动器结构，使其可靠性明显提高。

直接驱动伺服阀一般由三部分组成：稀土直线力马达、液压滑阀、位移传感器。控制器的指令施加到力马达线圈，在电磁场的作用下力马达的动铁芯产生直线位移，带动连接在一起的液压滑阀的阀芯运动，打开滑阀节流窗口，位移传感器检测阀芯的位移，反馈给控制器形成闭环控制系统，输出对应的控制流量。在飞行控制领域为了提高飞行器的可靠性，产品通常采用带有余度形式的结构，例如使用 4 个力马达驱动串联在一起的 2 个液压滑阀组成电气四余度液压双余度的结构形式。

由于采用力马达直接驱动液压阀芯的方式，直接驱动伺服阀有一项特殊要求——最大剪切力，需要力马达能够提供足够大的输出力用于剪切滑阀节流窗口可能存在的污染物。同时为满足飞机作动系统高频响的要求，控制器的前向增益都比较高，对控制器与直接驱动伺服阀匹配要求高。余度伺服阀技术通过磁通综合的方式可以大幅度降低双液压系统不同步造成的力纷争，但是对产品设计过程中液压滑阀零位重叠量的要求非常高，需要规定确定的数值严格控制双系统的一致性。这些都是与传统两级电液伺服阀的不同之处，无法借鉴原先的设计经验。如果按照以前的设计经验，需要多轮的物理实物的反复迭代，需要耗费大量的人力物力，难以满足先进飞控系统对该项技术的迫切需求。

借助于西安飞行自动控制研究所数字化设计研发平台，使用先进的仿真软件对影响性能的关键技术进行快速迭代验证，加快了产品的研制进度，缩短研制周期，节约研制费用。

2. 技术创新点

（1）数字化设计环境。

传统液压产品研制通过二维设计与三维设计相结合的方法进行，在产品设计、加工、装调全流程二维三维相互转换，过程中容易产生反复与错误。

西安飞行自动控制研究所致力于数字化、网络化的产品研发环境建设，目前已通过PDIE集成开发环境，实现了产品研发的综合管控。面向产品全生命周期的研发，通过网络信息集成交互手段精准把控各个环节，最大限度降低人为因素等不可控分子对整个研发过程的干扰。

通过项目管理MPM系统全面把控产品研发进度，通过WBS对产品研发任务进行工作分解，拆分为工作包，并严格控制工作包节点；通过PDM产品数据库管理产品的三维模型和二维图纸，以及研发体系文件、设计的更改活动，保证产品各个研发节点技术状态的明确；通过产品设计平台实现产品设计计算、建模、仿真及验证等环节工作的有序衔接，使用UG完成产品的三维建模及二维图纸，利用Matlab实现设计计算，利用Ansys、AMESim等仿真软件实现产品性能和可靠性仿真，使产品的设计过程可视化、简单化。

（2）数字化仿真环境。

电液伺服阀技术涉及机、电、液、控制等多个学科的知识，具有很强的理论背景，如果按照实物迭代的方式需要经过大量的试验周期以及相当高昂的时间与经济成本，为提高效率需要全面采用数学仿真技术，以提高产品设计效率与水平。

如图1所示，为提高DDV产品的设计水平与设计效率，需要建立大量的仿真模型，包括：

1）DDV液压仿真模型。伺服阀产品自身形成控制回路，包含马达、滑阀等多个关键组件，设计过程中需要对产品的多个组部件性能进行综合考虑，基于AMESim的液压仿真模型有助于对产品性能进行综合仿真，在设计阶段进行充分的优化迭代。同时，完善的液压仿真模型有助于提前发现产品设计中的隐患，减少试验周期的迭代，降低产品的故障率。

2）流场CFD模型。四边滑阀工作时存在固有的阻碍阀芯运动的液动力，该液动力抵消部分力矩马达驱动力，使阀芯驱动力减小。为了对液动力的机理进行定量分析，并降低液动

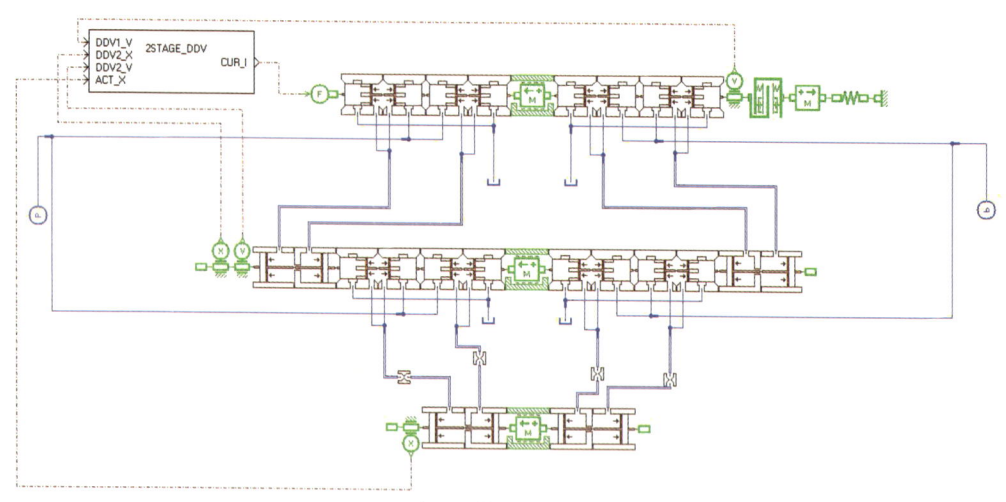

DDV 液压系统 AMESim 模型

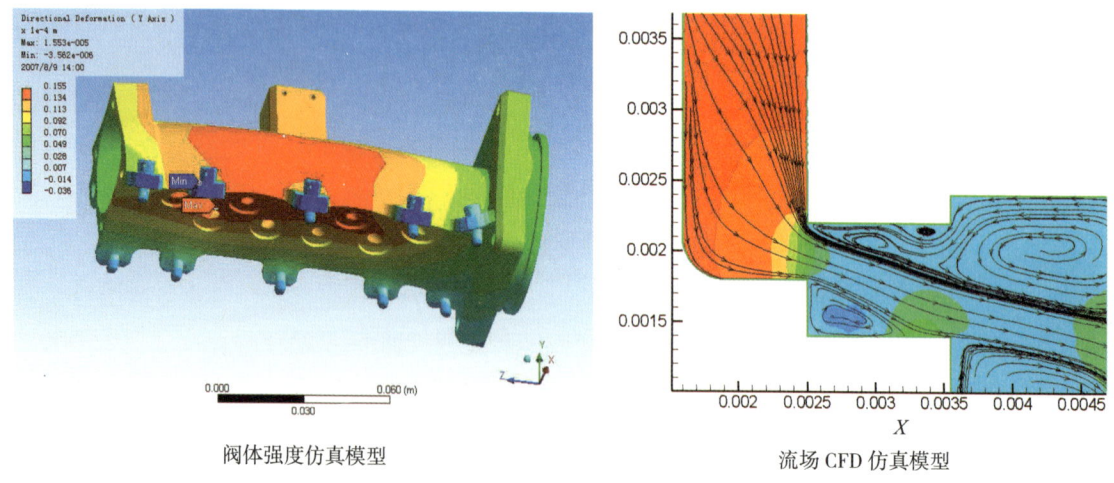

阀体强度仿真模型　　　　　　　流场 CFD 仿真模型

图 1　数字化仿真环境

力对驱动力的抵消作用,采用理论分析及 CFD 仿真技术,提出几种不同的阀芯结构,巧妙利用流场动能将其转换为驱动阀芯运动的作用力,有助于实现对液动力的自动补偿。

3）产品的刚度、强度、温度仿真模型。

（3）数字化研发平台。

如图 2、图 3 所示,深入挖掘各型号产品研发过程,梳理需求分析、设计、仿真与验证等各环节的输入输出参数,按照模块化独立设计、平台整体综合的思路,设计了产品智能研发平台。该平台可实现阀类零组件与产品的自动设计、计算和仿真,彻底解决传统研发过程中的手工设计迭代、往复验证等冗杂问题,提高产品研发质量和效率,同时对产品系列化工

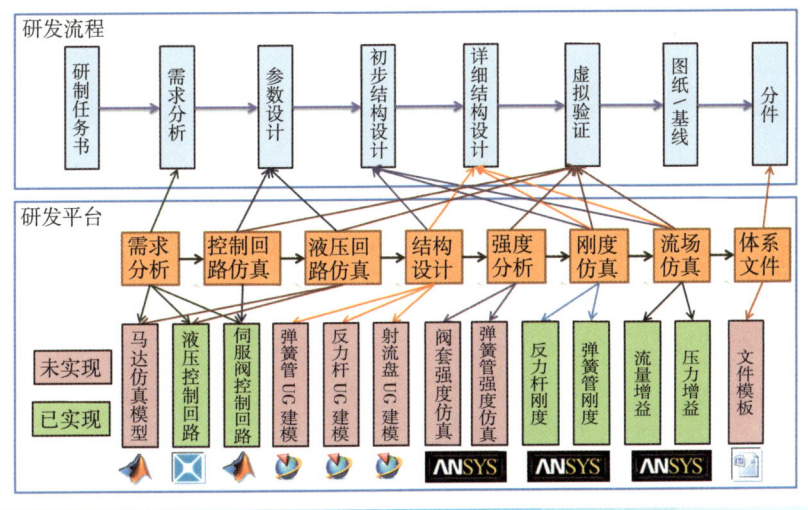

图 2 数字化研发生产环境

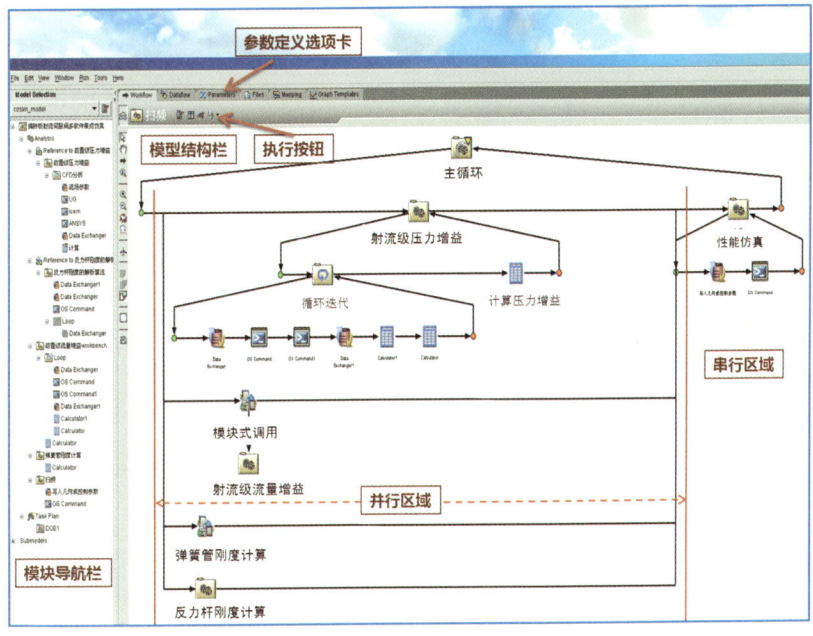

图 3 伺服阀参数自动设计仿真平台

作开展具有指导意义。

伺服阀产品的仿真环节中涉及很多的模型、仿真工具以及大量的仿真参数,为完成一次优化设计,往往需要投入大量时间进行模型修改并完成仿真计算。为提高仿真工作的效率,降低重复性工作造成的人力和时间成本,对设计过程中的典型仿真环节进行了集成,形成了参数化集成仿真平台,通过该平台能够对仿真程序和设计参数进行集中管理,能够提高仿真工作的效率,并有助于实现仿真模型的共享与集成。

(4)数字化设计平台应用示例。

1)基于ANSOFT分析的高效率磁场分析。本案例力马达为四线圈工作方式,满足电气四余度的要求,直线力马达是DDV中最关键的部件,为滑阀阀芯提供直接力驱动,其性能直接影响整个DDV的性能。DDV的力马达采用高磁能积的稀土永磁材料产生固定磁场,可以大大减小铁芯质量,提高力马达的响应时间和可靠性。

如图4、图5所示,采用ANSOFT磁场分析的方法特殊设计了力马达铁芯磁路和端盖结构,使得力马达漏磁最小,优化了磁场均匀性、提高零位输出力、减少力马达死区等重大技术问题。电磁效率达到最大,零位最大输出力比美国MOOG公司相同尺寸的产品大50%。

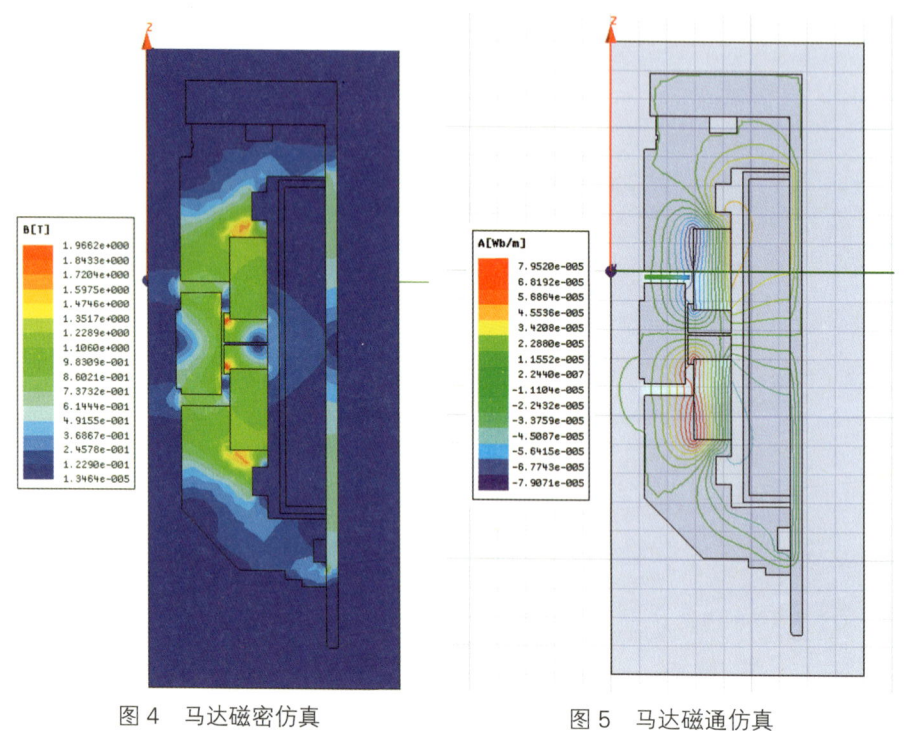

图4　马达磁密仿真　　　　图5　马达磁通仿真

2)基于流体仿真技术的液动力补偿技术。四边滑阀工作时存在固有的阻碍阀芯运动的液动力,该液动力抵消部分力矩马达驱动力,使阀芯驱动力减小。采用理论分析及CFD仿真技术,提出几种不同的阀芯结构,巧妙利用流场动能将其转换为驱动阀芯运动的作用力,从而实现了对液动力的自动补偿。该技术针对二十多种DDV工况,采用Fluent软件对流场进行仿真分析,基于多种优化方案的物理实物液动力补偿试验。优化的液动力补偿结构将液动力减小约50%(图6、图7)。

48

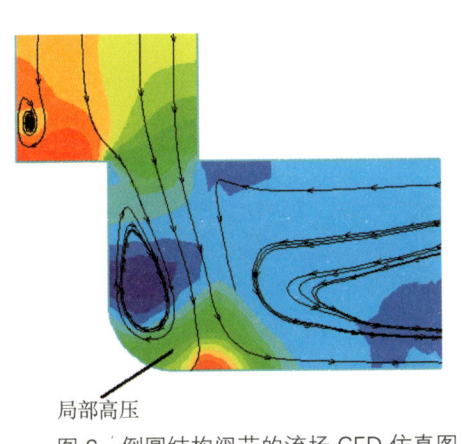
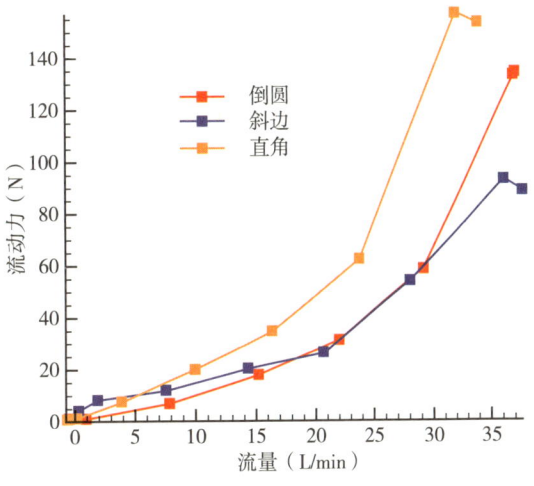

图6 倒圆结构阀芯的流场 CFD 仿真图　　图7 不同阀芯结构的液动力比较

3）基于 AMEsim 和 Simulink 联合仿真的系统仿真技术。Simulink 是 MATLAB 软件的可视化仿真环境，为用户提供了方便的图形化模块功能，AMESim 是基于功率键合图的液压/机械系统建模、仿真及动力学分析软件，采用图形化的物理建模方式，具有复杂液压元件结构参数化的功能模块。采用 Simulink 和 AMESim 的联合仿真技术可以充分发挥二者的长处，建立准确快捷的仿真模型，加快产品的研制进度及故障分析工作。非常准确分析了 DDV 产品影响作动器的极限环振荡的主要因素，验证了解决措施，同时通过仿真分析确定校正环节参数，有效减小了 DDV 的静差，改善了作动器的死区特性，提高了整个作动系统的动态性能，见图8。

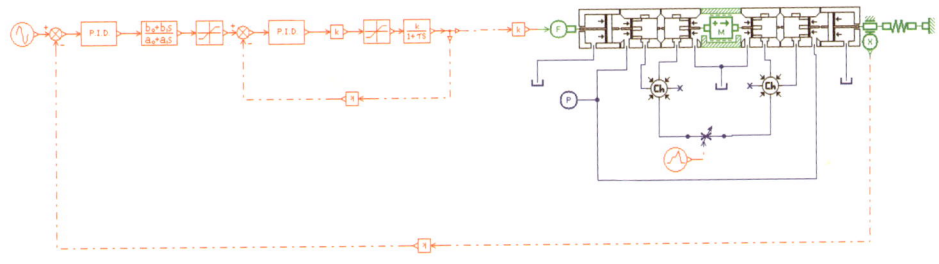

图8　AMESim 和 Simulink 联合仿真环境

4）余度直接驱动滑阀自动设计平台。传统阀套组件的结构设计过程需要根据各控制窗口的功能需求及阀芯阀套相对位置之间的对应关系，对阀套组件的结构排布做多次迭代计算和三维建模设计，过程复杂重复，设计效率低。

阀套组件结构自动设计平台，根据阀套组件控制窗口的功能需求，以简洁明了的参数输入界面与设计人员进行交互，设计员可以在结构排布环节直观地根据需求实现结构排布，并

49

对阀套上每一个窗口的结构尺寸进行设计。平台根据自校验算法验证设计参数有效性，一次实现阀芯阀套结构参数的设计计算，并自动生成 UG 模型，见图 9。

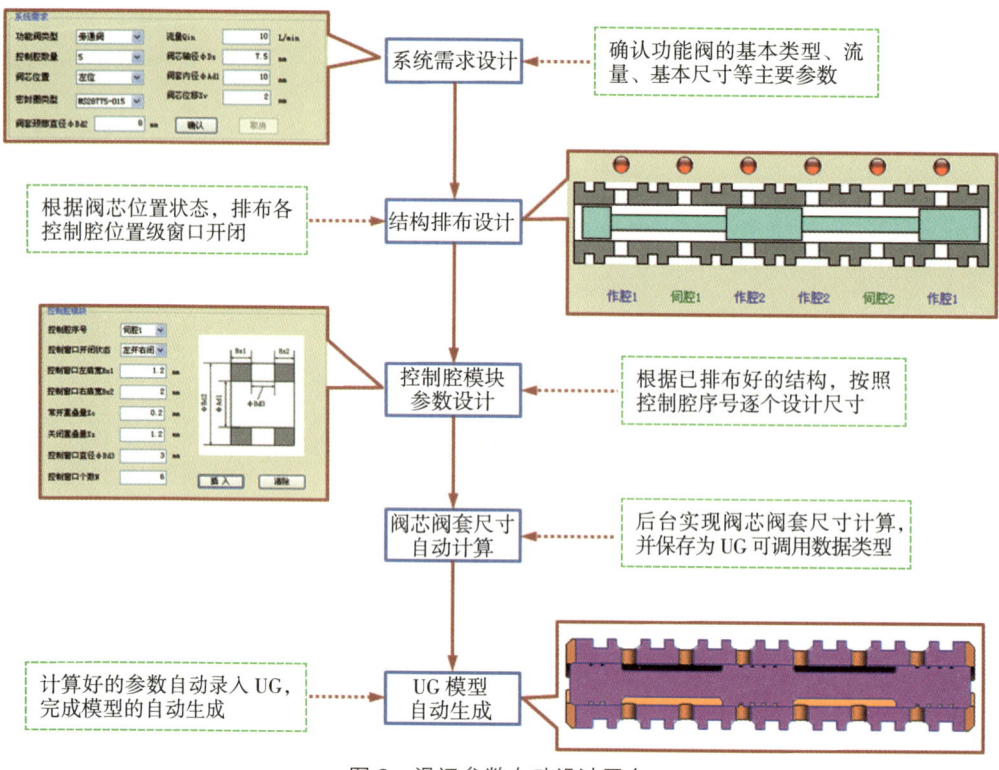

图 9　滑阀参数自动设计平台

三、展望

西安飞行自动控制研究所在直接驱动伺服阀产品研制上已取得大量成果，目前已形成两大平台十余型产品，在民品智能挖掘机产品也得到成功应用，成为军转民的典型成功案例。下一阶段，西安飞行自动控制研究所将继续推进数字化产品研发进程，提高研发过程的效率和质量，并逐步形成核心数字化数据和模型，为中国液压数字化进程做出最大的贡献。

案例 6

低速液压泵/马达数字配流与调速技术

上海交通大学机械与动力工程学院机电控制与物流装备研究所

近年来，自主研究和开发了以高速电磁开关阀组取代轴配流机构或端面配流机构的新型数字式配流与调速技术，实现低速液压泵或液压马达的数字式配流与调速功能，不仅降低了传统型液压泵或液压马达的机械加工难度，而且提高了其机械效率和容积效率；通过有规律地调节高速电磁开关阀组的控制时序和脉宽信号占空比，还能实现低速液压泵的近似恒流量调节或液压马达的双向无级调速，增大控制的灵活性。

一、导言

众所周知，传统形式的液压泵和液压马达一般均采用机械式轴配流机构或端面配流机构来实现配流的。这种机械式配流机构存在的最大问题就是不仅机械加工难度大、成本高，而且效率低、控制灵活性差，影响了其在特殊场合和环境中的使用。近些年，随着液压风力发电和海洋能发电技术的发展，数字阀配流的液压泵和液压马达的开发在国内外得到了人们的重视。例如，苏格兰 Artemis Intelligent Power 公司在英国碳基金会的支持下，研制了数字阀配流的定量液压泵，并成功用于 1.5 MW 液压型风力发电机组。但就数字阀配流的液压泵和液压马达产品而言，现在国外也还没有定型且批量生产的此类产品。

本案例正是针对传统型的低转速驱动的径向柱塞泵和径向柱塞马达，提出了实现数字配流功能的基本原理与配流控制算法，尤其是随机低转速驱动的数字配流径向柱塞液压泵的机理与相应配流控制算法；提出了通过控制高速电磁开关阀组的控制时序和脉宽信号占空比，就可以实现低速大扭矩液压马达的数字配流和双向无级调速的新方法及具体控制规律；提出了随机低转速驱动的数字配流径向柱塞液压泵具有近似恒流量输出特性的实现方法以及相应的设计理论，并在此基础上，开发出了具有独立自主知识产权的随机低转速驱动的数字配流径向柱塞液压泵和数字配流与调速式低速大扭矩径向柱塞马达产品。

二、主要创新点分析

1. 解决的问题

（1）为了实现液压泵和液压马达的数字配流功能，提出了采用高速电磁开关阀组并结合绝对值编码器的数字式配流原理（图1、图2）。

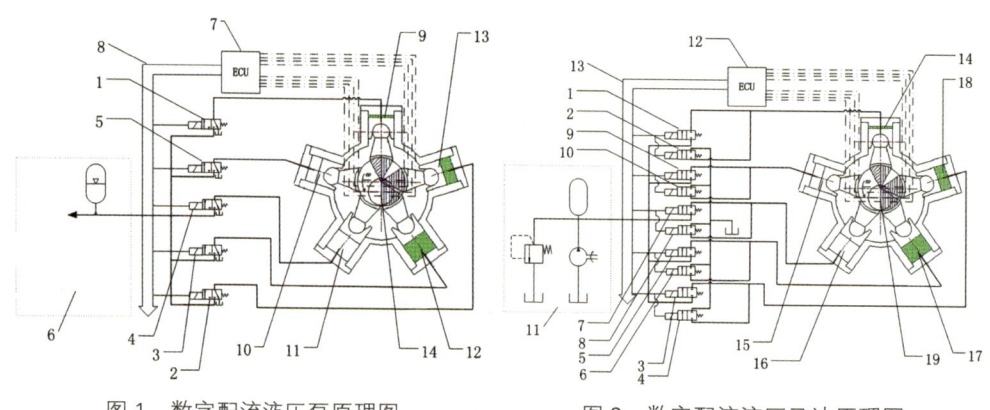

图 1　数字配流液压泵原理图　　　图 2　数字配流液压马达原理图

图1中采用了5个二位三通高速电磁开关阀来控制液压泵的5个柱塞腔的进油和排油,当阀失电时柱塞腔始终与油箱相通,而当阀得电时柱塞腔始终与负载相通。其中,14为一种绝对值编码器,用于指示和判断柱塞腔中各柱塞的运动位置。图2中则采用了10个二位二通高速电磁开关阀两两组合分别来控制液压马达的5个柱塞腔的进油和排油,当所有阀失电时,柱塞腔被切断,与油箱和液压泵出口均不相通;当阀1、3、5、7、9得电且阀2、4、6、8、10失电时,柱塞腔与液压泵出口相通;当阀1、3、5、7、9失电且阀2、4、6、8、10得电时,柱塞腔与油箱出口相通。其中,19为一种绝对值编码器,用于指示和判断柱塞腔中各柱塞的运动位置。

因此,根据柱塞所处的位置制定出对应配流状态表,即可以通过控制高速电磁开关阀的通断,实现低速驱动液压泵的数字配流或低速大扭矩液压马达的数字配流。

(2)为了实现低速大扭矩液压马达的数字配流和双向无级调速,提出了通过控制高速电磁开关阀组的控制时序和脉宽信号占空比的控制方法,这是因为高速电磁开关阀的平均流量与控制信号的占空比呈近似的线性关系($q = q_{max} \cdot a$,其中为通过高速电磁开关阀的平均流量,q_{max}为对应阀口压差下通过高速电磁开关阀的最大流量,a为高速电磁开关阀的驱动信号的占空比);又由于液压马达的转速与进入液压马达的流量成正比,与液压马达本身的排量成反比,因此在液压马达排量不变的情况下,通过调节高速电磁开关阀的驱动信号占空比,就能调节通过高速电磁开关阀的流量,进而完成对液压马达转速的无级调节;同时对高速电磁开关阀组的控制时序进行有规律的控制,又可实现其旋转方向的控制。所开发出的一种低速液压马达产品的转向切换实验曲线如图3所示,转速调节特性实验曲线如图4、图5所示。

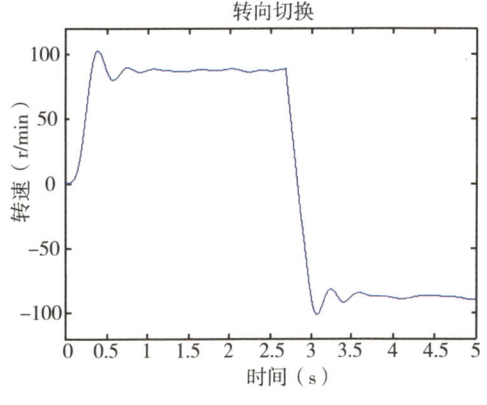

图3 转向切换实验曲线

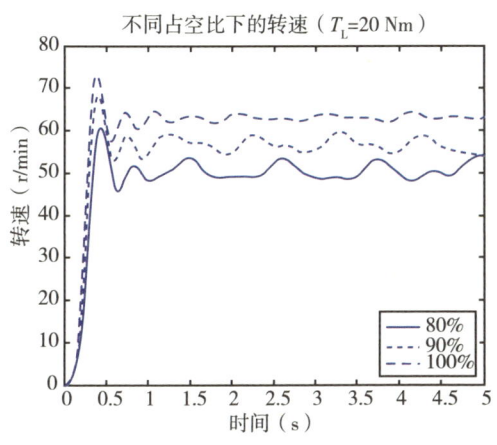

图4 带载20 Nm下占空比为80%、90%、100%时输出转速的实验曲线

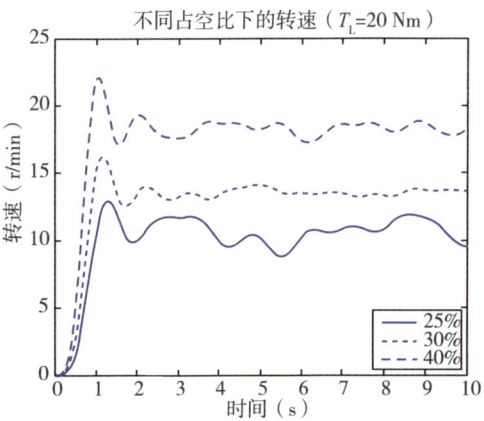

图5 带载20 Nm下占空比为25%、30%、40%时输出转速的实验曲线

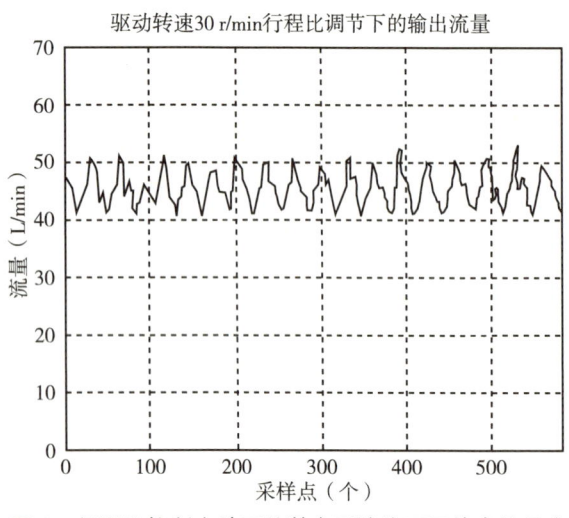

图6 行程比控制方法下的数字配流液压泵输出流量实验曲线

（3）为了实现数字配流径向柱塞液压泵在随机低转速驱动下具有近似恒流量输出特性，提出了采用行程比控制方法来实现液压泵在变转速驱动时的恒流量输出的新方法。现在考虑柱塞的一个完整排油行程，设 $0 < \lambda \leq 1$，若在排油行程的前 $\lambda \times 100\%$，控制高速电磁开关阀正常得电，在余下的排油行程让高速电磁开关阀断电，则实际有效的排油行程占总有效行程的百分比为 $\lambda \times 100\%$，从而相当于把数字配流液压泵的有效排量调整为 λV，则在变转速驱动下，数字配流液压泵的理论输出流量为：$q = \lambda V$。当转速变化时，通过控制 λV 使得 $n\lambda V$ 为一定值，即可以使数字配流液压泵实现近似恒流量输出。由于柱塞所处的位置与数字配流液压泵输入轴转角位置为一一对应的关系。基于此，通过检测数字配流液压泵输入轴位置就可以实现各柱塞的行程比控制，从而使数字配流液压泵在变转速驱动下仍具有近似恒流量输出特性。所开发的一种数字配流低速径向柱塞泵在变转速下采用行程比控制方法下的输出流量实验曲线如图6所示。

该液压泵的理论控制流量为 45 L/min，当驱动转速变为 30 r/min 时，采用行程比为 60%，此时液压泵的实际输出流量则为（45±5）L/min，与理论控制流量的误差在 ±5 L/min 内，达到了近似恒流量输出。

2. 实施的效果

（1）数字配流与调速式低速液压马达产品的开发。

基于所提出的数字配流与调速低速液压泵的原理与方法，以宁波中意液压马达有限公司生产的 JMDG1 系列的曲轴连杆径向柱塞低速大扭矩液压马达为对象，2009 年成功开发出了数字配流与调速式低速液压马达产品（图7）。

而现有广泛应有的高速轴向柱塞马达和低速液压马达都是采用机械式配流机构，其中，高速液压马达转速一般大于 500 r/min，工作压力可达 31.5 MPa；低速液压马达一般为径向柱塞式结构，转速一般小于等于 500 r/min，最低稳定转速有的可达 1.5 r/min，工作压力也可达 31.5 MPa；对于这两类液压马达，只有在外控液压阀的调节与控制下，当进入液压马达的流量变化和方向改变后，它们的转速和转动方向才能够得到改变。然而，所开发的数字配流与调速式低速液压马达的转速一般要小于 100 r/min，最低稳定转速可达 1.0 r/min；其最大的特

图 7 数字配流与调速式低速大扭矩液压马达产品

点就是不需要增加额外的液压控制阀,就能依据所配置的高速电磁开关阀在配流的同时又可以实现低速液压马达的转速调节与转动方向的切换。

这种数字配流与调速式低速液压马达既可以作为执行元件又可以作为控制元件,在一些行走驱动装置,如大型工程运输车辆、行走式农用机械等得到很好应用。

该项专利技术已于2009年转让给镇江大力液压马达股份有限公司,并在此专利技术基础上,上海交通大学与镇江大力液压马达股份有限公司合作,参与完成国家"十二五"重大科技成果转化项目:数字配流智能调速型摆线液压马达的开发及产业化。所开发出的一款数字配流智能调速型摆线液压马达如图8所示。

这种数字配流智能调速型摆线液压马达已经在转向器专用实验装置等设备上得到了很好应用,为企业带来一定经济效益的同时,也为企业产品的技术提升及市场开拓提供了基础。与已有的传统型摆线液压马达产品相比,这种数字配流智能调速型摆线液压马达产品的压力损失小,最低稳定转速可达 1.0 r/min,20 MPa 工作压力下的容积效率大于82%,更为节能,符合绿色环保的要求。

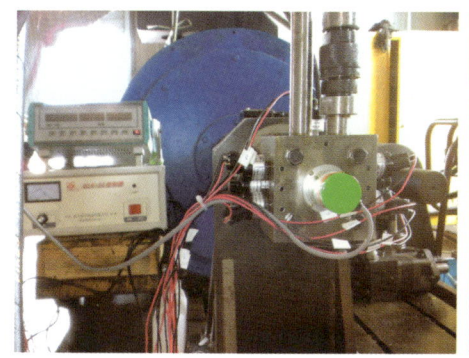

图 8 一款数字配流智能调速型摆线液压马达

（2）随机低转速驱动的数字配流径向柱塞恒流泵产品的开发。

为满足液压风力/海洋能发电系统中风能/海洋能的高效转换和驱动发电机的液压马达的稳速控制的需要，基于所提出的径向柱塞液压泵在随机低转速下实现数字配流功能的机理与控制算法，2012年开发成功了随机低转速驱动的数字配流径向柱塞恒流泵的第一代产品（图9）。图10为该泵做台架实验的照片。

图9 数字配流径向柱塞恒流量液压泵第一代产品

图10 数字配流径向柱塞恒流量液压泵的台架实验照片

该随机低转速驱动的数字配流径向柱塞恒流量泵的基本参数如下：
- 额定排量：不小于 800 mL/r；
- 额定工作压力：20 MPa，最高工作压力：25 MPa；
- 工作转速范围：10～45 r/min，最高转速：100 r/min；
- 输出流量误差：在工作转速范围内的输出流量误差不大于10%。

目前国内外应用较多的轴向柱塞泵和径向柱塞泵，都采用机械式配流机构，而且多为恒转速电机驱动；尽管它们的工作压力可以高达31.5 MPa，但很少在变转速下驱动，也不具有在变转速驱动下能够使得泵的输出流量近似保持恒定不变。这正是所开发的随机低转速驱动的数字配流径向柱塞恒流量泵与众不同之处。

2012年年底，这种随机低转速驱动的数字配流径向柱塞恒流量泵已经在一种液控稳

图 11 数字配流径向柱塞恒流量液压泵在液控稳频风力发电系统中的应用

频风力发电系统中得到了较好应用（图 11），为今后我国液压风力发电 / 海洋能发电技术的大力发展奠定了基础；同时企业也获得了经济效益，并为企业带来了新的经济增长点。

三、未来的发展

本案例所涉及的低速液压泵 / 马达数字配流与调速技术是将数字控制技术、传感检测技术应用于传统液压元件，提升其性能和扩展其功能的很好例证。它符合当今工业自动化、智能化发展的需要。该项技术的研究先后得到两项国家自然科学基金项目的资助（项目名称：随机低转速驱动的数字配流径向柱塞恒流量泵的关键问题研究；项目名称：数字配流与调试式低速大扭矩液压马达的机理与特性研究）。

在未来，还需继续在该技术的核心元件：高速电磁开关阀的研究，尤其是大流量高频响高速电磁开关阀的研究开发上下大气力。只有这样，才能使数字配流液压泵和液压马达的总体性能更佳，应用范围更大，并在更多的工业主机上得到越来越多的成功应用。

案例 7

齿轮泵信息化智能测试系统

合肥长源液压股份有限公司　浙江大学流体动力与机电系统国家重点实验室
合肥工业大学机械与汽车工程学院

提出集数据处理、智能测试和打印输出等多功能为一体的齿轮泵信息化智能测试系统，解决以下关键技术：①被测参数的较高波动与较大噪声下数据的高速采样与滤波；②大批量测试数据的实时在线显示和数据库存储与协调；③测试系统和人机交互界面的人机工程设计；④较大污染和较高噪声下测试系统及液压回路的可靠性设计。本案例提高了产品试验的高效性，降低了齿轮泵出厂试验环节的人力成本与劳动强度。

一、导言

合肥长源液压股份有限公司作为中国基础件行业的重点企业，一直很注重齿轮泵产品的研发和改进。由于传统的试验数据信息采集使用仪器仪表显示，人工记录分析的方法，比较繁琐且容易出现误差，浙江大学受合肥长源液压股份有限公司委托，共同研发了一套齿轮泵信息化智能测试系统。此套系统将先进的计算机技术和二维码无线扫描技术引入到液压元件的出厂试验系统中，实现了机、电、液的有机整合。

液压泵的动态性能测试是辨别产品优劣、改进结构设计、提高工艺水平、保证系统性能和促进产品升级的重要手段。齿轮泵的性能测试是本试验测试系统的主要测试项目。需要测试的参数主要有压力、流量、转矩和转速，并同时对试验过程中的温度和效率等参数进行监控，根据这些参数得到齿轮泵性能动态特性试验曲线，以达到对其性能进行评价或验证的目的，利用计算机硬件系统平台和软件系统平台得以实现这一目标。

目前，国内液压齿轮泵生产厂家进行的出厂试验比较简单，所使用的试验台都是试验人员通过手工方式来逐点记录数据，然后根据所记录的数据由试验人员经过人工计算来获得特性指标。显然，用人工的方法进行试验及数据处理，会带来人为的读数误差，试验速度慢、精度差。此系统的开发能使齿轮泵的测试数据更加精确，基于 MySQL 数据库的数据分析和所开发的齿轮泵信息化智能测试系统 V1.5 可以自动对数据进行分析，并提供详细的动态特性试验曲线，对整个测试过程中的参数都能做到一目了然，能够减小测量误差，获得精确的测试数据，从而对液压元件的性能做出正确的判断，同时也克服了以往人工测试费时和费力的缺点。公司不仅对产品的性能有了更深层的认识和了解，也对产品质量控制有了很大的提高，节约了生产成本和提高了劳动效率。

二、研究内容

1. 系统功能

本齿轮泵信息化智能测试系统设备主要进行齿轮泵的稳态性能智能化试验测试和实现测试结果的信息化处理。设备的液压测试系统布局图如图 1 所示。

2. 系统结构

系统由液压系统、电气控制和测量系统组成。液压系统包含齿轮泵液压台架、油源动力驱动等液压硬件装置。电气控制和测量系统由 PC 工控机、数据采集和输出板卡以及测试管

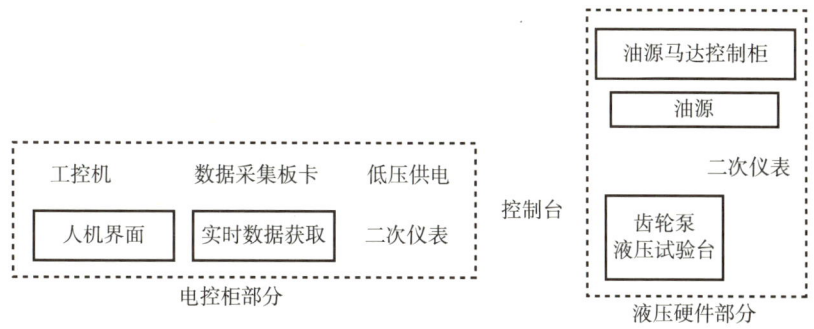

图 1 齿轮泵信息化智能测试系统布局图

理系统软件实现。整个测试系统的硬件结构框图如图 2 所示。

齿轮泵液压台架：齿轮泵液压系统在油源动力作用下工作，通过阀调节试验台系统压力和齿轮泵的工作压力。

PC 工控机：被测齿轮泵以二维码扫描方式记录产品标识，并将二维码信息传递给工控机。电控柜的启动/停止等开关按钮动作信息转换为数字量送至 PC 工控机中的 D/I 数字量输入模块，控制测试系统的启停等命令操作。开关按钮与 PC 工控机的键盘人机界面综合使用，可对系统和试验过程进行操控。齿轮泵液压台架上安装有压力传感器、流量传感器、温度传感器和扭矩传感器。传感器信号经二次仪表处理后，送至 PC 工控机中的 A/D 数据采集模块，进行压力、流量、温度、扭矩等模拟量的实时采集和计算处理，以便监测系统状态和用于后

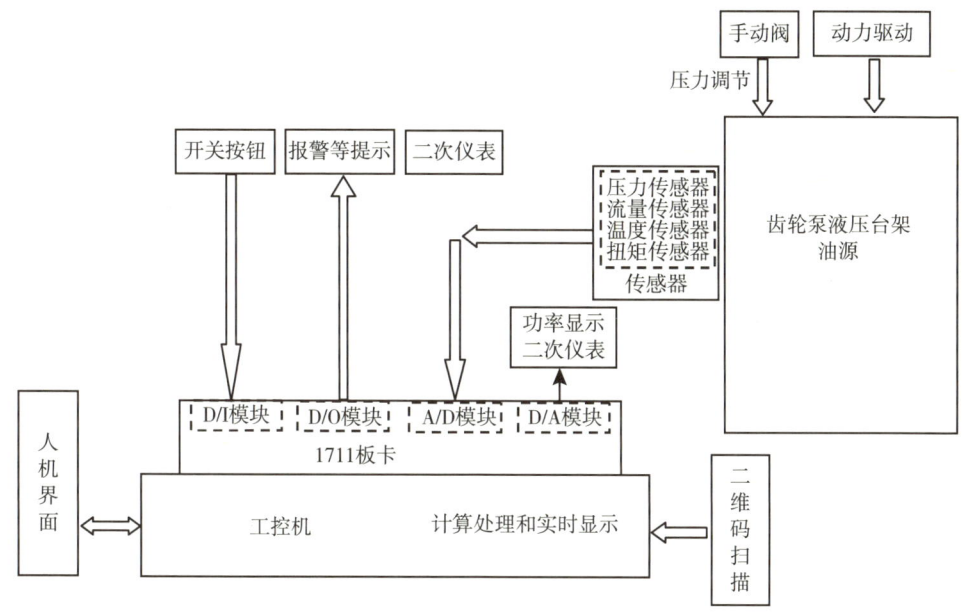

图 2 齿轮泵信息化智能测试系统硬件结构框图

续测试结果的输出。同时，将经过计算后的功率信息经 PC 工控机的 D/A 模拟量输出模块转换成模拟量，传递给二次仪表，进行功率状态的有效显示。实时测试过程中，如有油温等状态异常，则通过 PC 工控机中的 D/O 数字量输出模块，进行报警提示。

为有效进行试验测试和数据管理，系统软件分为试验测试系统软件和试验管理系统软件两个独立的部分。液压试验台架上的压力等状态信息经传感器测量、数据采集和输出板卡等部分输入至试验测试系统进行计算处理，并保存相关测试数据至数据库系统实现大数据的信息化处理。键盘人机交互和开关量输入输出用于对测试过程的操控和试验管理系统参数与信息的设置。试验管理系统与试验测试系统之间共享数据库信息，并经数据库配置表来协调试验操控参数的设置和测试报告输出。

测试过程原理框图如图 3 所示。

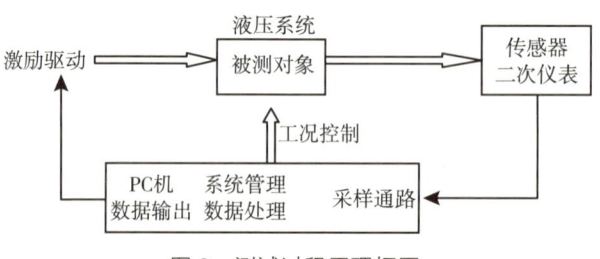

图 3　测试过程原理框图

3. 系统硬件组成

系统硬件由动力部分、台架部分和测试部分组成。动力部分由油源装置、拖动装置、温度控制装置构成，其主要作用是提供动力，保持试验条件。台架部分包括试验回路、被测元件安装座、加载装置、测量连接点，主要作用是安装被试元件并加载。测试部分包括传感器、二次仪表、数据转换接口、计算机系统，主要作用是测试控制和数据采集分析。图 4 是测试系统组成框图。

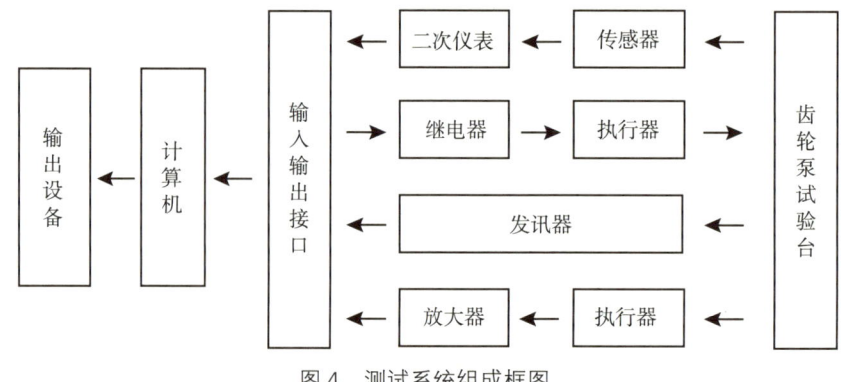

图 4　测试系统组成框图

4. 系统工作原理

系统启动后，计算机发出有效信号使电动机开始转动，带动齿轮泵运转。齿轮泵输出的信号如压力、流量、转矩转速、温度等经各信号传感器和二次仪表传送到通用输入接口，经过 A/D 转换传送到计算机中，并经计算机处理和存储在数据库中。通过计算机测得的温度与测试要求温度进行比较，如果温度过高，则启动冷却器降低油箱的温度；测试完毕后，计算机将测试结果，如数据、曲线等由输出设备输出。

5. 系统解决的问题

齿轮泵性能测试现场实验结果表明，此测试系统完善了试验手段，丰富了试验测试内容，既满足日常试验的要求，又提高了试验过程的自动化和智能化水平，同时提高了产品出厂测试效率和测试精度。齿轮泵性能测试中需要测量的参数包括齿轮泵的进油口压力、出油口压力、出油口流量、齿轮泵轴转速、泵轴输入扭矩；试验过程中需要计算的量有齿轮泵排量、容积效率、机械效率、总效率等；试验结果需要输出的曲线有被试齿轮泵的压力、流量、转速、转矩及效率曲线、压力—流量曲线、效率—压力曲线等；试验条件参数有油温等。测试软件系统对被测齿轮泵的测试要求等基本数据进行设置，根据现场测试数据对试验产品的合格情况进行分析并处理，不合格产品采用报警提醒，并显示不合格原因。而传统的试验台只能简单地反映出齿轮泵的流量、压力、扭矩、功率等几个简单的试验参数，不能进行上述智能化分析和测试结果评价。

目前，客户对齿轮泵的机械效率、总效率、扭矩等参数都有很高的要求，在此系统研发之前是无法直接获得的，此套系统的研发有效地解决了这类问题，所有的试验参数都通过系统以表格和曲线图的型式比较直观地表达出来。对整个齿轮泵的性能参数都有全面的了解，满足了客户对齿轮泵性能直观了解的要求，同时也方便了公司对产品性能的掌控，方便对产品性能存在的不足加以改进。结合系统自带的产品信息录入装置，在产品试验时通过扫码对产品进行辨识，试验获得的数据系统数据库依据录入编码对产品试验数据进行存储，后期售后的齿轮泵，如需查询原始试验数据，可直接通过数据库进行检索，比以往纸质记录方便且节省资源。试验数据采用特性曲线表示，也更清晰地反应出试验过程中的各项数据信息。

6. 目前应用成效和发展

该测试系统的研制成功，实现了齿轮泵的性能数据的自动处理和测试结果的直观表达，解决了老式试验设备检测手段落后的状况。真实准确的试验数据足以满足客户对齿轮泵性能检测更准确直观的要求。同时，庞大的数据库也便于存储每一次的试验结果，并可以随时调出查看。在日常使用中智能化的测试系统操作更为简单，提高了试验的准确性和生产效率，极大地方便了对齿轮泵的性能测试。根据我们目前一年半的实践检验，对于单联齿轮泵，一台泵的整体测试时间大概在 65 s 左右，其包含了安装时间、拆卸时间、扫描时间、调压稳定时间和有效值确认时间。一台泵整体测试时间记录的数据大概有 1 万个，经过时间积累的大数据可以为销售环节、设计环节、生产管理环节等多部门服务，避免了以往纸质存储的数据易灭失、难查询的缺陷，实现了无纸化的出厂测试。网络化的数据共享服务大大降低了各部门的沟通成本和矛盾障碍，每台泵的二维码标记和大数据存储为售后产品的质量追溯和改进设计的全寿命监控提供了保障。

三、当前存着的问题和未来展望

此套系统已经投入使用了一段时间，在日常工作中，提高了试验的效率和数据的准确性。同时，在使用过程中也发现了一些问题。MySQL 数据库存储数据太多的情况下读取数据缓慢，影响调阅数据的速度，因此需要安排实验台管理人员定期将过往数据备份。目前的硬件平台外形尺寸过大，不利于摆放，后期公司会再联合浙江大学联合改进试验台，做到紧凑化、模块化。目前，此套系统尚处于单机操作阶段，未来发展的方向是实现多品种多规格试验系统的集成化和互联网化，实现试验系统之间数据的交互应用，对所有单个试验系统采集的数据进行集中管理，实现技术、生产、销售、质量管理等部门对试验数据的实时调用和授权管理。

案例 8

带数控芯片的低功耗电磁换向阀

浙江大学　宁波华液机器制造有限公司

随着节能、绿色、数字化液压技术的发展，传统电磁阀的大功率、高温升、性能不易调整等不足成为其进一步发展的瓶颈。浙江大学和宁波华液联合开发了带数控芯片的低功耗电磁换向阀，采用一种新的控制方法——数控方式优化电磁驱动的启动和持续参数；具有灵活的数字化性能定制、交直流电源自适应、交流线圈防烧毁等功能，电气功耗低，液压容量大。数字化设计增强了产品的市场竞争力。

一、导言

液压传动与控制作为传动控制技术的一种，在工业中有着广泛的应用，液压技术研究在工业技术研究中也占据着重要地位，液压基础件技术更是重中之重。电磁换向阀是电气系统和液压系统之间的信号转换元件，易于实现动作转换的自动化，在液压传动与控制系统中有着广泛的应用。随着节能、绿色、数字化液压技术的发展，传统电磁阀的功率大、持续通电温升高、不易进行性能改变等不足成为制约其进一步发展的瓶颈。在大力推行"中国制造2025"以及"大众创业、万众创新"的大环境下，各种新技术、新发明、各种创新成果层出不穷，传统电磁阀技术也面临着新的机遇和挑战。

浙江大学机械电子控制工程研究所是流体动力与机电系统国家重点实验室和国家电液控制工程技术研究中心两个国家级科研基地的主要依托单位，在机械电子工程，特别是流体传动及控制领域综合实力国内领先，有一定国际影响力。宁波华液机器制造有限公司一直致力于液压元件的开发、制造和销售，专注于高新液压元件技术的研发和应用，深入探索低功耗电磁阀技术、低功耗隔爆电磁阀技术、高端比例液压技术等的产业化之路。

在国家智造强国战略的指导下，浙江大学和宁波华液机器制造有限公司联合开发了带数控芯片的低功耗电磁换向阀，该类产品基于一种新的控制方法——采用数控方式优化电磁驱动的启动和持续参数，并将该功能高度集成化为数控芯片，嵌入电磁换向阀，实现电磁换向阀的低功耗和可靠换向。宁波华液机器制造有限公司成功将带数控芯片的低功耗电磁换向阀技术产品化，推出了一系列低功耗电磁产品。该项技术的成功开发及应用，在国内电磁阀技术创新中起到了引领作用，为传统液压技术的创新发展提供了一条新思路。

二、带数控芯片的低功耗电磁技术

1. 数字可控式集成芯片技术

为实现电磁换向阀的低功耗目标，浙江大学机械电子控制工程研究所研发了液压阀用数字可控式芯片技术，该技术基于一种新的控制方法，根据液压阀电磁驱动的特点，通过数字化控制手段，程序化调整驱动电压电流，数控方式优化电磁驱动的启动和维持参数，增强或保持启动阶段的启动吸力，确保电磁装置的启动，降低维持阶段的维持吸力，降低维持阶段的功耗和发热。并将该功能进行高度集成为数控芯片，成功解决了无源电路在启动时的瞬时抗干扰的问题、自动切换低功耗的问题、耐高压冲击的问题、电流快速响应的问题，同时具有集成度高、体积小、成本低、寿命长（大于3亿次），覆盖交流、直流驱动全系列，不改变原有的使用习惯，易于推广等特点。相比于传统的双线圈电磁铁和有源电路切换等控制方法，有着更加灵活的数控性能和便捷的使用操作优势。

数字集成芯片功能模块如图1所示，包括输入模块1、降压模块2、延时切换模块3以及输出模块4；输入模块1从接线组件接入的初始电压一路经过降压模块2降压后输入至延时切换模块3，另一路直接输入至延时切换模块3；延时切换模块3接收初始电压和降压电压后，先输出初始电压值至输出模块4以带动电磁铁开启；电磁铁开启后，延时切换模块3延时预设时间后将输出电压切换至降压电压。

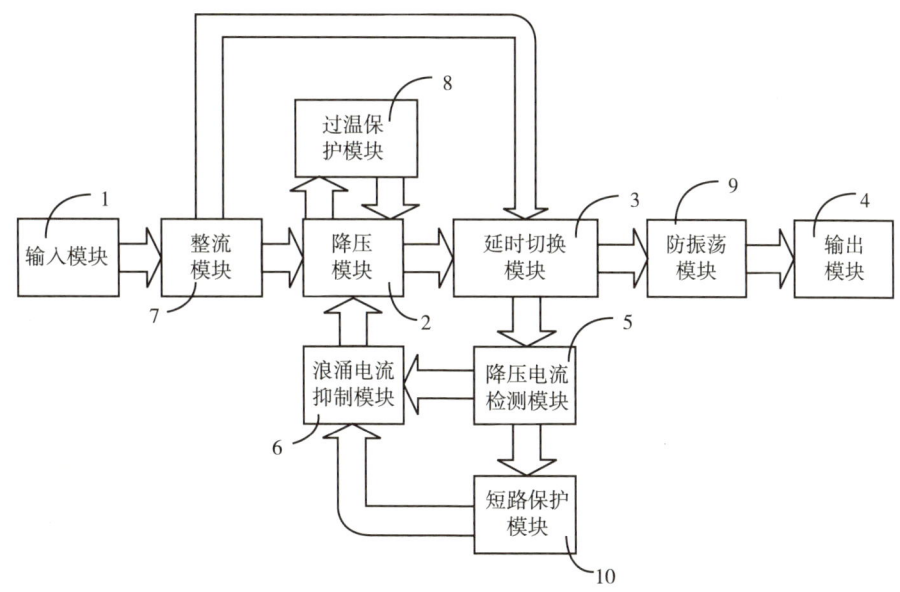

图1 数字集成芯片功能模块图

整流模块7、降压电流检测模块5、浪涌电流抑制模块6、过温保护模块8、防振荡模块9以及短路保护模块10使得本实施案例的电路控制模块通过多种方式保证了电压稳定和电路安全，该电路控制模块可以直接运用于实际的电磁铁中。带数字集成芯片的电路控制模块安装于接线组件与线圈之间，使得线圈开启前通过高电压开启，线圈开启后通过低电压维持进而减小功耗，减小线圈发热量。开发出的电路控制模块产品，结构紧凑，可以直接嵌入电磁铁，勿须改变现有电磁铁的结构及外形。

2. 带数控芯片的低功耗电磁换向阀

现有的电磁阀在具体应用中存在诸多不足。首先，常见的工业电磁阀的结构决定了其具有较大的功耗，而现有电磁阀的维持运行电压在整个工作期间的保持不变决定了电磁阀的高能耗。其次，现有电磁阀的长时间使用和通电会使电磁阀的控制线圈产生大量的热量，导致控制线圈的温度升高，电阻变大和电流变小。再次，现有的电磁阀的启动可靠性差，流体的动力、毛刺、颗粒物容易导致电磁阀的阀芯被卡住和无法启动。现有的电磁阀的交流波动大，使用交变电流容易引起输出力的抖动。另外，现有电磁阀的阀芯的移动不到位会使控制线圈的感抗变小和通过该控制线圈的电流变大，甚至导致控制线圈中的电流超过允许通过最大电流，以致使该控制线圈被烧坏。最后，现有的电磁阀的涡流损耗大，工作效率低（表1）。

表1 常规电磁铁与带数控芯片电磁铁性能对比

类别	6通径电磁铁（带数控芯片）	6通径常规电磁铁	10通径电磁铁（带数控芯片）	10通径常规电磁铁	类别	6通径电磁铁（带数控芯片）	6通径常规电磁铁	10通径电磁铁（带数控芯片）	10通径常规电磁铁	10通径大流量电磁铁（带数控芯片）
额定电压（V）	DC12 DC24				额定电压（V）	AC110 AC220				
起始吸力（V）	≥37	≥37	≥90	≥90	启动吸力（V）	≥60	≥27	≥90	≥54	≥200
维持吸力（V）	≥70	≥120	≥120	≥240	维持吸力（V）	≥100	≥100	≥160	≥160	≥300
额定行程（mm）	2.8	2.8	4	4	额定行程（mm）	2.8	2.8	4	4	6.5
全行程（mm）	≥6	≥6	≥8	≥8	全行程（mm）	≥6	≥6	≥8	≥8	≥13
消耗功率（W）	12	30	15	36	全消耗功率（W）	12	30	15	36	20
					起始功率（W）	80	154	100	308	120

通过紧密融合数控芯片技术和电磁铁技术，针对具体应用要求，依托电磁理论，借助于数字化设计手段，从空间场的角度对电磁铁的结构参数进行了优化（图2），开发了系列低功耗电磁铁产品，包括了6通径液压阀、10通径液压阀、大流量10通径液压阀用带数控芯片

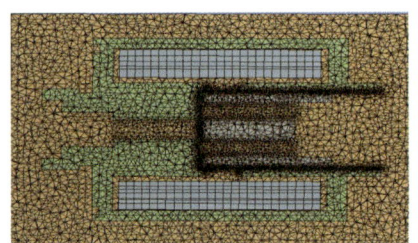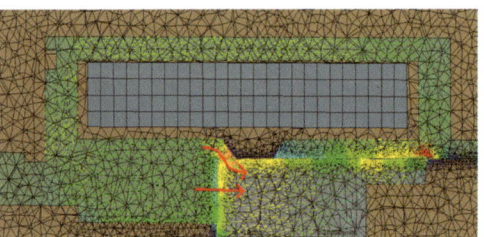

图2 电磁铁的数字化仿真设计

型电磁铁（图3）。起始阶段和维持阶段的匹配可以根据使用工况通过数字化手段灵活改变，增强了电磁换向阀的控制柔性。带数控芯片的6和10通径阀用电磁铁主要性能参数对比及带数控芯片的10通径大流量阀用电磁铁主要性能参数见表1。以10通径阀用电磁铁为例，采用数字可控式集成芯片技术可节约铜线约0.05 kg；以年产4万台计算，可节约铜线约2 t。

通过电磁铁数字化控制模式的改变，电磁铁温升得到明显改善（图4）。常温下常规电磁铁连续工作4 h之后，温度超过100 ℃。同样工作环境下，带数控芯片电磁铁的温度维持在70 ℃，保证了电磁铁工作的稳定性，延长了电磁铁的工作寿命。

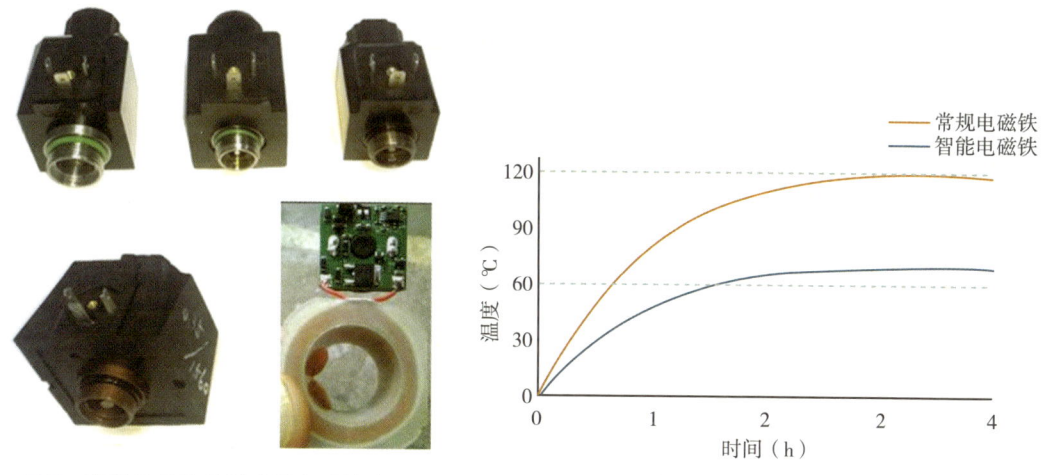

图3　带数控芯片的低功耗电磁铁产品　　　图4　常规电磁铁与带数控芯片电磁铁温升对比

数控芯片所具有的电源控制技术，赋予了电磁换向阀的交直流电压自适应能力，无论输入电压是交流或直流，电磁阀均能正常工作，且无须外置或单独提供整流回路。同时，传统交流电磁阀生产制造要求高、油液污染敏感、线圈易烧毁现象，在本技术中得到了完美解决。采用集成数控芯片的电磁铁具有整流功能、浪涌电流抑制功能和过温保护功能，无论是卡阀或是油液污染引起电磁铁不能有效吸合，进而交流线圈烧毁的故障，都不再发生。交流线圈容易产生噪声的问题也从根本上得到了解决。为适应工况需求而对电磁铁的驱动性能进行改动时，通过数控芯片的数字化参数调整即可实现，打破了传统模式中电磁铁重新设计的繁杂过程，极大地提高了产品开发效率。

传统电磁阀的功率容量受到电磁铁驱动能力的限制，很难再进行液压参数的提高，但带数控芯片电磁铁在数字控制方面的灵活性为其带来了驱动裕量，为液压阀的功率容量提升提供了强有力的支撑。

阀体采用精密铸造件，充分利用空间尺寸，尽可能减少机加工工序。通过数字化仿真技术，对阀体流道损失和阀口损失进行分析和计算，得出优化模型尺寸（图5）；根据液压阀功能和使用要求，进行电磁铁驱动模式调整，达到电气液压的最佳匹配，开发出大流量电磁阀。

以 10 通径电磁阀为例，最大流量可达 160 L/min，与传统同规格电磁阀的最大流量相比，提升幅度约 30%，图 6 所示为 3C2 机能液压阀的阀口流量—压差性能对比。传统 10 通径电磁阀外形尺寸：237.4 mm × 70 mm × 108.4 mm（长 × 宽 × 高），大流量 10 通径电磁阀外形尺寸：261 mm × 70 mm × 105 mm（长 × 宽 × 高），两者在外形和体积方面相差不大，更好地展现了液压驱动的功率/重量（体积）比优势。其中，10 通径电磁阀体优化后可节约铸件约 0.2 kg，以年产 2 万台计算，可节约铸铁约 4 t。

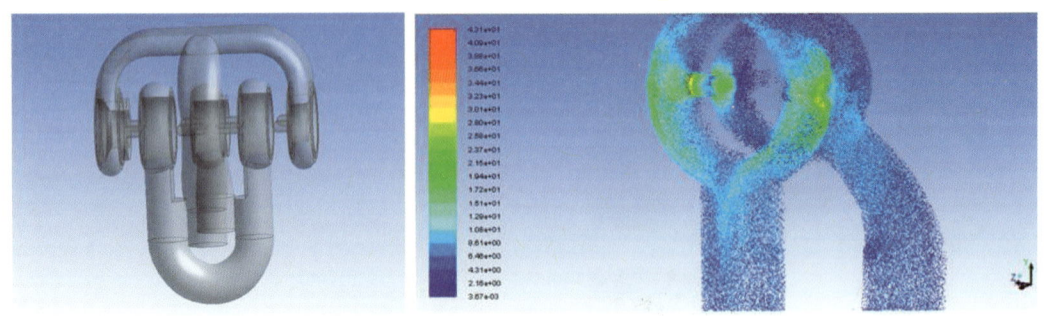

图 5　阀体流道数字化仿真设计

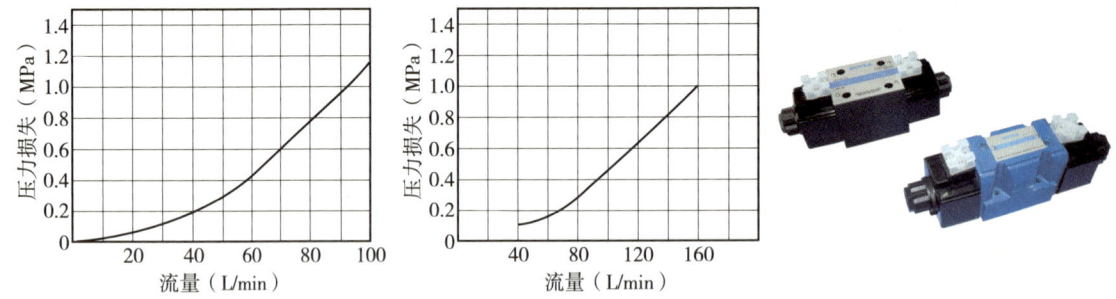

图 6　10 通径常规电磁阀与大流量电磁阀压差性能对比及产品外观

三、展望

在节能、绿色、数字化液压技术的发展路上，数字化技术和液压技术的深度融合将会迸发出更多的创新火花，带数控芯片的低功耗液压阀技术就是数字化液压技术的创新成果。低功耗类数字化液压元件有着广阔的前景，下一步主要从两个方面开展工作：一方面考虑数控芯片的智能化升级，为电磁控制阀的信息化、网络化奠定基础；另一方面将低功耗节能技术和隔爆技术、比例技术等进行全面融合，开发一系列低功耗电控类液压元件，继续探索高新液压技术的产业化道路，为促进民族工业发展和实现智造强国战略做出贡献。

案例 9

基于 CAN 总线的数字式直接驱动阀控制器

南京机电液压工程研究中心

随着计算机技术和嵌入式系统在流体控制领域的广泛应用,流体控制技术以及其元器件的数字化已经成为必然趋势。伺服阀作为液压系统的核心元器件,其数字化研究,已经成为当今流体控制领域研究的重要方向之一。本案例介绍了 DDV 阀数字式控制器的研究背景和意义,拟定了数字化 DDV 阀的开发方案:以 TMSLF2812 DSP(数字信号处理器)为核心,集成 AD 采样模块、PWM 功率输出模块、电源模块、CAN 总线通信模块等功能的数字控制系统。

一、导言

目前国内 DDV 阀的控制器主要是采用模拟控制，利用经典 PID 算法，实现外部指令与 LVDT 位移传感器反馈信号的闭环控制。由于模拟器件的分散性和组成电路的特点，存在明显的温漂和零漂。模拟控制器的参数设定需要定位器调节，在调试 DDV 的动静态性能时，要打开阀壳体才能调整模拟控制的 PID 参数，操作繁琐，且要重复调试，严重影响生产线的调试进度。为此，需要设计一款 DDV 阀数字控制器，它既要能够进行实时 PID 控制，又要具有在线修改 PID 参数功能，同时还要具有较小的体积，以便于嵌入到阀壳体中。

相较于伺服阀模拟控制器，数字控制器具有以下优点：①零位、死区、流量增益以及 PID 参数，可以在线修改；② CAN 总线接口；③可选择模拟信号或数字信号作为输入指令。

二、主要创新点分析

1. 系统的总体结构

考虑到数字控制器体积的要求，在设计控制器电路板时，采用六层电路板的方案，六层电路分别为：电源层、地线层、数据线层、地址线层、顶层、底层。六层板方案在很大程度上缩小电路板体积的同时，也提高了数字控制器的抗干扰性能。

在数字控制器系统中，主要有以下几个模块，如图 1 所示。

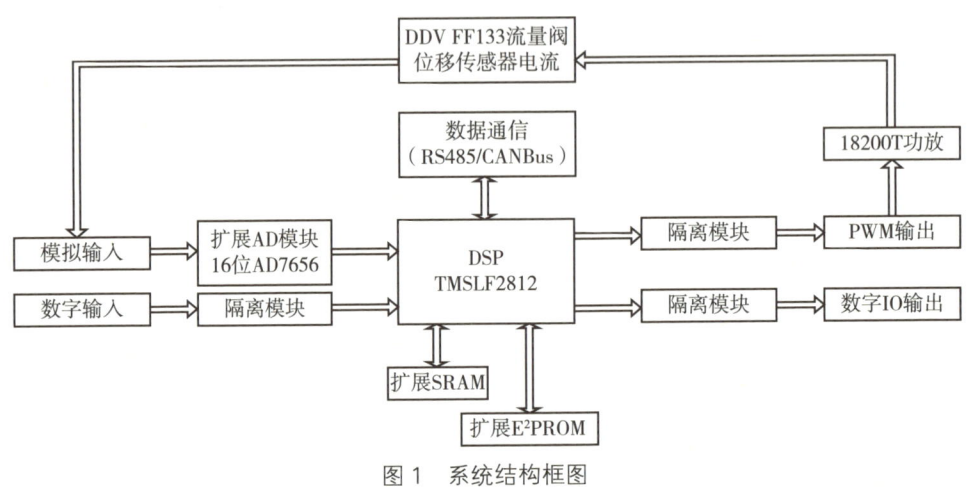

图 1　系统结构框图

（1）DSP 模块：DDV 数字控制的核心是 DSP TMSLF2812，它主要完成以下功能：控制器的 PID 运算；利用 RS485/CANBus 总线与上位机进行数据通信，以便于在线修改 PID 参数；故障检测与报错。

（2）扩展 AD 模块：TMSLF2812 内部 AD 精度位数理论值为 12 位，实际测试后发现，精度只能够达到 8 位，ADC 的转换结果误差较大，如果直接将此转换结果用于控制回路，必然会降低控制精度（由于分辨率较低，在闭环控制阀芯位移时，当系统控制增益较大时，阀芯会发生抖动），所以在系统中扩展了 16 位的 AD7656 芯片。

（3）隔离模块：包括光耦隔离和 3.3 ~ 5.5 V 开关转换模块，光耦隔离采用 HCPL-063A 芯片，3.3 ~ 5.5 V 转换开关模块采用 74CBTD3384 芯片。

（4）功放模块：DDV 流量阀输入额定电流一般都是安培级别，所以采用 PWM 加 H 桥实现，此处采用了 18200T 功放。

（5）扩展 E²PROM 模块：数字控制器的一大功能就是在线修改 PID 参数，此处采用 AT25080N E²PROM，在线存储数字控制器的 PID 参数。

2. 系统硬件设计

（1）扩展 AD7656 芯片电路设计。

AD7656 是美国模拟器件公司的一款六通道、16 位并行输出（串行可选）、同步采样的模数转换器，可直接与数字信号处理器 TMS320F2812 连接。两者都是 16 位数据总线，总线直接连接即可。AD7656 芯片接线方式如图 2 所示。

经试验测试，在 ± 10 V 的输入范围内，此电路 AD 的实际精度能够达到 1mV，完全能够满足系统使用要求。

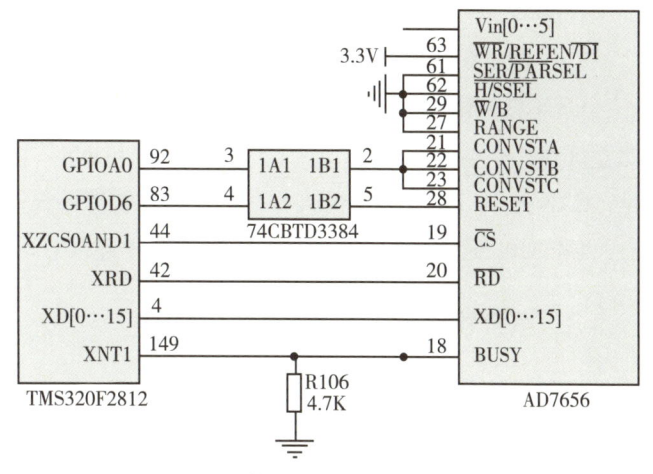

图 2　扩展 AD7656 芯片电路

（2）扩展 E²PROM AT25080 芯片电路设计。

AT25080 为 1K×8BIT 的串行 E²PROM，它具有 3.0 MHz 的时钟速率，32-BYTE 的页寻址模式，且可以分块保护。TMS320F2812 的 SPI 模块可以和 AT25080 无缝接口，其中 TMS320F2812 的 SPI 模块处于主模式，AT25080 处于从模式。

经软件调试，AT25080 可以快速、安全的存取设置的如下参数：死区、增益、零位以及 PID 参数。

（3）功放 18200T 电路设计。

LMD18200T 是美国国家半导体公司（NS）推出的专用于运动控制的 H 桥组件。同一芯

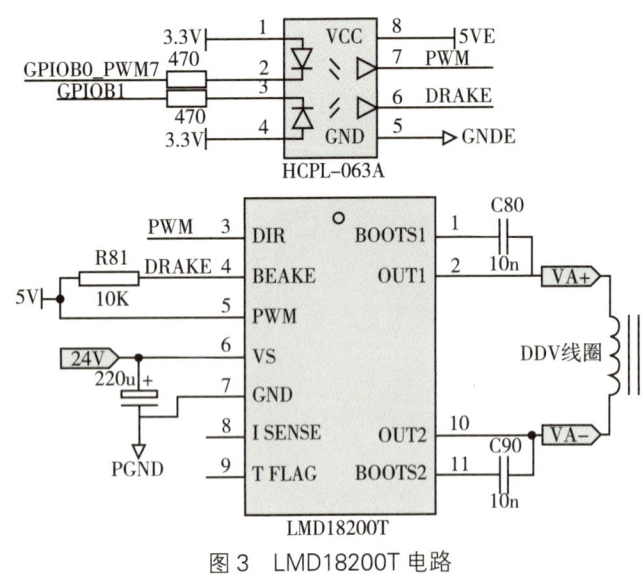

图 3 LMD18200T 电路

片上集成有 CMOS 控制电路和 DMOS 功率器件，峰值输出电流高达 6 A，连续输出电流达 3 A，工作电压高达 55 V，还具有温度报警和过热与短路保护功能。如图 3 所示，在数字控制器设计中，TMS320F2812 的两个信号 GPIOB0_PWM7、GPIOB1 经过光耦 HCPL-063A 耦合得到 PWM、BRAKE 两个控制信号。当 BRAKE 信号为高电平时，LMD18200T 对外无电压输出，当 BRAKE 为低电平时，LMD18200T 按照 PWM 的占空比加载电压到 DDV 线圈上。

经试验测试，在阀芯位置闭环下，位移输出最大时，通过阀线圈的电流为 1.2A。LMD18200T 持续输出 3A 的驱动能力，完全能够满足系统使用要求。

（4）通讯模块电路设计。

CAN 总线具有实时性强、传输距离远、抗电磁干扰能力强、检错能力强、安全性强、成本低等优点。在本系统中，CAN 通信模块通过 SN65HVD251D 芯片加外围电路实现。需要注意的是，CAN 是串口差分通信模式，在电路设计时要匹配终端电阻。同时为了提高电路的抗干扰能力，TMS320F2812 芯片与 SN65HVD251D 芯片连接时，中间需要添加高速光耦进行隔离。

3. 系统软件设计

（1）系统软件控制过程。

数字控制器内部 DSP 软件使用 CCS3.3 编写。软件控制过程如下：

1）TMS320F2812 通过 AD7656 接收外部指令电压信号，并将指令信号转换为对应的 PWM 信号，转换后通过 18200T 功率模块放大后，作用于（加电流）DDV。

2）DDV 阀线圈通过电流后，在磁场力的作用下，阀芯位置发生变化，位置变化量通过 LDVT 传感器，反馈给模拟放大板信号调理，通过 AD7656，再返回给 DSP2812。

3）TMS320F2812 利用指令输入与位置反馈输入，进行 PID 闭环。

（2）软件 PID 控制算法。

PID 控制方式常用的有 3 种：位置式、增量式和速度式。软件设计中，选择增量式算式来实现 DDV 阀的 PID 闭环，其优点如下：

1）增量式中只需计算增量，算式中不需要累加，控制增量的确定仅与最近几次偏差采样值有关，当存在计算误差或者精度不足时，对控制量计算的影响较小，且较容易通过加权处理获得比较好的控制效果；

2）由于 DSP 只输出控制增量，所以误动作时影响较小，且必要时可用逻辑判断的方法去掉，对系统安全运行有利；增量式 PID 控制公式：

$$u(k) = u(k-1) + a_0 e(k) - a_1 e(k-1) + a_2 e(k-2)$$

$$a_0 = K_p(1 + T/T_i + T_d/T) = K_p + K_i + K_d$$

$$a_1 = K_p(1 + 2T_d/T) = K_p + 2K_d$$

$$a_2 = K_p T_d = K_d$$

其中，$u(k)$ 为调节器的第 k 次输出信号；$e(k)$ 为第 k 次采样时刻的偏差值；T 为采样周期；K_p 为比例系数；K_i 为积分系数；K_d 为微分系数。

（3）PID 参数的整定。

实验经验法调整 PID 参数的方法中较常用的是扩充临界比例度法，又称为闭环振荡法，它的特点是：不需要求得控制对象的特性，而直接在闭合的控制系统中进行整定。

扩充临界比例度法整定数字 PID 控制器参数的步骤是：

1）预选择一个足够短的采样周期 T。一般说 T 应小于受控对象纯延迟时间的十分之一；

2）用选定的 T 使系统工作。这时去掉积分作用和微分作用，将控制选择为纯比例控制器，构成闭环运行。逐渐减小比例度，即加大比例放大系数 K_p，直至系统对输入的阶跃信号的响应出现临界振荡（稳定边缘），将这时的比例放大系数记为 K_r，临界振荡周期记为 T_r；

3）选择控制度。控制度，就是数字控制器和模拟控制器所对应的过渡过程的误差平方的积分比。通常，当控制度为 1.05 时，数字控制器和模拟控制器的控制效果相当。当控制度为 2.0 时，数字控制器比模拟控制器的控制质量差一倍；

4）查表确定参数。根据所选择的控制度，查表，得出数字 PID 中相应的参数 T，K_p，T_i 和 T_d（表 1）；

表 1 扩充临界比例度法

控制度	控制器类型	T/T_r	K_p/K_r	T_i/T_r
1.05	PI	0.03	0.53	0.88
1.20	PI	0.05	0.49	0.91
1.50	PI	0.14	0.42	0.99

5）运行与修正。将求得的各参数值加入 PID 控制器，闭环运行，观察控制效果，并作适当地调整以获得比较满意的效果。

根据以上 5 个步骤，选取控制器类型选择 PI，采样时间 T 选择 1 ms，通过试验得到当 K_r = 4 时，系统发生等幅振荡，振荡周期为 T_r = 45 ms。根据表格计算 T/T_r = 1 ms/45 ms = 0.022，选择控制度为 1.05，K_p/K_r = 0.53，得到 K_p = 0.53 × K_r = 0.53 × 4 = 2.12；T_i = 0.88 × T_r = 0.88 × 0.045 = 0.0396 s，由此可以计算出增量式 PI 的系数：

$$K_i = K_p \times T/T_i = 2.12 \times 0.001/0.0396 = 0.0535$$

以上面的 PID 参数进行试验，发现能够得到较好的动静态性能，试验中稍微调整，最后参数为 K_p = 2，K_i = 0.08，K_d = 0。

4. 产品性能分析

产品的动静态性能，在编号 SYT-40 的试验台上进行测试。该试验台相关参数指标为：
工作介质：YH-15；
供油流量：≥ 40 L/min；
供油压力范围：2 ~ 32 MPa；
压力变送器量程：0 ~ 32 MPa，精度：0.25%；
流量计量程：0 ~ 40 L/min，精度：0.5%。

按照上述 PID 参数设定数字控制器，并将控制器嵌入到 DDV 阀壳体中。在 SYT-40 试验台上进行 DDV 阀的动静态试验测试，测试得产品动态性能为：-3 dB 幅值衰减点为对应频率为 67 Hz，-90° 滞后点对应频率为 55 Hz。静态性能为：正向额定流量 36.40 L/min，负向额定流量 35.96 L/min，对称度 2.48%，线性度 3.22%，滞环 1.08%，最大内漏 0.36 L/min。产品性能曲线如图 4 所示。

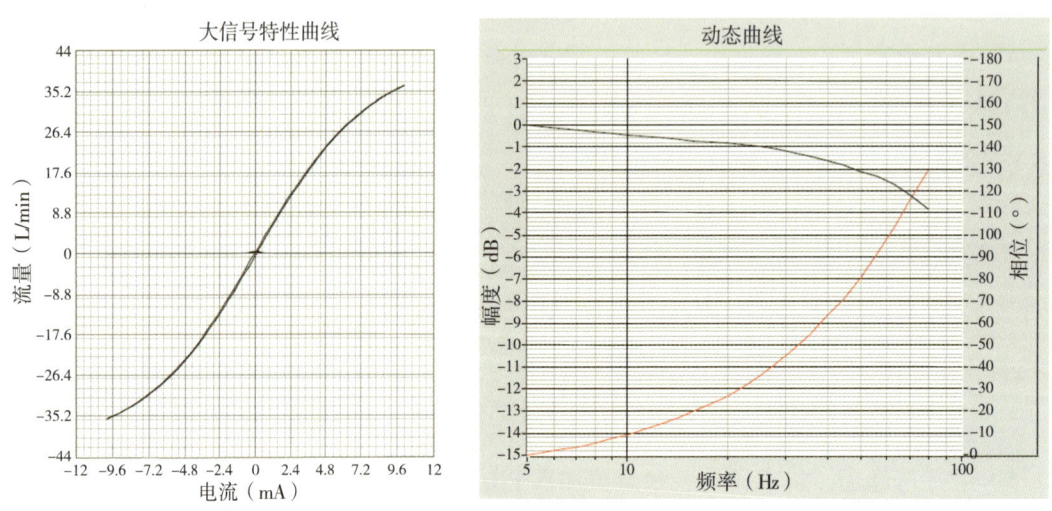

图 4 DDV 阀动静态性能曲线

三、总结

采用基于 CAN 总线数字控制器的 DDV 伺服阀具有在线修改 PID 参数功能，同时可以通过 CAN 总线通信工作于控制器局域网中。经测试，其动静态性能满足 GJB 3370-98 要求。目前该型控制器已经运用到中航南京机电中心液压伺服事业部的生产线中，在调试 DDV 阀时，使用数字控制器在线修改 PID 参数功能，可以提高产品的筛选、调试速度。但在民品运用市场上的推广尚待进行。

四、未来发展

当今社会已经完全被数字化电子设备所驱动，计算机、汽车、自动化系统、航空航天等领域都进入了工业 4.0 时代。国外公司如 MOOG、ATOS、Schneider 等，都开发了基于总线的数字化伺服阀产品，并在市场上对其进行大力推广。

在数字阀领域，数字式轴控制阀（digital and axis control valves）将扮演一个非常重要的角色，数字式轴控制阀不但具有普通数字阀的内闭环功能（内部阀芯位置闭环、负载腔压力闭环），还具有外部闭环功能，可以对其负载（如伺服油缸）进行位移和力闭环。数字式轴控制阀在具有普通伺服阀自身的一切功能外，还扮演了运动控制器的角色，将是中航南京机电中心液压伺服事业部未来研发的重点之一。

案例 10
液压产品与制造数字化智能化研究

上海诺玛液压系统有限公司

围绕"2015年工业转型升级强基工程",探索液压智能制造及数字化技术,承担着我国第一条伺服比例阀智能自动装配线研制工作。通过多年研究,逐步形成以电液伺服阀、比例阀、负载敏感比例多路阀、大流量比例插装阀对主导的产品供应体系。以伺服阀、比例阀及液压系统技术积累为基础,重点研究伺服/比例阀产品与制造数字化智能化,努力提高我国液压工业的创新力和产品国际竞争力。

一、引言

当今时代，制造业发展的总体向着网络化、智能化方向发展。未来制造业将以绿色智能为引导，液压件产业的发展也不例外。上海诺玛液压系统有限公司（以下简称诺玛液压）以智能数字化制造和绿色节能为企业发展战略，研究伺服/比例技术产品与制造数字化智能化应用，力争在2019年实现数字化工厂智能制造。

二、诺玛液压产品数字化智能化发展构思

电液伺服比例技术是液压传动与控制领域的核心，先导伺服比例是实现元件数字化的必要基础。近10年内，定型批产了MOOG系列七大型号伺服阀、Rexroth系列十大类型号板式比例阀、HAWE系列比例多路阀和MOOG/Rexroth系列伺服比例先导大流量插装阀，这使得未来液压控制元件实现无线遥控、远程诊断、互联网+、云计算等成为可能。

1. 诺玛液压四大控制阀

诺玛液压通过多年研究，逐步形成以电液伺服阀、比例阀、负载敏感比例多路阀、大流量比例插装阀对主导的产品供应体系。

（1）工业伺服阀。

工业伺服阀分为电反馈和机械反馈两大类。诺玛液压机械反馈伺服阀以双喷嘴挡板阀为代表，最大流量为70 L/min，频响可达60 Hz以上；电反馈伺服阀以射流管式阀为代表，最大流量为200 L/min，频响可达130 Hz以上，上述伺服阀外观如图1所示。

（2）电液比例阀。

诺玛液压电液比例阀主要分为先导式比例阀（不带位移反馈）和直动式比例阀（带位移

（a）RT-6615 E

（b）RT-6617 E

（c）伺服模拟放大器

图1　工业伺服阀及配套放大器

反馈)两大类,其通径为 DN6 ~ DN32。其中,直动式比例阀有 DN6 和 DN10 两种类型,频响可达 30 Hz 以上,上述电液比例阀外观如图 2 所示。

(a)RT-4WRKE　　　　　　　(b)RT-4WREE　　　　　　(c)比例模拟放大器

图 2　电液比例阀及配套放大器

(3)高压负载敏感电液比例多路阀。

诺玛液压自 2008 年开始研发,至 2011 年年底已完成适用于定量泵系统和变量泵系统应用的 PSL 型和 PSV 型高压负载敏感电液比例多路阀,包括二、三、五共三大系列,其流量范围为 3 ~ 240 L/min,具体外观如图 3 所示。

(a)二系列 PSL、PSV　　(b)三系列 PSL、PSV　　(c)五系列 PSL、PSV　　(d)比例模拟放大器

图 3　高压负载敏感电液比例多路阀及配套放大器

(4)超高压大流量伺服比例插装阀。

以伺服比例阀技术积累为基础,诺玛液压已完成二通伺服比例插装阀和三通伺服比例插装阀产品系列研发工作,其流量分别可达 250 ~ 7200 L/min 和 185 ~ 2100 L/min,产品外观如图 4 所示。

(a)二通伺服插装阀　　　　　　(b)三通伺服插装阀

图 4　超高压大流量伺服比例插装阀

2. 诺玛产品数字化规划

（1）数字化的意义。

目前诺玛液压数字化即液压3.0电液一体化控制概念，具体包含以下几个方面：

1）具备在线修改和存储系统性能参数（如放大系数、零点、斜坡等）功能；

2）电液控制器包括数据采集、信号调理、嵌入式处理器、通讯接口与功率驱动器；

3）智能化程度高，可实现多种控制策略；

4）具有友好的参数设置界面；

5）在质量上稳定性、可靠性得以提高；

6）在结构上逐步将液压元件、执行器和电子驱动器集成一体；

7）在价格上也对不同的需求有高低性能的差异。

（2）上海诺玛液压的比例多路阀数字化产品发展规划。

比例多路阀的先导模块有比例减压阀和高速开关阀两种。从性能上说，高速开关阀的各方面性能要优于比例减压阀，因为高速开关阀的响应更快，抗污染能力更好，稳定性更强。此外，高速开关阀的流量正比于PWM的占空比，且消耗电流更小。数字式比例多路阀将高速开关阀、传感器、电子控制元件及其CAN总线集成到一起，简化了多路阀的机械结构，提高了其控制精度和响应速度，并且通过CAN总线，可实现在线故障诊断、报警、记录和智能控制等。

为改善先导控制结构控制精度、提高整体响应速度，诺玛液压采用液桥先导控制方式，如图5所示。

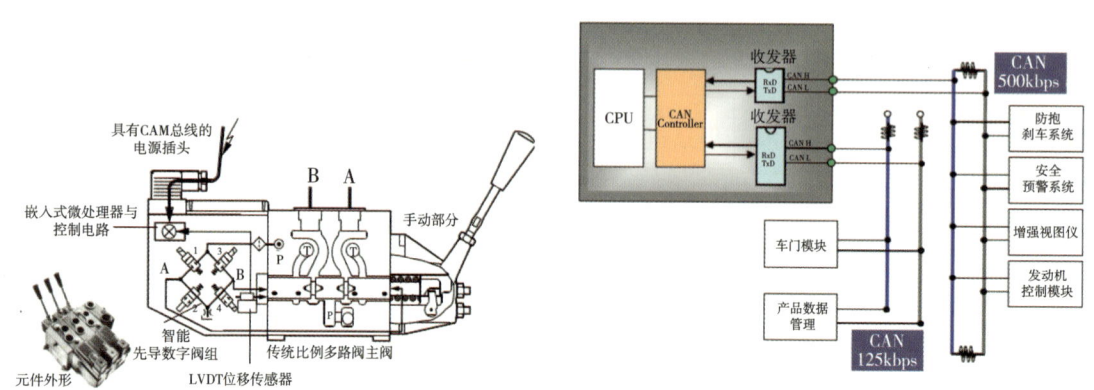

（a）Sauer-danfoss PVG32系列多路阀　　　　（b）Sauer-danfoss CAN收发模块

图5　液桥先导控制方式

（3）上海诺玛液压伺服比例阀数字化产品发展方向。

诺玛液压在现有阀技术基础上，将模拟电路板替换为具有先进控制算法和通讯接口的数字电路板，以直动式数字比例伺服阀为例。

采用该数字化结构具有如下特点：

1）采用 DSP 作为控制核心；

2）采用高精度，高可靠性 ADC、DAC 芯片作为数据采集核心；

3）三种接口：模拟接口，兼容现有的产品；现场总线接口，可选择 CANOPEN、PROFIBUS 和 EtherCAT 总线规范；服务接口，可实现阀内参数调整和现场诊断；

4）采用基于模型的控制算法设计，在可视化的开发平台（如 MATLAB）上从需求分析阶段开始建模、验证与测试，这样可以保证代码的可靠性。

数字比例伺服阀通过电—机械转换装置（线性力马达）将电信号转换成流量或压力，并通过压力或位置反馈，利用 DSP 的强大运算能力，实现 P 控制、Q 控制和 PQ 控制等。

诺玛液压以目前研制的伺服比例阀元件为基础，即以成熟的高精密制造工艺为前提，发展电子控制（数字化控制）液压阀，再延伸至液压泵新型变量控制系统和大型多路阀先导控制系统。

这些系统具备较高的电液伺服功能，通过自行研发的生产嵌入式电子系统及相关的韧片（firmware），完成动力控制、逻辑控制、运动控制、解耦控制和健康控制等。此外，该系统具备 CAN、Profibus、Profinet 等接口，可实现将来互联网＋的云计算功能。该技术使液压元件能实现工业物联网 ICPS（industrial cyber-physical systems），在理念和功能上超过国际上的物联网 CPS（Cyber-Physical Systems）。

以数字伺服阀为例，其先导级是射流管，利用强大的数字信号处理器运算能力＋可编程逻辑阵列的并行处理能力，使得精度和频响进一步提高，阶跃响应时间达到了 7 ms，而模拟电路板伺服阀最高只有 12 ms。

（4）工业 4.0。

针对工业 4.0，目前上海诺玛只进行概念上探讨，主要涉及智能元件和液网控制一体化。

智能化元件是在液电一体化元件基础上发展的，具备感知元件状态（传感功能）、判断元件状态（运算功能）、调节元件性能（控制功能）、对内外有通讯功能（网络功能）与元件性能（执行功能）等。

液网控制一体化为每个液压运动控制单元配备了分散智能功能，并通过开放式接口与更高层级的系统进行通讯；该系统可以自动适应速度、力等不断变化的要求，实时自主控制运动，并以模块方式无缝集成到机器概念内；此外，通过互联网平台能够缩短从概念到完整解决方案的实现时间。

三、诺玛工厂数字化智能制造发展构思

1. 目前比例阀自动加工、装配柔性生产线

为提高产品生产和装配的一致性，诺玛液压不遗余力地投入资金用于阀体自动上下料及去毛刺柔性加工生产线建设和阀体工艺堵头柔性自动装配线建设，并于 2010 年成功投入生产。柔性生产线的投入使得生产、装配质量的一致性得到了有效的保证，同时生产效率也大幅提高，人工成本得以降低。诺玛液压整体生产制造的自动化、柔性化程度是远远不够的，其还是一个较传统的散型制造企业，一致性的先进生产制造工艺体系难以实现，这使得产品与国外知名品牌相比还有差距。

诺玛液压伺服阀、比例阀生产制造设备配置自动化、柔性化较差。例如目前伺服阀采用人工配磨工艺，无法保证产品的一致性。因此企业必须尽快以更新更先进的理念去实施创新转型，并在具体产品解决方案上以全球先进技术的视野和接近甚至赶超全球先进水平的魄力去实施，完成所有关重零件的世界先进水平自动化柔性加工生产线、装配自动化以及各类关重零部件的在线自动检测，最终利用互联网平台实施液压互联网+。

2. 诺玛液压数字化工厂和智能制造建设规划

建立诺玛液压数字化工厂，其系统架构如图 6 所示。

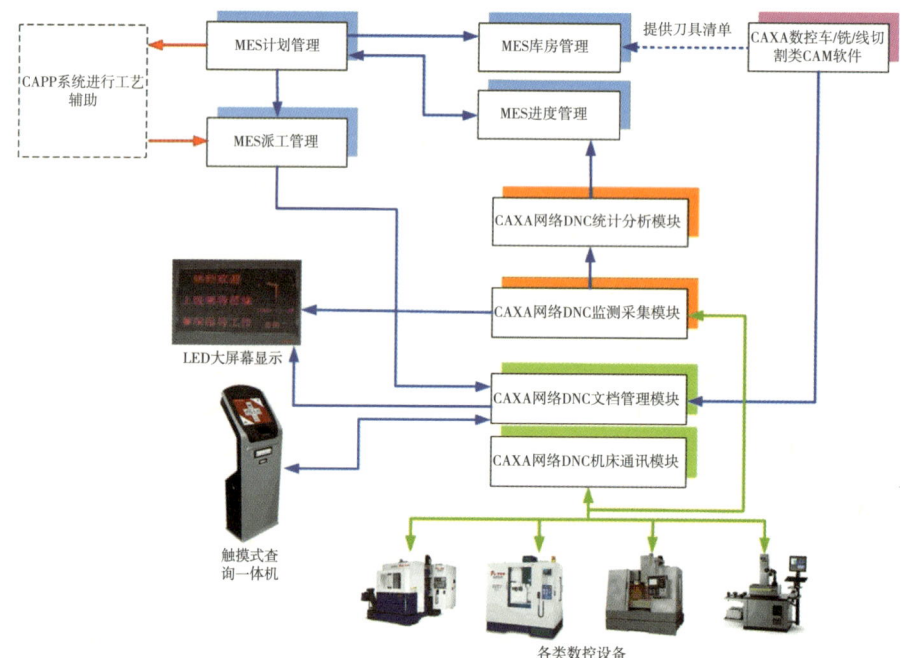

图 6　数字化工厂系统架构示意图

诺玛液压数字化工厂建立 MES 系统，集成条码采集系统，配备阀体自动化柔性生产单元及在线快速自动检测装置。

数字化工厂所有关重零件阀体的世界先进水平的自动化加工制造柔性生产线，预计将于 2019 年完成。该生产线借鉴自动化流水生产及在线、快速、自动检测等世界先进理念，将提供阀类一致性制造加工的最终解决方案，如阀体自动上下料、去毛刺、高压清洗去毛刺、珩磨、清洗、自动检测关重尺寸、装物料盒等均由一个机器人整体完成。

四、前景展望

对未来的发展，诺玛液压提出在生产的各个环节都要做到自动化，包括生产自动化和检测自动化，同时还要实施数字化，毕竟未来是信息智能的时代。最终推进中国液压行业的强基战略工作，从根本上提升核心液压零部件的质量，进而造福整个行业。

案例 11

液压泵马达产品数字化制造应用示范

北京华德液压工业集团有限责任公司

北京华德液压工业集团有限责任公司围绕产业转型升级，按照《中国制造 2025》的精神，探索数字化制造技术。在泵马达生产单元抽取 4 处进行数字化加工试点，通过三维 CAD（计算机辅助设计）设计及仿真技术、数控加工设备及全自动热处理线、自动装配线及数字化物流管理，打造数字化制造的基础，为华德液压实现智能制造创造一个良好的开端。

一、导言

液压泵马达的生产具有多品种、小批量、供货周期短的特点，生产组织成为及时供货的关键所在。北京华德液压依靠信息化的技术，机加工过程通过数控设备，实现数控加工。通过加装在线检测、增加物料条码系统、通过设备的 RS232/USB 接口联网、建立生产局域网，把物料信息、质量信息、设备信息、生产管理信息接入企业 ERP（企业资源计划）系统，初步实现试点加工过程的数字化生产。

二、主要研究内容

1. 三维 CAD 设计与仿真技术

数字化制造离不开产品设计手段的数字化和产品设计过程的数字化。在设计阶段，广泛采用三维 CAD 技术与仿真加工技术，实现产品的虚拟设计、虚拟装配和虚拟加工，从而建立起一套从设计到加工的协同仿真平台，在产品的正式投产制造前做好优化设计工作。

三维 CAD 设计的应用大大缩短了产品的开发周期。通过全程数字化设计，结合 PDM（产品数据管理）系统，使产品的三维图纸、二维图纸、分析报告、工艺规程、工装夹具图纸、虚拟装配、虚拟加工等相关的产品数字信息得到统一规范的管理、保存和传承。设计效率达到大幅提升；完全避免了结构干涉等设计质量问题。图 1 为应用三维 CAD 设计出的马达后盖及壳体。

虚拟制造技术的应用，在节约加工时间和成本，提高加工效率和新产品加工反应速率方面起到了巨大的推进作用。计算机辅助制造（CAM）技术降低了数控加工的编程门槛，减少了加工编程编制与调整的时间，减少了编程中人为因素的影响，增加了调整工与各个机床之间的快速反应，并提高了刀具与机床的使用率。这使得制定更合理的加工工艺和机械加工参数等工作更加便捷，并能协助 MES（制造企业生产过程执行管理）合理安排机加时间（图 2）。

先进的 CAM 软件提供了更高效、先进、安全的加工方法，如高速加工；也能更充分地利用现有数控机床的功能，使加工知识与技术能形成技术文件进行传承。这是传统的人工编程所不能办到的。通过 CAM 技术，加工编程准备时间从数小时缩短到 5 min 以内。

图 1　应用三维 CAD 设计出的马达后盖及壳体

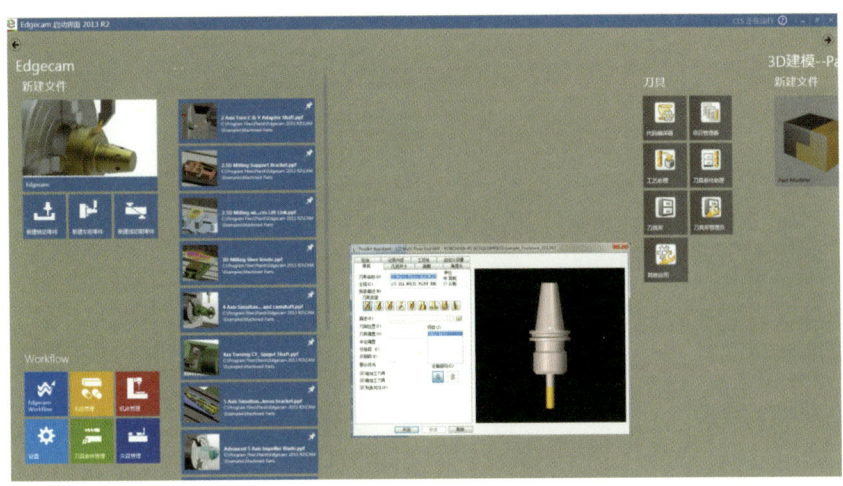

图 2 应用 CAM 仿真加工软件进行加工管理

2. 数控加工设备及全自动热处理线

以 DMC 80U 五轴加工中心加工过程为例,通过 CAM 软件,自动生产零件的加工代码、实现自动编程,并进行仿真模拟加工;自动传输到 DMC 80U 五轴加工中心实现自动加工;通过在设备上增加的雷尼绍在线检测设备,加工过程自动测量判定;通过网络接口把设备信息、加工过程信息、质量信息自动上传。

该设备实现了自动加工,加工过程全部处于受控状态,加工质量零缺陷。数字化加工流程图见图 3 所示。图 4 为 DMC 80U 五轴加工中心。

图 3 数字化加工流程图

氮化热处理作为生产的特殊过程,其质量状态完全取决于过程的参数控制,原有的非自动井式氮化炉的过程参数精度差,不能自动进行调整,人为因素对质量的影响很大。

通过引进自动化的氮化热处理线(图 5),实现自动化,氮化热处理过程全部数字化控制,完全排除人为因素的影响,过程参数可视化、数据化、自动

图 4 DMC 80U 五轴加工中心

上传。其特点如下：

（1）可控气氛氮化炉程序控制系统安装在炉体侧面。用户通过操作面板和控制仪表，操作全部的工艺过程。可通过显示屏观察到设备当前过程和全部的工况状态，包括各类工艺参数、曲线和当前的报警信息。

（2）通过调换人机操作的各画面，可了解如下信息。

☆设备故障报警：当前和历史。

☆设定操作模式：如调整、手动、自动等。

（3）整个设备的过程采用 SIEMENS S7-300 系列可编程序控制器，并与 PT500 进行通讯，所有的仪表与 PT500 通讯，从而完成全部过程的控制。

（4）温度及氮气控制采用 PT500 控制仪，该仪表控制配置了自整定和标准化 PID 运算模块，同时还可以进行功能选择、配置及参数设定，以数字式显示设定值和实际值。该控制单元还配有多通道模拟输入和输出，从而实现智能化控制。

（5）程序执行主控系统安装在炉子的一侧。柜体内外表面由喷塑的钢结构组成。四周的围板均能拆开，并且设有密封装置，柜体正面为开门结构。在门上带有与柜内连锁的照明开关装置，当用户打开柜门时，柜内的照明让用户清楚地观察和维护各控制元件，柜内各元器件的电缆连线全部敷设在各自的 PVC 带盖线槽内。使整个柜内清晰、整洁。同时，为了确保柜内元器件的正常工作，在柜体的侧面装有循环送风式空调器。程序执行主控系统的电源引入由柜内带锁定的主电源开关来实现，并按要求通过二次接地的变压器引入各控制元件。

（6）通过车间网络、条码系统，把氮化信息、质量信息、物流信息上传。

该系统的使用，使液压泵马达产品的零件氮化质量从 3 西格玛水平提升到 6 西格玛的水平。

图 5　全自动氮化热处理线

3. 自动装配线

（1）国内液压马达生产均为手工装配，装配及检测手段落后，无法稳定控制产品的装配质量。北京华德液压工业集团有限责任公司的数字化装配线（图6）的上下料、安装、拧紧、翻转、传送等19个工位全部采用自动化控制，是在解决了多品种柔性化生产、在线检测自动化装配的关键技术基础上，综合应用工业计算机控制技术、传感技术、数据采集、在线检测等先进技术集成研制的数字化装配检测系统。

（2）采用了先进的上料技术，满足高精度的定位要求。

（3）通过在线检测系统，能够检测各个零部件的合格性，能够检测各质量控制参数，严格为马达的装配质量把关。

图6　马达自动装配线

（4）节约劳动成本，数字化装配线70 s组装一台马达，是人工组装效率的5倍。并可以控制人为因素造成的产品质量缺陷。

（5）数字化装配线控制核心采用可编程控制器（PLC）控制，其触摸屏界面包括自动操作画面、手动选择画面、报警画面、系统画面和I/O状态监视画面。

该自动装配线的投入使用，使马达装配一次合格率从手工的97.3%提高到100%；装配效率提高5倍，达到70秒/台。

4. 数字化物流管理（条码系统）

通过条码系统，实时监控物流状态。整个条码系统以条码为标识数据的媒介，用有线扫描枪和/或无线终端为数据采集设备，用无线网络传输数据到后台服务器。完成物流状态的实时监控和管理。总体流程图见图7。

数字化物流管理优化了现有的作业流程，提高作业透明度，加强作业质量控制，缩短制造准备周期，提高业务处理流程的规范化程度，加快了企业的运行效率。实现物流信息的实时性和物流的准确性。图8为总体架构方案。图9为条码系统与ERP的接口。

通过建设高效的MES系统，实现计划数据快速下达到各工位，实时采集各项生产数据、为管理层及时地提供真实、准确、完整的生产与质量指标，为实现管理在线、科学决策奠定基础，满足内部制造营运管理的要求。

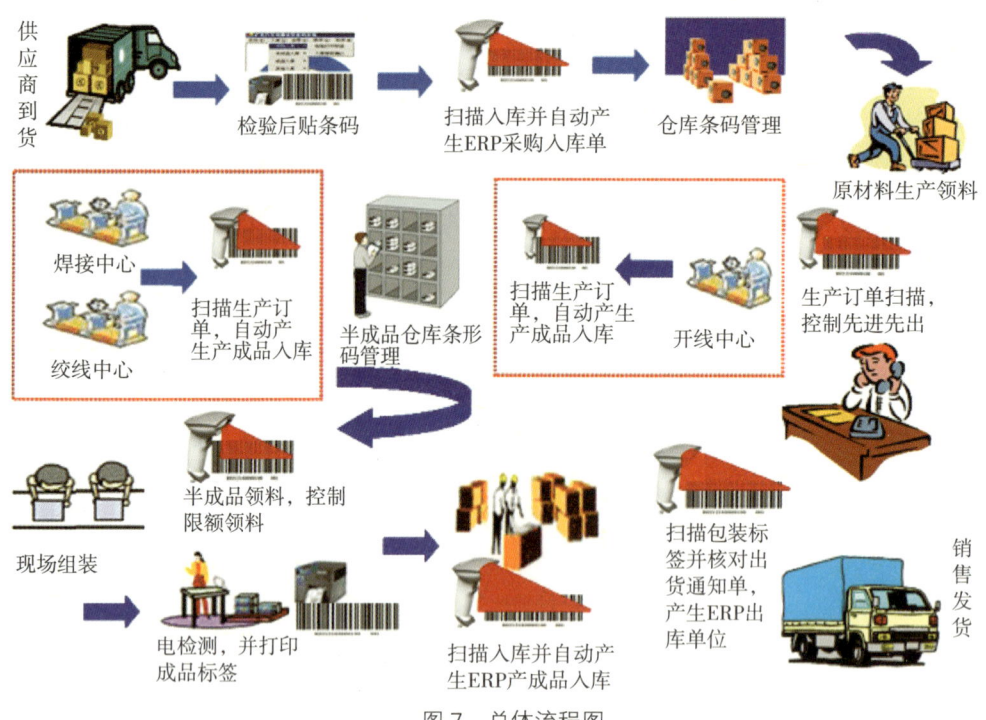

图 7 总体流程图

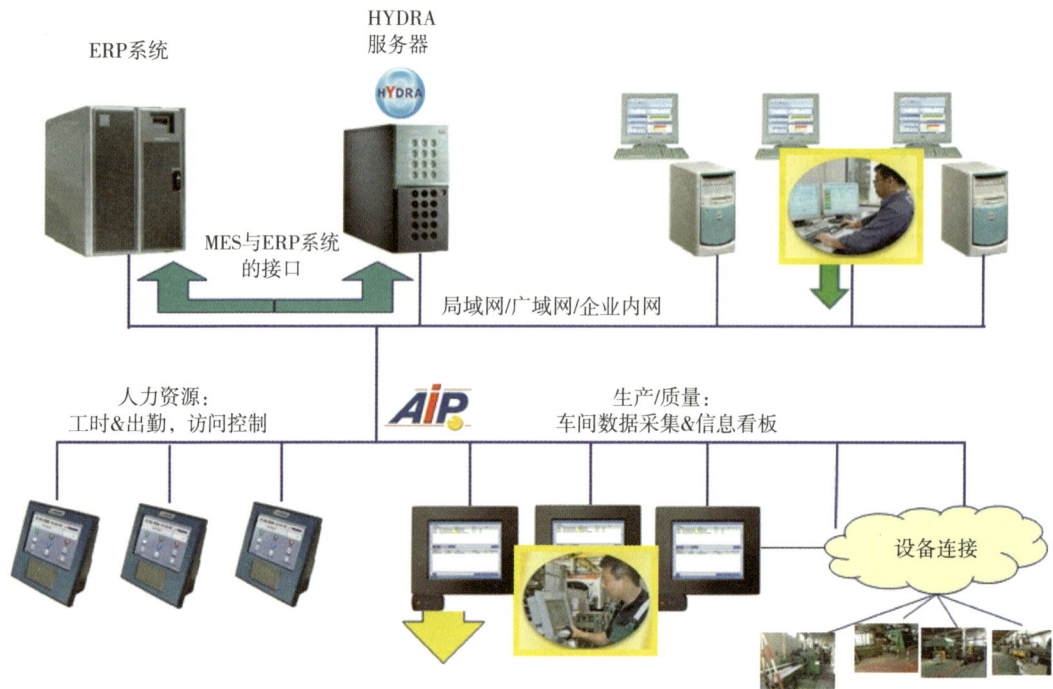

图 8 总体架构方案

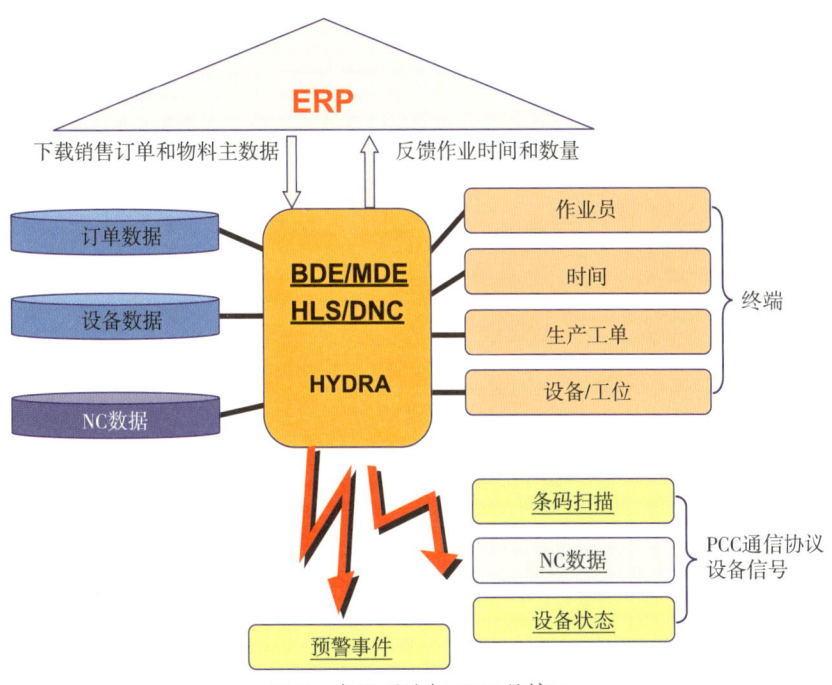

图 9　条码系统与 ERP 的接口

三、结论与展望

华德液压泵马达 4 个生产试点单元的生产过程初步实现数字化，提高效率 30% 以上，明显提升了产品质量。按照"中国制造 2025"规划精神，通过以点带面，试点后再进行扩大应用，再到全面推广，力争在"十三五"期间实现全面的智能制造。图 10 为柱塞滑靴副智能生产线规划图。

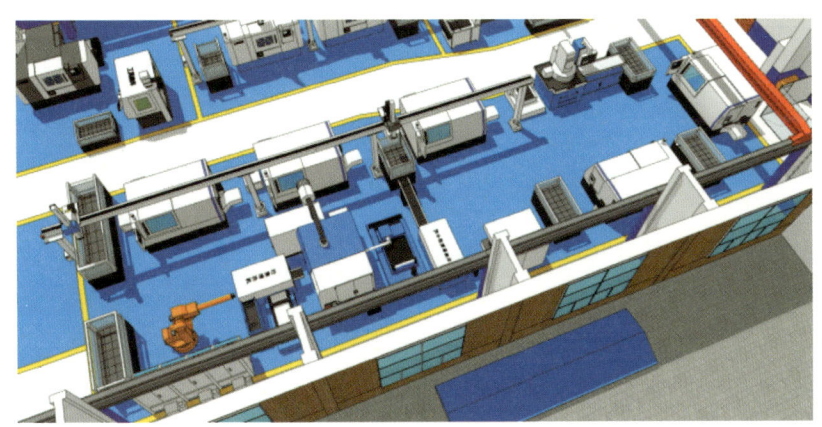

图 10　柱塞滑靴副智能生产线规划图

（1）物流配送智能化。物流配送实时接收调度信息，准确将货物准时运至准确的地点。

（2）加工生产阶段上料、加工、检测及分拣自动化。关注零件加工采用机械手自动上下料、在线自动检测及更换刀具。

（3）生产系统具备在线监测功能，并能通过在线信息平台即时获取加工信息（数控程序、加工任务及加工进度）。数控设备周边配备信息交流平台，可查询生产、工艺及加工信息；加工程序及机械手控制程序由加工编程部门远程传输。

（4）加工装配过程具备数字化交互功能。产品装配线建立可视化的数字互动平台，结合传送带进行流水装配，提高装配作业效率。

（5）物料存储采用智能化立体仓库，配餐式零件输送。智能立体化仓库根据电脑控制自动获取相应零件及零件库存、状态信息，配餐形式送至产品装配线。

（6）通过模块化、标准化、自动化，提高生产切换的速度和效率，保证生产单元的柔性。

案例 12
液压高速开关阀

烽火机械厂

烽火机械厂对高速开关阀及其在柴油发动机燃油调节器中的应用开展了研制工作，开发了新型双电磁铁大流量先导式液压高速开关阀，该种高速开关阀在流量和动态响应性能指标方面优于国外同类产品。

一、导言

随着计算机技术、微电子和信息技术的飞速发展，以机、电、液三位一体为特征的液压高速开关阀作为高速数字液压技术成功应用的典范，也得到了迅猛发展和广泛应用。开关式数字液压技术是通过控制高速开关元件的通断时间比，以获得在某一段时间内液压系统流量或压力的平均值，进而实现对下一级液压执行机构进行控制的数字化控制方式。在液压系统中，这种控制方式的控制信号是开关量，因而本质上是直接数字控制。开关式数字液压技术通常采用脉宽调制（Pulse Width Modulation，PWM）方式控制高速开关元件的动作，因而该数字液压技术的性能在很大程度上取决于高速开关元件的性能。开关式数字液压技术由于采用开关式控制元件和PWM控制方式，因此具有结构简单，成本低，可靠性和重复性高以及抗污染性强等特点，在汽车ABS防抱死制动系统、大功率发动机的电控系统以及振动和疲劳试验系统等领域得到广泛应用。

随着人类环境保护意识的增强，对柴油机污染排放控制也越发显得迫切。目前，许多国家都在寻找和探究更有效的技术措施来降低柴油机的尾气排放量。其中，共轨式电控燃油喷射技术正是一项较为成功地控制柴油机污染排放的新技术。中国航天科技集团公司烽火机械厂以降低柴油机污染排放为目标，提出了新型液压高速开关阀设计方案和采用数字式液压高速开关阀控制的柴油机燃油喷射技术，有效地提高了柴油发动机燃油的喷射性能。

二、主要创新点分析

1. 开关式数字液压技术的实现方式

采用开关阀或方向阀来控制液压执行元件运动的系统为液压开关控制系统。传统的液压开关控制系统主要靠开关阀进行信号转换与放大，从而控制液压系统的压力、流量和方向，开关阀控制的是执行元件输出力的大小和方向，而运行速度只有与节流装置配合才能做一般的调节，因而传统的液压开关控制系统通常只适用于对工作性能要求不高的液压传动系统。随着流体开关元件响应速度的不断提高以及微机在液压系统中的广泛应用，高速开关阀不仅能够直接利用数字信号进行控制，而且通过与数字脉冲调制技术的结合，开关控制已成为液压系统直接数字化的一种重要方式。

通过脉冲调制方法来控制高速开关阀的动作，可达到数字化流量控制的目的。产生脉冲调制的方法有如下几种：控制脉冲宽度的脉宽调制法（PWM）、控制脉冲交变频率的脉冲频率调制法（PFM）、脉冲数调制法（PNM）、控制脉冲振幅的脉冲振幅调制法（PAM）以及用

1 或 0 将 PNM 的脉冲数分段并符号化的脉冲符号调制法（PCM）等，而液压系统中的高速开关阀常用的控制方法是时间比率式脉宽调制法（PWM）。因而，目前大多数开关式数字液压技术采用的是脉宽调制法（PWM）控制高速开关阀的技术。

2. 高速开关元件的种类

高速开关元件是流体脉冲调制控制系统的关键部件，也可直接用于液压系统能量的快速、瞬间释放。液压高速开关元件的形式和种类很多，包括：按照电驱动元件（电磁铁）的结构形式来区分，按照阀芯的结构形式来区分，按照驱动信号的工作时制来区分。

按照电驱动元件（电磁铁）的结构形式区分，可分为：螺线管式电磁铁驱动、拍合式电磁铁驱动、力矩马达驱动、电/磁致伸缩元件驱动。

高速开关元件按照阀芯的结构形式可分为滑阀、球阀、锥阀、平板阀等形式。

按照驱动信号工作时制的不同，高速开关元件可分为：

（1）直接驱动：电磁阀的驱动电流与阀的开启周期相同，并且阀芯靠弹簧复位，这种驱动方式一般常用于普通的电磁元件。

（2）冲击电压驱动：由于电磁铁线圈为一电感性元件，其电流的变化总是滞后于电压的变化，这种驱动方式是为了提高阀动作的快速性，因而在阀动作的瞬间加一高电压，使其快速换向。当阀芯动作后，电流稳定在一安全电流以下，并保证阀芯定位。

（3）脉冲驱动方式：这种驱动方式只是在阀动作的瞬间通强电流，而一旦阀动作完成后，阀芯自动处于定位状态。这种驱动方式要求阀具有双稳的工作特性，即具有记忆功能。这种驱动方式对于阀芯的位置来说是脉宽调制，而对电流信号却为脉频调制。从减小发热及快速性角度而言，这种驱动方式较为理想。

3. 高速开关阀的结构及工作原理

中国航天科技集团公司烽火机械厂所研制的液压高速开关阀结构，该阀由先导阀、主阀、驱动电磁铁以及弹簧、密封和垫片等附件组成。

高速开关阀驱动为双电磁铁驱动，当先导阀芯一端高速强力电磁铁线圈得电时，产生激励磁场，衔铁在激励磁场作用下，向下运动，带动先导阀芯运动，使先导阀口打开，主阀芯的腔体与油压进口（高压进口）接通，主阀芯腔体的压力下降，主阀芯在液压力的作用下向左运动，主阀芯打开；当先导阀芯另一端高速强力电磁铁线圈得电时运动产生激励磁场，衔铁在激励磁场作用下，向上运动，带动先导阀芯使先导阀口关闭，将主阀芯腔体与油压进口（高压进口）断开，主阀芯腔体压力通过主阀芯上的阻尼孔与油压压力沟通，腔体压力很快上升到油压进口压力，主阀芯 4 在蝶形弹簧的预压力的作用下向右运动，主阀芯关闭；这样通过使先导阀芯两端线圈依次得电、断电就实现了阀的快速开关动作。

4. 高速开关阀的 PWM 控制原理

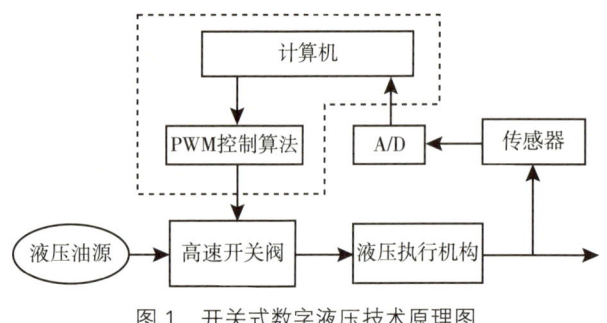

图 1 开关式数字液压技术原理图

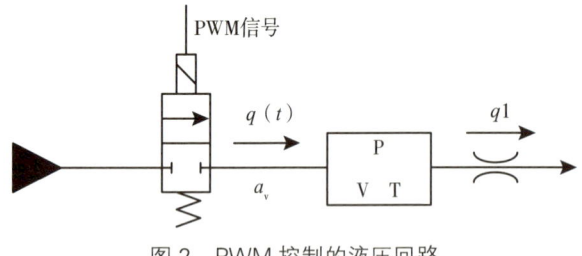

图 2 PWM 控制的液压回路

PWM 控制方式液压高速开关元件的重要控制方法之一，采用脉宽调制（PWM）控制方法的开关式数字液压技术原理图如图 1 所示。

图 1 中采用 PWM 控制的开关式数字液压系统不需要 D/A 转换器，主要通过计算机中的 PWM 控制算法来实现对输出信号的连续控制。

通过图 2 所示的简单液压回路可以介绍流体动力信号脉宽调制的基本思想。图 2 中二位二通的高速开关阀在数字信号的作用下，有两种工作状态：开或关。以有效过流面积 $a_v(t)$ 作为开关阀的输出，对应的 PWM 输入信号也是幅值为 apwm（t）和 0 的数字信号。

输入到高速开关阀控制信号的 PWM 信号是一种具有固定周期的脉冲信号，而在每一个周期内，处于高状态（控制指令电压）的作用时间，即脉冲宽度 a_iT_s，$\{a_i, i\ |\ a_i\leqslant 1, i=1, 2, \cdots, m, m\in N\}$ 是可调节的。a_i 称为第 i 个周期的脉宽调制比（或占空比），由图 4 可知，占空比 $a_i=\dfrac{T_1}{T_s}$。

在一个周期内，高状态时，有控制指令电压作用于图 2 中开关阀线圈上，使阀通路打开，有流量 q 通过，在其余的时间内，无控制指令电压作用于线圈上，开关阀关闭，无流量通过。因而一个周期内开关阀的平均流量可表示为：

$$q = C_d A\sqrt{\dfrac{2\Delta p}{p}}\dfrac{T_1}{T_S} \tag{1}$$

式中：C_d 为流量系数；A 为开关阀的过流截面积；Δp 为开关阀进出口两端压力差；p 为液压油液密度。

式（1）又可表示为：

$$q = C_d A\sqrt{\dfrac{2\Delta p}{p}}\,a_i \tag{2}$$

式（2）表明经过开关阀的流量与脉宽调制的占空比 a_i 成正比，a_i 越大，经过开关阀的平均流量越大，执行元件运动速度越快。

在 PWM 信号作用下，阀输出也是 PWM 信号，由于在单位时间内（一个周期内）阀的开启时间由占空比 a_i 决定。因此，控制 a_i 的大小可以控制单位时间内流过阀的流量大小，即实现对流量的控制。等效地，可以将 PWM 控制的高速开关阀看作一个可调节流阀，如图 3 所示。

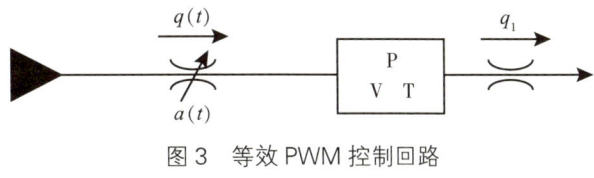

图 3 等效 PWM 控制回路

可见，PWM 控制的基本原理是通过控制流过阀的流速的变化率来达到控制目的的，其实质就是将阀变成一个积分器。图 3 中等效节流阀的作用面积可表示为：

$$a_v(t) = \frac{1}{t}\int_0^t a_{pwm}(\xi)\,d\xi \quad (3)$$

其中，$a_{pwm}(t)$ 为高速开关阀的输出，而等效的流量为：

$$p(t) = f_q[a(t), q(t), t] \quad (4)$$

式（2）也可以改写为：

$$p(t) = f_q[a_v(t), q(t), t] \quad (5)$$

式（4）和式（5）表明，在传统的开关阀上引入 PWM 控制方式可实现对液压系统流量及压力的连续控制。

实际中，当 PWM 信号的频率足够高时，由于系统回路和系统组成元件本身有低通滤波器特性，液压系统的被控制参数（流量或压力）表现为载有某些频率信号的连续性慢变信号。这样，高速开关阀在 PWM 信号作用下又表现出数模转换（A/D）的功能，因而，脉宽调制的流体动力信号可直接实现数字控制，而无需 D/A 转换器（DAC）。

5. 液压高速开关阀的性能指标及流量特性

中国航天科技集团公司烽火机械厂所研发液压高速开关阀的性能指标如下：

额定流量 43 L/min；额定压力 31.5 MPa；开启时间 0.7 ms；关闭时间 0.9 ms。

中国航天科技集团公司烽火机械厂所研发液压高速开关阀的流量特性如图 4 所示。

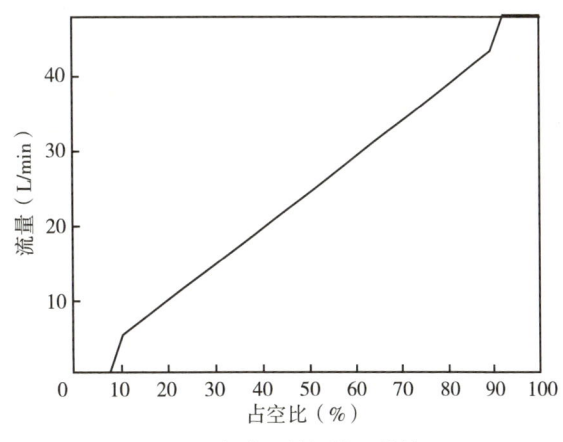

图 4 高速开关阀流量特性

6. 液压高速开关阀的应用实例

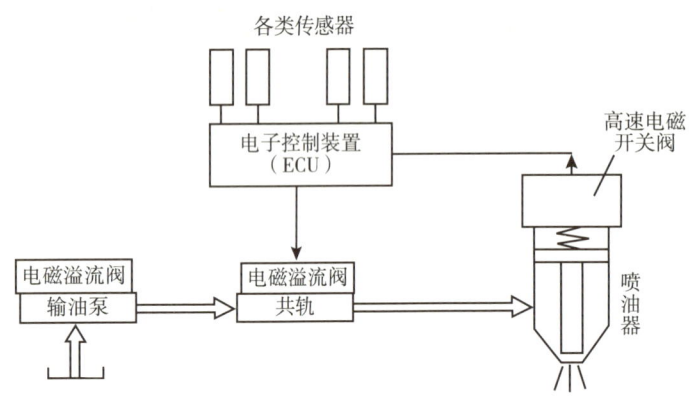

图 5 柴油机共轨式电控燃油喷射系统的原理图

中国航天科技集团公司烽火机械厂所提出的采用液压高速开关阀的共轨式电控燃油喷射技术正是一项较为成功地控制柴油机污染排放的新技术。该技术不再采用传统的柱塞泵脉动供油的原理，而是借助于集成在每个喷油器上的高速电磁开关阀的开启与闭合，定时、定量地控制喷油器将来自共轨中的恒定的高压燃油（或中压燃油被增压到高压后）喷射进柴油机燃烧室，从而保证柴油机达到最佳的燃烧比和良好的雾化，以及最佳的点火时间，足够的点火能量和最少的排放污染。图 5 是柴油机共轨式电控燃油喷射系统的原理图。

这一系统主要由电控输油泵、共轨［恒压蓄油御、高速电磁开关阀、喷油器、电子控制装置（ECU）］及各类传感器等组成。按照喷油高压形成的不同，目前共轨式电控燃油喷射系统有两种基本形式，即高压共轨式和中压共轨式。在高压共轨系统中，输油泵为高压泵（压力在 120 MPa 以上），它直接产生高压燃油后输送至共轨中消除压力的脉动，再分送到各个喷油器。当电子控制装置按需要发出指令信号后，高速电磁开关阀（响应在 0.5 ms 下左右）迅速打开或关闭，进而控制喷油器工作，亦迅速按设定的要求把高压燃油喷出或停喷。与之相比，在中压共轨系统中，输油泵为中压输油泵（压力在 10 ~ 13 MPa），它是将产生的中压燃油输送至共轨中消除压力的脉动，再分送至带有增压柱塞的喷油器中。当高速电磁开关阀接收到电子控制装置发送的指令信号后，就迅速开启或关闭，从而控制喷油器工作，迅即通过增压柱塞的增压作用，把从共轨中来的中压燃油加压至高压（120 ~ 150 MPa）后喷出或停喷。

显然，在共轨式电控燃油喷射系统中，高速电磁开关阀起着举足轻重的作用。这是因为：①高速电磁开关阀正是作为电厂计算机与被控对象间的数字接口元件，实现了电子计算机对喷油器的直接控制作用，从而使得柴油机喷油过程真正实现了时间控制，并且控制十分方便；②高速电磁开关阀所具有的高速响应能力和控制灵活性，使得共轨式电控燃油喷射系统能方便地实现预喷射、后喷功能，而且喷油量控制较准确，从而有利于柴油机燃烧质量的提高以及尾气排放量的减少。所以，包括像德国 Bosch 公司、美国 BKM 公司、英国 Lucas 公司和日本 Diesel KiKi 公司在内的众多世界知名公司一直在致力高速电磁开关阀产品的研究与开发工作。

三、展望

高速开关阀由于具有成本低、抗污染能力强、动作快等优点，在微电子、医药产品生产以及生物医学监测系统等领域得到了越来越广泛的应用。今后，高速开关阀将在提高快速性、可靠性以及模块化方面进一步发展和完善，通过新材料的选用和结构的优化全面提高高速开关阀的性能，从而进一步拓宽高速开关阀在航空航天、生物医疗、工业自动化等领域的应用。

案例 13
数字化集成控制非关联比例阀

徐州徐工液压件有限公司

数字化集成控制非关联比例阀，改变了单阀芯控制一个执行机构的工作方式。该设计方案采用双阀芯控制一个执行机构的颠覆性设计，使得进、回油流量曲线具备了非关联性，通过可编程控制器实现不同曲线模式的组合，即进、回油流量曲线可以按照用户需求自由组合和设计。其关键技术在于如何实现阀杆数字化控制，解决方案围绕通过对压力、流量等参数的检测，转化为分段阀杆的位移或弹簧刚度的变化。

一、导言

行走机械门类繁多，不同产品对液压多路阀的参数性能有着不同的关注点。这导致目前多路阀结构、功能差异巨大，同一类型不同吨位的主机所使用的多路阀参数也不尽相同，不利于液压件厂家之间的技术交流与产业提升。随着数字技术的发展、物联网推进，传统行业必须依托数字技术进行产业升级。徐州徐工液压件有限公司积极响应国家战略规划成立专业团队进行液压阀数字化程序控制研究，颠覆传统设计思路，开发适合不同回路的程序化控制非关联比例阀，是对传统比例阀的全面数字化升级。

二、数字化集成控制非关联比例阀

1. 项目背景

目前国内的换向主控阀多以联立控制为主，即一根滑阀同时控制系统回路的进油与回油［图2（a）］，在滑阀上的进回油位置设计不同的节流槽得到相应的位移—面积曲线，通过控制滑阀的位移来实现整个操作过程的流量压力匹配控制。这种设计有如下特点：进回油节流槽为刚性关联，响应时间一致性高；因为节流槽的工艺性问题，无法实现进回油的完美匹配；进回油压力流量特性无法根据负载工况变化实时补偿，无法较好地满足工况变化剧烈的使用需求，只能根据极端工况设计，存在较大的能量浪费。

美国、德国、日本等在2004年左右相继提出非关联控制概念，并进行技术研发，目前已经取得了众多研究成果并初步实现产业化应用，达到了较好的效果；国内一些企业及研究机构于近年也提出相关理论，并取得一定的研究成果，但目前均未实现产品的应用突破。

根据目前主控阀的发展趋势，本案例在吸收国外先进非关联控制技术的同时，采用新的技术路线，依托本公司成熟的设计及加工体系（图1），使数字化集成控制非关联比例阀技术成功应用于主机市场，具有较高的市场竞争力。

2. 主要研究内容及关键技术

该案例的主要研究内容包括滑阀式非关联控制技术、电反馈数字化控制技术、负载反馈比例控制技术，在逐个成功完成上述各方面的研究后，将各项技术完美融合，形成结构紧凑的的数字化集成控制非关联比例阀。

（1）滑阀式非关联控制技术。

目前国外的非关联控制技术多采用插装式锥阀结构［图2（a）］，该结构通过采集锥阀

图1 阀体加工设备

芯的位移行程及操作者的控制指令进行计算，进而调节盖板内的先导压力实现对锥阀芯开度的闭环控制，进而控制该处的压力流量特性，使输出参数满足操作者的控制需求。该结构主要优点为密封性能好，响应时间快、零件易于实现设计标准化，插孔加工易于实现标准化；但同时存在压力冲击大、流量波动大、流量控制特性差等问题。工程机械工作工况恶劣，负载变化频繁，控制特性要求高，难于应用锥阀式非关联控制技术，为解决上述问题，拓展非关联控制技术应用领域，徐州徐工液压件有限公司引用滑阀式性能优点结合插装式非关联控制理念，研发新型的滑阀式非关联控制技术。该技术主要特点：①保留滑阀的节流槽式结构特点，有效提高控制特性、减小压力冲击；②进油处通过采集滑阀的压力位移信号及操作者的控制指令计算，输出滑阀的控制压力，调节滑阀的位移及输出流量，

（a）单滑阀联立控制　　　　　（b）锥阀式非关联控制

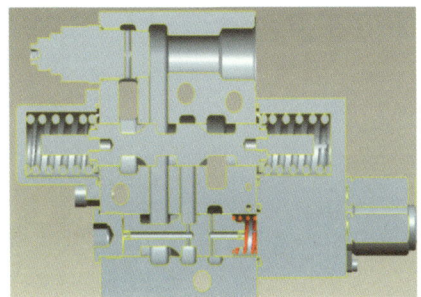
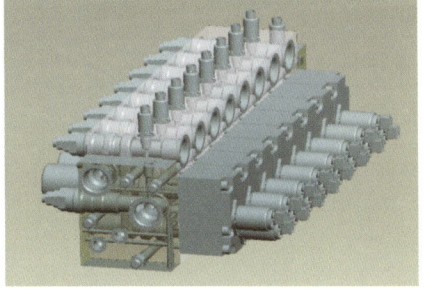

（c）滑阀式非关联控制

图2 非关联控制技术

实现闭环控制，使工作机构的速度满足操作者的需求；回油处通过采集工作腔的回油压力及操作者的设定背压值进行比较计算，输出滑阀的控制压力，调节滑阀的位移，减少能量浪费；③与电控系统紧密结合，减少主阀的设计难度，并逐步实现标准化设计，有效提高主阀的应用宽度。该阀结构特点如图 2（c）所示。

（2）电反馈数字化控制技术。

本案例与电反馈控制技术紧密结合，其中的关键技术为滑阀运动响应时间的一致性。进油回油控制滑阀响应时间一致性差会引起系统压力冲击高、系统压力吸空，工作机构抖动等问题，严重影响主机的操作性能及可靠性。针对该问题公司联合国内知名企业共同开发高响应速度的控制单元模块。

新型的控制单元模块与传统的位置闭环反馈控制算法不同，为了提高控制阀芯的响应速度，对位置及压力反馈信号及电磁铁的驱动电流进行采样，并把采样信号作为电流闭环的反馈信号，对电比例阀的控制死区进行补偿设计，在控制器算法中内置自适应死区逆补偿控制模块。其具体原理如图 3 所示。

在此原理基础上开发的控制单元（图 4），经实验对比表明，采用该算法后，同等条件下进油回油阀芯位移同步精度可控制在 35 ms 以内，优于国外某公司的产品响应速度 60 ms。在该新型控制单元模块中，固化一部分缺省配置，同时预留相应的参数接口用于实际的主机响应时间调整，极大地提高了主机的调试匹配性能及产品灵活性。

（3）负载反馈比例控制技术。

本案例集成负载反馈比例控制技术，比对该压差信号后并把该信号作为闭环反馈，对电比

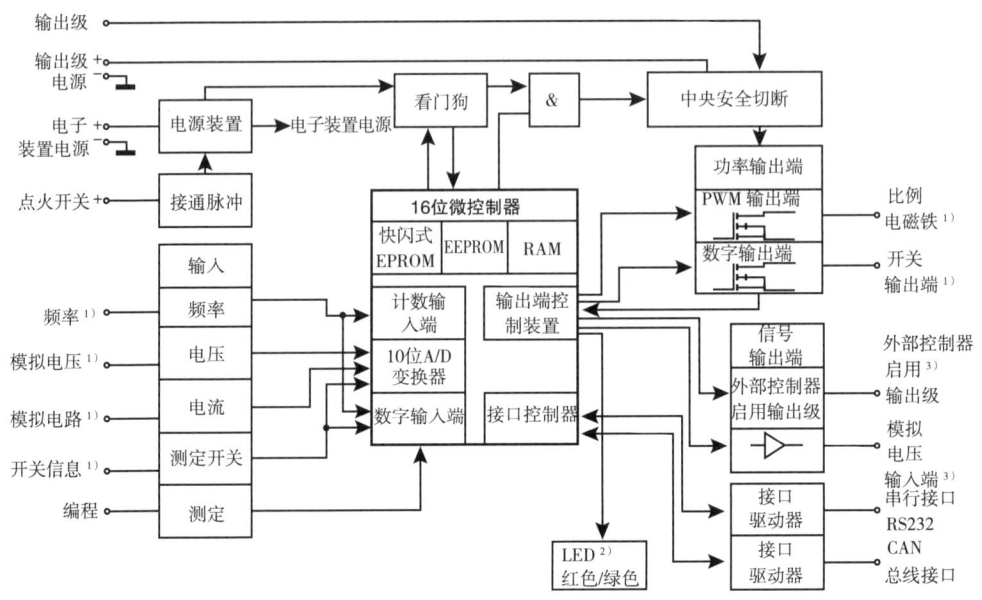

图 3　电控原理图

图 4 高响应速度的控制模块

例阀的输出压力进行补偿,在控制器算法中内置自适应过流量饱和算法程序,通过 AVR 流量块闭环控制进油、回油滑阀的位置及控制压力,从而实现各工作口流量的比例下降,极大地提高的主机的复合动作操作性能。

应用以上技术的控制阀将有如下优点:

1) 有效提高控制精度及操作重复性;
2) 减小产品控制死区,有效提高产品的操作性能;
3) 进油、回油可根据用户需求实现任意匹配,满足更加复杂的工况需求;
4) 有效减少滞环的产生;
5) 响应时间快,降低系统冲击,提高系统的可靠性;
6) 节能效果明显。

三、主要研究成果及应用

公司应用数字化集成控制非关联比例技术开发的 DNP25 系列控制阀在试验台上性能表现优异,实现流量滞环小于 2%,复合动作时在 15 MPa 高压差下定比误差量小于 3%,流量调速区大于滑阀行程的 80%,总体响应时间 150 ms(图 5)。

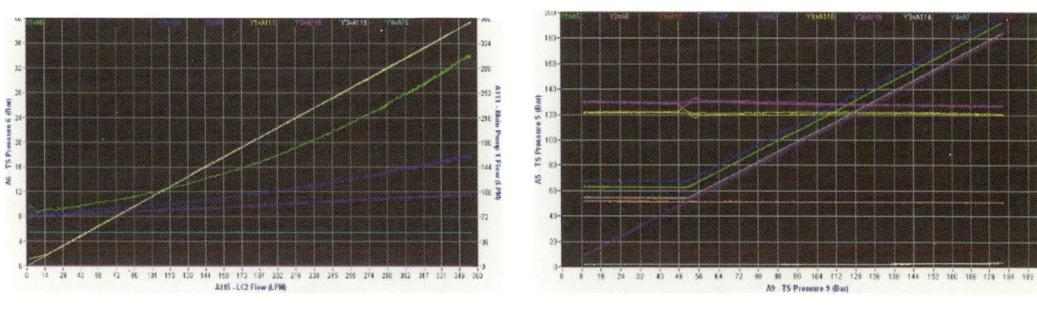

(a) 优异的流量滞环　　　　　　　　(b) 15 MPa 下的定比分流

图 5 流量特性图

本案例在徐州重型机械有限公司新型 XCT 系列主机上成功应用（图 6），经主机测试分析，与上代系统相比能够实现节能 8%、控制精度达 ±3 L/min、操作重复性达 ±6 L/min、系统压力冲击降低 5%，系统响应时间降至 85 ms 的优良效果，本案例得到主机厂家的高度认可。

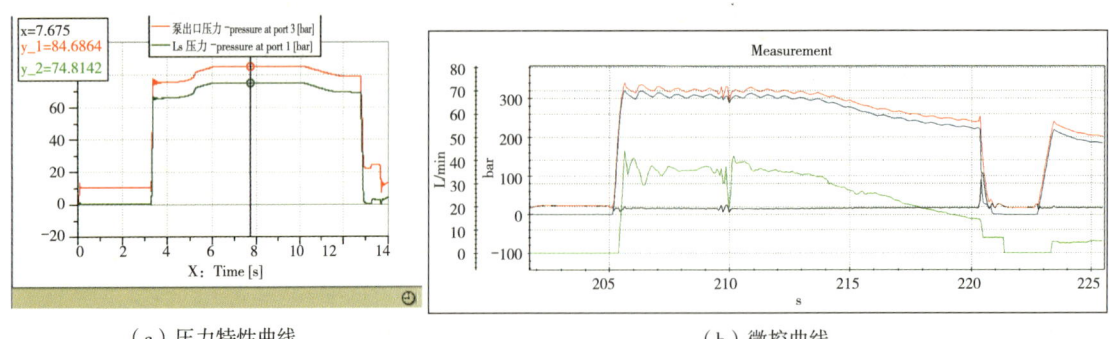

（a）压力特性曲线　　　　　　　　　　（b）微控曲线

图 6　应用数字化集成控制非关联比例技术的测试曲线对比

项目开展期间共申请专利 10 项，其中受理 4 项发明专利，授权 6 项实用新型专利。目前已实现批量化生产及装机 100 台套，为公司增加销售额 670 万元，实现利税 114 万元，增加就业岗位 52 人，具有较高的经济效益和社会效益。

本案例的成功实施，填补了我国在非关联控制技术方面的空白，同时优化了相关的电反馈数字化控制技术，并将抗流量饱和的负载反馈技术成功应用于该项目，为我国主控阀的发展方向提供了一条崭新的思路途径；对我国主控阀的发展具有重要意义，将对液压领域及工程装备领域的技术进步起到推动作用。

针对部分主机产品开发的 DNP25 系列控制阀虽已有了一定的成效，徐工液压件有限公司仍努力将该技术推广至其他主机领域，为该技术的持续发展贡献应有的力量。

案例 14
数字伺服阀数字化设计及制造技术研究

中国运载火箭技术研究院第十八研究所

数字伺服阀是伺服系统实现深层次数字化的一个重要方向。结构简单、抗污染能力强。伺服电机转角位移传感器、电机驱动器实现闭环控制,丝杠将伺服电机转角转化为直线位移,丝杠与功率级阀芯相连,精确控制滑阀流量输出。本案例开展了 MBD 基于模型定义的三维设计和制造技术,实现了基于单一模型的设计工艺协同、三维机加工艺设计、数控加工仿真及虚拟装配验证,实现了产品快速研发。

一、导言

伺服系统是火箭和导弹飞行控制系统中关键的控制执行分系统，随着数字控制技术的飞速发展，对伺服系统深层次数字化的要求也越来越迫切，伺服系统数字化可以提高系统的静动态控制精度及其对复杂负载的适应性，提高系统的抗干扰能力及可靠性，因此，深层数字化伺服系统是未来发展必须的关键技术，而作为伺服系统的核心控制元件，电液伺服阀的直接数字化是伺服系统深层次数字化的关键。与传统的伺服阀相比，数字伺服阀结构中不存在诸如喷嘴、射流盘等微小孔或型腔，对油液污染不敏感，抗污染能力强；产品参数可以根据需求方便调节，系统适应性更强；可以采用总线通讯，实现分布式控制及远程诊断等。

本案例中的数字伺服阀为某大功率伺服系统数字化设计及制造的研制过程，于2014年研制完成。其采用"伺服电机+丝杠"直接驱动功率级阀芯滑动，通过精确控制伺服电机转角精确控制阀芯位移，进而精确控制流量输出，通过对伺服电机的数字控制实现了伺服阀的直接数字控制。

数字伺服阀作为如此重要的机、电、液一体化控制元件，在未来研制任务越来越繁重、研制节奏越来越快的背景下，如何既保证其产品的研制质量又提高研制效率成为重中之重，而实现此目的的一个重要途径即是数字化设计及制造。

二、主要创新点分析

1. 数字伺服阀协同设计

本案例中的数字伺服阀包括数字伺服阀本体及驱动器两部分，数字伺服阀本体的总体结构如图1，主要由驱动机构和功率级滑阀构成，其中驱动机构主要包括永磁同步电机、丝杠和传感器。工作时，驱动器将外界指令信号转换为永磁同步电机的转角指令，并通过传感器

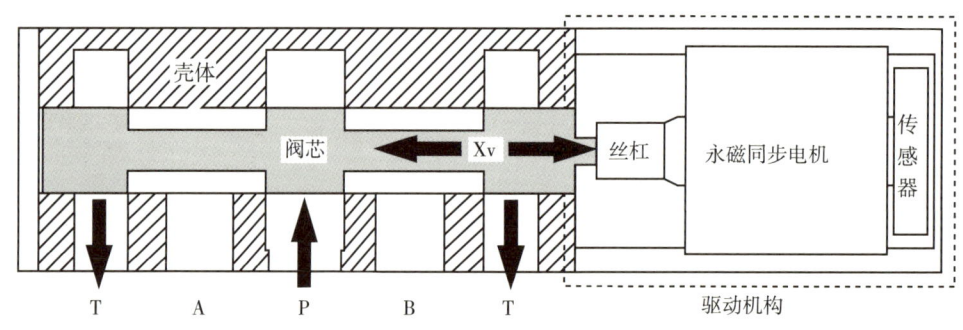

图1 数字伺服阀结构简图

实现对电机转角的闭环控制，丝杠将电机转角转化为直线位移输出，进而直接驱动阀芯运动，输出与指令信号对应的流量。

（1）协同设计。

当前国际航空航天领域先进宇航公司的设计过程都是基于协同设计进行的，协同设计是围绕着设计所开展的一种协同工作方式，是一种项目实施的流程，是信息流转、利用的过程。协同设计可以将设计条件自顶向下分解并进行有效传递，利用现代数字化高速网络，实现高效的产品协同设计开发。协同设计一般采用自顶向下设计方式，即设计由总体参数、总体布局、总体结构、部件结构到部件零件的一种自上而下、逐步细化的设计过程。自顶向下设计符合大部分产品的实际设计流程，特别是航天数字伺服阀产品的设计。

图2为数字伺服阀协同设计的示意图，首先根据数字伺服阀总体参数确定总体布局、总体结构，随后按照数字伺服阀的总体结构将其分为滑阀和驱动机构两个功能模块，并给出两个功能模块的设计条件，进而对滑阀和驱动机构两个功能模块进行协同设计。

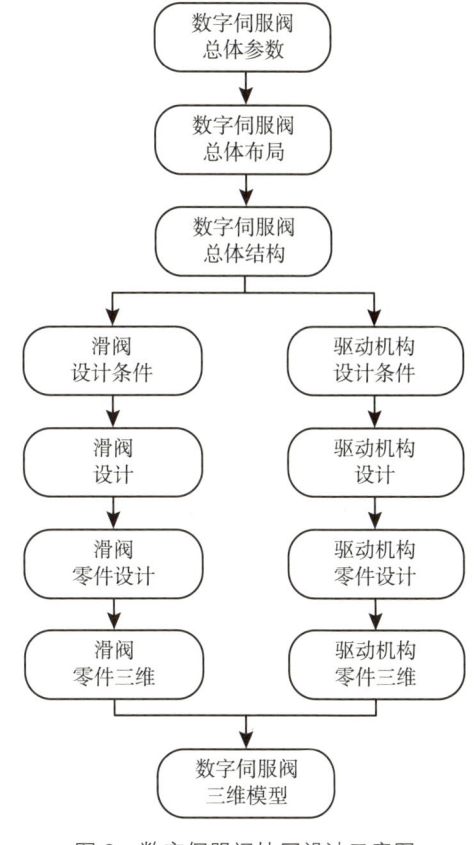

图2 数字伺服阀协同设计示意图

图3为基于统一数据平台的数字样机模型多专业协同设计示意图，当总体参数发生变化时，各零部件的相关信息会自动发生变化，当两个功能模块设计完成后，就会生成数字伺服阀产品的三维模型。整个过程实现了设计信息的快速传递和有效控制，缩短了研制周期。

（2）设计与工艺协同。

当设计部门的数字伺服阀样机模型发放到PDM数据平台后，工艺工程师就可以开始做以下两方面的工作：工艺性审查工作和工艺设计与产品设计。基于同一

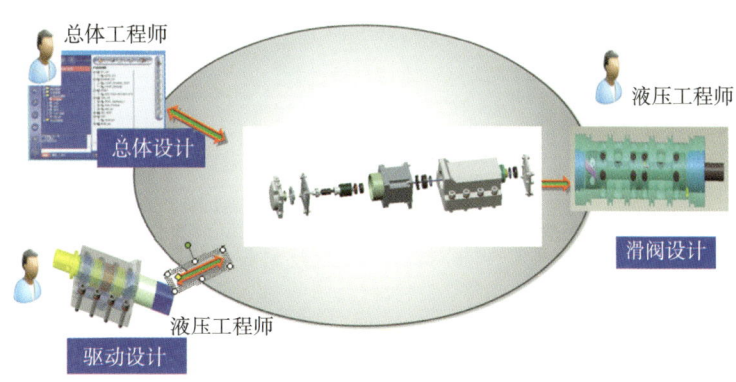

图3 基于统一数据平台的数字样机模型协同设计

数据源，进行工艺方案设计、工艺路线划分、物资备料准备、工装设计等。设计、工艺、工装三部门都在并行完成各自的工作，待工装设计和工艺设计完成后就可进行三维数字化虚拟装配，在虚拟装配中发现的产品设计、工装设计的问题通过协同平台及时反馈到设计部门和工装部门，发现的工艺设计问题则及时纠正。在进行三维数字化虚拟装配的时候，新一轮的数字伺服阀三维模型又发出，对应新的一轮工艺设计和工装设计又开始了。就这样反复，直到产品设计冻结发图。图4为设计工艺协同并行工作业务流程。

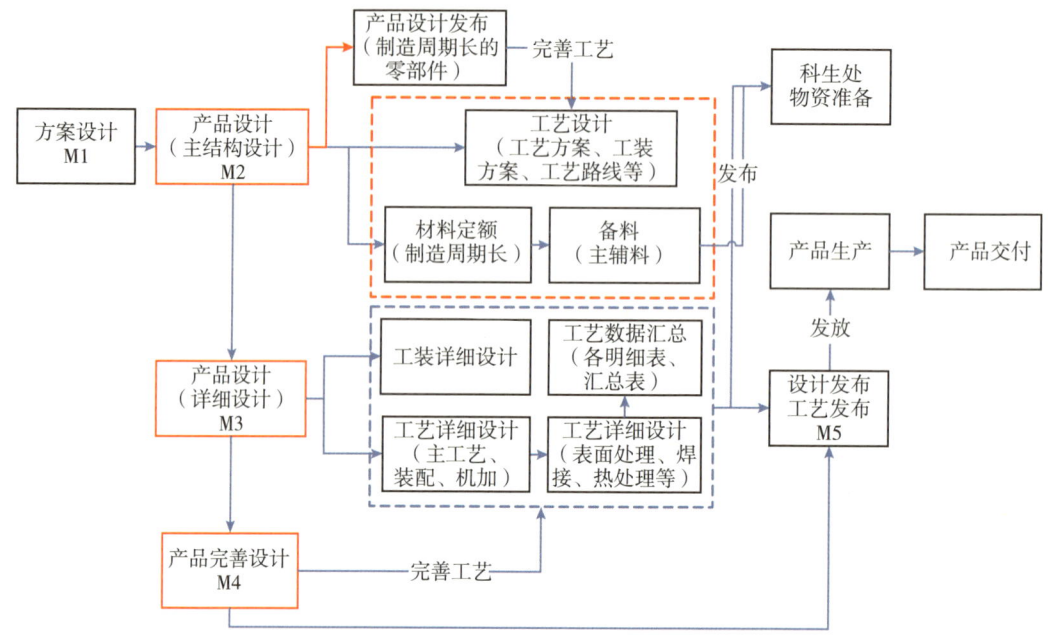

图4 设计工艺协同并行工作业务流程

图5 数字伺服阀阀套

以数字伺服阀阀套（图5）为例，其是功率级滑阀的核心零件，其外圈需要安装六道O形密封圈，然后装配至滑阀壳体内。为了保证密封可靠，在阀套装配至壳体时，密封圈不能有任何切损，因此，需要专用的装配工装。

采用设计、工艺协同的方式所设计的阀套装配工装典型零件如图6，虚拟装配效果如图7。

对于设计制造一体化的航天企业来说，很显然，与传统的串行模式不同，产品设计、工艺设计和工装设计都是并行作业。给工艺工程师、工装设计师提供了与产品设计师共同的可

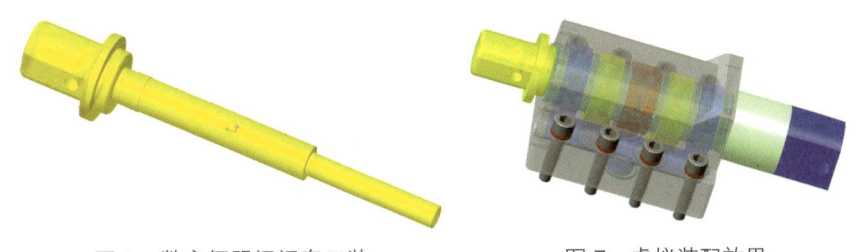

图6 数字伺服阀阀套工装　　　　图7 虚拟装配效果

视化交流和协同工作平台,使制造部门的工作人员可以及早地参与到产品的研发中去,与设计人员并行的开展工作,从而使得在设计过程中能够充分地考虑零件的工艺特性、部件的可装配性和产品的可维护性等因素,既提高了设计工艺性,又缩短了研制周期。

2. 复杂结构件数字化制造

（1）三维机加工艺设计。

以数字伺服阀壳体为例,我们利用CATIA与DELMIA来进行产品建模和仿真。在CATIA与DELMIA集成环境下进行三维机加工艺设计,将设计模型反补形成毛坯,首先利用三维机加工艺设计系统完成一道工序的工艺设计,再通过DELMIA建立在制品工序几何模型（IPM）,对IPM进行三维标注,最后在CATIA中管理与几何模型关联的工艺信息,重复以上动作,直到完成所有的工序,形成完整的三维工业文档。图8为自动生成3D工艺文档。

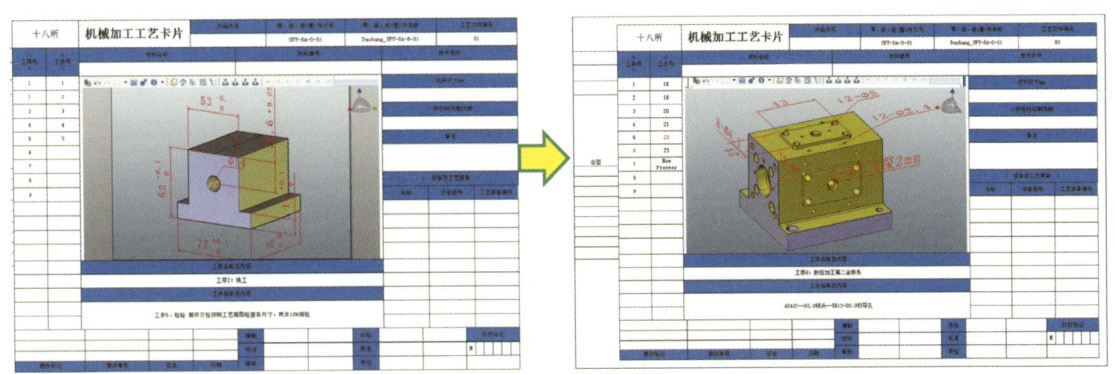

图8 自动生成3D工艺文档

（2）数控加工过程仿真、验证及数控代码生成。

数控加工过程是在DELMIA环境下利用已有的三维机加工艺设计,使CAM系统能直接从设计模型中提取需要的信息,派生出工艺需要的工艺模型,结合工艺需求添加毛坯和机床、刀具、夹具等要素组合成制造模型。根据加工工艺要求,基于制造模型定义加工轨迹并进行加工仿真验证（欠切、过切、刀具干涉）,保证最终产生正确、可用的程序,最终通过DNC系统管理、输入代码到机床,从而实现高效加工。图9为壳体零件数控加工过程图。

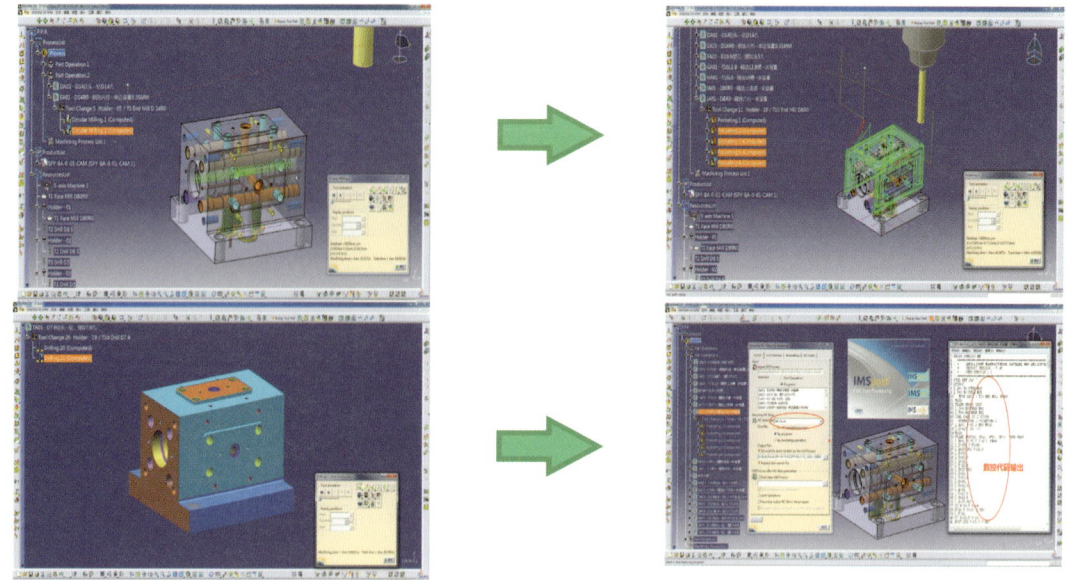

图 9　壳体零件数控加工过程

（3）数字化装配。

三维数字化装配过程仿真验证技术是在 DELMIA 软件虚拟装配环境中，调入产品三维数模、资源三维数模和设计的装配工艺过程，通过软件模拟完成零件、组件、成品等数模上架、定位、装夹、装配（连接）、下架等工序的虚拟操作，实现产品装配过程和拆卸过程的三维动态仿真，验证工艺设计的准确度，以发现装配过程工艺设计中的错误。仿真是一个反复迭代的过程，不断地调整工艺设计，不断地仿真，直到得到一个最优的方案。

三、结论与展望

1. 数字化协同的优点

通过应用 CATIA 与 DELMIA 软件进行数字阀的三维设计、工艺设计、数控仿真及虚拟装配的数字化协同，具有以下优点：

（1）提高工艺设计水平。

1）通过 DELMIA 的 3D 仿真和验证，工艺设计人员能够及早地将产品和工装的设计问题反映给设计人员进行修改；

2）通过 GANTT 图及 PERT 图，对装配过程进行优化，合理缩短生产周期；

3）通过实际生产前的虚拟仿真，充分暴露了现场生产过程中可能出现的问题，减少了现场返工和检测的成本和时间；

4）尽可能在设计阶段消除产品设计与工艺、工装的各种潜在问题，从而减少后期制造阶段的更改与返工，提高首件的成功率，减少产品制造的周期，缩减成本，加快产品的上市。

（2）提高工艺效率。

1）充分利用工艺模板，快速构建典型工艺过程，快速构建 PBOM 结构和工艺结构；

2）通过直接在三维模型上标注和快速生成视图等多种手段，使工艺描述简洁明了，节省了编写大量的文字描述的时间。

（3）提高工艺可读性。

1）基于三维模型的工艺文档发布，实现"所见即所得"的直观观察效果；

2）通过剖切、消隐、独显、测量等多种工具，充分了解模型特征；

3）与 MES 系统的集成，实现标准化数据的传递过程。

2. 应用案例

本案例中研制的数字伺服阀已应用于某大功率液压伺服系统，为其配套 20 台数字伺服阀产品，20 台产品动静态性能优异，且通过对伺服系统的各项试验，伺服系统性能优异。图 10 为企业获得的益处。

本案例主要针对数字式伺服阀的研制，开展了 MBD 基于模型定义的三维设计和制造应用技术研究。首先，针对协同设计进行理论描述，并将其应用到数字伺服阀设计中，最终证实

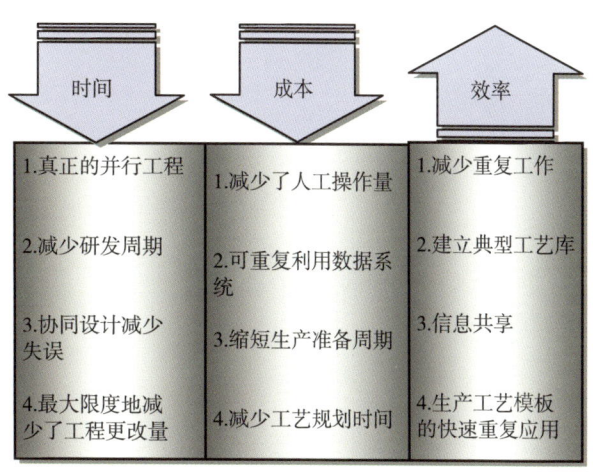

图 10 企业获得的益处

整个过程实现了设计信息的快速传递和有效控制，缩短了研制周期以及提高了设计工艺性。其次，以数字伺服阀壳体为例，利用 CATIA 与 DELMIA 来进行产品建模和仿真，在 DELMIA 环境下，实现高效数控加工，最终进行三维数字化装配过程仿真验证工艺设计的准确度，以发现装配过程工艺设计中的错误。同时阐述了应用 CATIA 与 DELMIA 软件进行数字阀的三维设计、工艺设计、数控仿真及虚拟装配的数字化协同有提高工艺设计水平、提高工艺效率、提高工艺可读性等优点。实现了基于单一模型的设计工艺协同、三维机加工艺设计、数控加工仿真及虚拟装配验证，实现了产品快速制造、更改，同时可为实施 MBD 提供经验，为深层数字化伺服系统的未来发展奠定很好的基础。

案例 15 数字控制变量轴向柱塞泵技术

中航力源液压股份有限公司

中航力源液压股份有限公司承担了国家重大科技专项——大型模锻压机液压系统用的数字控制高压大流量变量轴向柱塞泵的研制工作，通过利用计算机仿真技术深入研究柱塞泵设计技术，攻克了配流盘减振槽结构优化、数字变量控制系统设计等关键技术，成功开发出柱塞泵样机。同时成功研制了高压大流量柱塞泵测试台，采用双路分别加载、数字化的测试技术，保证了柱塞泵的性能试验和耐久试验需要。经过测试，产品性能指标满足课题要求。

一、导言

大型模锻压机是随着现代工业的需要而逐步发展起来的，主要用于制造航空、航天、核电、石化等领域的高强度大型锻件的加工，是象征国家重工业实力的战略装备，但其液压系统所用关键元件包括柱塞泵、阀都是从国外采购，已影响到国家产业安全。为此国家设立国家重大科技专项课题"大型模锻压机/挤压机高压大排量轴向、径向柱塞变量泵及大流量二通插装阀系列化研制"，中航力源液压股份有限公司（以下简称中航力源）承担了其中数字控制高压大流量变量轴向柱塞泵的研制工作，柱塞泵的排量为 440 mL/r、工作压力为 45 MPa、最高压力为 50 MPa，额定转速为 1500 r/min。

中航力源提出高压大流量数字控制变量轴向柱塞泵设计方案（图 1），其工作原理是根据输入信号调节柱塞泵出口流量，通过直线位移传感器（LVDT）感应变量活塞位移从而将斜盘的转角信号反馈到数字控制器，数字控制器比较反馈信号和表示期望流量的输入信号的差异后控制伺服阀推动变量活塞调整斜盘转角，柱塞泵输出期望的流量。

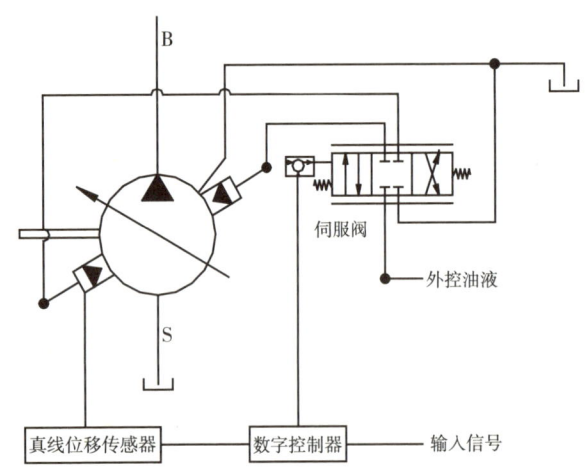

图 1 柱塞泵系统原理图

与此同时，为解决产品性能和耐久测试，同步开发与之相匹配的柱塞泵测试台。在柱塞泵和测试台的研制过程中，运用计算机仿真技术建立泵和试验台的三维模型，通过仿真软件解决了配流盘减振槽结构优化及气蚀抑制、数字变量控制系统设计、测试台设计及测试等关键技术，缩短了研发周期，降低了研发成本。

二、柱塞泵仿真设计及配流盘减振槽结构优化

柱塞泵（图 2）要求工作压力高，流量大，泵腔内部零件受力大，线速度也高，运动零件容易发生粘着、磨损，因此，应用 ANSYS 软件分析各个零件受力及变形，为配流副、滑靴副、柱塞副零件优化设计提供帮助。浙江大学作为课题参与单位，利用其编制的柱塞泵仿真软件进行柱塞泵运动学、动力学仿真，得到柱塞泵出口流量、柱塞腔内压力等变化曲线，并通过仿真软件对泵进行优化，初步确定配流盘闭死区及减振槽结构，得出配流盘上闭死区减

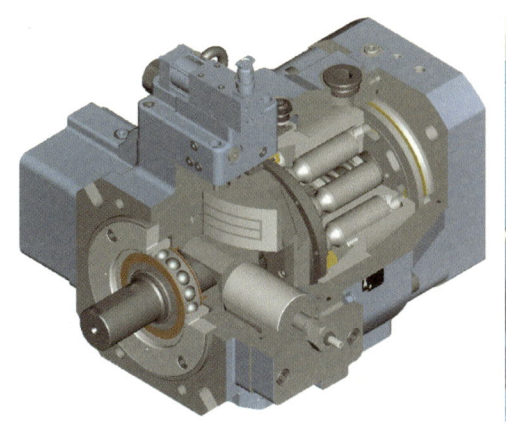

图 2　柱塞泵三维图及实物照片

振槽采用 U 形槽，可以得到较好的仿真结果，优化后泵出口流量脉动的幅值比优化前降低了 9.5%（图 3）。

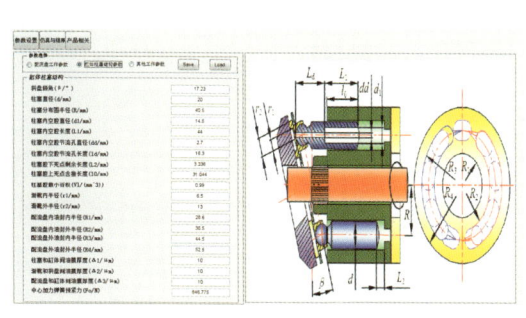
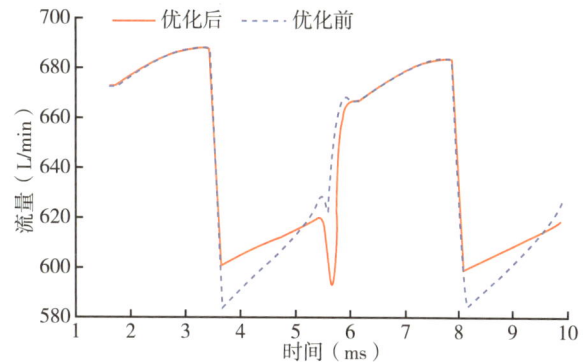

图 3　柱塞泵仿真软件界面和泵出口流量仿真曲线

根据仿真软件的分析结果，提取出柱塞泵进出口及内部流道的三维模型，采用 CFD 技术对泵腔内部复杂流动进行数值模拟，分析配油盘闭死区、减振槽等几何结构对流动区域空化特性、柱塞腔动态压力等的影响（图 4），并对 U 形减振槽进行进一步分析，优化其结构尺寸。

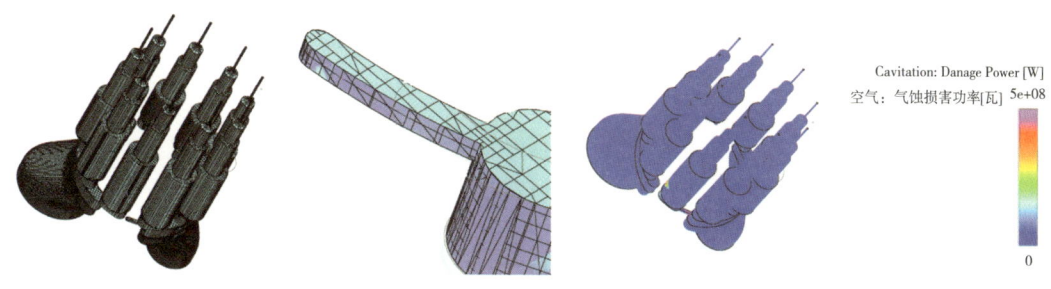

图 4　流动区域空化分析及配流盘减振槽优化

三、数字控制变量系统设计

中航力源与中航工业西安飞行自动控制研究所合作研制了数字控制器、直接驱动伺服阀（DDV）、直线位移传感器（LVDT）以及控制软件。为保证柱塞泵的控制特性，采用 AMESim 软件建立控制系统仿真模型（图5）对控制系统进行仿真。为拓展柱塞泵控制功能，同步开发了压力控制、功率控制等其他控制方式。

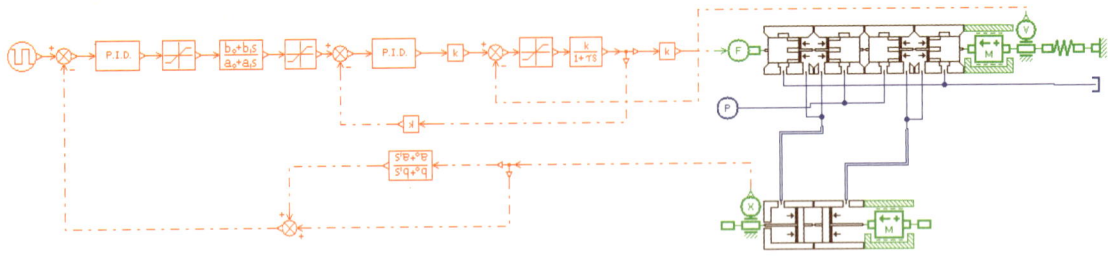

图5 控制系统仿真模型

1. 数字控制器

数字控制器包括 PID 控制器和放大器，具有比例、积分、微分参数可调的特点，可实现位移、速度、压力控制，其原理框图见图6。数字控制器采用汽车级高性能 SOC 片上系统，系统集成了中央处理器（CPU）、存储器以及外围电路等。

控制器具备液控伺服阀（EHV）和直接驱动伺服阀（DDV）闭环控制能力，可通过 CAN 总线、422 总线和 WIFI 接口接收指令、发送状态数据，轻松实现组网集中管控和远程设备管理。

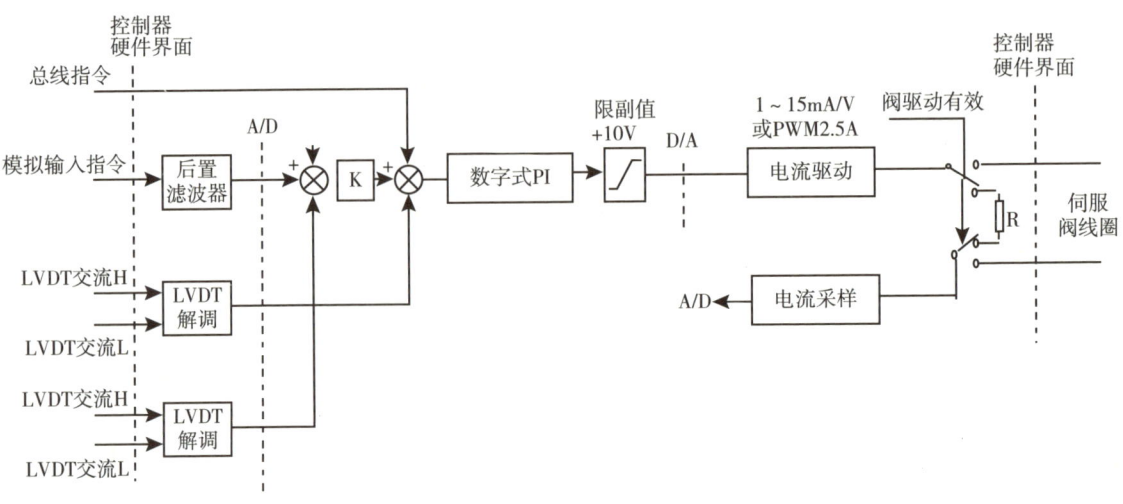

图6 数字控制器原理框图

2. 直接驱动伺服阀（DDV）

直接驱动伺服阀（图7）采用高驱动力的永磁式线性力马达直接驱动，具有无需先导油源，动态性能不受压力影响，低滞环和高分辨率的优点，并且当断电或电缆损坏或紧急停车时，阀芯会无需使用外力自动返回到其对中位置。

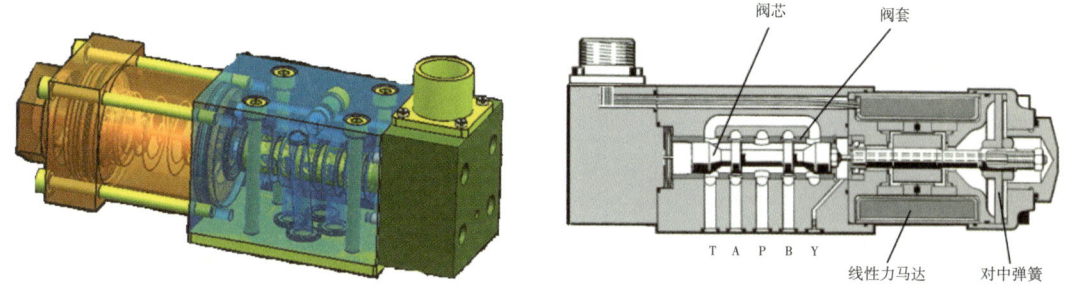

图7　直接驱动伺服阀三维及结构图

数字控制变量系统与柱塞泵集成后经压力冲击及给定指令测试的各项试验表明，泵的出口流量都与控制信号呈良好的线性关系，且在外界干扰后能迅速稳定，控制精度较高，达到国外同类产品的先进水平。

四、高压大流量试验台设计技术

测试台主要由动力拖动系统、高压大流量加载系统和辅助系统等组成，如图8所示。其中高压大流量加载系统由高压大流量二通插装阀组及加载阀压力控制系统组成。由于无法选到50 MPa、800 L/min 的二通插装阀及管路附件，所以该系统采用分流加载的方式，将泵出口流量分成两路，配备两路高压油滤、高压大流量二通插装阀及涡轮流量计。同时，这样的回路设计还适用于需要双路分别加载的产品测试，扩展了系统的使用范围。

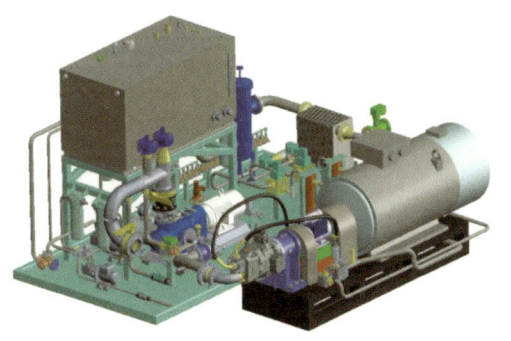 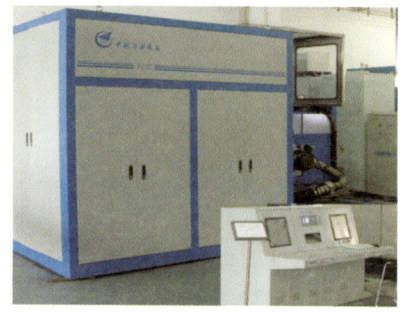

图8　测试台三维图及实物照片

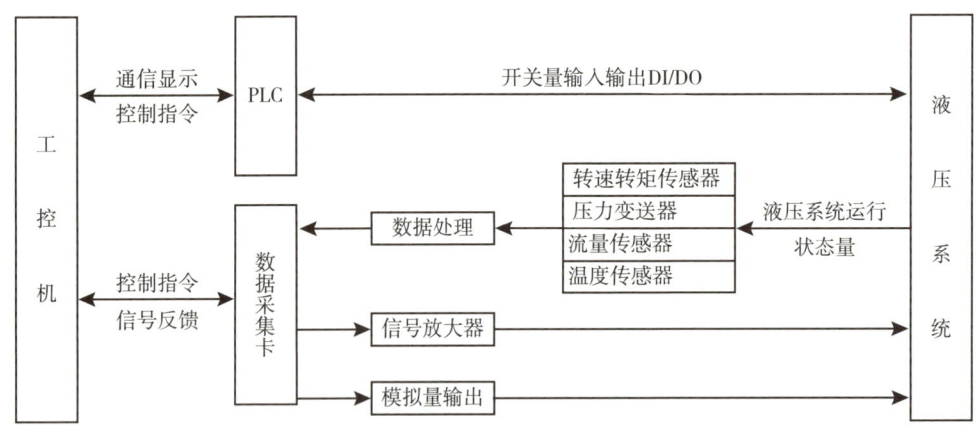

图 9 测控系统整体框架图

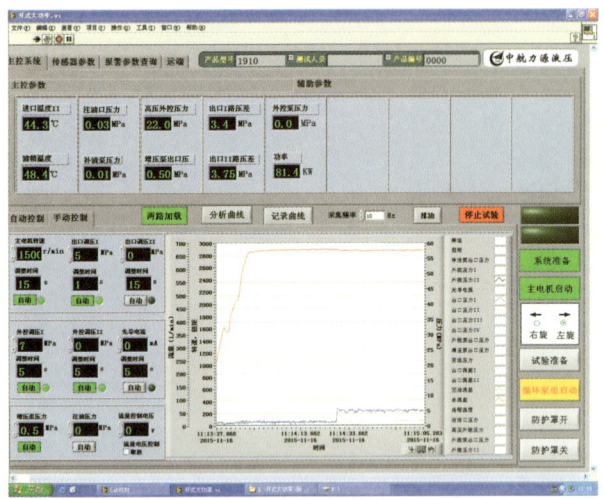

图 10 测试台测控软件界面

电气与计算机测控系统是以 LabVIEW 软件编写的应用软件为人机界面，通过工控机向 PLC 发出各种设备的运行指令，实现所需控制功能，同时工控机通过数据采集卡对所有传感器数据进行采集、存储和数据处理。测控系统对测试过程进行控制，实现测试工艺自动化和典型故障自诊断功能。测控系统整体框架图及软件界面分别如图 9 和图 10 所示。

五、主要研究成果

目前已成功研制 45 MPa 压力级高压大流量柱塞泵，在高压大流量柱塞泵及测试台设计上取得突破。通过计算机软件仿真，优化了配流盘结构和卸荷槽设计，降低产品噪声。提出以数字控制器、直接驱动伺服阀（DDV）、直线位移传感器等组成闭环通过推动变量活塞改变斜盘角度来实现泵的流量控制等功能，开发了先进的数字式泵控制器和直接驱动伺服阀，提高了柱塞泵的控制精度。同时研制出 50 MPa 压力级柱塞泵测试台，解决了产品的性能和耐久试验，并实现了数字化测试。

案例 16

大型双臂抢险救援工程机械电液数字控制技术

浙江大学　重庆大学　江苏八达重工有限公司

浙江大学围绕国家在公共安全领域的战略目标，针对双臂抢险救援工程机械的迫切研制需求，提出了基于双泵双回路的数字式负载敏感系统，轮履复合驱动回路数字化控制，带高度调节和负载保持的数字式液压悬架，复杂液压管路数字化设计等关键技术，攻克了双臂协调操控、轮履复合驱动等核心难题，将研究成果应用到系列化双臂抢险救援工程机械中，并在2013年四川雅安地震救灾中发挥了重要作用。

一、导言

公共安全是国家安全和社会稳定的基石，是预防与应对重大灾害和事故的基础保障。为贯彻落实《国家中长期科学技术发展规划纲要（2006—2020年）》在公共安全领域的战略目标，我国提出了研制世界最大型双臂抢险救援装备的重要任务，以满足地震、洪涝、台风等灾害环境下快速应急与安全施救的迫切需要。相比挖掘机、起重机等常规工程机械，该类救援装备具有控制自由度更多（达23个），精细化作业程度更高以及地面适应能力更强等特点，然而也对其驱动系统——液压传动系统的设计与研制提出了严峻的技术挑战，需要攻克包括复杂工作臂协调操控，轮履复合式行走驱动等多个方面的技术难题。

随着液压行业进入数字化时代，数字化与智能化液压装备也迎来了良好的发展契机，浙江大学基于液压技术数字化的基本理念，深入开展大型双臂抢险救援工程机械电液系统数字化设计与控制等方面研究工作，在复杂工作臂液压系统设计与操控，履带轮胎复合式行走驱动等方面提出了多项关键技术，为复杂液压装备数字化设计与控制提供了一定的参考，满足了智能救援装备的迫切发展需要。

二、研究内容

本案例主要研究对象为应用于双臂抢险救援工程机械的数字液压控制技术，该工程机械可进行双臂协调作业（每臂包括7个自由度）及轮胎/履带切换行驶，其驾驶室可进行升降动作以增大操作员的救援视野，其工作臂末端可根据救援需要快速更换不同作业功能的液压属具（如液压剪，液压抓具），以实现对坍塌物进行快速剪切、分解和分离等抢险救援作业，在各种重大自然灾害及生产事故灾难现场中快捷、高效地抢救人民生命财产（图1）。该工程机械与国外同类救援设备主要参数如表1所示，从表中可发现该工程机械具有工作自由度更多，自重与载荷更大，复杂路面通过性能更好等特点。

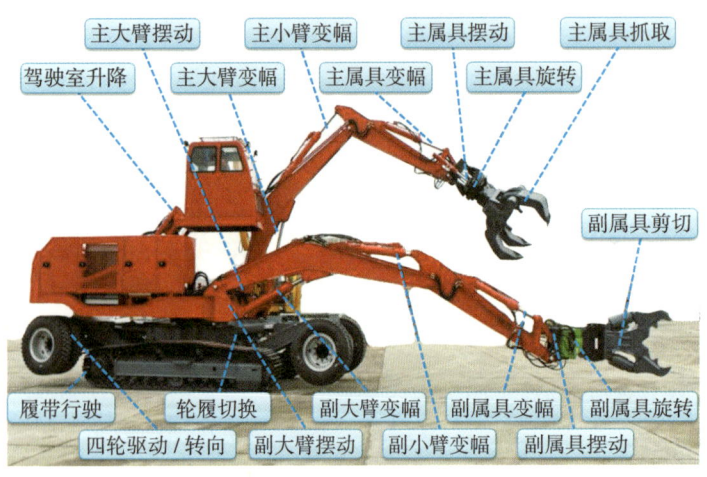

图1 大型双臂抢险救援工程机械

表1 国外同类双臂救援机械产品对比

名 称	行走速度	自由度	行走底盘	自重	最大载荷
日立 ASTACO 双臂救援工程机械	5.0 km/h	每臂4个	履带式	8.7 t	550 kg
日立 ASTACO-SoRa 双臂救援机器人	2.6 km/h	每臂6个	履带式	2.5 t	150 kg
日本"援龙 T-53"双臂救援机器人	2.5 km/h	每臂6个	履带式	2.95 t	200 kg
本案例双臂抢险救援工程机械	22.2 km/h	每臂7个	轮胎/履带复合式	38 t	2000 kg

该双臂救援工程机械在满足作业能力强，通过性能好等需求的同时，也对其液压传动系统提出了以下三大技术挑战：①如何设计能适应狭小机身空间的多自由度液压控制系统，以实现双臂复杂工作机构的独立/协调控制；②如何对多自由度液压执行机构进行快速安全操控，提高其作业精度和运动平稳性；③灾害事故现场往往工况恶劣而救援任务迫切，如何设计液压行走驱动回路以保证其崎岖路面安全通过性能以及平坦路面高速行驶性能。

针对上述技术挑战，本案例提出了基于双泵双回路的数字式负载敏感系统，轮履复合式行走驱动回路数字化控制，带高度调节与负载保持的数字式液压悬架，复杂液压管路数字化设计，双臂协调的数字化操控界面以及基于主从控制的机械臂遥操作方法等若干关键技术，解决了狭小空间下复杂液压系统设计，轮履复合式行走驱动以及双臂多自由度系统协调操控等核心难题，实现了双臂多自由度工作机构的精细平稳操控和轮履复合式行走机构的高效可靠传动。在2013年四川雅安地震灾区抢险救援中，所研制的38 t救援工程机械参与抗震救灾工作，完成了坍塌物高效安全地剪切、破碎和分离作业任务（图2），在抢救群众财产安全方面发挥了重要作用。

图2　38 t双臂抢险救援机械在四川雅安地震现场开展救援工作

1. 基于双泵双回路的数字式负载敏感系统

相比传统挖掘机或起重机，双臂抢险救援工程机械具有复合动作更多，精细化程度更高的特点，因此传统单泵机液负载敏感系统，该中心负流量或正流量系统已不适用。结合数字液压系统控制柔性高，适应性强的优势，本案例提出了基于双泵双回路的数字式负载敏感系统（其原理如图3所示），相对于传统机液式负载敏感系统，其存在以下三方面的特点：

（1）该系统摒弃传统工程机械所采用的"液控手柄+先导油路"的液压控制方式，而采用"电控手柄+比例减压阀"的数字控制方式，从而精简了液压管路，为复杂双臂抢险救援工程机械的智能化控制奠定了硬件基础。

（2）每台变量泵独立控制一条工作臂上的所有执行器，避免了两工作臂同时作业时的流量压力相互干涉现象。两变量泵采用"交叉功率+恒功率"控制，即可限制发动机功率又能充分利用系统功率，从而提高了系统燃油效率和经济性。

（3）对负载保持阀开口进行数字化控制，相对于传统液压式控制方式，可根据负载对阀口开度进行自适应在线调节，从而在不同负载工况下获得良好操控性能的同时提高系统能量利用效率。

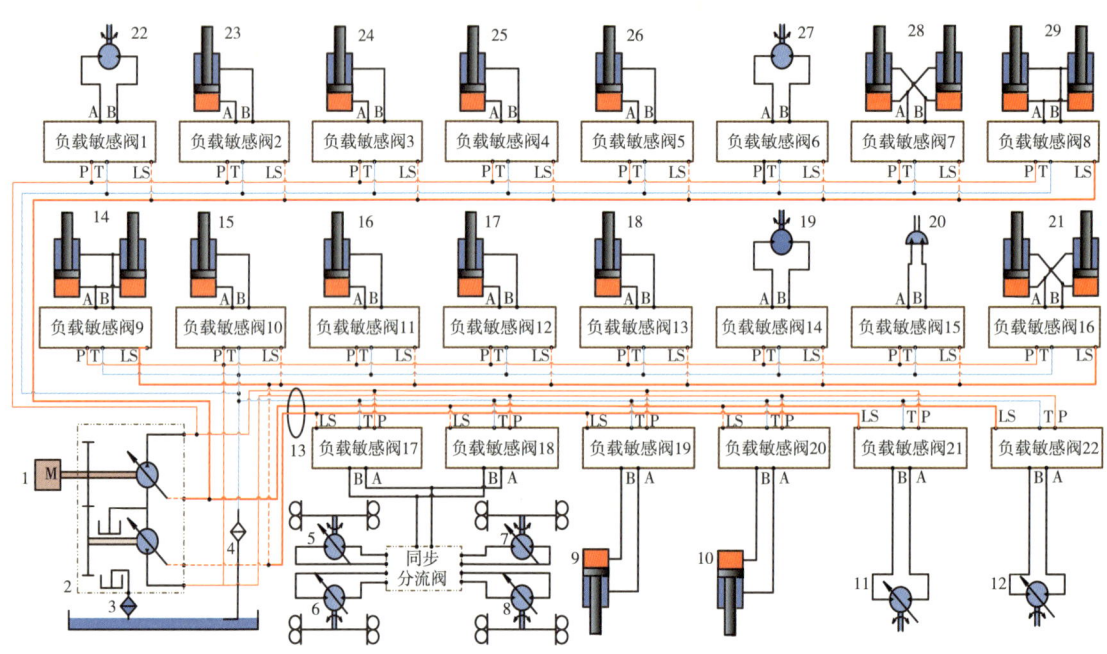

图3　基于双泵双回路的双臂电液负载敏感控制系统

对于新型工程机械产品的液压系统设计，传统方法一般先根据经验估计或类比类推来初步设计泵阀参数，然后在整机调试和试运行中对系统性能进行评估，并根据评估结果对阀芯、阻尼以及弹簧等元件参数进行修改，在不断试验中获得优化的控制性能，从而造成设计周期长、效率低、经济性差等问题。而对于本案例所提出的新型工程机械及其负载敏感新原理，可以预见采用传统设计方法将必然会造成时间、精力以及资金的严重浪费。

为克服传统方法存在的以上弊端，本案例采用虚拟样机数字化设计技术，在虚拟环境中模拟抢险救援工程机械的实际作业工况，高效地分析不同阀口开度、回路阻尼等参数下控制性能差异，从而通过计算机优化手段得到液压系统整体设计方案。例如，为研究双泵负载敏感系统合流时的反馈回路稳定性问题，针对图4所示的典型双泵合流回路进行深入研究，结合实际系统参数和工作环境建立了如图5所示的数字仿真模型，针对不同弹簧刚度，不同反馈阻尼等参数下的负载敏感回路稳定性进行变参分析与研究，根据不同阀口开度下流量特性对弹簧刚度和阻尼孔径进行优化设计（图6），并进一步指导泵变量控制参数选取，从而实现两变量泵的协调控制，避免了在合流时出现不稳定或振荡等问题。

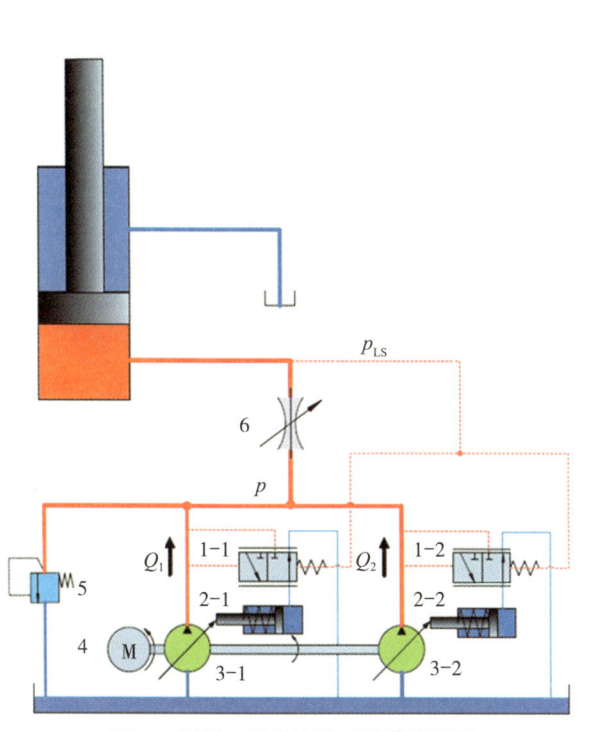

图 4 典型双泵合流液压回路原理图

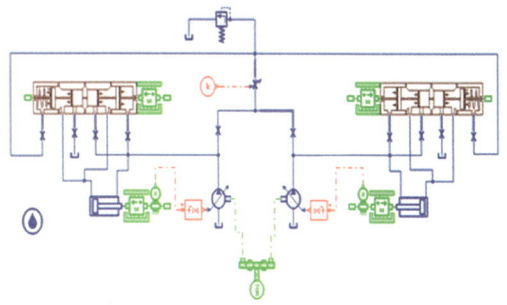

图 5 典型双泵合流液压回路仿真模型

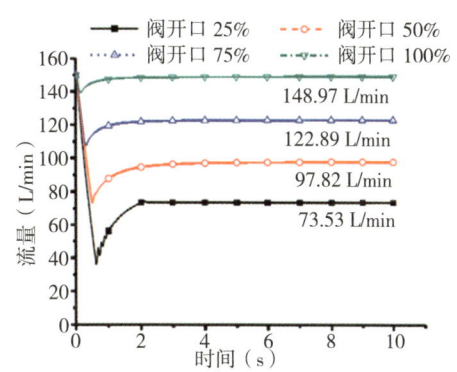

图 6 不同阀口开度下流量特性仿真结果

2. 轮履复合式行走驱动回路数字化控制

为提高应急救援时效性，抢险救援工程机械采用了轮履复合式行走底盘，在保证复杂路况下通过性能的同时，也在轮胎行走驱动回路设计方面存在如下技术难题：由于其驱动底盘既包括"四轮一带"履带驱动机构，又包括轮胎驱动及其切换机构，而其安装空间非常有限，因此传统轮胎式工程车辆（如轮胎挖掘机，汽车起重机等）所采用的"柴油机—变速箱—差速器—轮胎"机械驱动方式不适用本案例救援工程机械。

为解决这一技术难题，本案例提出了如图7（a）所示的"变量泵—电液比例阀—分流阀—轮边马达"的数字式液压驱动与制动回路，通过数字式脚踏板对轮胎速度进行调节，并优化设计分流阀的液压阻尼孔径，以实现不同转速下的差速功能，通过在马达内部设置湿式数字液压制动模块，保证工程车辆在高速行驶过程中的平稳制动。此外，研制了如图7（b）所示的数字式转向控制系统，通过数字阀来实现了两轮转向和四轮转向的切换，从而保证了机器在狭小空间下的转向性能。因此，在底盘空间布局紧凑的情况下，通过设计全数字式液压驱动底盘来替代传统机械式驱动底盘，实现了双臂抢险救援工程机械在平坦路面下的高速行进[图8（a）]以及崎岖路面下的灵活越障[图8（b）]。

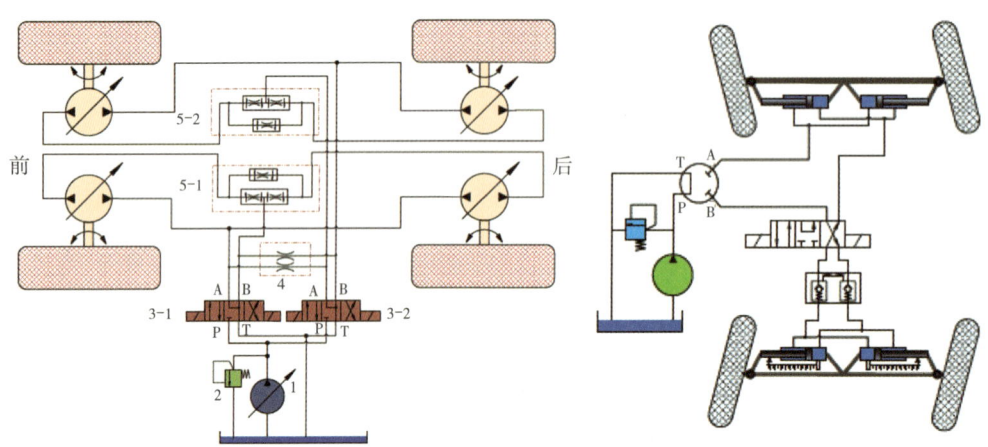

（a）四轮独立的数字液压驱动回路　　　　（b）两轮/四轮转向的驱动回路

图7　数字式液压行走与转向驱动回路

（a）平坦路面的高速行进　　　　（b）崎岖路面的灵活越障

图8　抢险救援工程机械在两种路面下的通过性能

3. 带高度调节和负载保持的数字式液压悬架

悬架系统是轮胎式高速车辆必不可少的重要组成部分，其功能为减少车架冲击和振动并提高驾驶人员的舒适性。传统车辆一般安装机械悬架或直接采用油气悬架，但其结构复杂而且空间布置要求较高。为此，本案例设计了如图 9 所示的数字式可调高液压悬架，将油气悬挂缸和轮履切换油缸合二为一，通过配置数字液压调速回路以及切换数字阀，实现油气悬架和车身高度调节回路的平稳切换，使得所设计的数字液压悬架兼具高度调节与缓冲减振的功能。此外，为避免在车辆行进过程中由于比例阀泄漏造成的车身降低甚至履带接触地面的情况，一方面在油缸前后端中设置双向负载保持阀，另一方面在活塞前后端分别布置行程开关，通过数字控制器来实时监测活塞杆位置，从而避免由泄漏导致的机械故障。

所设计的数字式液压悬架解决了行走底盘所需复杂功能与紧凑空间之间的矛盾，其主要特点在于，通过配置数字式液压切换油路和数字监控回路来实现轮胎/履带切换和缓冲减震的双重功能，从而保证底盘在轮胎驱动模式下高速行驶时的安全性和平稳性。

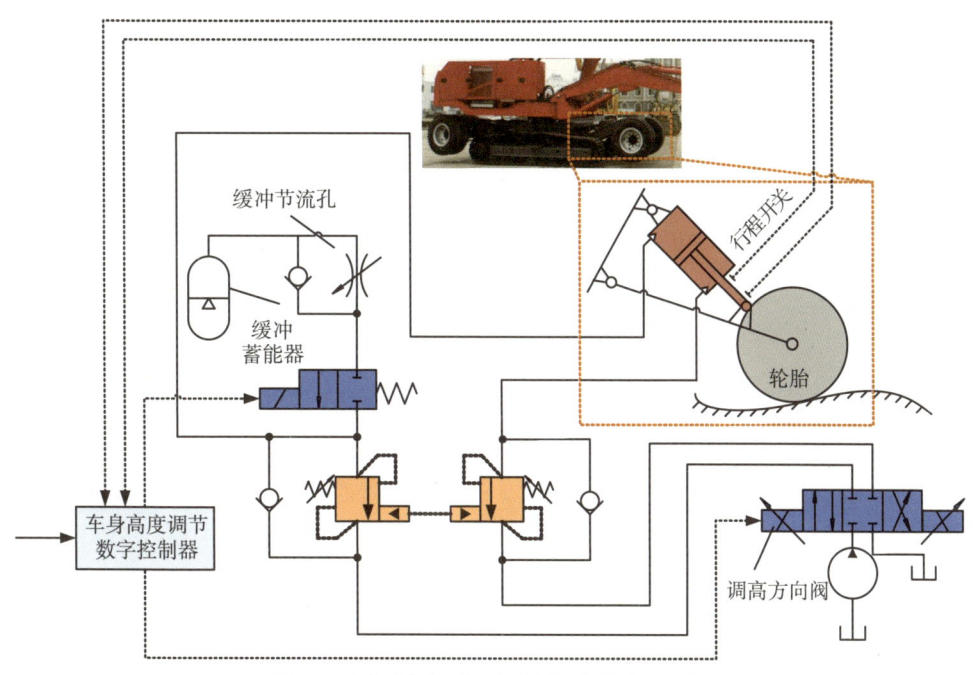

图 9 带高度调节和缓冲的数字化液压悬架

4. 复杂液压管路数字化设计

如图 10、图 11 所示，液压管路是液压系统的重要组成部分，它不仅是流体介质的载体，实现传递液压能量的功能，而且影响到产品外观、可靠性以及后期维护等多个方面。目前国内绝大多数工程机械采用现场配管或者以现场配管为主，三维布管为辅的设计方法，该方法虽然可缩短设计周期，但是存在以下弊端：①对现场施工人员素质和经验要求较高；②难以对复杂新产品进行外观细节设计；③一旦管路布局出错，修改起来将费时费力。因此该方法施工难度大且可靠性差，不能满足抢险救援工程机械精细化管路布局以及标准化维护保养的

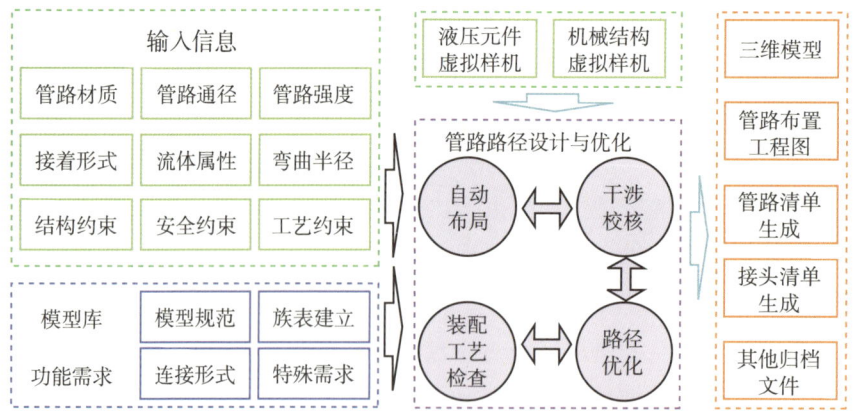

图 10　双臂抢险救援工程机械液压管路数字化设计流程框图

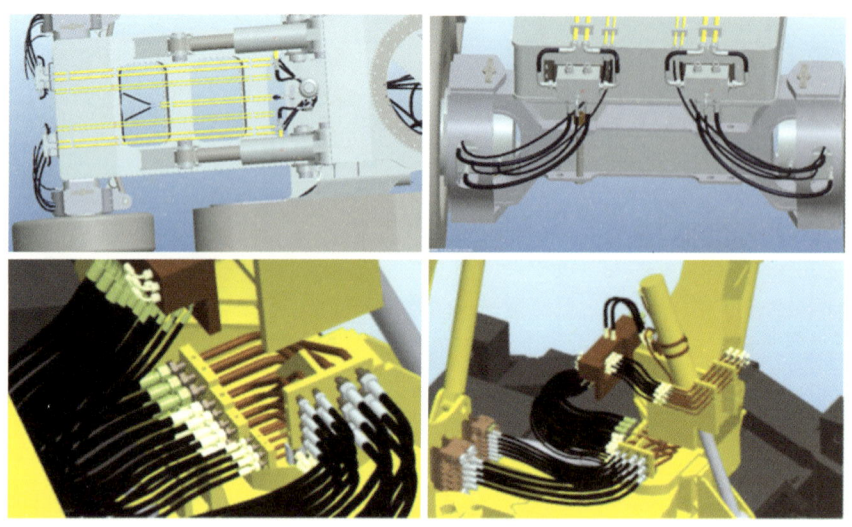

图 11　双臂工程机械复杂液压管路三维模型

需要。为此本案例研究复杂液压管路的数字化设计方法，针对双臂抢险救援工程机械的布管要求，制定了如图 7 所示的管路数字化设计步骤：

（1）明确系统管路的输入条件，即根据系统流量、压力等设计参数，确定管路材质，通径以及强度等，建立双臂抢险救援工程机械结构和液压元件的三维数字模型，根据国家标准和行业手册建立规范管路/接头模型和族表；然后输入管路功能需求（即连接形式和特殊需求等）。

（2）根据上述信息进行数字化管路自动布局，在此基础上进行干涉校核、路径优化以及装配工艺检查等，此外还需综合考虑其他经验因素（比如管路发热，可维护性等）对路径与接口形式进行优化，从而最终获得管路三维布置模型。

（3）根据三维管路模型绘制管路布置工程图，自动生成管路和接头清单以及其他归档设计文件等，然后在施工阶段根据图纸进行管路布置。

传统管路布置方法设计周期长，自动化程度低，本案例结合数字化设计理念，对复杂双臂工程机械液压管路进行数字化建模、布局以及优化设计，最终获得如图 8 所示的液压管路三维模型，将管路设计与施工周期从传统方法所需的 3 个月减少至约 1 个月，从而缩短了整机的制造周期。

5. 双臂协调的数字化操控界面

传统挖掘机和起重机等工程机械仅包含 1 个工作臂（3 个自由度），通过液压手柄来进行操作（每个手柄控制 2 个自由度）。而本案例双臂抢险救援工程机械包含两个工作臂，其中每个工作臂包括 7 个自由度，故若采用传统操作方式，将需要 7 个控制手柄，从而给系统操控和手柄布置带来了很大困难。因此如何实现直观，高效和精准的工作臂操控是系统设计的核心部分。

本案例在前述数字式负载敏感系统的基础上，设计了如图 12 所示的控制方案，其采用数字式操作手柄及控制器来控制工作臂（每个手柄控制 7 个自由度），具体包括关节控制与末端轨迹控制两种模式：在关节控制模式下，操作手柄控制信号经比例放大器直接传递给比例阀，从而对工作臂上每个自由度进行独立操控，该模式主要用于工作臂的大范围快速移动；在末端轨迹控制模式下，手柄仅控制属具末端位置以及属具动作，手柄将末端位置轨迹指令传递给控制器，控制器通过位姿矩阵和运动学模型来解算各个比例阀所需要的控

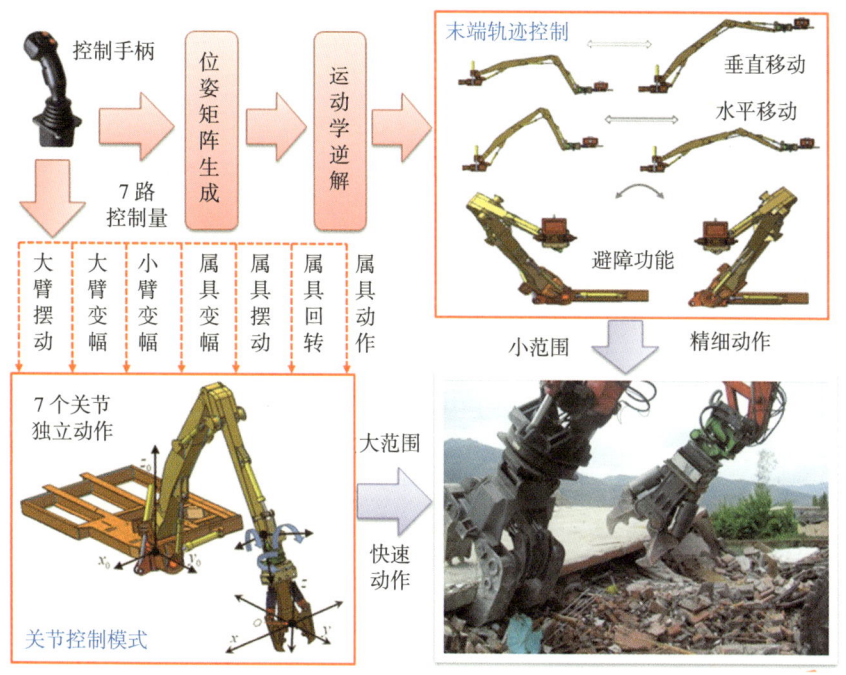

图 12　关节控制和末端轨迹控制结合的双臂协调控制模式

制量大小，从而保证属具末端的高精度操控，该模式主要用于工作臂小范围精细动作。

在实际救援过程中，可以根据作业工况选择相应的工作模式进行操控，例如在破拆、废墟清理过程中采取关节控制模式，以提高处理效率；在抢险生命或财产时采用末端轨迹控制，以保证救援安全，从而解决双臂抢险救援工程机械复杂工况下的精细协调操作难题。

三、结论与展望

本案例成功研制了应用于大型双臂抢险救援工程机械的数字液压控制技术。项目创新提出了基于双泵双回路的数字式负载敏感系统，复杂液压管路数字化设计方法，解决了紧凑空间下复杂多自由度工程机械液压系统设计难题；提出了轮履复合式行走驱动回路的数字化控制以及带高度调节和负载保持的数字式液压悬架，突破了行走底盘驱动、制动、转向、缓冲以及轮履切换等技术瓶颈；建立了双臂救援工程机械机电液耦合的高精度数字样机，有效指导了液压系统参数设计及选型工作；提出了双臂协调的数字化操作界面和基于主从控制的复杂机械臂遥操作，实现了大惯量多自由度工作臂的协调精细操控。项目开展期间共申请受理了8项国家发明专利（其中5项已授权），发表了21篇相关学术论文（其中13篇被SCI/EI收录），并将研究成果应用至38 t、52 t以及60 t的大型双臂手系列化抢险救援工程机械，其中38 t机型已成功应用至2013年四川雅安地震现场执行救援任务，并受到了用户、当地政府、灾区群众以及其他救援人员的广泛好评。

本案例的成功实施，突破了大惯量双臂救援工程机械驱动、传动与控制关键技术，为复杂工程机械液压系统数字化设计与控制技术提供了新的思路，将对我国工程装备及工程机械等领域技术进步起到推动作用。

案例 17
信息化全工况流动式架桥机

燕山大学　石家庄铁道大学　中国铁路工程总公司
中国铁道建筑总公司　中国建筑工程总公司

突破原有运架施工设备在邻近隧道口或隧道内无法架梁的技术障碍，创新提出一种集运梁、架梁作业功能于一体、基于 CAN 总线的分布式全数字电液控制系统进行操控及安全监控的信息化全工况新型运架设备。其运行状态、操作信息及实时工况视频均实现了远程信息化管理。创新了桥梁运架施工工艺，提升了桥梁运架技术，增强了大型设备的施工安全性，推动了高铁应用技术的发展。

一、导言

自 2008 年 2 月 26 日开始规划建设我国第一条高速铁路京津城际铁路，至 2011 年哈大高铁建设的高铁建设初期，运架设备均未考虑运梁通过隧道和架桥机整机过隧并在紧邻隧道口处架梁的工况。自 2011 年起，随着我国高速铁路、客运专线的建设逐步向西南、西北、东北等高山连绵地区中西部山区发展，出现了大量隧道和桥隧紧密相连的情况。运梁通过隧道和紧邻隧道口、隧道内架梁的工况已不可避免。既有的桥梁运架设备（图 1 所示的单功能分体式桥梁运输、架桥设备）无法解决的难题主要有（图 2、图 3）：① 运梁时整体高度过高，隧道通过性差；② 架桥机不能在隧道内、紧邻隧道口处架设箱梁；③ 架桥机不能整机过隧、整机通过路基，过隧道和转场困难；④ 低位运梁车与架桥机之间的配合性差。

图 1　既有提运架分离式运架设备

图 2　运梁车、架桥机通过隧道

图 3　运梁车与架桥机配合架桥

运梁车和架桥机的隧道通过性分析见表 1、表 2。

表 1　高铁各类运梁车运梁通过隧道可能性分析

类　别	车高（m）	运梁通过隧道可能性分析结果	备　注
高位运梁车	3.1～3.6	运梁无法通过时速 350 km 和 250 km 隧道	高铁建设前期均为此种运梁车
中位运梁车	2.25（不含驮梁小车高度）	运梁可通过时速 350 km 隧道，但无法通过 250 km 隧道	喂梁前需将箱梁顶起，驮梁小车驶入再行喂梁
低位运梁车	1.45（无驮梁小车）	运梁可通过时速 350 km 隧道，通过 250 km 隧道时要看具体条件	只能与定点起吊式架桥机配合架梁

表 2　高铁各类架桥机通过隧道架梁性能分析

类　别	过隧道方式	过隧后架梁所需最小距离	过隧所需时间
一跨式架桥机	部分解体驮运过隧	40 m（仅能用中位车运架 350 km 梁）	5～7 d
两跨式架桥机	部分解体驮运过隧	40 m（仅能用中位车运架 350 km 梁）	5～7 d
定点起吊架桥机	部分解体驮运过隧	40 m（仅能用中位车运架 350 km 梁）	3～5 d
整机过隧架桥机	不解体自行过隧	40 m（仅能用中位车运架 350 km 梁）	1～2 d

注：本表仅分析时速 350 km 和 250 km 双线箱梁架桥机。

可以看出：

（1）运梁车驮运箱梁的运输方式不可能彻底解决通过时速 250 km 隧道的难题。

（2）各类运架分离式架桥机均不能简单快捷地通过隧道，也不能在紧邻隧道口或隧道内架梁。

（3）运架一体机采用的跨运方式可彻底解决运梁通过时速 250 km 隧道的难题，但运架一体机不能彻底解决紧邻隧道口和隧道内架梁的问题，其架梁模式也不理想。

为此，集成现有各类运架设备的优点，探索一种可集提/运/架功能于一体、不受隧道或路基等工况限制的全工况高效施工工艺与配套设备尤为重要，它可彻底解决运梁过隧、整机过隧和隧道内架梁等难题，满足现代高速铁路建设的需求成为必然。

2011年，由石家庄铁道大学主体设计、燕山大学进行液压和电气控制系统设计、研制的全工况流动式架桥机攻克了单主机运架梁集成技术、主支腿无锚固支承技术、主支腿携梁重载过孔恒定扭矩驱动技术、分散驱动系统同步协调控制技术、主支腿安全状态实时监控技术、远程视频与操控信息安全监控技术等关键技术难题，设备的运行状态、操作信息及实时工况视频均实现了信息化管理，可远程定向传输和管理，为实施全工况运架施工提供了设备保障，推动了高铁应用技术的发展。

二、全工况流动式架桥机的分布式电液控制系统

全工况流动式架桥机主要包括主金属结构（主梁、主支腿、辅助支腿、前车架、后车架等）、起升系统（前、后起重小车，卷扬机，吊具等）、整机走行系统（前、后车悬挂总成等）和基于CAN总线的全数字分散控制系统（图4）。

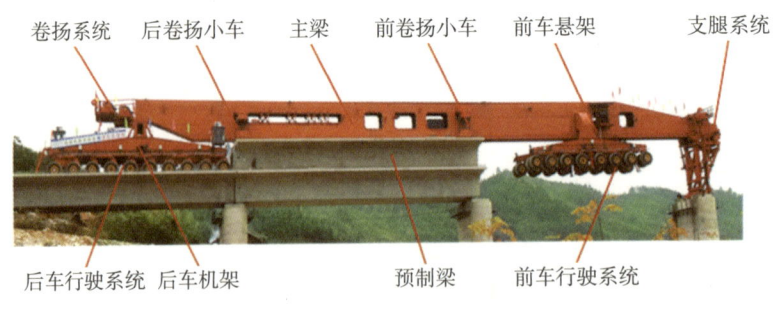

图4　全工况流动式架桥机

依据全工况流动式架桥的多种执行动作的功能需求，优化设计液压系统的动力分配，并对整机液压执行系统进行融合设计，满足行走驱动、转向、轮组悬挂、支腿支撑、辅助支撑、卷扬吊重、精确对位等执行动作的精确控制。行走系统采用效率最高的变量泵控制变量马达的闭式系统，其余功能动作采用节能型负载敏感开式控制系统，实现大型设备的节能控制。

1. 行走驱动系统

流动式架桥机的行走驱动系统分为前车驱动和后车驱动两个独立单元（图5），均采用

变量泵控制变量马达的闭式系统。其中，前车由 8 个并联的液压马达驱动 2 轴 4 对轮组，后车由 16 个并联的液压马达驱动 4 轴 8 对轮组。

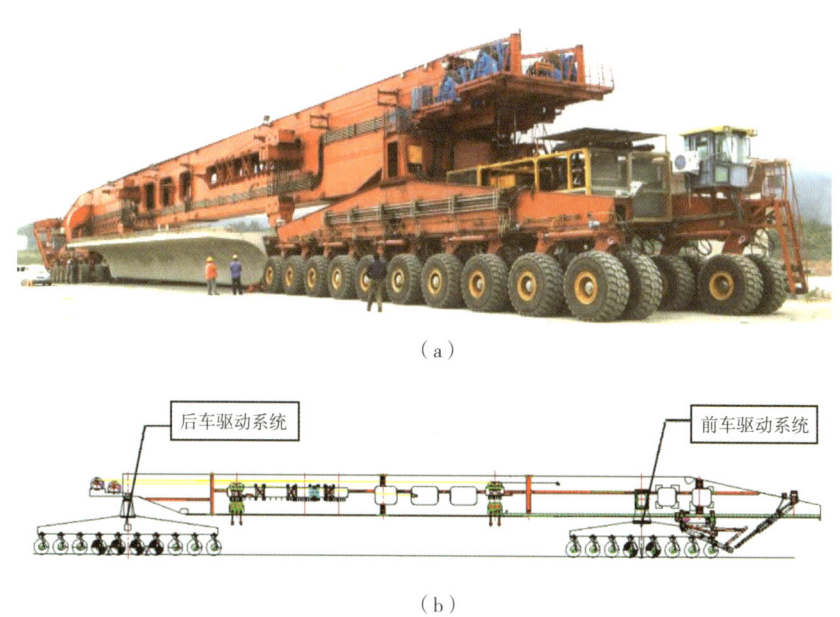

（a）

（b）

图 5　流动式架桥机的行走驱动系统分布图

2. 悬挂系统

前后车的轮系分为左右两组，分别由左右车架通过主梁联结。整机配置 36 个悬挂 72 个车轮，其中，悬挂系统采用开式负载敏感控制系统。后车悬挂系统包含 10 轴线 20 个独立悬挂，前车悬挂系统包含 8 轴线 16 个独立悬挂（图 6）。

（a）　　　　　　　　　　　　　　　　（b）

图 6　前后车走行系统

走行采用液压悬挂系统，依附于 4 个车架结构分为 4 组。每组悬挂油缸通过并联形成一个支点，实现自动调整载荷，使轮胎载荷均匀分配，能自动适应路面不平度。悬挂采用摆动轴，可自动适应横坡的要求。

3. 独立转向系统

转向系统采用全轮独立转向共32组轮组，每个转向系统采用比例阀控制转向油缸推动悬挂来实现。整机具有多种转向模式：纵向行走、横向行走、斜行和小角度转向，悬挂转向角度范围为 -15°～105°。纵向行走时转向角度 ±15°，横向行走时转向角度 ±5°。

4. 卷扬起重系统

卷扬起重系统共设有4台液压卷扬机，通过钢丝绳和吊梁小车的定、动滑轮相连，完成吊梁工作。由液压卷扬多路阀控制卷扬马达执行起吊动作，通过液压系统卷扬多路阀的关闭及平衡阀实现卷扬制动。

5. 其他辅助系统

辅助系统包含主支腿、辅助支腿、卷扬纵横移等，均采用负载敏感比例阀控制系统。流动式架桥机整机液压系统的构成如图7所示。

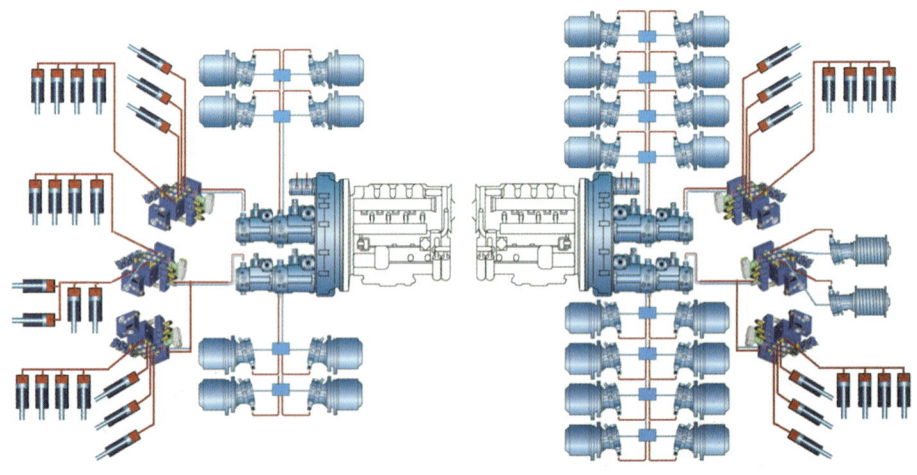

图7 流动式架桥机的液压系统

三、全工况流动式架桥机的数字化控制系统

全工况流动式架桥机按主要控制功能分为行驶控制系统、卷扬升降控制系统和过孔与架梁的逻辑控制。各子系统的要求如下。

（1）行驶控制系统要求。

①驱动的平稳性：启动、停止时的冲击小，过孔架梁时要求系统的微动性好；②驱动系统的同步一致性：各轮系同步、前后车同步；③转向一致性：各轮组转向时的同步协调性要好。

（2）卷扬升降控制系统要求。

①独立控制与协同控制性：各吊点须协同同步起吊，又可独立运行；②平稳性与微动性：同步协调性好，且启动、停止时的冲击要小。

（3）过孔与架梁的逻辑控制要求。

①动作逻辑性：各吊点须协同同步起吊，又可独立运行；②主动安全性控制。

由于机型庞大、功能多、执行机构分散，其控制系统采用基于 CAN 总线的分布式集散控制技术，整机的所有状态信息、操作控制信息均通过总线进行集散管理（图8）。

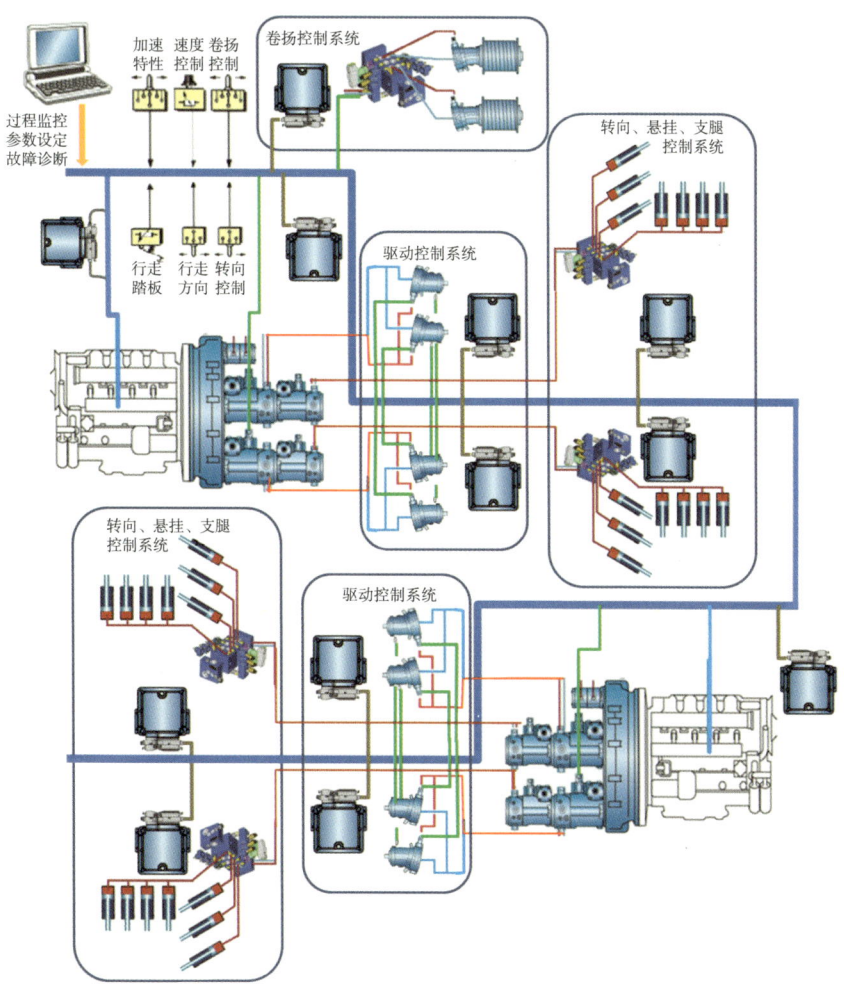

图 8　流动式架桥机基于 CAN 总线的分布式集散控制系统

1. 行走驱动控制系统

流动式架桥机行走驱动控制系统的功能包含：自动驱动、同步控制、防滑控制、平稳性控制、制动控制、过程监控和故障诊断等。

为保证机体的运行稳定性，行走系统采用单一驱动轮系速度闭环控制系统、主从速度随动闭环控制系统相统一的协同控制技术，有效解决了操作灵敏性差、结构失稳变形等难题，满足了作业运行可靠和安全性的要求。

（1）单一驱动轮系驱动系统。

对于单一驱动系统，闭环控制系统的结构如图9所示。

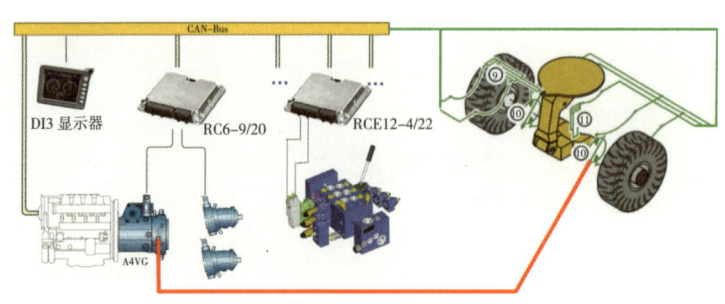

图9 单一驱动轮系速度闭环控制系统

单一驱动轮系速度闭环控制系统主要由驱动轮、驱动马达、转速传感器、控制器、变量泵、状态显示器等组成。通过检测马达的转速，并与给定转速相比较，计算出转速误差大小，由控制器对马达的排量进行实时调解，使马达转速与给定转速相同，从而实现单一驱动轮系速度的闭环控制。

（2）多轮系驱动系统的协同控制。

流动式架桥机的行走驱动系统分为前车驱动和后车驱动两个独立单元，前后车又分别有16个和8个独立的驱动装置，液压系统为并联系统且呈分散布置。由于每个轮系与地面的接触力不同，导致各驱动系统的负载不同，从而导致驱动速度差异性较大。为实现多个驱动系统的协同控制，设计了主从速度闭环控制系统。主从速度闭环控制系统如图10所示。

系统的主令速度由操作人员通过脚踏板给定，每个单一轮系通过接收主令速度指令，进

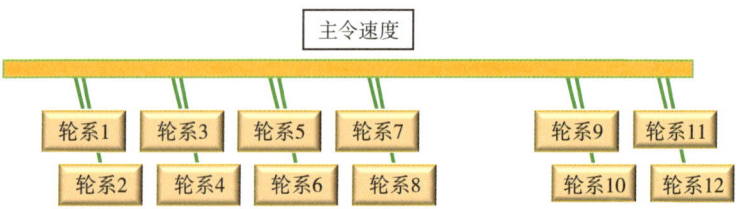

图10 多轮系主从速度闭环协同控制系统

行独立闭环速度控制。通过监控每个独立轮系的速度误差，使每个独立轮系的速度实现协同控制。

采用恒转速主从闭环协调控制方法，有效地解决了前后车多个驱动装置的行走速度不协调问题。进一步地速度闭环复合控制，还可有效地消除因机械结构、胎压不同等原因造成的前后车运行不同步问题，解决了操作灵敏性差、结构失稳变形等难题，满足了施工对流动式架桥机运行可靠和安全性的要求，大大提高了整机的工作效率。

2. 负载敏感闭环电液控制系统

对于独立转向系统，与驱动系统相似，也采用基于 CAN 总线的分布式集散网络控制体系，并应用单一轮组转向闭环控制与主从转向随动闭环控制系统相统一的协同控制策略，实现多轮组的协调同步控制。其中，单一轮组转向闭环控制系统通过检测轮组的转向角度，与给定转角相比较，由控制器对比例阀控液压缸的位移进行实时调解，使轮组的转角与给定值相同。

卷扬系统、悬挂系统、支腿系统及辅助系统等均基于 CAN 总线的分布式集散网络控制体系，利用负载敏感比例闭环控制系统实现了多个分布式系统的精确控制。

3. 远程安全监控技术

流动式架桥机的远程安全监控系统（图 11）。包括：CAN 总线数据采集系统、视频监控系统、通讯系统、远程终端 / 移动设备等。通过远程网络监控中心服务平台，可以对流动式架桥机的运行状态进行实时监控和实时管理。

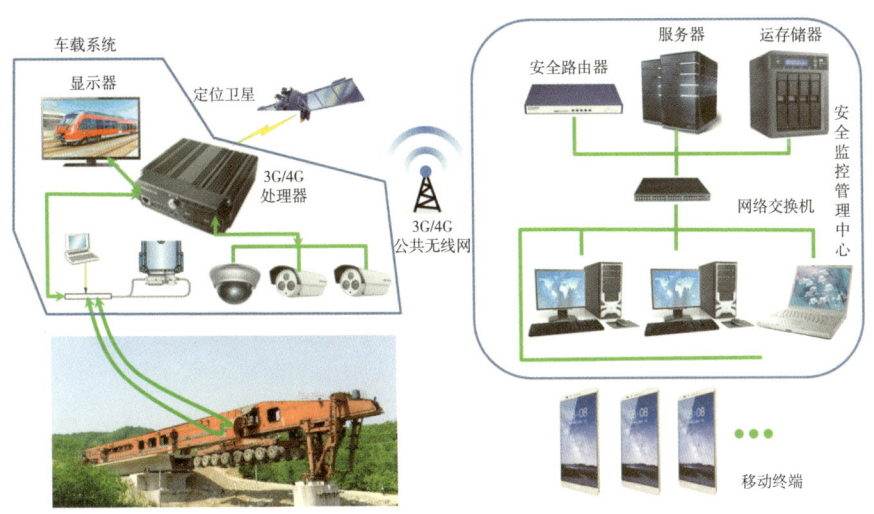

图 11 远程安全监控系统

四、主要成果

全工况流动式架桥机电液控制系统集中了闭式控制系统、负载敏感比例闭环控制系统及开环控制系统，所采用的分布式体系结构有利于提高控制精度，而负载敏感控制使整机的能耗大幅降低。基于 CAN 总线的分散控制系统使得整机的状态信息实现了集散管理，状态数据及视频信息的远程传输管理更使流动式架桥机实现了数字化和信息化。

该研究获得发明专利 6 件，实用新型专利 1 件，取得多项核心专项技术。获中国建筑工程总公司 2014 年度科学技术一等奖。

全工况流动式架桥机彻底解决了通过时速 250 km 隧道的紧邻隧道口、隧道内架梁的难题，其作业方法和程序与无隧道工况完全相同。预留时速 200 km 隧道的隧道内运梁和紧邻隧道口、隧道内架梁作业的功能。施工实践表明，全工况流动式架桥机的施工工艺流程可完全适应所有施工工况，在桥隧相连、桥基相连的工况下，与原有施工工艺相比，可提高功效 7 倍，节约成本 8600 万元，并大幅提高施工质量。

全工况流动式架桥机的研制成功，大大促进了高铁桥梁建造技术的进步，对高铁建设发展具有里程碑意义。截至目前，在全工况流动式架桥机研制及综合应用的基础上，已推广应用全工况流动式架桥机 12 台，基于此原理对原有运架设备进行改造利用共 8 台。

五、展望

长期以来，我国高铁建设设备经历了引进、消化、吸收、再改造的过程，在单体运架设备上已完全实现了自有技术装备机器的局面。随着高铁建设向西南、西北、东北等高山连绵地区拓展，原有运架设备已不能满足运架施工的需求。拥有完全自主知识产权的全工况流动式架桥机的研发彻底解决了运梁过隧、整机过隧和隧道内架梁等难题。使高铁设计单位可不再考虑进出隧道首末孔梁的架设问题。可根据地形、地质条件确定首末孔梁的合理位置、优化配置梁场、使桥孔的配置（配跨）变得简单。

此外，随着高铁建设向平稳期的过渡，许多处于闲置状态的高位运梁车仍有不少具有高剩余价值的元部件，如果将这些设备进行再制造或再利用，还可改造为满足全工况作业的流动式架桥机，如此又可大大减少设备闲置所造成的浪费，前景可观。

案例 18
起重机液压混合动力系统研究

吉林大学

吉林大学围绕国家节能产业发展战略，紧跟国际先进技术动向并合理创新，对液压混合动力节能技术进行了深入的研究和实践。依托徐工起重机平台提出新式液压混合动力构型并开发系统的控制策略；开发出匹配计算平台用于系统特性的分析和评估。产品节能、动力和安全性均有明显提升。该成果为液压混合动力理论向应用转化提供了基础，对提高我国工程机械技术含量，促进工程机械节能减排具有示范作用。

一、导言

节能减排是我国实现可持续发展的重大战略要求，随着汽车保有量的不断增加，减少汽车油耗和尾气排放的需求日益迫切。混合动力是当前技术条件下最具节能潜力和市场前景的汽车技术之一，相对油电混合动力来说，功率密度大的液压混合动力技术对中重型车辆的节能减排具有重大意义。

美、德等国在该技术方面已经率先展开研究并进行样车试运行及商业宣传。为了避免国外大公司垄断技术并利用先入优势设置技术壁垒，吉林大学对该技术进行了持续跟踪、研究和创新，并与徐工集团合作开发出世界上首台液压混合动力起重机，对增强自主创新能力，提升自主研发信心起到了积极的促进作用，项目的研究经历和成果为行业提供了可借鉴的理论支持和有益经验。

二、主要研究内容

吉林大学在徐工集团汽车起重机平台上进行混合动力系统开发，创新性地提出前置并联式构型，获得了更好的动力性和安装空间，同时降低了系统成本。控制策略兼顾系统节能与驾乘人员舒适性感受，原车操作不需任何改变。能量再生效率达到13.1%，起步油耗降低35.25%，城市道路行驶节油10%，同时摩擦制动系统使用强度大幅下降，极限爬坡能力提升20%以上。

1. 构型设计

根据汽车起重机安装空间并考虑到现有元件库存和产品配套、成本等问题，首次提出了前置式并联液压混合动力系统构型，即混合动力系统与内燃机动力系统的耦合装置安装在发动机与变速箱输入轴之间，在变速箱输入轴上通过耦合器并联二次元件，并由其组成辅助动力单元实现辅助驱动和制动的功能。

采用前置并联式方案具有以下优点：

（1）由于变速箱的增扭作用，二次元件可以采用较小排量实现车轮端的较大驱动和制动效果。

（2）由于二次元件仅通过固定速比的耦合器与发动机输出轴（或变速箱输入轴）相连接，因此在大多数工作时段内，二次元件的转速与发动机的转速保持固定的速比；由于发动机的工作转速通常与二次元件的高效转速范围大致对应，因此二次元件基本可以全程工作在高效转速范围内（制动末段和起动之初除外），避免了后置并联式系统中转速匹配的矛盾。

（3）由以上特点又带来了安装尺寸、重量、成本等方面的优势。

但该构型同时也带来一些问题和难点：首先，由于混合动力系统的动力传递需要经过变速箱，因此在变速箱换挡、主离合器原发动机和变速箱之间的离合器切开的过程中，都会出现（制）动力的突然变化；其次，由于档位变化对应于不同的传动比，因此在不同挡位下混合动力系统的最大制动、加速能力不同，容易造成驾驶员误判、误操作。

本设计方案对原车辆传动和制动系统改动较小，有利于提高系统的安全性和可靠性，改造工作量较少，改造成本较低。

2. 控制系统开发

控制策略是混合动力系统在各种工作模式下，应对各种不同情况采取的控制流程和动作。虽然外界环境和驾驶者的操作等系统输入变量不可计数，但依靠控制策略，可以对输入变量进行一定原则的归类和处理，并囊括任意的输入条件。在系统构型和参数确定之后，控制策略对于系统的性能将起到决定性的作用。由于不同的车辆行驶工况和操作、运行特性具有多样性，因此控制策略很难在多种机型中相互移植，甚至相同控制策略在同种机型不同参数状态下也很难获得相同的效果，因此相关研究几乎已经成为混合动力车辆研究的主要问题。图1为混合动力模式控制流程图。

控制系统中，需要对缓速制动、辅助爬坡、混合动力等3个主要模式下的控制策略进行

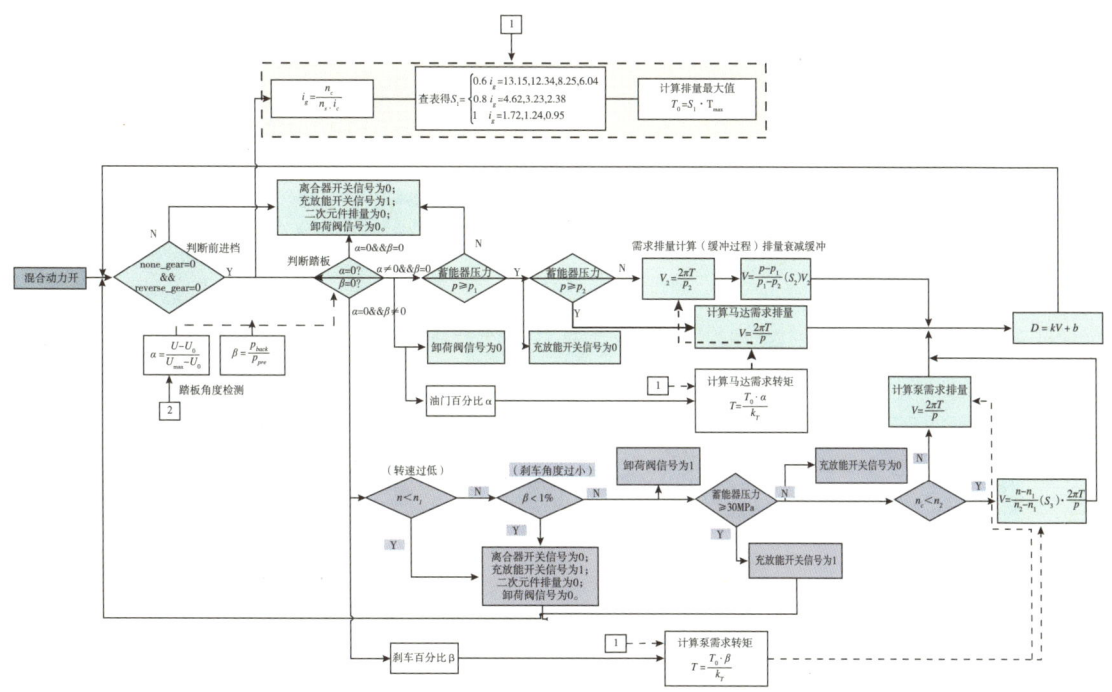

图1 混合动力模式控制流程图

设计和开发。需要在确保功能设定和行车安全的前提下综合考虑车辆动力性、燃油经济性和舒适性等问题。

图 2 为 Stateflow 下液压混合动力系统工作状态转换图。控制系统采用 dSPACE 公司的 MicroAutoBox 控制器，同时也用到了 dSPACE 的新一代实验工具软件 ControlDesk。混合动力系统的控制系统开发采用快速控制原型 RCP（Rapid Control Prototype）技术，模型的建立参考发动机控制器构建方式，按照 BOSCH 公司对发动机控制和诊断的 Demo 文档划分控制输入、逻辑及输出的实现。图 3 为控制系统原理框图。

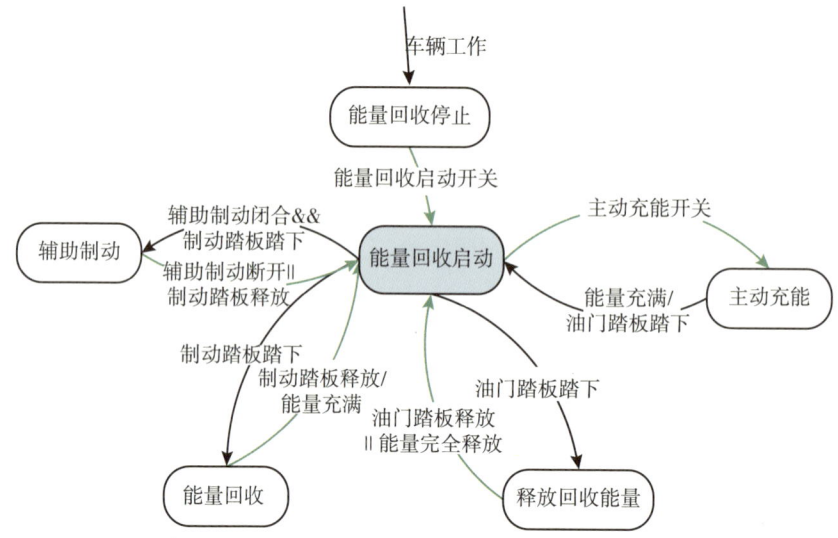

图 2　液压混合动力系统工作状态转换图

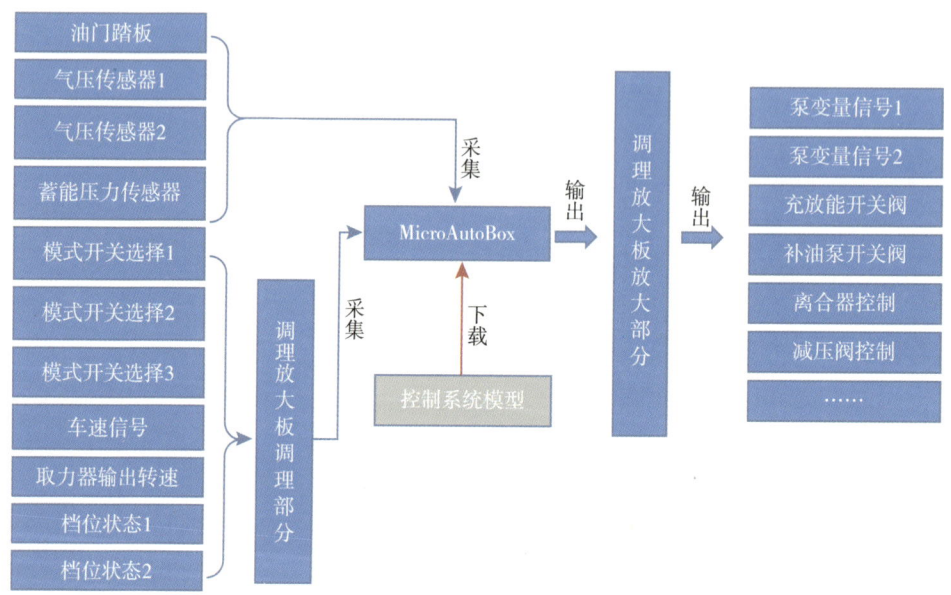

图 3　控制系统原理框图

3. 样机测试

样车实验中主要进行了原地测试、子系统测试、场地单工况测试和道路循环工况测试。其中原地测试和子系统测试主要考察系统组成各部分是否能够正常工作以及其响应情况是否可以适应系统要求；场地单工况测试主要考察系统能量回收和能量释放基本功能是否可实现和可控；道路测试则主要考察样车的动力性、燃油经济性指标。为了使样车的能量状态符合实际机型，使用配重块来模拟上车部分的惯性负载（图4）。

图4 被测试样车

对道路循环工况下驾驶员踩踏制动踏板的深度百分比（与制动强度对应）及频次进行统计，可以发现使用混合动力系统后，轻度制动所占比重明显提升（52%→86%）如图5所示。这表明混合动力系统充分参与了制动过程，且原车制动系统的损耗得以大幅降低。

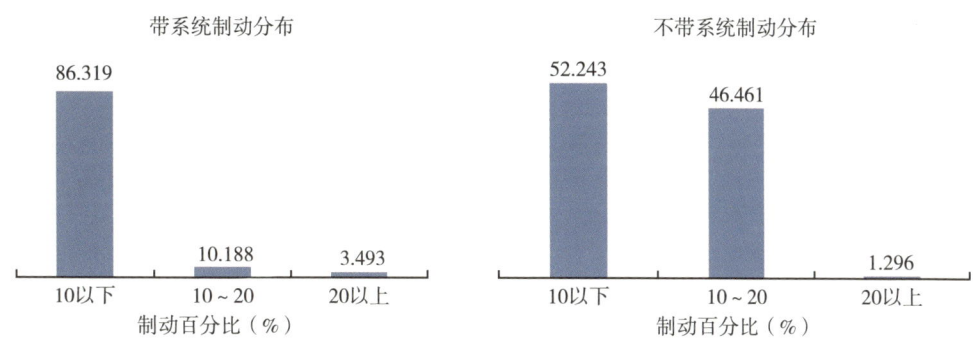

图5 制动强度分布

各工况下 0～20 km/h 起步时间节省均在 20% 以上，最大可达 38%，起步时间明显缩短。

0 ~ 20 km/h 起步加速距离缩短 30% 左右，最大缩短 40%，如图 6 所示，起步加速距离明显缩短，动力性提升明显。

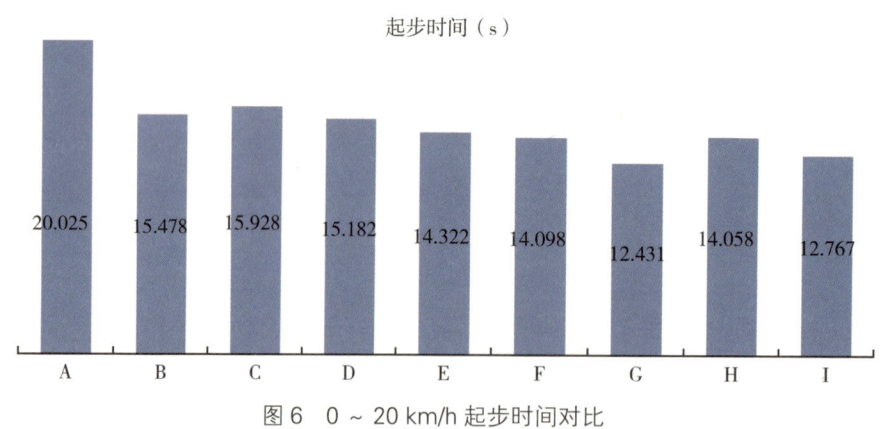

图 6 0 ~ 20 km/h 起步时间对比

车辆在单独依靠原车传动系统运行下可以达到的爬坡度为 36%，在混合动力系统辅助下运行可以达到的爬坡度为 44%，爬坡度提升约 20%。

经过计算可以得出，目前车辆在混合动力系统的辅助下，从 0 加速至 16 km/h 过程中的节油率为 35.25%；在完整循环测试工况下，车辆目前的节油率按照不同算法分别为 17.03%（通过总燃油消耗取平均计算）和 17.672%（通过单次燃油消耗取平均计算）。图 7 为不同系统压力与不同控制方式下起步油耗。

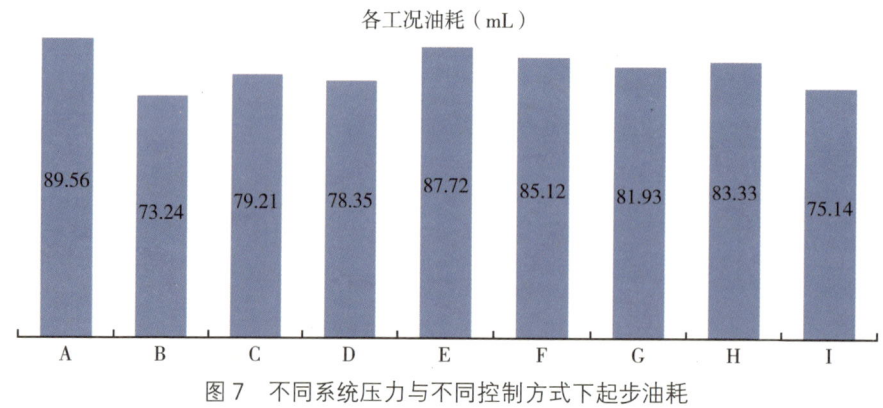

图 7 不同系统压力与不同控制方式下起步油耗

4. 匹配计算软件开发

液压混合动力系统应用与不同机型、不同的常用行驶工况时均需要对系统的主要参数进行设计和优化，为了缩短设计论证周期，并降低对设计人员的专业要求，可以借助于软件实现计算工作。但混合动力系统设计过程中涉及的参数众多，系统输入输出变量不遵循线性关系，很难通过标准的逐步计算方法设计各个主要元部件的参数规格。目前在工程设计中常用的一些计算方式甚至是利用数学优化算法的计算方式都无法很好地满足混合动力系统的设计要求，计算结果与实际效果偏差较大。本案例提出了一种基于仿真模型的匹配计算方法，该软件利用 AMESim 和 Excel 进行 VBA 开发，实现了对 AMESim 模型后台参数的调用和设置，软件灵活性和准确性更好，其架构与案例如图 8 所示。设计人员通过预设系统的主要参数，就可以查看较为接近真实情况的系统性能参数和曲线，并通过修改参数分析各种响应状态及影响趋势，最终确定设计方案。与单纯使用仿真软件相比，设计人员不需要仿真软件的专门知识即可操作，并且也不会出现由于仿真模型参数修改遗漏造成的矛盾。

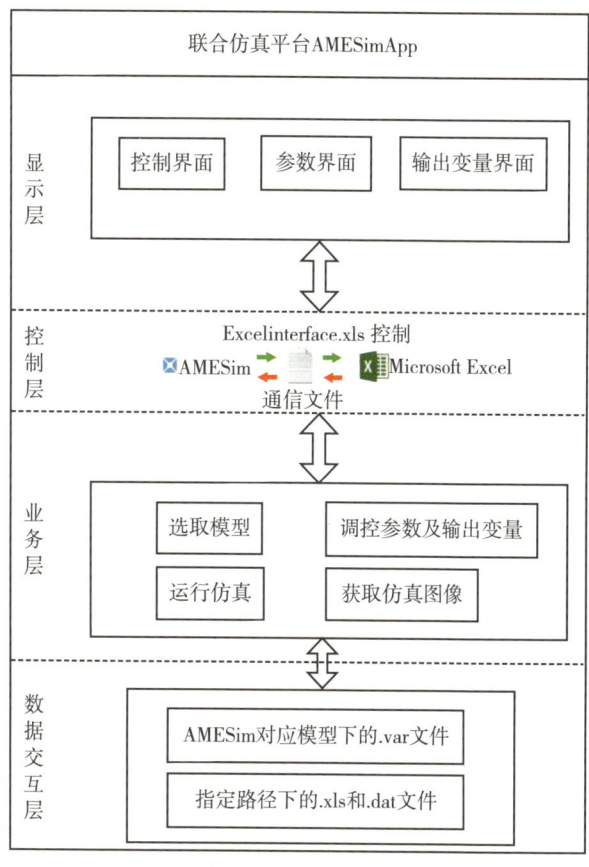

图 8 基于仿真模型的匹配计算软件架构

优化匹配软件需要包括控制界面、参数修改界面和输出变量界面等几个人机交互界面，见图 9。

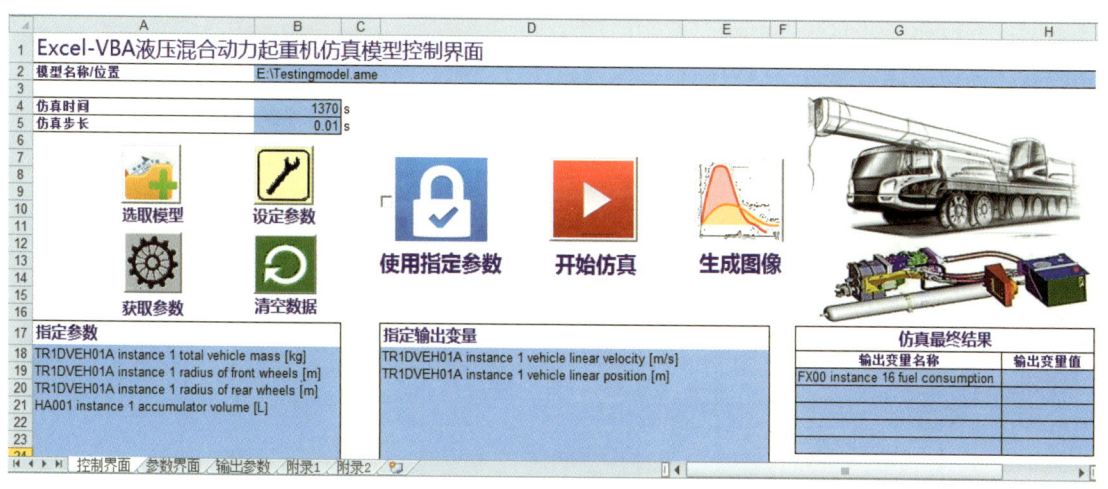

图 9 基于 Excel-VBA 的 AMESimApp 控制界面

三、结论与展望

起重机液压混合动力系统研究中产生了一系列创造性工作,获取了混合动力系统开发过程中的丰富经验和许多有价值的数据,基本达到了预期指标。样车测试表明,能量再生效率约为13.1%,0 ~ 20 km/h起步时间缩短20%以上,起步距离缩短30%左右,起步油耗平均节省35.25%,实际道路测试节油约为10%,同时摩擦制动系统使用强度明显下降,极限爬坡能力提高约20%,具有一定的缓速制动效果。

在研发过程中也发现了目前设计、实施和测试中存在的不足。这些都为该技术的深入研究和产品应用提供了理论及实践依据,对提升起重机等工程机械产品技术水平和附加值具有重要的意义。为了进一步提升液压混合动力起重机的节能效果及市场竞争力,未来的研究工作主要包括液压混合动力起重机发动机能量管理技术,混合动力系统的集成优化设计,混合动力系统的可靠性和故障诊断与处理技术研究以及低成本混合动力系统的设计开发等。

案例 19
高精度冷带轧机数字化厚度自动控制（液压 AGC）系统研发

燕山大学

钢铁是当今应用最广的材料，板带比是表征其生产水平的指标，我国尚有差距。燕山大学王益群科研团队完成了冷轧带钢生产数字化液压 AGC 研发，在四/六辊轧机上的板厚差达 ±2~3 μm，轧制速度达 21 m/s，打破了国外对我这一高端技术市场的垄断。在该领域主持的项目，两项获国家科技进步二等奖，还获得四项发明专利。以本技术为支撑的企业有的在美国纳斯达克主板上市，有的发展成民企 500 强。

一、导言

  钢铁是生产领域应用最广的工业材料，我国钢铁产量约占全球一半。在钢铁生产中，板带比（板带产品占钢铁总产量的比重）是表征国家钢铁生产水平的重要指标，我国当前的板带比约为 50%，发达国家达 60% ~ 70%，甚至更高。板厚精度是板带产品重要的质量指标，是规范产品质量的标识。

  在国内外激烈的技术市场竞争中，国产技术已经取得了突破性进展，燕山大学王益群教授科研团队历经数十年的努力，完成了从单机架可逆冷带轧机（400 mm、650 mm、1050 mm、1150 mm、1422 mm 冷轧机）到五机架全连续无头轧制（1450 mm、1780 mm 高速冷连轧机），冷轧生产线高精度数字化液压 AGC 的研发。在四、六辊轧机上的生产实践证明：板带的纵向板厚差可达 ±(2 ~ 3)μm，连续轧制速度可达 21 m/s，和当今国外同类技术如西门子、三菱、ABB 等著名国际公司的技术指标在同一档次上，具有世界先进水平，打破了国外大公司长期对我国冷轧机组高端控制技术市场的垄断，在该领域主持完成的科研项目于 1999 年和 2009 年度分别获国家科技进步二等奖（均排名第一）。在应用本技术作为主要技术支撑的企业中，河南鸽瑞复合材料公司由此在美国纳斯达克主板上市，攀华集团发展成国内民企 500 强，过半产品销往欧、美、日在内的世界各地。

  主要创新点是：①针对液压 AGC 这一机、电、液综合控制的复杂大系统，根据其控制对象的不同，分别研制了单机架冷轧机高精度液压 AGC 系统和全连续冷连轧机组高精度液压 AGC 系统；②研制了保证厚控精度高、轧制速度快、可靠性能高、连续性能好的二级计算机系统；③研制了高响应全数字控制；④研制了多网络融合控制；⑤研制了过程自适应、自学习智能控制；⑥研制了功能完备、精准的过程优化系统；⑦研制了花钱买不来的冷连轧虚拟轧制系统。

  为此获批了 4 项国家发明专利：《可进行轧辊热膨胀动态补偿的冷轧带钢厚度控制方法》《基于波函数的冷带轧机板厚控制有限频域前馈补偿方法》《一种基于离散辅助闭环的轧辊偏心补偿方法》《四、六辊板带轧机辊系偏心相位辨识检测方法》。

二、主要创新点分析

  轧机板厚控制是典型的机电液综合控制大系统，其理论基础是轧制理论、控制论、液压伺服理论、自动化、计算机及网络技术、检测技术等多学科融合，有众多子系统同时作用在同一受载体（轧件）上，控制系统的不确定性、时变性、时滞性影响很大，其中任一子系统失常，都会导致整个系统不能协调有序工作，甚至故障停车，这就要求该大系统能够高速通信、高速控制、高精度、高可靠性。面对不同的市场需求，研发了两类系统如下。

1. 单机架冷带轧机高精度液压 AGC 系统

该系统适用于小批量、多品种场合。安装在 400 mm、650 mm、1050 mm、1150 mm、1422 mm 等单机架冷带轧机上，主持的"IGC650HCW 精密冷带轧机成套设备研制及关键技术研究"项目，将工作辊轴向移动和自主研发的辊缝仪闭环控制相结合，兼具四辊轧机结构简单、刚度大，又具六辊轧机板形控制能力强的优点，创造了中宽带冷轧机最佳机型，轧制带材的绝对厚控精度可达 ±2 μm（图1），部级鉴定认为"该成果具有独创性，其控制精度和运行质量达到国外同类技术先进水平"。

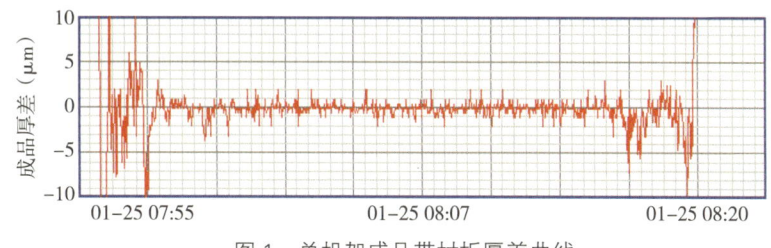

图1 单机架成品带材板厚差曲线

2003 年以来，团队专注研发两级计算机（过程控制与过程优化）控制和液压伺服拖动系统，主持完成的河南鸽瑞复合材料公司 4 套 650mm 冷带轧机液压 AGC 系统，其工作现场见图2（a），厚控相对精度 < 0.7%，部级鉴定认为："该系统厚控精度和稳定运行质量达到国际领先水平"。获得河北省 2008 年科技进步一等奖，依托这 4 套机组，河南鸽瑞复合材料公司迅速发展成国内主要的冷轧中宽带、窄带供货商，并且实现了在美国纳斯达克主板上市。

（a）650 mm 冷轧机组　　（b）1150 mm 冷轧机组

图2 单机架可逆冷带轧机组工作现场

2. 冷连轧机组高精度液压 AGC 系统

该系统适用于大批量生产的场合。

（1）技术概貌。

本团队研发的全连续冷轧机液压 AGC 系统工作现场如图 3 所示。

（a）主轧机　　　　　　　　　（b）操作台

（c）TDC 控制柜　　　　　　　（d）主画面

图 3　1450 mm 全连续五连轧液压 AGC 系统工作现场

宽带冷连轧机组的全连续高速、高精度液压 AGC 系统是该领域高端控制技术的制高点，国际大公司长期控制着我国这一技术市场。通过国内外竞标本团队先后主持研发了 3 条冷连轧生产线的高精度液压 AGC 系统，列于表 1。

表 1　高精度冷连轧液压 AGC 系统

序号	应用的钢铁企业	机 组	连续性
1	攀华集团张家港万达薄板公司	1450 mm 五机架冷连轧（二手轧机改造）	单卷生产
2	攀华集团重庆万达薄板公司	1450 mm 四/六辊五机架冷连轧	全连续（无头轧制）
3	攀华集团重庆万达薄板公司	1750 mm 全六辊五机架冷连轧	全连续（无头轧制）

液压 AGC 系统主要是对轧制区主轧机组基于高速 TDC 系统进行控制，同时协调上卷区与卸卷区。轧制区四 / 六辊液压厚度控制系统组成简图（图 4）。

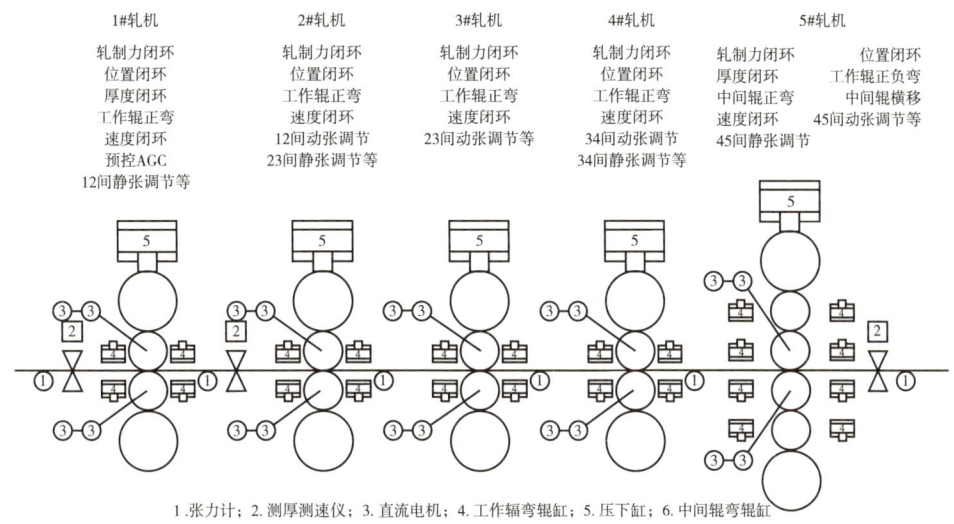

图 4　轧制区四 / 六辊轧机液压厚度控制系统组成

作为机电液复合控制系统的主要控制环路包括：轧辊位置闭环、轧制力闭环、轧制速度闭环、机架间张力（静张、动张）闭环、工作辊弯辊力闭环、中间辊弯辊力闭环、中间辊横移控制、轧制区出口板厚闭环和轧制区入口预控、偏心补偿等 5 种扰动控制。

成品带材的板厚差曲线如图 5 所示。

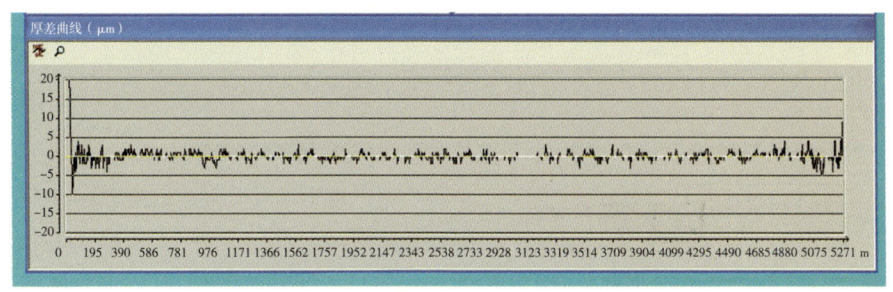

图 5　1450mm 全连续冷连轧成品带材板厚差曲线

由图 6 可见轧制稳定段同条板厚差 ≤ 3 μm。

（2）关键技术与创新工作。

1）两级计算机系统（过程控制级和过程优化级）的过程控制机能够实现轧制辊缝、轧制力、张力、速度、弯辊力、出口板厚等闭环控制，并具有设限频域前馈（预控）、秒流量控制以及分级协调、柔性切换、变增益死区、厚度定位波函数模型、过焊缝、动态变规格、弹跳补偿、加减速补偿、辊系偏心补偿、轧辊热膨胀补偿等技术，区分各环路的快慢先后，促使系统稳定、快速工作,保证了板厚控制的高精度、高速度、高可靠性与连续性。

2)高响应全数字计算机控制系统。轧机控制系统为多变量复杂控制系统,包括架间动、静张力闭环、液压伺服位置/压力闭环、液压弯辊力闭环和测厚仪厚度闭环等控制回路。高响应全数字控制器使改进型PID控制算法、设限频域控制算法、轧制过程定位算法等复杂先进控制策略的应用成为可能,并实现对同一控制对象多控制器的柔性切换。全数字控制系统具有参数修改灵活、性能稳定及通讯方便等优点。

3)多网络融合控制系统。由工业以太网、Profibus现场总线全局变量共享内存(GDM)和机架背板总线等网络协议构成具有立体结构的多网络融合控制系统,采用快慢分离策略以保证快速控制系统的实时性。多网络融合控制系统对减少硬件成本,提高可靠性,提高系统维护性和增强系统控制能力具有重要作用。

4)过程控制级自适应自学习智能控制系统。在过程控制级工程师站通过自适应自学习智能控制系统对轧制参数、控制器参数和系统参数进行寻优。智能控制系统减轻了操作人员和工程师工作负担,减少了系统故障率,提高了系统质量和效率。

5)两级计算机系统的过程优化机系统功能完备,实现了最优轧制规程自动生成,轧制过程全状态监测、数据库管理。具有丰富、精准的数学模型、最优轧制规程计算、模型自适应/自学习、焊缝跟踪、物料跟踪、全状态监测、数据库管理等功能。并利用数据驱动诊断策略,综合数据挖掘、信息融合和专家信息实现对系统软故障的有效诊断,达到系统硬故障实时报警显示和软故障的有效诊断。

6)研发了冷连轧机虚拟轧制系统。基于机理建模的高精度虚拟连轧系统是轧制过程在计算机上的本质再现,是轧机研发技术现代化的有效平台,是自主创新的技术。在国家自然基金、河北省自然基金等纵向课题和企业课题的支持下,虚拟连轧机项目主轧区设备的仿真验证精度,经省部级鉴定为具有国际先进水平。主持完成了宝钢"冷连轧机动态仿真与控制优化"项目中核心子课题:连轧设备级机理建模与仿真。该项目获中国钢铁协会/中国金属学会冶金科技二等奖和宝钢科技进步一等奖。

连轧机系统虚拟设备级的仿真主界面(图6)。

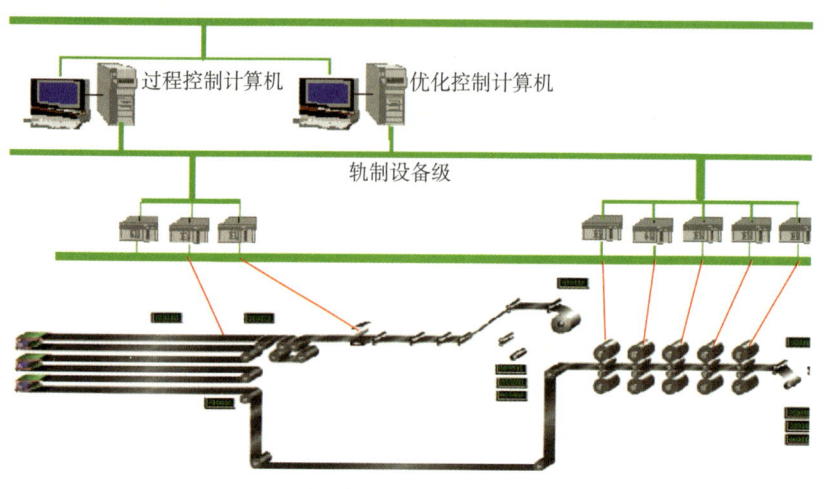

图6 冷连轧虚拟轧机仿真主界面

基于虚拟冷连轧

系统，可预测设备构成的诸元器件对板厚控制精度、稳定性等预期目标的影响，可用于开发新工艺、研发新设备或改造旧设备，能够有效缩短研发周期、降低研发成本。液压伺服系统响应迅速、可靠、经济。

三、工程应用效果

本团队研发的冷连轧液压 AGC 系统首先应用在攀华集团张家港万达薄板公司的 1450 mm 五机架冷连轧机（日本二手轧机）上，把原来的电动 AGC 系统更新改造为液压 AGC 系统。成功之后又在攀华集团重庆基地（新攀华）万达薄板公司的 1450 mm 及 1750 mm 两台全连续机组（无头轧制）上应用，创造了具有自主知识产权的高端厚控核心技术，打破了国外垄断。主持完成的"冷带轧机高精度液压厚度自动控制（液压 AGC）系统关键技术及应用"项目，获 2009 年度国家科技进步二等奖，见图 7（b）；推广完成的"特高精度冷轧板全连续轧制技术集成创新与应用"项目，获 2014 年重庆市科学技术二等奖，见图 7（c）。

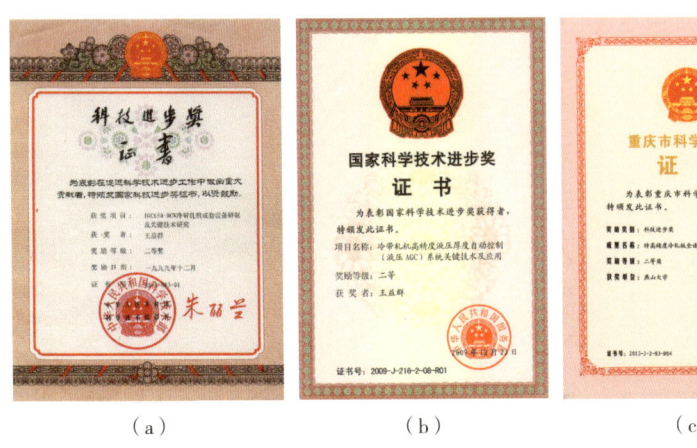

（a） （b） （c）

图 7 获奖证书

四、展望

本团队高精度数字化液压 AGC 技术的研制成功，突破了困惑我国数十年的高速、高精度板厚控制的技术难题，打破了冷连轧高端核心厚控技术一直被国外高价垄断的局面，为促进我国向钢铁强国转变提供有力的技术支撑。

科学技术总是在竞争中不断前行，本项技术尚需进一步开展更高水平的智能创新，以提升装备制造的智能化前沿水平。

案例 20
基于网络化的数字化大型液压载重车

燕山大学

大型液压载重车是一种轮胎式道路和场地运输大型构件和特种装备的工程运输工具。其驱动系统功率匹配和节能优化设计、车辆结构和轻量化设计、防倾翻策略及空气动力学研究、关键零部件数字化加工制造、调试实验系统均实现数字化处理。且实现了遥控遥测和自动寻的避障逻辑控制方式、多车及模块化联合作业的先进控制策略、工作状态的远程监测及故障诊断排除的数字化网络专家系统。

一、导言

大型液压载重车，分为大型自行式液压载重车和液压挂车，也称液压动力平板运输车或自驱式液压平板车，或者称为重型平板车。通常是指具有液压独立悬挂，液压转向装置和液压自驱动装置及提升装置的多轴线、多悬挂、多轮驱动专用场地和道路运输车辆。可实现多种特殊环境作业。与轨道式运输机械相比，具有超重载荷搬运、机动灵活、自行驶、高稳定性以及高通过性等优异性能。

随着高速铁路和公路桥梁、钢铁冶金、船舶制造、航空航天等领域的新工艺，先进施工方法的不断涌现，人们对大型钢结构件、整体桥梁部件、整台大型机械、移动仓库、海洋钻井平台乃至其他领域中的航天飞机、舰艇等超大型货物的运输需求越来越大。图1是部分不同应用领域的大型液压载重车。

大型液压载重车发展更是契合当前国家"一带一路"的发展战略。因此，根据不同需求研发的各种大型液压载重车，作为轮胎式道路和场地运输大型特种装备的工程运输车辆，在军事、建筑、机械、造船、冶金以及石油化工等各个领域里发挥着不可替代的重要作用。当前，液压载重车的系列化、模块化、智能化、数字化将是未来行业的发展趋势。

目前国内研究者和生产企业根据国际国内重大工程的需求，开发的新产品也日益增多，技术水平有了很大提高，总体水平与国外的差距正在逐步缩小，并且已经走向国际市场。

燕山大学赵静一教授科研团队从2003—2015年，历时12年，由引进消化，技术攻关到创新跨越，建立了大型液压载重车的自主设计成套技术设计研发平台，具备大型液压载重车总体与各部分液压控制系统自主研发设计能力，与多家企业形成产学研生产基地，走出了研究—设计—制造—应用—产业化的中国大型液压载重车的自主知识产权的设计之路，拓宽了大型液压载重车的应用领域。

（a）航天火箭运输车

（b）高速公路换桥工程中的 BJ1000 型驮桥车

(c) 高铁建设中的 TLC900 型运梁车

(d) 船厂用 JHP600 型框架车

(e) C919 大飞机中机身运输车

(f) TM150 巷道分体式采煤机械快速运输车

图 1　各种类型大型液压载重车

二、载重车数字化的优化设计制造

液压载重车正在向大型化、大吨位发展,并采用模块化组合方式,实现更大吨位的运输。液压载重车的设计、加工、制造、安装、调试、试验、使用等逐步实现了数字化。大型液压载重车的转向、悬挂系统,关键零部件的加工调试以及整车的设计制造等应用了数字化技术。大大提高了车辆的制造开发能力与效率,降低了成本。另外,车辆本身搭载智能网络数字化系统,可以实现多车及模块化联合作业等先进控制策略、数字化专家系统更可以进行车辆的实时状态监测和故障诊断排除。整车集液压技术、网络技术、传感检测技术、计算机数字化控制及现代控制等多技术于一体。

1. 转向系统的数字化设计

载重车的转向机构有平面连杆机构、齿轮齿条机构和马达减速机驱动齿轮机构,分别驱动各个转向半桥按程序设定角度精确转向。在完成多模式转向负载敏感转向系统设计的基础上,使用 AMESim 和 MATLAB 软件建立了仿真模型,对其进行了联合仿真研究,结果表明:负载敏感转向系统实现了载重车在任何工况下的转向液压系统的压力和流量最佳匹配问题,达到了节能的目的;增大了转向系统的工作刚度,改善了转向系统的操控性能,转向迅速、平稳、准确。AMESim 环境下的转向系统模拟如图 2 所示。转向机构的仿真平面结构图如图 3 所示。

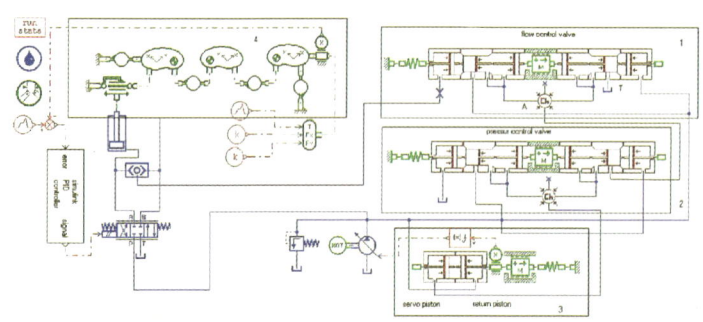 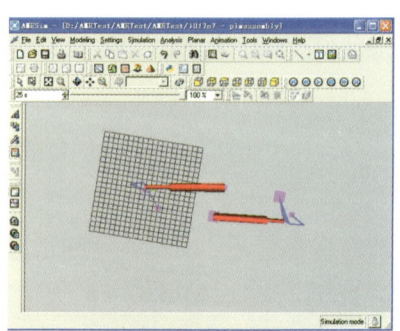

图 2 　AMESim 环境下的转向系统模拟　　　　图 3 　转向机构的仿真平面结构图

对于液压组合挂车,如果针对每种拼车方案独立进行分析,不仅数据繁多,结构复杂,更不利于快速有效地实现孔位的设计。所以开发通用的数字化自主平台,可以实现转向系统布置及换位孔的设计,大量减轻开发人员的重复工作量,为企业提供良好的设计工具。针对纵向拼车的液压组合挂车八字转向、常规转向进行优化设计。在此基础上,开发数字化平台,还能够满足多种形式的转向要求,并且具有很好的扩充性。ADAMS 平板车转向机构模型如图 4 所示。

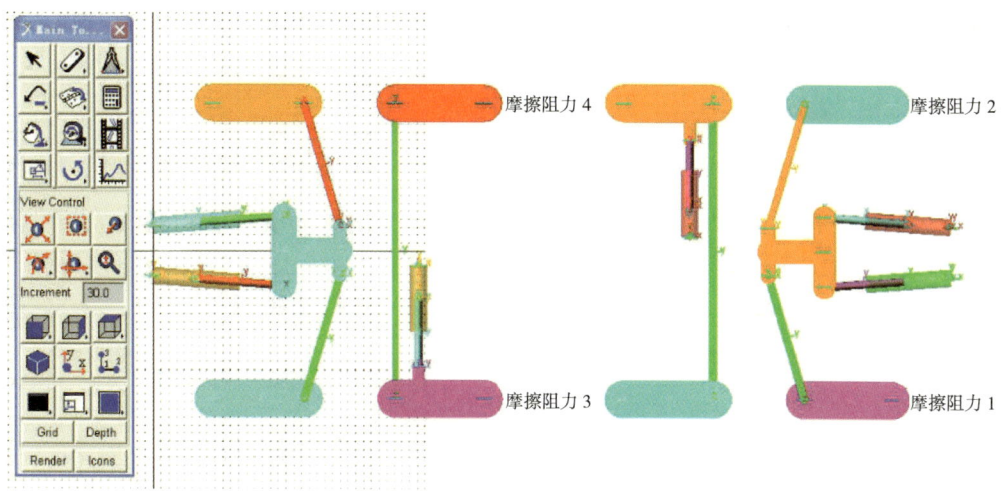

图 4 ADAMS 平板车转向机构模型

2. 悬挂系统的数字化设计

运用数字化技术优化设计自驱平板车多轴液压平衡悬挂，确保每点各组油缸并联。车辆悬架电液控制系统中采用控制器作为闭环控制核心，以测量悬臂与摆臂的相对转角来实时计算各油缸的位移量，通过控制器的耦合运算、模糊推理来调节由电液比例阀进入柱塞缸的流量，将承载平台的同步驱动转化为各组悬架液压油缸的同步位移变化量，实现车辆四点支撑的同步驱动控制。采用 CAN 总线控制系统，对动力平板车与悬挂系统提出控制思路进行数据采集分析，通过物理模拟试验和实车现场试验，最终实现灵活驾驶的新模式。悬挂架等效应力及平衡臂位移、应力、安全系数云图如图 5 所示。

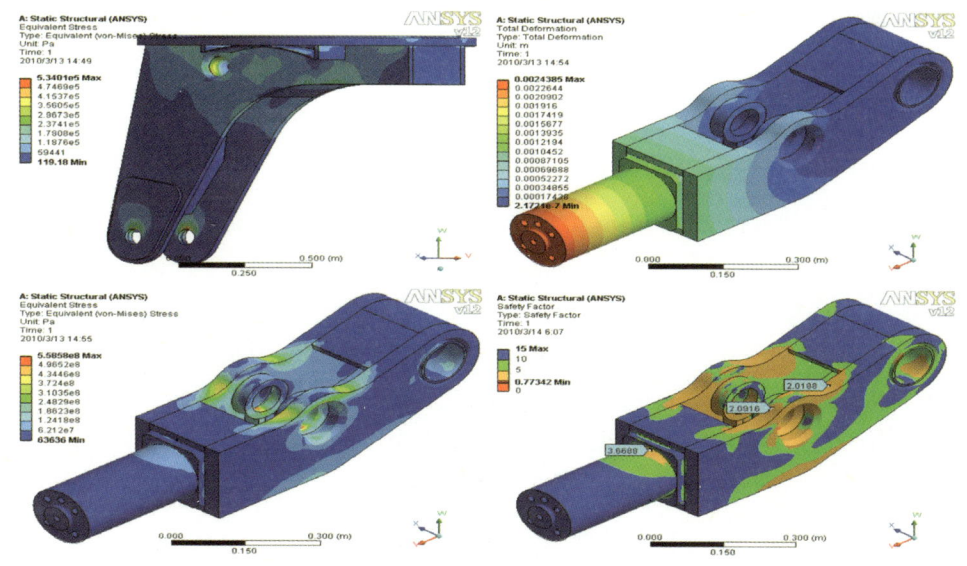

图 5 悬挂架等效应力及平衡臂位移、应力、安全系数云图

3. 虚拟样机技术

大型液压载重车都是单套或小批量生产，利用虚拟样机技术可以把全数字化人机工程学设计在整车研发的各个环节中应用，例如车辆碰撞、疲劳测试、车身风阻、模具加工等的一系列模拟仿真通过数字化设计能够得到接近实际工况的精确信息，降低生产成本。

在整车设计过程中减少或避免实物模型的制造，即依赖虚拟样机进行系统的数字化设计。传统设计在产品定型生产前需经过"物理样机生产——物理样机测试——系统修改设计"的过程，且需反复多次，这不仅耗费物力、财力，还使得产品上市周期延长。数字化设计则在制造实物模型之前，先通过计算机技术建立产品的数字化模型，可以完成无数次物理样机无法进行的虚拟试验，排除某些设计的不合理性，从而无须制造及试验物理样机就可获得最优方案，这样不但减少了物理样机的数量、缩短了研发周期，而且提高了产品质量。图6和图7是两种特殊用途的液压载重车利用虚拟样机的分析实例。

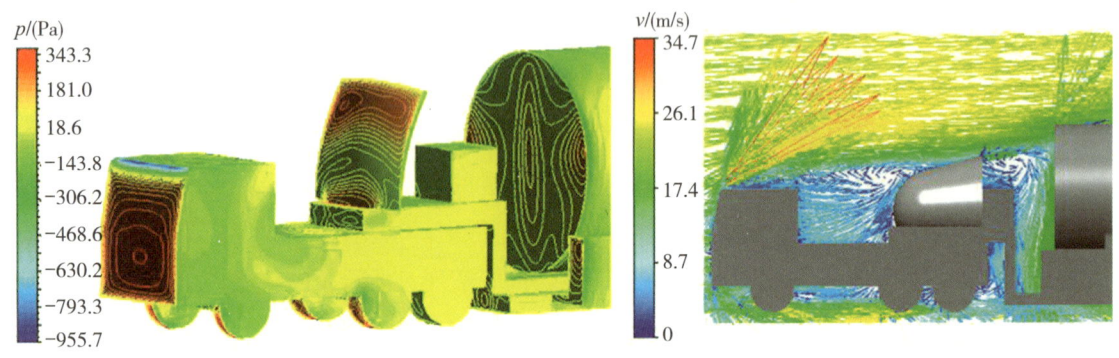

图6 运输车表面压力云图　　　　　　图7 运输车鹅颈部位气流速度矢量

车架、车身以及其他结构件多需要最初的设计即进行几何建模，目的是通过相关计算机软件进行可视化操作、图形的更改、装配等。之后利用以上建立的模型进行相关的运动学及动力学仿真分析，目的是检验上一步设计的合理性，通过分析结论解决存在的问题即进行优化，最后对结构进行制作。现在的数字化设计在机械制造过程中非常重要，它的运用贯穿了整个机械产品制作过程。图8给出运输车的导流罩的虚拟设计示意图。

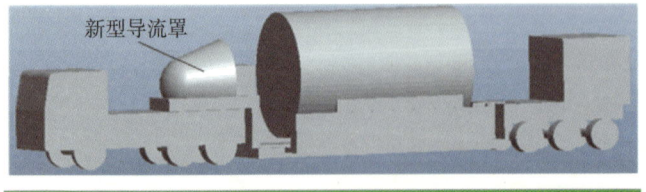

图8 安装新导流罩的运输车

4. 安全性的数字化

对大型液压载重车根据 ISO 3471 和 ISO 3449 对落物保护结构和翻车保护结构性能进行数字化试验，获得结构变形和缓冲吸能评价数据，在保护结构不满足标准要求的情况下，进行修改设计和再分析，提供满足现行国际标准要求的车辆安全保护结构设计方案。数字化试验可提供整车翻车和与地面碰撞过程中各部件的动态响应、保护系统各部分吸收能量的比例等，为车辆司机安全保护系统的设计和分析提供了理论基础和软件工具。

根据数字化实验结果，选择合适的吸能元件和结构，创新安全保护结构设计。优化了系统的维护策略，提高了安全性、可靠性。载重车安置有探测障碍物信息的避障传感器，车身安置有用于探测车身防撞传感器，搭载数字化自主避障定位与防撞系统，并通过避障实验研究，验证车辆自主避障控制策略的正确性。载重车的环境感知系统主要由惯性导航系统（INS）、激光雷达、超声波/红外线传感器等组成。其辅以其他传感器、控制器、液压元件以及执行机构等硬件和数字化信息采集、传输、处理等软件共同完成对障碍物的识别和规避。其整体构架如图9所示，各导航定位传感器布置如图10所示。

自行式载重车在配合支架装卸货物的过程中工况复杂、大负载、大偏载，为了提高作业

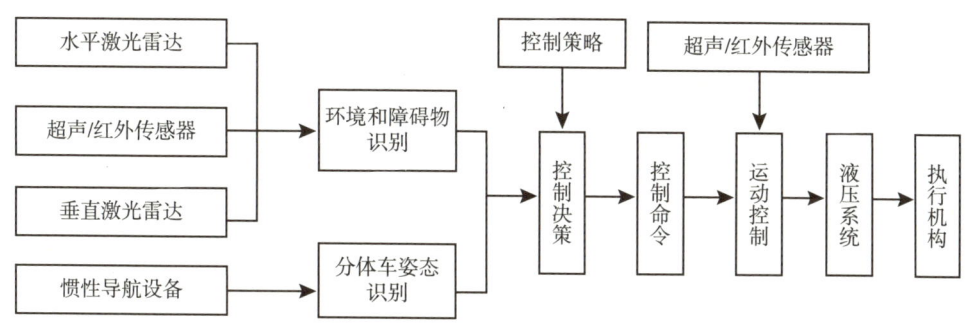

图9 运输车自主避障系统总体构架

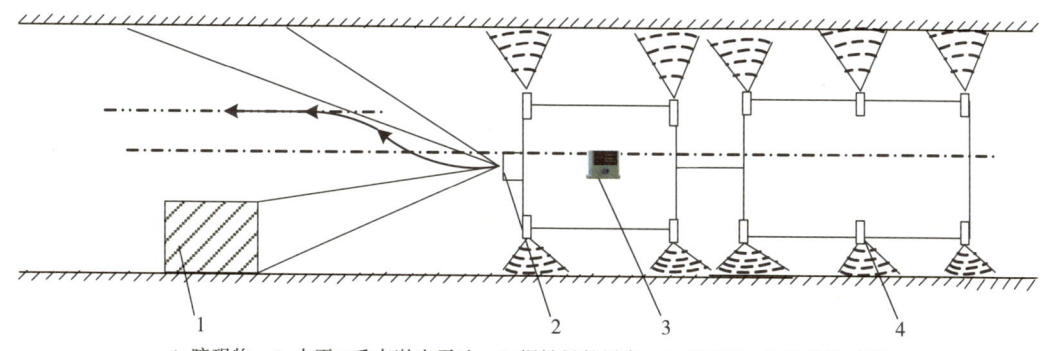

1.障碍物 2.水平/垂直激光雷达 3.惯性导航设备 4.超声波/红外线传感器

图10 运输车传感器布置

图11 两车并行控制的驮运架一体车驮运桥梁现场

过程的稳定性和安全性防止车辆倾翻，要求悬架在装卸调平过程中具有较高同步驱动控制精度。根据工艺要求对载重车的悬挂系统进行分组，在分析车辆稳定性的基础上运用数字化技术开发了运梁车液压支腿系统。防止了在不同吊点造成的车架载荷不均而引起倾翻。图11为两车并行控制的驮运架一体车驮运桥梁现场。

三、大型液压载重车自身的数字化

1. 驱动系统

燕山大学和江苏天明机械集团有限公司开发的自主知识产权的巷道分体式液压载重车，采用动力源车和动力平板车组成的柔性分体结构，具有载重量大、载货平台高度低，行走迅速灵活等特点。设计过程中，利用三维软件进行设计将传统动力平板车的动力舱单独作为一个行走单元，即动力源车，而传统自行式载重平板车剩余的部分作为另外一个单元，亦称之为动力平板车，动力平板车作为主要承载部件。它的成功研发大大地提高了辅助设备运输效率，为辅助运输带来重大变革。图12为某型分体式液压载重车动力车布局示意图。

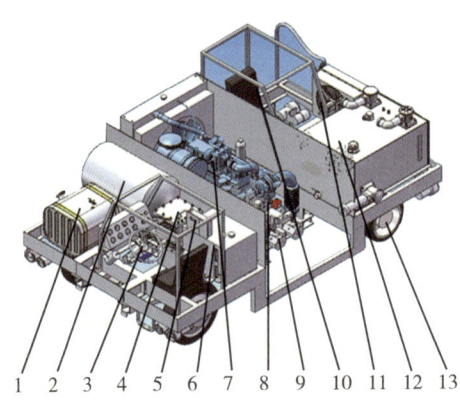

1. 柴油箱　　2. 储气罐
3. 前驾驶室　4. 隔爆电控箱
5. 瓦斯报警仪　6. 补水箱
7. 隔爆柴油机　8. 分动箱
9. 液压泵　　10. 后驾驶室
11. 冷却风扇　12. 油箱
13. 后驱动轮

图12 某型分体式液压载重车动力车布局示意图

载重车驱动系统的关键技术包括液压系统与机械系统的参数匹配、差力控制及差速控制、二次调节技术、全局功率匹配、功率极限载荷控制等。采集压力变送器的压力信号，转速传感器的转速信号，通过控制器读取到的信息值反馈来计算出精确的转速和压力，经过显示屏清楚明了地显示给操作员，从而达到数字化电液控制的要求。自行式液压载重车的压力仿真曲线图如图13所示。

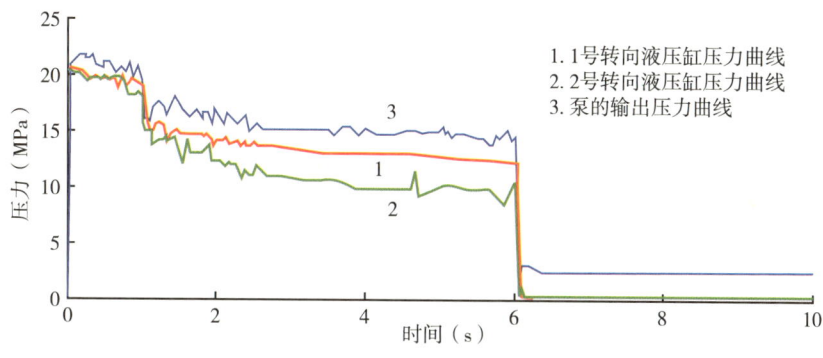

图13 自行式液压载重车的压力仿真曲线图

2. 遥控操作与调平系统

大型载重车中的运梁车具有自动驾驶和遥控操作系统，集成先进的液压控制、通信和图像处理数字化技术，改善了施工现场操作人员的工作条件，降低了由于视觉受限制引起误操作事故发生的概率，提高了自动化程度。

为了保证重载行车安全，大型液压载重车具有数字化整机自动调平系统。采用AMESim搭建悬挂系统液压部分控制模型，考虑各点相互之间在压力和位移方面的影响，并与MATLAB联合进行仿真实验，提出"面追逐式"调平方法进行可行性及合理性实用性验证。基于建立的AMESim机械及液压系统模型，将模糊PID控制策略及调平策略应用到液压系统中，提高了整车的性能。载重车液压悬挂系统AMESim仿真模型见图14。

3. 节能系统

载重车等大型工程机械节能主要包括通过液压系统数字化节能网络的节能和从发动机到液压系统的全局功率匹配两个方面。实现液压载重车的机电液一体化、节省能耗，通过数字化控制提高效率、提高系统压力、发展集成、复合、小型化和轻量化。

对自行式液压载重车进行节能控制的一个主要途径是发动机和液压驱动系统的合理匹配。只有充分利用发动机有效功率，不仅可以减少系统发热，降低燃油消耗，而且可以降低发动机和液压元件的工作强度，提高设备可靠性，从而产生可观的经济效益和社会效益。图15为具有防打滑液压系统的井下多功能液压载重车。

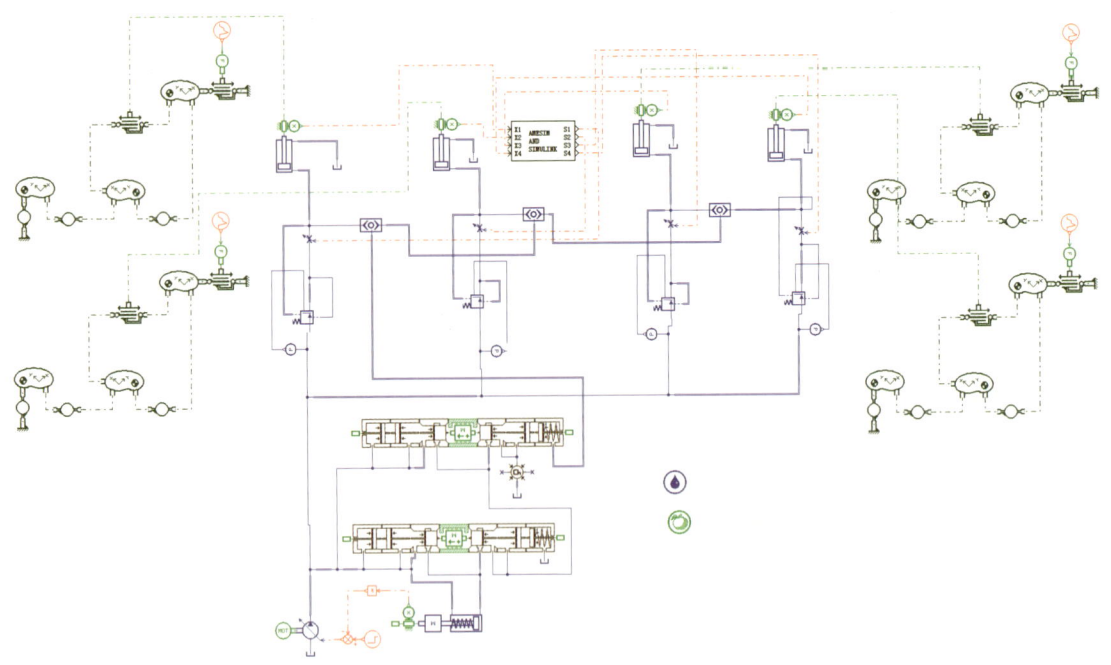

图 14 载重车液压悬挂系统 AMESim 模型

图 15 具有防打滑液压系统的井下多功能液压载重车

根据实际工作需要,可以将发动机的工作点设置在最大功率点,也可以将工作点设置在最佳节能点。在实际需要大功率运转前提下,发动机工作功率点的设定应满足在每个工作点都留有一定的过载余量。当工作负荷较小时,应尽可能将发动机工作点设置在最佳节能点。

多轴线液压载重车的轮胎的纯滚动工作也是减少车辆前进阻力,实现节能的一个重要方面。

根据液压转向系统原理图,利用 AMESim 主要元件库建立液压转向系统的仿真模型。其结果与载重车转向机构实际工作位置一致,并且在运行过程中可以看出转向机构转向比较稳定。在行进中不会出现轮胎转向不到位而出现轮胎干摩擦的现象,所以是节能的。图 16 为 PID 控制转角仿真曲线,图 17 为系统转角实测曲线。

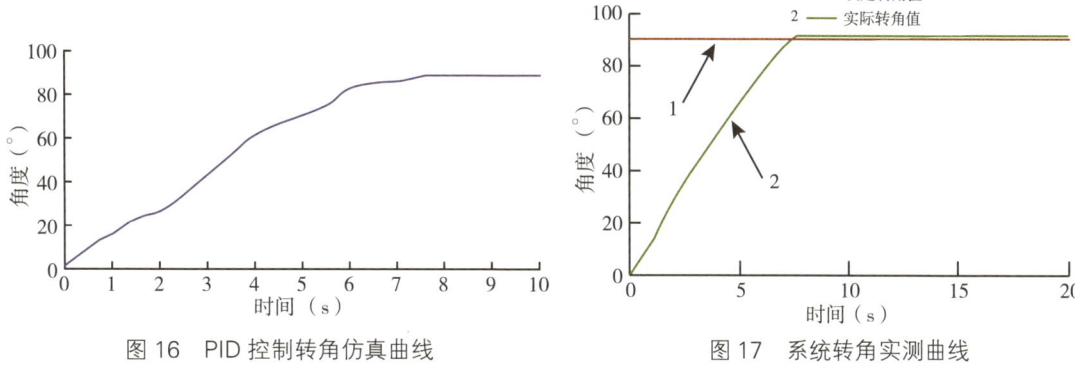

图 16　PID 控制转角仿真曲线　　　　　图 17　系统转角实测曲线

四、大型液压载重车自身的网络化

1. 液压载重车状态监测和故障诊断

液压载重车远程智能故障诊断系统主要分为 3 个部分：设备监控层、现场监控（局部诊断）和远程诊断服务中心。数字化故障监测能够对载重车重要部件、系统进行全面的状态监测，在必要时对载重车进行自修复、任务降级或提前准备必要的维修资源，进而成为降低全寿命周期成本的关键技术。

故障预测可以及时地预报设备性能降级状态，降低设备停工时间。故障预测的主要目标是预报并预防关键部位失效。例如，通过对车架结构的故障统计及有限元分析，并通过对典型工况下车架应力的实际测试，实现臂架疲劳寿命的分析。同时，针对实测的应力数据，通过相关的信号处理方法及臂架结构的强度分析对其安全进行评估，并相应地制定维护。图 18 为运输车关键结构应力应变试验。

为确保设备正常健康运行，针对载重车液压系统存在的各类常见故障，如载重车液压系统常发生油缸泄漏失压、主油泵过热、平衡阀滑阀卡死等，对液压泵送系统的监测与诊断进行了研究。结合泵送系统历史故障统计，运用故障树的方法对泵送系统的监测点进行优化分析，针对其组成和工作特点，采用实时在线监控及基于 GPRS/GSM 的远程监控两种方式实现了发动机与液压系统系统的状态监测与故障诊断。

通过提取压力和振动信号，提出基于贝叶斯置信法的信息融合技术实现了对液压泵的不同故障类型进行了诊断分析，提高了诊断精度，有效地给出了诊断决策。使用了网络化在线安全检测技术，对液压载重车运行的工况进行实时监测，对系统故障进行诊断分析，把传统的定期检修制度改变为故障预防和预知维修制。液压载重车状态监测与故障诊断系统原理图见图 19。

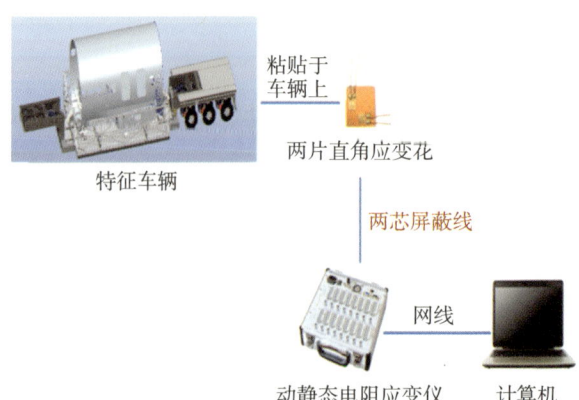

图 18 运输车关键结构应力应变试验

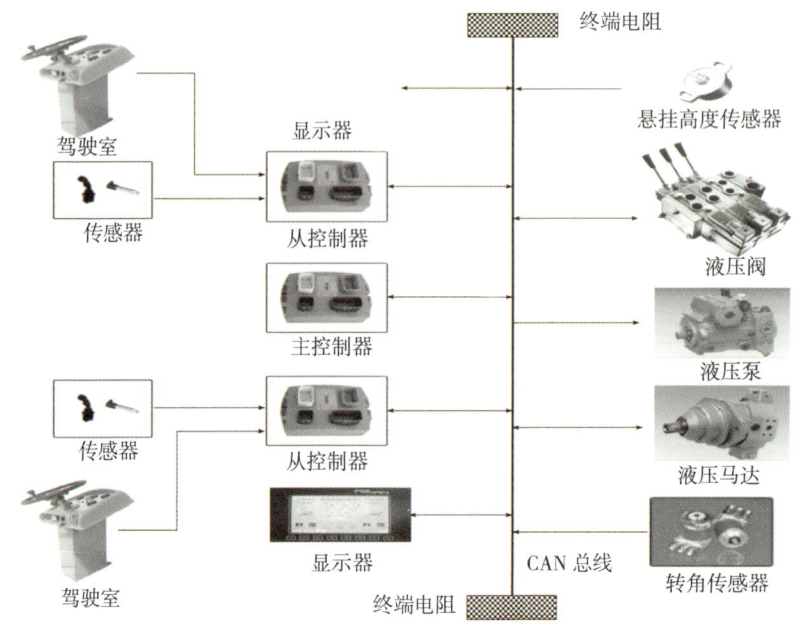

图 19 液压载重车状态监测与故障诊断系统原理图

载重车实时监控系统运行情况，并通过数字化面板、报警灯、报警提示音及屏幕文字提示向操作人员提供信息，帮助操作人员更好地了解车辆的运行状态，结合专家知识库对机器的运行状态进行评估，预测可能出现的故障，在出现故障时发出故障信息，指导驾驶员查找和排除故障。

2. 电液比例技术

电液比例技术在大型液压载重车中也得到了广泛应用，负载敏感控制、负载适应控制等新技术也融入到了电液比例控制技术当中。电液比例系统的稳态特性几乎可以跟伺服系统相媲美，不但大量用于开环，而且在于闭环控制中也被广泛采用。精度、稳定性、频响都有了很大提高。目前，电液控制技术开始向数字化发展，即泵、阀、缸等传统元件的数字化。数字转向电液比例控制器，角度传感器所收集的期望转角和实际转角信息经变换后回馈给嵌入式计算机网络。同时，该车型的闭式液压系统驱动控制系统，解决了搬运车行走过程中的轮胎差速、差力，实现了驱动系统和发动机的优化功率匹配。分布式电液比例转向控制系统见图20。

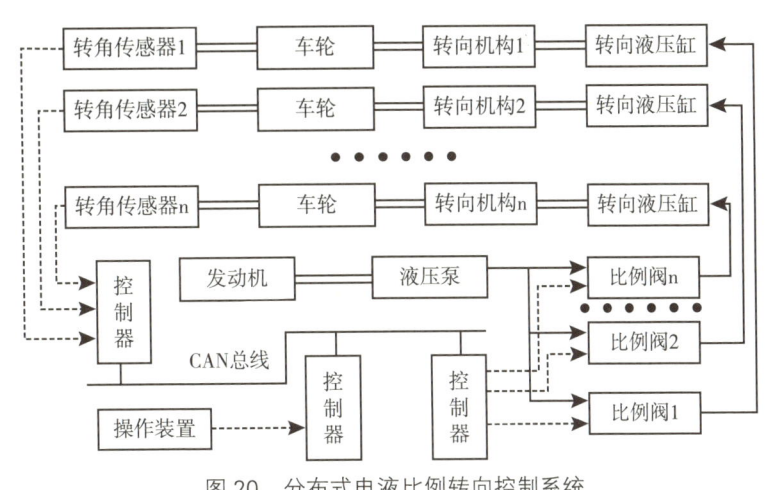

图20 分布式电液比例转向控制系统

3. 液压载重车大数据采集监控全寿命管理系统（图21）

大型液压载重车云监测大数据采集系统，通过厂家或用户的控制端，利用网络对载重车采集端进行指令控制，并实时接收监测信息，给予操作人员指导。采集端接受指令开始或停止并上传数据。其优势包括：

（1）可随时开展对液压载重车的工作状态的实时监测、适于紧急突发情况的应急安全测试与评估。

（2）可以实现相关设备的安全信息大数据获取，为全寿命评定建立数据库。

（3）可以实现液压载重车的巨型群集网络，快速信息集成汇总。

（4）采集信息多样性，内置传感器种类型多，同时可以采集个人的主观评定信息。

（5）应用前景广，可以对各类工程机械车辆实现在一定精度基础上量化测量，完成全寿命评定。

图 21 为大数据采集监控全寿命管理系统。

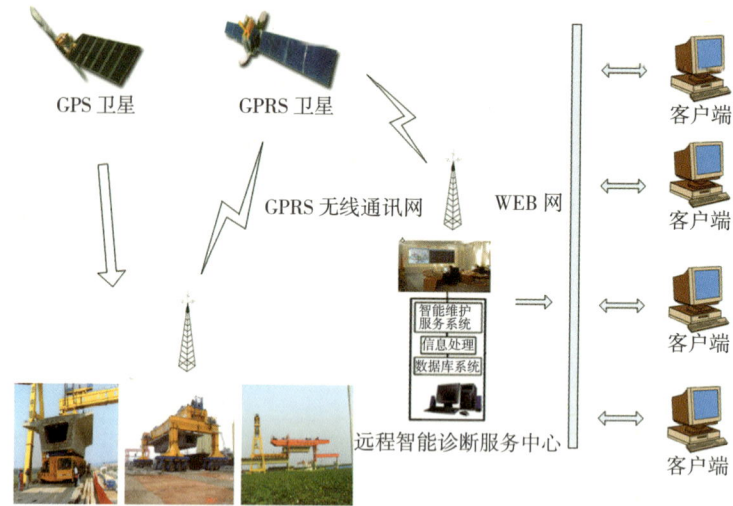

图 21　大数据采集监控全寿命管理系统

五、展望

数字化技术的成功应用实现了车身的轻量化设计，驱动系统功率匹配等节能优化设计，不仅大大降低了成本，节省了人力、物力、财力，而且极大地提高了生产效率和产品质量，对行业的经济效益产生积极影响。基于数字化网络的液压载重车可以直接提高企业设备管理和维护水平，对提高企业效益和产品竞争力具有巨大作用。大型液压载重车存在着如下发展趋势：

（1）总体技术向小型化、超大型化、智能化的方向发展。
（2）任务设备向全天候、高分辨率、远距离、实时化的方向发展。
（3）测控、传输系统向安全保密、通用化、数字化、网络化的方向发展。
（4）整个系统的使用向高生存率、低造价、低损耗和可再制造的方向发展。

基于数字化网络的大型液压载重车将进一步向智能化方向发展，使得大型液压载重车的制造真正成为世界强国。

案例 21

基于嵌入式数字控制器的电液伺服动态加载装置

兰州理工大学现代液压元件与数字电液技术团队

电液伺服动态加载装置是在实验室条件下模拟航天器等运动系统中关键部件所受动力载荷的加载装置。针对该加载装置中的间隙非线性导致系统的加载精度降低,多余力消除困难的问题,所研制的基于嵌入式数字控制器的电液伺服动态加载装置,利用具有高实时性的嵌入式控制器,采用变结构控制算法、软件生成实时控制代码下载至嵌入式控制器的 FPGA 中,实现高性能、高速度的实时控制算法,有效地消除了多余力(或力矩),提高了加载精度和动态响应。

一、导言

现代装备制造业对系统运动状况的准确预估要求越来越高。产品的研发过程需要对所设计的产品受到的各种动力载荷进行测试和检验,由于研究的动力载荷是随着时间和空间任意变化的力,具有很强的不可控性,在真实环境中对这些大型受力部件进行试验测试需要耗费大量的人力和物力,甚至有些根本就无法实现,因此,大多数时候需要在地面实验室里进行这些运动系统中关键部件所受动力载荷的模拟研究。电液伺服动态加载装置是实验室里模拟动力载荷的关键设备,该类加载装置最大的问题之一是如何有效消除和补偿多余力(或力矩)的影响,提高系统的精度和响应。由于加载系统传动链中不可避免地存在着机械间隙,间隙的存在破坏了理想情况下所设计的系统模型,更使得系统执行元件的真实运动状态和理想运动状态之间产生了偏差,间隙的非线性特性使得动态加载过程中的多余力(或力矩)变化复杂,难以用传统的方法补偿,导致系统的加载精度降低,严重时甚至影响加载系统的稳定性。

针对电液伺服动态加载系统中的间隙非线性,通过实时控制算法和高响应数字控制器消除加载过程中多余力(或力矩)、提高加载精度和动态响应,是动态加载装置的核心问题之一。兰州理工大学"现代液压元件与数字电液技术"团队研制的基于嵌入式数字控制器的电液伺服动态加载装置,利用具有高实时性的嵌入式控制器,采用变结构控制算法、方法,软件生成实时控制代码下载至嵌入式控制器的 FPGA 中,实现高性能、高速度的硬件控制算法。

二、含间隙非线性的电液数字伺服动态加载系统建模

为有效补偿间隙非线性造成的影响,必须采用计算机作为数字控制器实现补偿算法,所以必须建立含间隙非线性的电液数字伺服动态加载控制系统模型。

含间隙非线性的电液数字控制系统可以简化为图 1 所示的模型,其中系统的连续控制环节为间隙非线性部分 N 和线性部分 $G(s)$,系统的采样控制在计算机中执行。间隙非线性 N 存在于负载和液压缸活塞杆传动链处,线性部分为伺服阀控制的对称液压缸,液压缸活塞杆往复运动,越过负载和液压缸活塞杆传动链处的间隙,推动负载运动。

在 MATLAB/Simulink 下搭建含间隙非线性的电液数字控制系统仿真模型,如图 2 所示。

考虑到铰链中孔和轴的滑动配合的公差范围,在零阶保持器中选取一系列采样频率,可得到含间隙非线性的电液数字控制系统的系统上升时间、调节时间以及超调量等动态响应特性。

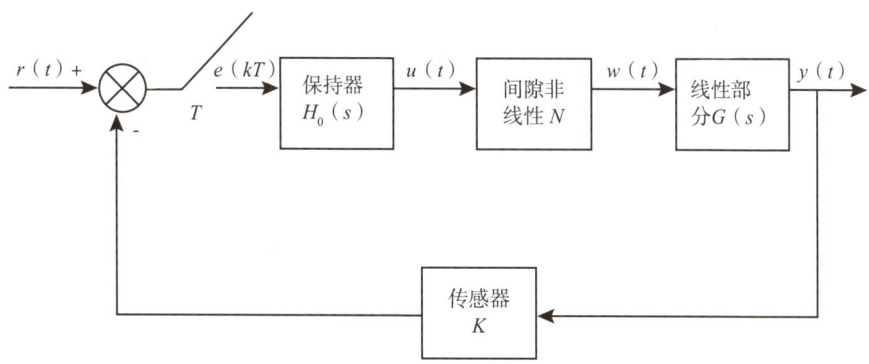

图 1　含间隙非线性的电液数字控制系统图

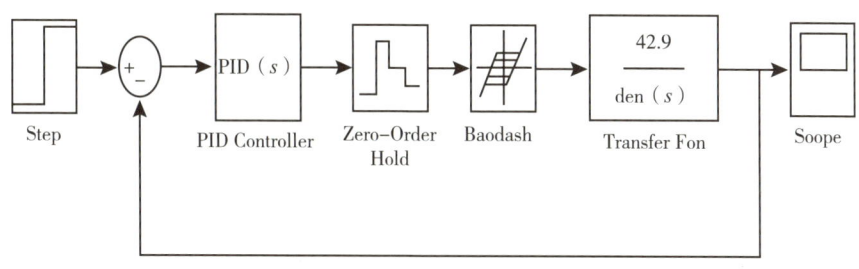

图 2　含间隙非线性的电液数字控制系统仿真模型

三、电液伺服动态加载装置的数字化设计

现代电液伺服动态加载系统的设计过程基本全部数字化：采用 AMESim 等软件实现液压系统的建模与数字仿真，采用 MATLAB 等软件建立控制系统模型，设计控制算法和非线性补偿算法，并进行仿真，采用 Pro/E 等三维软件设计机械部件，采用 ADAMS 软件对机构运动进行仿真分析，最终完成电液动态加载装置的设计。

1. 大型风力机变桨距半实物仿真系统的电液动态加载装置

（1）大型风力机变桨距控制系统。

大型风力机的变桨距控制系统是为适应风速变化而改变叶片对风能吸收效率的机构，需要克服作用在桨叶上的各种阻力矩，控制桨叶转动到指定角度。但由于风力机叶片巨大，变桨距控制策略的研究要直接在真实的风力机上做实验代价巨大，所以应在实验室条件下，模拟风力机运行过程中作用于风力机叶片上的各种载荷在变桨距轴上产生的阻力矩，以研究这些载荷对控制系统性能产生的影响，为设计高效的变桨距控制策略提供依据。

（2）大型风力机变桨距系统模拟加载装置的数字化设计。

如图 3 所示为风力机变桨距半实物仿真系统中的电液动态加载过程原理图，由变桨距位

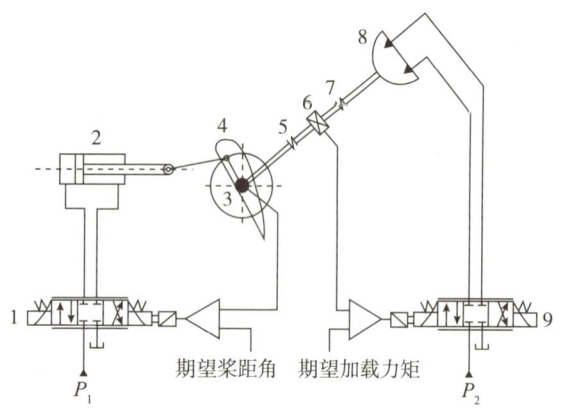

1、9. 伺服阀 2. 液压缸 3. 角位移传感器
4. 桨叶轮毂 5、7. 联轴器 6. 扭矩传感器 8. 摆动马达

图 3　变桨距系统的电液动态加载过程原理图

置控制系统和力矩加载系统组成，变桨距位置控制系统是风力机上真实存在的一部分；力矩加载系统实现对风力机变桨距位置控制系统的力矩加载，是实验室环境下模拟风力机在真实工况下叶片所受负载的部分。力矩加载系统由于受到变桨距位置控制系统的位置干扰，会产生多余力矩，而整个力矩加载系统传动链多处包含间隙。

采用 Pro/E 设计的风力机变桨距电液动态加载装置如图 4 所示，该数字化三维设计同时实现了结构刚度等参数的仿真验证，一次性加工安装成功，研制周期从原来的 3 个月缩短为 2 周，节约了成本。

图 5 为兰州理工大学研制的大型风力机变桨距电液动态加载装置实物。

图 6 为铰链总成及间隙测量装置三维模型。

存在于电液动态加载系统传动链机械连接部分的间隙，使得系统固有的多余力矩变化更加复杂和难以补偿，导致加载精度严重下降。设计中基于功率键合图方法，以大型风力机变桨距半实物仿真系统中的电液动态加载过程为例，建立包含传动链间隙的电液动态加载系统数学模型，在间隙大小不同时，采用 AMESim 软件进行仿真分析，结果表明：仅在位置系统启动与换向时，传动链间隙对多余力矩具有强化作用；随传动链间隙从 0 增加至 0.8 mm，多

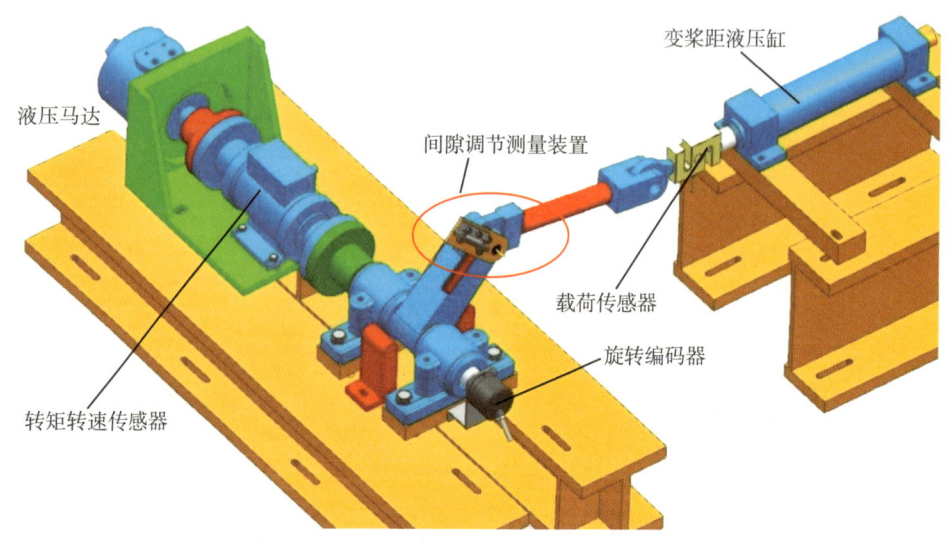

图 4　大型风力机变桨距电液动态加载装置三维数字设计

图5 大型风力机变桨距电液动态加载装置实物

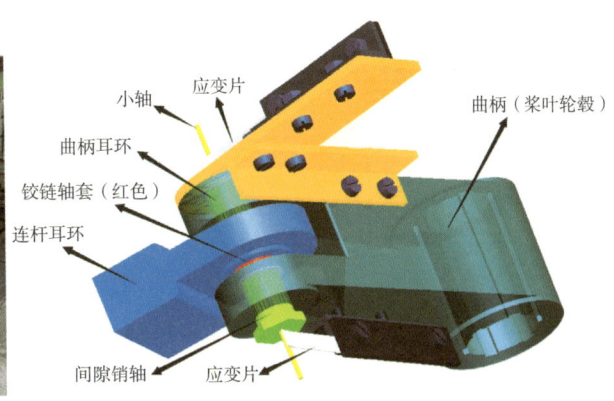

图6 铰链总成及间隙测量装置三维模型

余力矩峰值从 18.2 N·m 上升至 164.2 N·m 增加，加载系统的多余力峰值精度从 1.85% 下降至 82.1%；当传动链间隙达到 0.9 mm 一个临界值时，加载系统出现极限环振荡。

针对上述问题，建立了含有间隙的系统数学模型，提出了利用改进的单阀控制双液压缸间隙补偿结构对电液位置伺服控制系统中的间隙进行补偿的方法，实际使用结果表明，当间隙从 0.1 mm 逐渐增大到 1 mm 时，系统位置阶跃响应、速度响应及力响应均能够达到较好的补偿效果，且与不含间隙时的响应曲线基本重合。位置阶跃响应曲线光滑，没有超调量，且完全消除了振荡现象，能够很快进入稳定状态；力响应信号在达到最大值后以较快的速度降为稳定值，曲线较光滑，由于被动缸始终对主动缸施加一个稳定的力值，因此主动缸在达到指定位置后必须保持在一个恒定的力值，使得系统处于稳定状态。

（3）嵌入式测控系统设计。

为保证风力机变桨距电液动态加载系统的自动化、数字化，实现对系统各个关键参数的自动采集、显示以及数据存储，对系统动静态特性的分析，以及各个实验项目的系统化实施和管理，须设计相应的测试控制系统。

基于美国 NI 公司研制生产的 Compact RIO 嵌入式智能控制器平台，配套 NI 公司的可热拔插的 C 系列数据采集卡，结合工控机、各类传感器和放大器等，规划设计了功能完善的测试控制系统，并利用图形化编程语言 LabVIEW，设计了相应的上位机程序软件，以便于和用户交互，简化控制操作，软件主界面如图7所示。

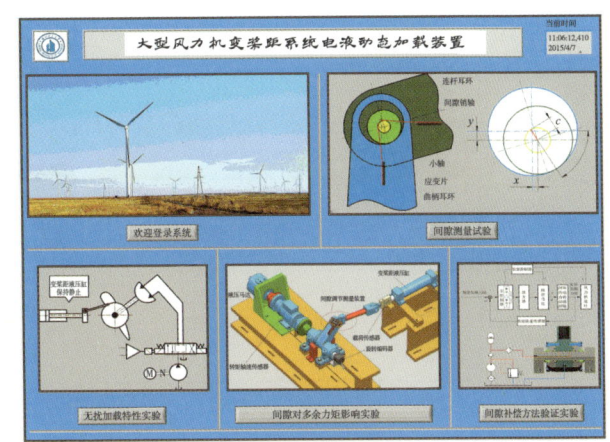

图7 风力机变桨距电液加载装置上位机控制软件主界面

2. 倒立单摆负载电液动态加载装置

（1）倒立单摆负载。

图8 倒立单摆负载

如图8所示，负载为一个倒立单摆，由于单摆负载的主动运动对加载系统带来强烈的位置扰动，产生多余力，造成加载系统输出力不准确。因此通过高效的嵌入式数字控制器，提出双微分结构解耦补偿来消除位置系统与加载系统之间的耦合关系，达到抑制多余力的目的，从而实现在加载过程中以高精度复现力载荷，且系统具有较高的响应速度。

（2）信号处理的数字化技术。

要获得高品质的系统，必须对其动态特性进行测试，在系统研制过程中，针对使用Chirp信号作为激励源进行动态系统频率特性测试过程中，当采样量化误差和测量通道内噪声等造成测试数据信噪比较大时，提出采用带通滤波和小波包变换对响应信号进行预处理，再由FFT分析和处理获得系统频率特性曲线的方法，如图9所示，较好地解决了低信噪比下的系统频率特性测试问题，并降低了测试时对采集系统的硬件要求。实际实验结果表明：对于截止频率以下的

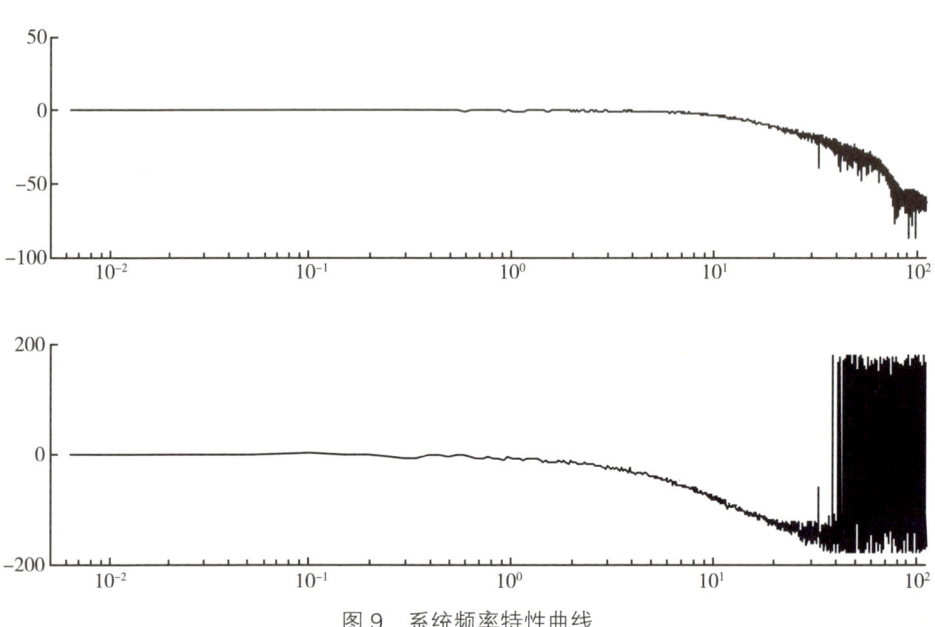

图9 系统频率特性曲线

频段，在信噪比较低甚至为−20 dB时，可以得到精度不低于1 dB的幅频特性曲线和不低于3°的相频特性曲线，完全满足系统性能评价和控制器设计的应用要求。

（3）安装机架数字化设计。

因系统为高频重载电液伺服加载系统，其安装机架的变形和振动会限制系统的频宽，以采用十字形横梁为机架的单摆负载电液伺服加载系统为例，用Abaqus软件对机架结构进行模态及谐响应分析，如图10所示，由此提出了提高机架刚度的抗振加固方案，将原十字形横梁改为对角结构，在抗振薄弱区增加筋板，如图11所示，该数字化设计结果应用于实际系统后，使机架一阶固有频率从141 Hz提高到190 Hz，一次制造即满足了系统的频宽要求，开发周期从原来的1个月缩短为1周，废品率下降了30%，研制成本降低为原来的一半。

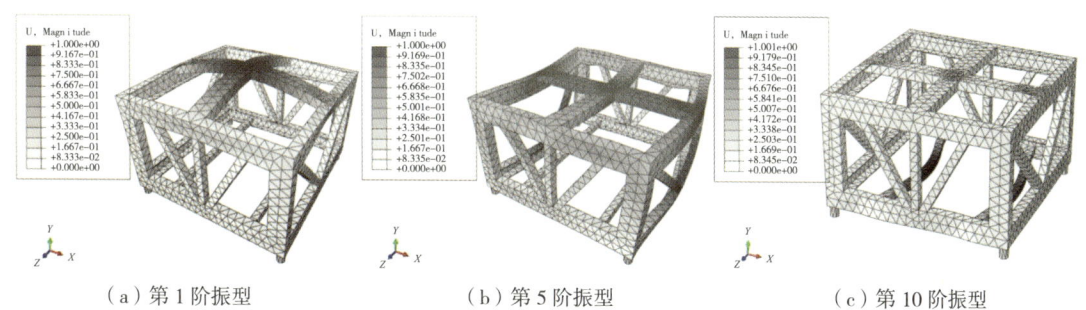

（a）第1阶振型　　　　　（b）第5阶振型　　　　　（c）第10阶振型

图10　用Abaqus软件对机架结构进行了模态及谐响应分析获得优化前机架的模态振型

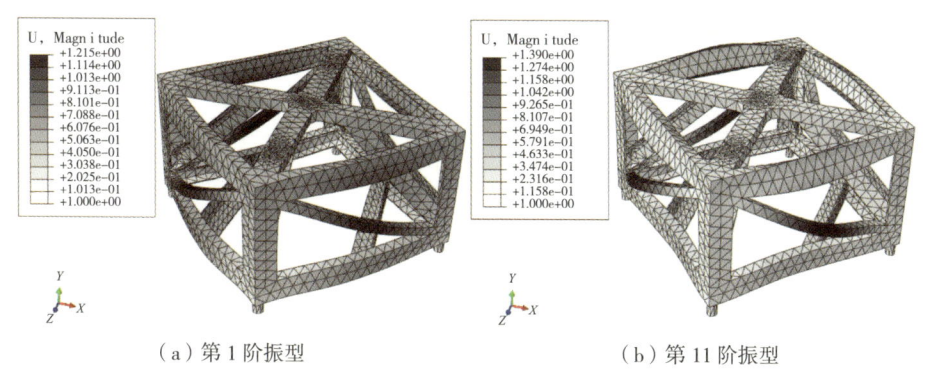

（a）第1阶振型　　　　　　　（b）第11阶振型

图11　优化后机架的振型

（4）测控系统硬件设计。

该加载装置的测控系统采用了嵌入式控制系统半实物仿真、IPC直接计算机控制和IPC+PLC方式的监督计算机控制多种模式，增加了该系统的灵活性，拓宽了系统的应用范围。

（5）单摆负载电液伺服动态加载装置。

图12为单摆负载电液伺服动态加载装置实物。

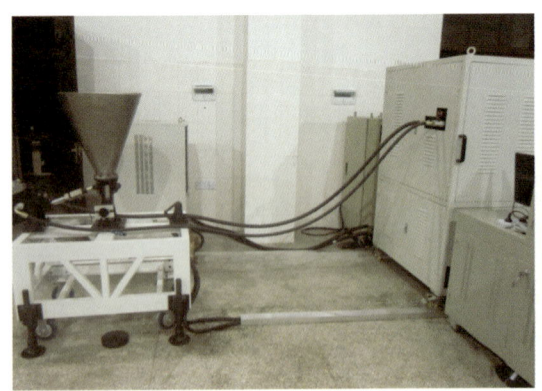 

图 12　单摆负载电液伺服动态加载装置

采用高速嵌入式数字控制器实现了系统的实时控制和补偿，安装机架的数字化设计以及信号处理的数字化处理技术，使得整个系统的多余力矩得到了有效补偿，系统闭环频宽达到了 30 Hz，系统综合跟踪误差下降为 1% 以内。

四、展望

随着智能化电液伺服系统的发展，未来电液伺服系统应该具备感知外部环境、内部智能计算和判断，并有自我修复和故障诊断功能，高柔性、高精度、智能化、信息化和高效率的能力。特别是针对电液伺服系统中的死区、饱和、滞环和间隙等非线性，采用高速嵌入式实时控制器，实现系统参数在线辨识和自适应控制，是提高该类系统控制性能的重要手段。该项目的成功研制为高精度、高响应电液加载系统实现复杂控制算法奠定了理论基础和实践经验。

案例 22
移动机械液压产品的数字化技术

林德液压（中国）有限公司

随着移动机械领域的发展，行业对数字电控技术与液压技术相结合的要求越来越高。林德液压为了适应行业的发展，借助仿真、电控和诊断服务等数字化技术，解决了传统液压产品功能升级困难、无法适应客户匹配需求等问题，并为客户提供全生命周期的产品服务。利用微处理和电控技术，实现了液压系统的精确控制和多功能要求；通过开发智能化的诊断服务工具，为客户提供实时售后诊断服务。

一、导言

移动机械泛指可以依靠自身动力移动的机械，包括工程机械如推土机、压路机、装载机、挖掘机；农业机械如拖拉机、收割机、喷药机以及林业机械等。随着社会进步和操作者素质的提高，人们对移动机械的操控性、舒适性以及环保的需求逐渐提高。移动机械的核心关键动力传动与控制系统主要是以液压系统为主体。传统的液压系统主要以液控为主要特征，具有技术成熟和价格低等优点，但在智能化、精确控制、客户定制等方面已经不能满足时代发展的需求。移动机械领域的液压系统将发生一场变革。

林德液压（中国）有限公司是一家全球化的液压系统供应商，产品包括液压系统和电控系统。产品广泛应用于移动作业机械，包括工程机械、采矿业、农业、林业、市政公用设备等。

静液压驱动装载机是移动机械中典型的应用案例之一，本案例以某款装载机为例，介绍为满足全球客户对静液压技术和操作功能的需求，林德液压从产品的设计研发、应用匹配和服务的全过程中所应用的数字化创新技术。

二、主要创新点分析

静液压装载机所应用的林德液压配套产品包括闭式液压泵、变量马达、电子控制系统和外围设备等。

1. 液压泵和马达的系统仿真

设计、仿真、测试是林德产品开发中的三个重要环节。液压产品的设计变更在样件试制之前需依靠液压仿真预测产品性能，将出现的问题反馈至设计部门，直至仿真测试通过之后才会样件试制，进入实物测试阶段，所得的试验数据用以修正模型。三个阶段相辅相成，保证了产品的可靠性。

采用 AMESim 平台搭建液压系统模型，在产品开发过程中，系统仿真的研究方向包括液压系统零部件仿真、系统仿真与性能提升两部分。

（1）液压泵和马达的物理仿真模型搭建。

建立全系列的林德产品模型库，模型的搭建基于液压功能原理，不与产品结构完全对应，零部件模型以物理公式对液压零部件功能进行细节描述，技术输入为泵、马达、阀等零部件的原理设计、结构参数，以及使用试验数据拟合的经验公式等。模型搭建完毕后需基于试验数据进行模型的精确性测试，如阀口的开启特性、斜盘摆角与执行器位移的对应关系等。在实现了零部件功能和性能,且具备一致性后,封装模型进入产品模型库。产品定型后,模型也必须定型,内部参数不可修改,其可作为成熟可信的零部件直接用于系统仿真。完整的产品模型库是液压系统仿真工作的基础,图1为该案例装载机配套的泵和马达的仿真图。

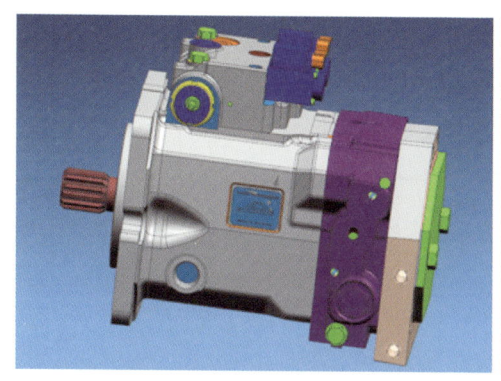 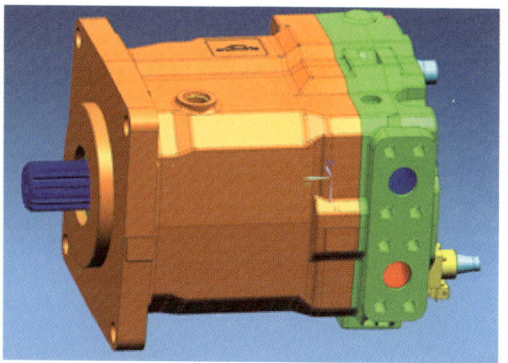

图1　装载机液压泵和液压马达仿真图

(2)系统仿真与性能提升。

使用AMESim平台进行装载机系统性能仿真的模型包括动力源、控制器、液压系统和传动与负载系统。可仿真整车状态、液压系统性能、发动机动力性及油耗特性。

1)系统性能仿真、故障复现与产品设计指导。液压泵和马达的模型可直接用于系统仿真,液压闭式系统的搭建变得相对简单,装载机整机仿真只需要关注系统级的其他零部件的表现即可。驾驶员意图对应发动机动力输出,可在模型各个节点处观察转速、扭矩、流量、压力、功率、力之间的传递关系,观察动力传递情况及整车表现。控制器的信号来自于开关或者电控控制单元,信号传递至发动机、泵及马达。图2为根据装载机的配置搭建的系统仿真模型。

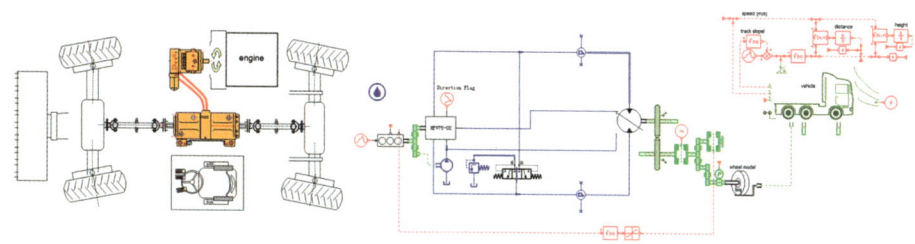

图2　装载机系统仿真模型

仿真性能的准确依赖于精确的零部件模型,采用精确零部件模型的系统可准确复现实验中出现的问题,并且使用仿真手段寻找解决办法,指导产品设计。图3所示的测试曲线为该案例装载机闭式行走系统存在的问题,包括整车行走时的系统压力波动和松油门时车辆减速时间过程,并伴随车辆振动。

183

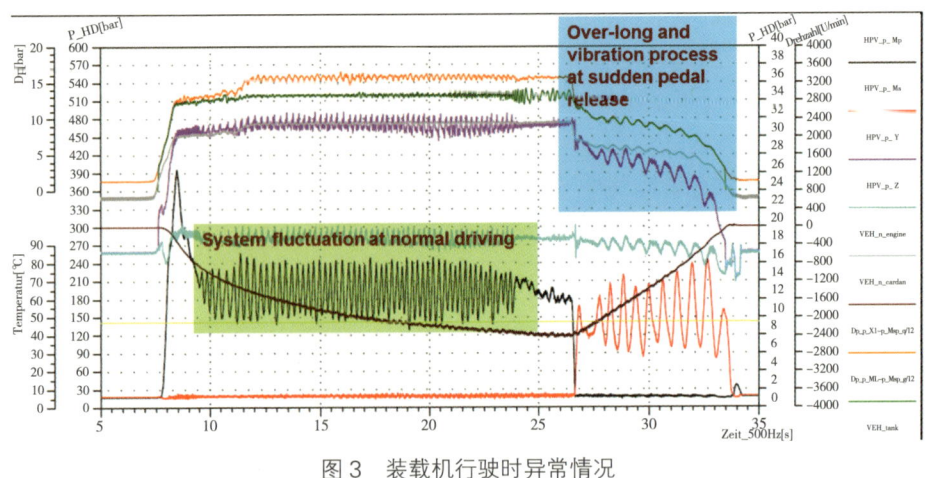

图3 装载机行驶时异常情况

将装载机行驶时的异常情况使用软件复现，图4所示为液压系统关键参数的仿真与试验结果对比，这些参数代表了液压系统及整车性能，其中部分参数有与之对应的试验数据，用以确认模型有效性，这些参数包括发动机转速、车速、系统压力、控制压力、卸压压力等。由图4可知，数据吻合程度高，验证了模型的准确性。

基于以上准确的液压系统模型，可寻找解决异常行驶问题的手段。在模型中调节泵和马达排量变化的控制速率，仿真发现系统压力的波动情况也会有相应的变化。因此通过修改控

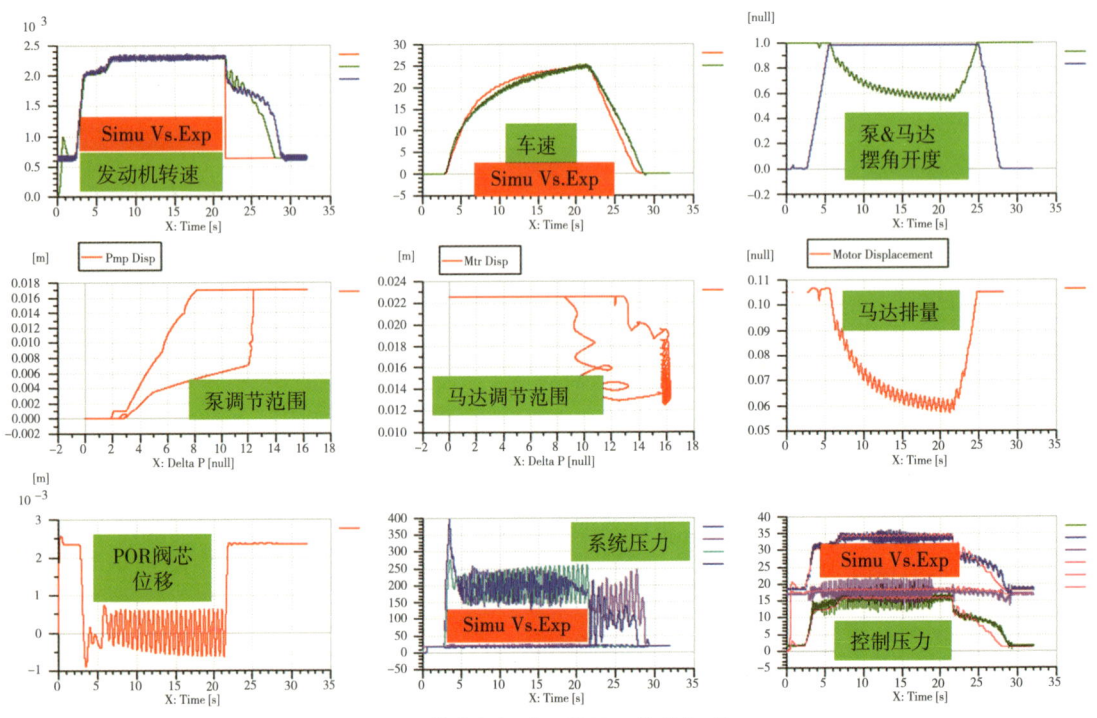

图4 装载机行驶异常情况软件复现

制逻辑中的加减速控制规律，将原有逻辑中的加、减速度为恒定值改为加、减速度先逐渐变大、再保持、最后逐渐变小，最终在基本不影响实际驾驶效果的前提下明显地降低了系统压力的波动，尤其在突然松油门的过程中，车辆的振动基本消失。

使用精确的液压系统模型可以对任何配置的车辆进行性能预估，帮助系统和应用工程师确定车辆的配套方案，不仅能够缩短新车型的研发周期；同时，还能大大减少新车型试验调试所需的人力、物力成本，因此系统仿真是降低研发成本的重要手段。

2）动力总成优化。从提高系统性能角度来说，动力总成优化是目前工程机械领域研究的前沿技术，是指在不改变系统组成的前提下通过优化控制逻辑，让发动机和液压系统尽量工作在最佳油耗区，从而降低燃油消耗。AMESim 软件具备多种软件接口，可以实现物理模型和控制模型的联合仿真。其中，物理模型代表整车，包括发动机、液压系统和传动系统，用 AMESim 系统搭建，可较准确地反应各部分的特性。控制模型代表控制器，通过制定相应的控制逻辑完成对各部分的控制值计算和反馈量采集，控制逻辑可通过更专业的 Simulink 搭建。

借助图2中所示的装载机系统仿真模型，从动力总成的角度上对整个系统进行了优化仿真。优化前（现有产品上）的控制逻辑及驾驶员的操作方式是先让发动机一直工作在一个固定的高转速点上，通过调节液压系统泵和马达的排量来满足前进、后退行驶速度的要求。这种方式虽然保证了装载机在工作时的工作需求，也在一定程度上简化了液压系统的控制逻辑，但缺点是发动机即便是当负载较小的时候也工作在高转速区，此时发动机效率相对要差。通过建立装载机的控制模型，与物理模型建立联合仿真，在保证相同负载和行驶速度的前提下，调节发动机的转速和液压系统的设定值，仿真选取此工况下最经济的发动机和液压系统设定值组合。系统仿真可以快速地帮助我们制定最优的控制策略，将发动机、液压系统作为动力总成进行整体控制，在保证动力性和行驶速度的前提下具有最低的燃油消耗率。图5展示了装载机案例中以节油为目标的动力系统优化的过程，在恒功率的前提下，发动机工况点由高转速低扭矩沿等功率曲线向低转速高扭矩区迁移，即由高油耗区向低油耗区迁移，降低了车辆的燃油消耗率。

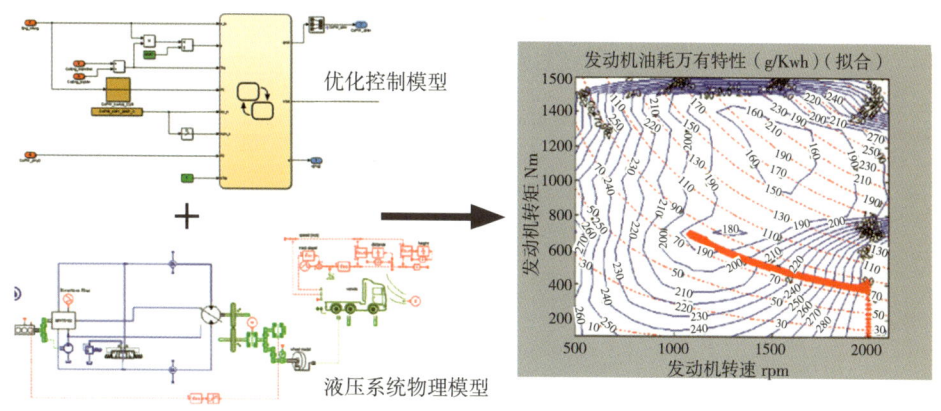

图5 动力总成效率提升过程

2. 电子控制技术

为满足装载机静液压系统的功能和整机的智能化要求,林德液压在装载机上配套了由控制器、软件功能和市场服务工具,同时为帮助客户自主实现特有功能,林德液压还提供了独有的软件开发平台。电控单元借助电控手柄、踏板及其他各种传感器的输入根据其内部的功能策略对液压系统进行精确控制。其功能包括发动机转速设定、行走控制、转向控制、功率分配、同步控制、安全监控等。配备智能化的诊断服务工具,可方便地进行故障诊断、软件升级等市场服务。

(1) 平台版控制器。

平台版液压控制器是指利用相同的硬件和基础软件设计,可通用于移动机械各领域所有机型的以液压系统控制为主的控制器。其中基础软件包括操作系统、各种类型的输入信号采集和输出驱动、标准通讯协议等。林德液压控制器硬件架构如图6所示,芯片上采用双MCU控制方案:功能控制器(FC)和安全控制器(SC),FC采用32位飞思卡尔Andora芯片,处理功能强大。FC和SC之间通过SPI通讯,对关键输入输出FC与SC需要同时监控,且SC能监控FC运行状况,严重故障时可重置FC,可进一步提高安全性。接口上除了必要的电源供电输入和传感器供电输出之外,输入信号接口包括模拟类、数字类、频率类、CAN接口和

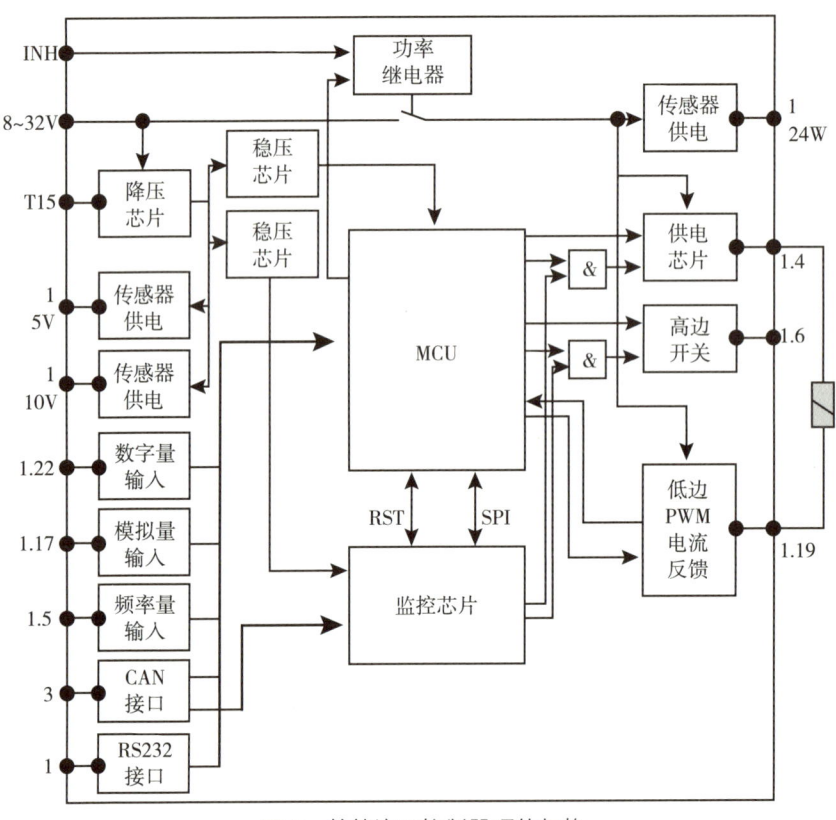

图6 林德液压控制器硬件架构

RS232 接口，输出信号接口包括高边开关输出和带电流反馈的低边 PWM 输出。

在该控制器设计之初，对各种移动机械的控制需求做了大量调研。为能满足最复杂的移动机械应用需要，在硬件资源上，有模拟输入 17 路，数字输入 22 路，频率输入 5 路，开关驱动 8 路，带电流反馈的 PWM 驱动 19 路，并具有 3 路 CAN 总线。硬件设计满足整车控制器的国际通用标准，防护等级为 IP67，适应环境温度 -40 ℃ ~ +85 ℃。

由于平台版控制器可以应用于各种机型，控制器在生产和采购中具有量的优势。同时，相比于使用不同的控制器，无论是从研发投入，还是开模具投入，都有极大地节省空间。因此，在移动机械领域的应用上，平台版控制器是一款极具经济性的电子控制器。

（2）移动机械相关软件功能。

液压驱动以其动力性、响应性、平稳性和高效性上的优势，在移动机械上的运用是行业的趋势。电子控制系统帮助液压系统实现了各种复杂的控制功能，而且能够对发动机和液压系统进行协调控制。静液压驱动装载机的典型功能有：驾驶功能、转向功能、寸进功能、制动功能、最高车速限制、发动机转速设定与超速保护、防熄火控制等功能。图 7 为林德液压开发的装载机液压驱动控制系统的功能架构图。

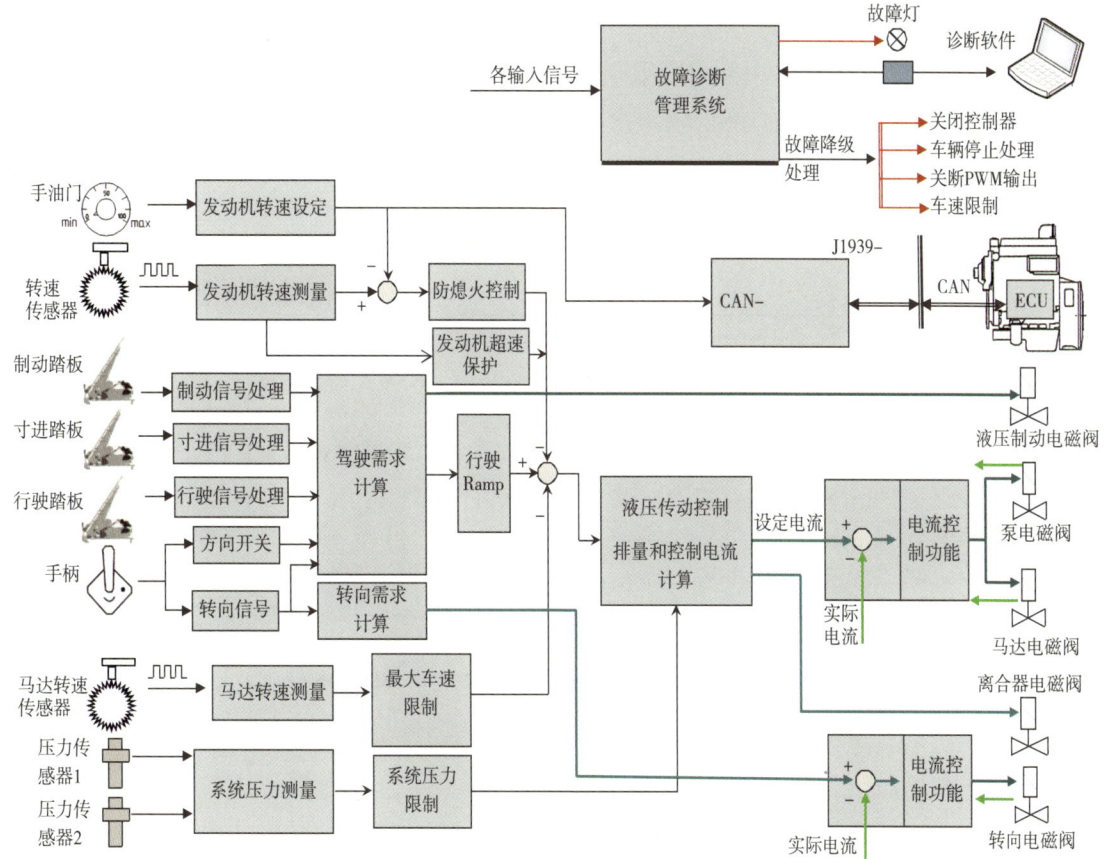

图 7 林德液压装载机电控功能架构

相同于液压系统的精密，电控功能也是液压驱动的核心技术。如何根据微小的输入变化反映到泵、马达排量和阀开度的变化，不仅决定了系统的工作性能，也会影响到系统的经济性和驾驶舒适性。以加减速斜坡控制为例，手柄或踏板的输入变化一方面要能体现出装载机的速度变化，另一方面要避免速度突变引起的系统冲击并保证驾驶舒适性。这就要求加减速过程系统应该按照特定的趋势过渡，同时因不同的机型的速度区间及驾驶特性不同，加减速过程应该是可以通过修改参数改善的。图8为在样机调试过程中加减速斜坡控制的调试结果。

电控的另一个优势是能实现液压系统和发动机的协调控制。防熄火功能是实现发动机功率控制的核心功能之一，它根据发动机实际转速信号的变化情况识别当前发动机的功率状态，通过调节液压系统的运行状态，不仅保证了发动机的连续平稳运转，还能够在大负载工作需求时让发动机发挥其最大的功率。由于液压系统的功率需求与发动机的功率输出具有完全不同的特性，防熄火策略中发动机转速的计算不应是取单位时间内的齿数平均值，而是要采用能反应转速变化趋势的每缸燃烧循环内的齿数值；对液压系统闭环控制既要灵敏也要快速，3.3 ms 的执行周期对芯片的运行资源提出了更高的要求。通过在调试中进行合理的参数标定，防熄火功能能够极大地改善整机的性能。图9为样机的防熄火功能调试结果。

（3）基于 Simulink 的软件开发平台 MADIS。

林德液压不仅为液压产品的应用领域提供了标准的控制功能，同时也给客户提供了可以进行自主软件开发的平台 MADIS。该平台在平台版硬件的基础上，集成了通用的底层程序、标准功能和软件接口，客户既省掉了繁琐的驱动程序开发工作，还可以自主增加核心功能，

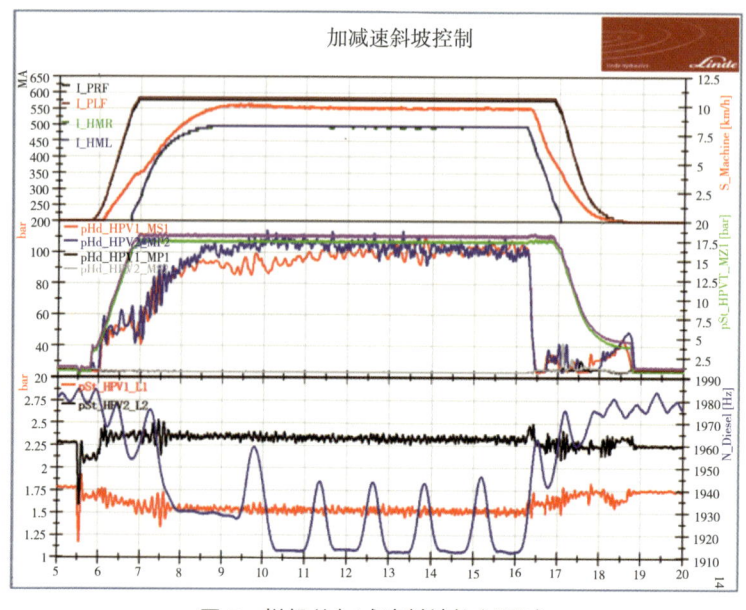

图8　样机的加减速斜坡控制调试

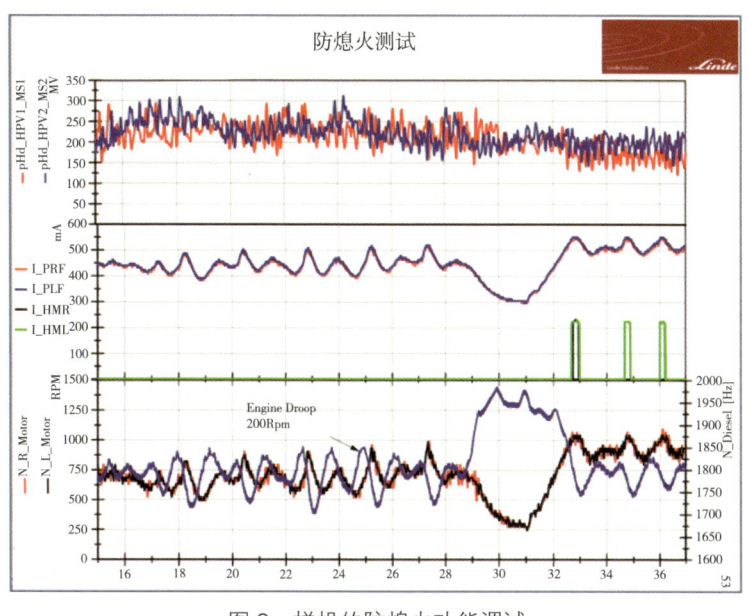

图 9 样机的防熄火功能调试

保证知识产权。MADIS 应用层软件的开发继承了林德液压软件开发的流程和方法，对所有新加功能的执行周期、顺序都可以通过接口配置，保证了新功能与原有标准功能的兼容性。由于 Simulink 是控制领域非常通用的工具，简单易用。所提供的标准模块库更是让软件设计过程变成了简单的拖放式操作，客户只需要将精力放在控制策略的研究即可，大大缩短了开发周期。同时，MADIS 中内部嵌入了代码生成、编译、刷写工具，模型搭建完成后一键式操作即可完成代码生成、集成、编译、链接等一系列工作，直接产生可刷写程序文件。图 10 为 MADIS 的系统组成架构。

MADIS 软件开发平台不仅为客户实现自主功能，打造核心竞争力提供了平台，也为样机的调试提供了极大的便利。例如，在装载机样机调试过程中，由于一

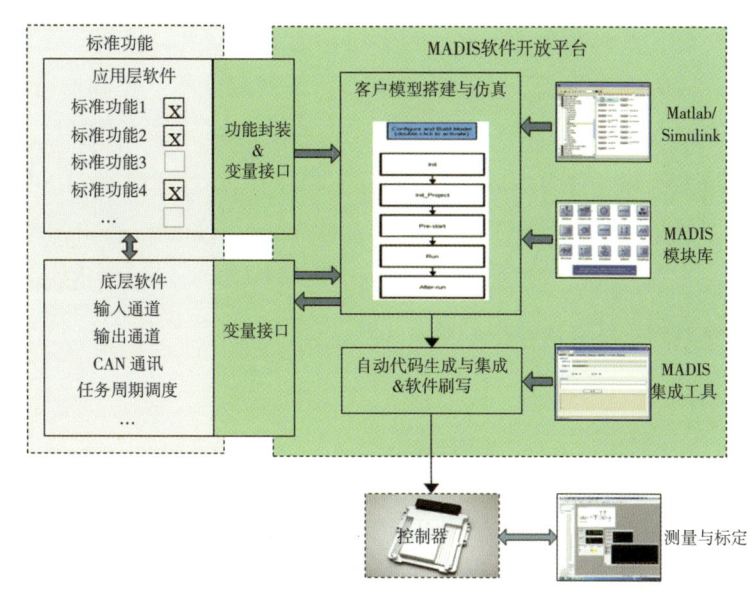

图 10 MADIS 软件开发平台架构

个软件设计的缺陷导致装载机在推土动作时动力不足，踩踏板波动太大，分析原因是软件中根据发动机转速和负载压力查取行驶命令的表格维度太小，需要在软件中修改表格的维度并重新配置参数。在调试现场，利用MADIS平台，调试工程师仅用了半个小时就完成了更改，解决了问题，调试继续进行。如果按照正常流程修改软件，需要公司内多个不同方向的工程师共同努力，经过控制模型修改、集成、测试等过程，最后将新程序发给调试工程师，这样势必会耽误大量的时间。

（4）诊断服务工具。

诊断服务工具是为客户提供全生命周期服务的有力工具，具有产品的故障诊断、系统升级等后市场所需要的关键功能。智多星是林德液压面向全系列电控产品开发的综合性通讯服务工具（图11）。

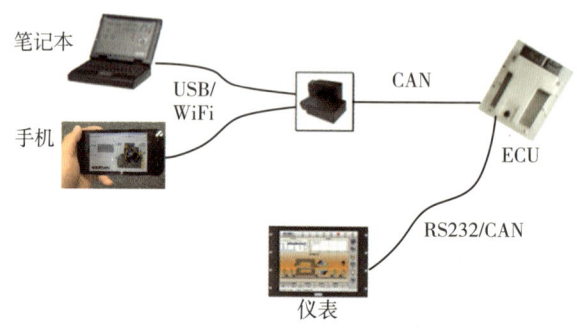

图 11　智多星服务连接图

较传统诊断服务工具，智多星功能更为强大，包括：诊断仪相关功能，例如读取故障信息、故障维修指引、读取数据流、执行器测试等；控制器数据刷写；整机功能标定。而且，智多星人机界面设计友好，功能多但分类清晰，简单易操作，为服务人员的售后工作提供强大技术保障。智多星适配器小巧易携带，可通过适配器+USB/WiFi连接笔记本或手机，并支持多种操作系统，包括：Windows/XP/Win7/ Win8/Android。无线连接功能可适于各种复杂场所，为服务人员提供极大便利。此外，智多星通过网络进行升级，可在第一时间内迅速完成产品更新，有力保障市场服务工作。

三、结论与展望

在静液压装载机的方案制定、控制逻辑制定过程中，计算机分析和仿真技术有效排除了设计中不合理的零部件结构或参数导致的功能缺陷和系统震荡，不仅提高了产品的性能和系统的效率，而且加速了产品设计研发的进程。相比于以往的液压控制和手动控制，电子控制技术更容易根据整机的行驶和操作需求将所有的部件协调为统一的整体，实现的动作更加精确，操作舒适性和系统效率更高。在电子控制的基础上，诊断服务工具能够实现故障诊断、软件升级等功能，为装载机提供全生命周期的市场服务。

  计算机分析和仿真技术与电子控制技术作为林德液压数字化技术，目前已经逐步应用在多个配套液压产品的移动机械领域，如推土机、挖掘机、叉装车、喷药机等。

  未来林德液压数字化创新的一个方向是节能增效型的系统开发，开发具有竞争力的液压产品所需的技术绝不仅仅在于液压系统本身的功能完善和性能提升，还在于液压系统与其他不同动力系统的联合，如油－液系统、电－液系统、油－电－液系统等，因此，系统仿真技术需要在上述跨学科领域大力应用，研究其他动力系统的特性，深入挖掘其他系统与液压系统匹配时的节能增效的潜力。

  林德液压数字化创新的另一个方向是便捷化的人机交互和智能控制，替代驾驶员的操作输入，最终的工作结果如地面形状设定作为输入，智能化的电控程序将控制液压系统精确地、标准化地完成一系列工作，既消除了人为因素造成的操作差异，也让工作过程更舒适更高效。此外，智能控制也会将市场服务纳入管理，为客户提供更满意的产品服务。

案例 23

数字化快速锻造液压机组

兰州兰石集团有限公司

快速锻造液压机组属机电液一体化的自由锻造大型设备。机组采用工业现场总线结构，CPU单元和工业控制计算机、监控计算机组成工业以太网络，实现机组自动和联动锻造。机组配有强大的工艺及故障诊断数据包，便于用户分析锻造过程、工艺，实现远程故障诊断；机组配有实时自动测量系统，实现控制锻件尺寸精度 ±1 mm；机组配有能源管理数据包，可在线记录能耗情况。设备性能达到世界先进水平。

一、导言

近年来，我国锻压设备的发展方向是节能、环保、降耗、增效。为了适应对自由锻件尺寸精度和生产率越来越高的要求，随着检测元件、检测技术以及新型液压电气控制元器件的发展，快速锻造液压机组的性能不断达到新的水平，特别是机组的自动检测功能、工作稳定性、可靠性以及产品的工作效率均得到了显著提高。

二、技术简介

45 MN 快速锻造液压机组包含 1 台 45 MN 快速锻造液压机和 2 台 400 kN 全液压锻造操作机及辅助设备（图1～图3）。该机组电气控制系统是在总结 8 MN、16 MN、20 MN、

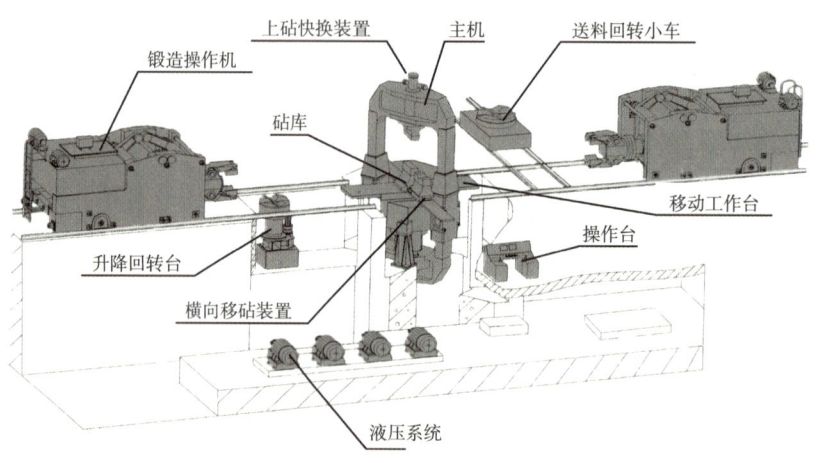

图1 锻造液压机组结构示意图

图2 锻造液压机组

25 MN、31.5 MN 快锻机组控制系统成功经验的基础上，结合国内外快锻压机电控系统和 45 MN 快锻机组的特点，通过自主创新设计和制造的。

1. 数字化控制技术

（1）45 MN 快速锻造液压机运动部分重达 180 t，锻压频率达 85 次/分钟，动梁在高频快速锻压时属于典型的大惯量快速响应系统，采用工业控制数字控制器实现自适应补偿控制算法，将

194

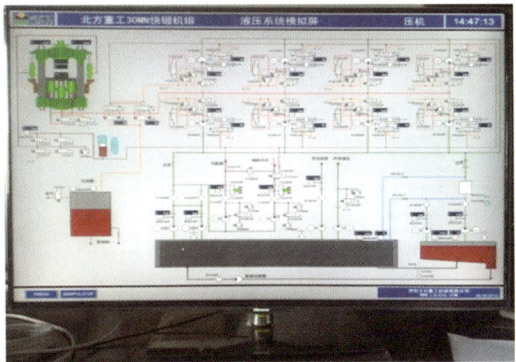

图3　锻造液压机组操作台（左）、模拟屏（右）

动梁的定位精度控制在 ±1 mm 内。

（2）液压系统工作压力在 30 MPa 以上，流量 22000 L/min，为保证液压系统具有较高的位置控制精度，采用实时控制算法，实现大流量控制阀的快速控制，获得控制系统的动梁超程自动补偿能力。

（3）在高频快速锻压过程中，液压系统极易产生较大的压力冲击和振动，采用数字计算机实现多段折线和修正正弦曲线控制信号的方式，通过数字自适应算法修正压机位移补偿参数，保证系统在高速运行和快速切换时不产生大的冲击、震动，确保动梁的行程按修正的正弦曲线运动，实现了动梁运动的柔性切换。

（4）操作机重达 160 t，其行走和夹钳旋转运动具有大惯量、大行程和高精度的特点，通过采用多级计算机控制的方法，使操作机夹钳旋转精度达到 ±1°，操作机行走精度达到 ±10 mm，并实现了其与液压机动作的良好配合。

2. 基于可编程逻辑控制单元（PLC）的控制系统硬件实现

（1）控制系统硬件从高可靠性、易维护性的目的出发，采用现场总线控制系统体系结构（图4），即由带有网络控制功能的西门子 S7-400 PLC、S7-300 PLC 和 ET200 分布式 I/O 组成 PROFIBUS DP 总线网络控制快速锻造液压机、锻造操作机，同时 PLC 和工业控制计算机、工业监控计算机组成工业以太网络实现上位机和控制器之间的数据交换，不同 PLC 之间通过 MPI 网络控制快速锻造液压机和锻造操作机的数据交换，从而实现控制系统的分

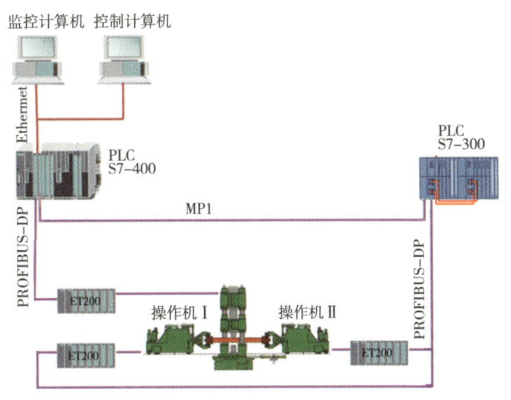

图4　锻造液压机组网络结构示意图

散控制、集中管理。

（2）控制系统软件采用西门子 STEP7 软件编程，使用梯形图编写电机启动控制回路，高级语言编写数据采集及核心控制算法。针对压机位移控制我们研制了一种自适应补偿控制算法，能够自适应修正压机位移补偿参数，保证系统在高速运转和快速切换时不产生大的冲击、震动，动梁的行程按修正的正弦曲线运动（图5）。

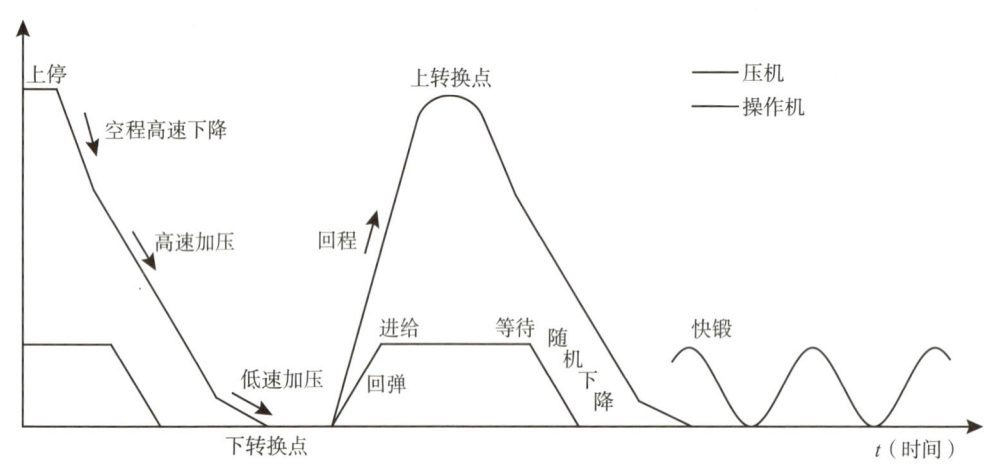

图 5 液压机动梁运动曲线

3. 锻造工艺数据包以及故障智能诊断数据包

（1）系统上位机软件采用 Visual Basic 可视化编程，具备 Windows 风格的操作环境，结合锻造工艺特点，以模块化的结构及灵活的扩展方式为主旨而设计。工业控制计算机采集操作工输入的锻造参数，并通过工业以太网传送给 PLC 参与控制；工业监控计算机通过工业以太网接收 PLC 采集的压力、温度、液位、阀开口度等信息进行实时动态显示，并监控控制系统运行状况。

（2）故障智能诊断主要通过 SCADA 软件，利用该系统集成技术故障诊断法开发而成。智能诊断系统通过液压系统温度传感器、压力传感器、流量计、位移传感器以及振动监测技术对设备进行诊断。

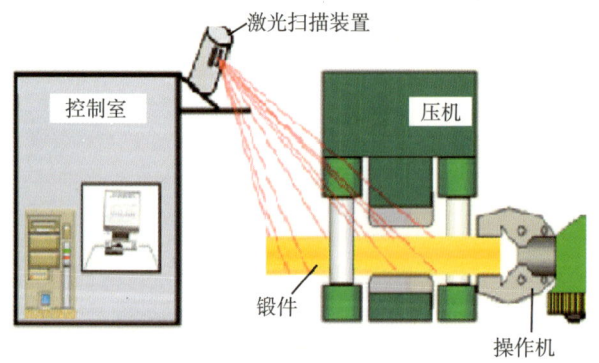

图 6 锻件尺寸自动测量系统

4. 锻件尺寸自动测量系统

如图 6 所示，将激光器安装在液压机外的某个位置，激光器发出的激光束经反射装置处理后散射在锻件上，在锻造过程中实时对锻件进行扫描，可动态反映出锻件的断面乃三维形状和尺寸变化，并在计算机上同步显示。这种测量方法可完整地记录和显示锻件的二维或三维形状；测量是实时和动态的，相当于同步、并定量地记录了整个锻造过程中锻件的尺寸随时间的变化过程（图7）。

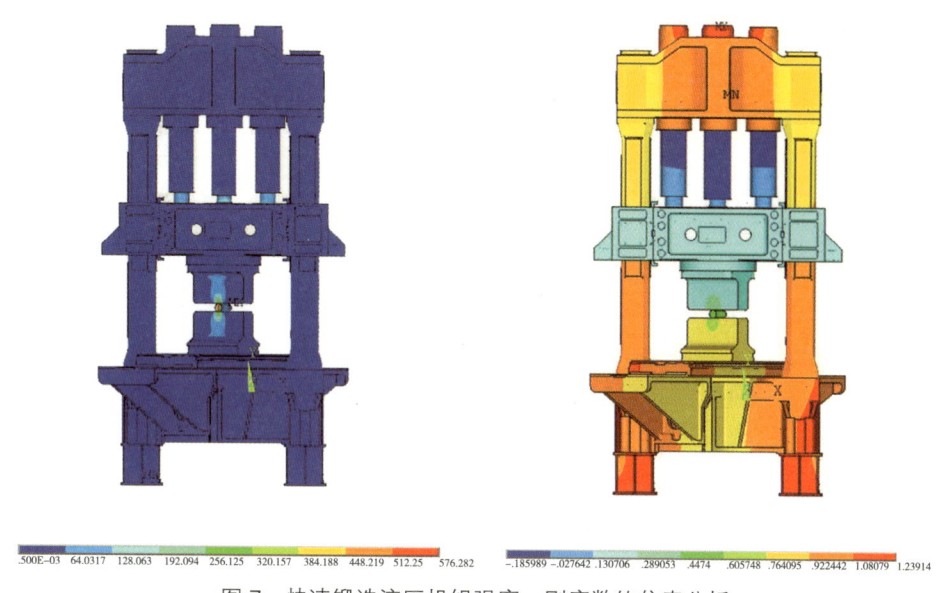

图7 快速锻造液压机组强度、刚度数值仿真分析

5. 能源管理数据包

为了降低单产能耗，提高动力能源系统的科学管理水平，利用现代计算机技术、网络技术、现代通信技术、智能测控技术、自动控制技术等领域的最新成果，建立高能耗设备动力能源监控与管理系统，如图8所示，尤其是锻造设备及其辅助设备。通过该系统，最终实现以下功能：①运行监测，故障报警；②异常预警；③故障处理；④节能控制；⑤远程协助。

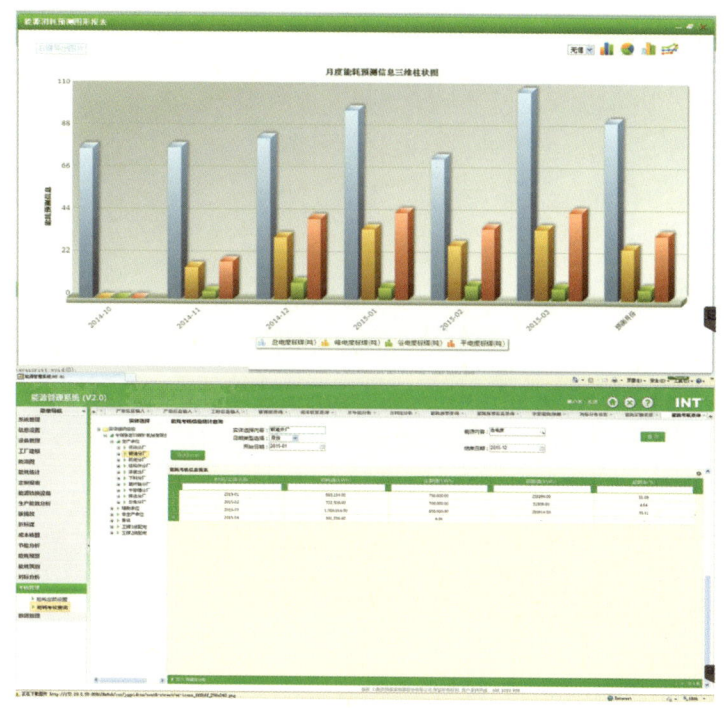

图8 能源管理系统截图

6. 数字化设计平台

图 9 快锻液压机组数字化样机

依托兰州兰石集团数字化设计平台，基于三维建模技术、数值仿真技术和机电液一体化技术等，利用计算机完成快速锻造液压机组的产品开发（图9）。通过数字化形式虚拟地、可视地、并行地开发产品，在制造实物之前对产品结构和性能进行分析和仿真，通过数字化样机，实现制造过程的早期反馈，及早地发现和解决问题，使设计达到最优，实现产品一次性制造成功。通过数字化设计技术，大大缩短了快速锻造液压机组的开发周期，同时保证了产品的可靠性，并有效提升了产品品质，增强了产品竞争力。

7. 经济效益和社会效益

应用推广快速锻造液压机组，经济效益和社会效益显著，产业化前景广阔。快锻机组具备自动化程度高、控制精度好、保证锻件质量、节能节材效果显著等特点，劳动生产率成倍增长，经济效益十分明显。快速锻造液压机无振动、无噪音，计算机自动控制，把锻工从危险、繁重的劳动中解脱出来，实现了文明生产。

以 45 MN 快锻液压机组开坯成材为例，四班三运转工作制，每年可生产锻材 216000 t，创产值 172800 万元，按利润率 8% 计算，可实现利润 13824 万元，与普通水压机相比：

（1）提高了生产效率。每年可提高产量 60000 t，增加产值 48000 万元，增加利润 3840 万元。

（2）提高了锻件精度，降低了消耗，节省了材料。以平均节材 3% 计算，年总产量 216000 t，可创利润 5184 万元。

（3）节约能源。快锻压机是油泵直接传动，可实现最佳的调节控制。

（4）大型快锻机组实现国产化以后，价格仅为国外产品的 1/2，为企业节约了大量资金。

三、所获奖项

兰州兰石集团有限公司设计生产的锻压设备主要有 6.3 ～ 80 MN 快速锻造液压机、4 ～ 16 MN 缸动式快锻液压机、30 ～ 1250 kN 全液压有轨锻造操作机和 30 ～ 100 kN 全液压无轨装出料机。其中，8 MN 快速锻造液压机组于 1997 年度获国家科技进步二等奖；16 MN 快速锻造液压机组于 2008 年获甘肃省科学技术进步奖一等奖；快速锻造液压机组关键技术研究及应用项目获 2008 年度国家教育部科学技术进步奖一等奖；45 MN 大型快速锻造液压机组获 2007 年度"十一五"国家科技支撑计划项目，2012 年甘肃省科学技术进步一等奖。

四、展望

随着国家"中国制造 2025"战略的实施，未来快速锻造液压机组将向智能化控制系统发展。通过工艺、工装、设备的协调发展，在远程监控、故障自诊断、横应变速率控制、程序锻造、工艺数据库、液压元件等方面进行深入研究，提升机组性能和智能化水平，为新材料开发提供设备保障。

案例 24
无线技术在气动技术产业中的应用

清华大学流体动力与控制研究中心

无线技术逐渐改变着人们的生活习惯,并将对工业自动化技术产生深远的影响。本技术中心基于 ZigBee 无线通信技术研制了多通道通用无线数据传输模块,实现了气动系统的无线组网和时序控制;研制了利用气缸排气为无线元件供电的微型发电装置;应用无线传感器组网技术实现了在气动管网压力的在线监测。这些成果尽管目前处于实验室阶段,但具有技术先进性和前瞻性,为工程应用提供了基础。

一、导言

自 20 世纪初以来，无线技术的发展推动着工业自动化技术发生着革命性的变化。近年来，无线技术开始应用在工厂内部，对于生产、管理、自动维护等都显示了高效率和便捷的优越性。气动技术在工业自动化生产中得到广泛应用，也将面临着引进无线技术的变革性冲击。

当前气动技术中，传感器和控制器的信号传输均为有线连接，而引用无线技术必将需要可靠的无线传感器和控制器，从而才能组成无线网络，因此应用在气动技术中的无线信号传输元件的开发是非常重要的。

常用的单向图像/数据传输的无线技术监测管理应用，对信号实时性可靠性要求不高。在工业自动化气动技术的生产控制主要还是十分严格精准的时序控制，现有时序控制多采用可编程 PLC 总线控制技术，其检测、控制和反馈信号线路的连接、检修和管理都十分复杂庞大。由于关系到生产效率和产品质量，将无线技术引进到气动技术应用所面临的主要问题是能否满足可靠性和实时性两大要求，无线技术必须能够克服所在环境的各种干扰，快速响应接收信号和发送控制指令。

气动技术的生产控制对信号的实时响应要求较高。例如气缸的运动周期常小于 1 s，这要求无线数据传输有较好的实时性。两个无线设备 A 和 B，A 在 T_1 时刻向 B 发送数据，B 收到并回应数据，A 收到 B 回应数据的时刻为 T_2。将 $\Delta T = T_2 - T_1$ 定义为 A 和 B 的"数据通信响应时间"。工业气动技术的应用通常要求数据通信响应时间在 10 ms 以内。若接收信号在干扰下需系统反复确认，必将影响到响应时间。对于不考虑功耗的应用，一旦无线局域网络建立就不再断开，那么网络连接对响应时间的影响可以忽略；但对于讲求低功耗的应用，例如休眠唤醒，需实时网络建立和信号握手确认，数据通信的总响应时间还要包含寻网和握手确认的时间响应。

气动系统的噪声较大，因此气动设备与控制室需要保持一定距离，甚至有墙壁隔离，因此对于无线信号的可中继传输提出要求。对于无线设备和无线网络来说，只有具备"路由模式"，才能实现多级中继传输，从而突破传输距离的限制。在大型工厂里，很多台气动设备同时工作，大量传感器和控制器同时传输数据，对于无线网络传输速率和网络可扩充性也会提出要求。

大多数工厂环境下电力供应充足便利，因此对无线设备采用电池供电暂无强烈的要求。随着环保节能的要求不断提高以及电池续航能力不断增强，在不远的将来，无线设备势必采用电池供电或者就近利用环境能源发电。

二、关键技术及趋势

目前主流的几种无线技术是 ZigBee、Bluetooth、WLAN(Wireless LAN)、nRFShock Bburst 等，现在一些科研单位和企业根据气动技术的工业应用特点，在国内已经开展了无线技术在流动测量和控制上的相关研究。2005 年清华大学采用无线芯片 CC1000 研制成功气动技术中的无线测量和控制系统。CC1000 是瑞典 ChipCom 公司的产品，无线传输速率为 9600 bps，采用的是非标准的自制通信协议。2009 年美国 TI 公司收购了 ChipCom，推出了符合 ZigBee 标准的业内主流无线产品 CC2430。2011 年电子科技大学黄涛设计采用 CC2430 芯片实现了多缸无线气动伺服控制系统。2012 年电子科技大学翟志敏等人为解决工业现场复杂的布局布线等问题，采用 CC2430 芯片研制了基于 ZigBee 无线传感器网络的气缸位置检测系统。2012 年广州机械科学研究院有限公司卢文辉提出了气动系统无线远程故障快速诊断和定位方案，遗憾的是没有给出系统采用的无线收发单元的芯片型号和无线协议标准。近年来，国内市场上出现了不少无线气动产品，例如无线气动温控器，基于无线遥控的重型卡车气动刹车装置等。但总体而言，针对气动技术的无线产品的开发和无线技术的应用还是开展的不多。

三、开发应用案例

本中心针对气动技术应用所开展的无线传输控制、无线元件供电的研制，应用无线压力传感器进行无线泄露检测研究。结合气动技术工业环境中应用无线技术的实际问题，同时对现有无线技术的关键参数做对比分析。

1. 无线技术应用研究

（1）通用无线传输模块。

气动技术中现有的压力、流量和温度等传感器多为有线连接传输和控制。现有无线技术中 ZigBee 具有组网能力，可实现多节点传输和不受传输距离的限制。本中心以 ZigBee 芯片 CC2430 为基础，研制了具有信号采集控制双向通信的通用无线传输模块，参见图 1（a）。所研制的通用无线模块具有多路 I/O 端口，可实现远程无线检测与控制，非常方便将无线传输模块集成在现有产品上进行应用。图 1（b）为带有通用无线传输模块的流量计，最大量程为 1000 L/min，量程比为 1∶100。图 1（c）为无线压力传感器，最大量程为 1 MPa，测量精度为 0.1%FS。二者均可采用电池供电或 USB 充电。所采用的芯片 CC2430 最大传输速率为 250 kbps，各路无线信号均可由图 1（d）所示的小型手持无线监控器进行监测。

 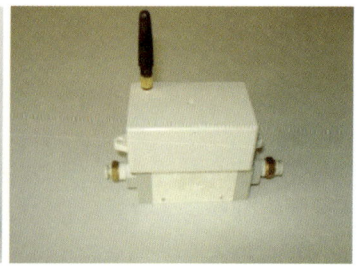

（a）带有 ZigBee 芯片 CC2430 的无线传输模块　　（b）无线流量计

（c）无线压力传感器　　（d）手持无线监控器

图 1　自行研发的带有通用无线模块的传感器和手持无线监控器

现有气缸、气动夹手等执行器上的行程位置检测开关也多为有线信号连接，本中心选用霍尔元件安装在气缸上取代传统的行程开关，并将霍尔元件与通用无线传输模块相连，可实现气缸的行程位置信号的无线传输。控制元件例如电磁阀等也均可安装通用无线控制传输模块，利用无线终端控制取代了传统的 PLC 控制。

图 2 为多个气动执行元件和控制元件组成的气动系统示例，其中执行元件包括无杆气缸、有杆气缸和气动喷嘴，在 2 个气缸上装有霍尔行程开关，V_1、V_2、V_3 为三个电磁阀，管路系统中还有 1 个无线的流量传感器，1 个压力传感器和 3 个无线温度传感器（图中未显示）。图 2 中虚线表示信号线的连接方式，多路输入输出无线子局模块的引入，所有的信号连接非常简化。通过与计算机相连的无线主局实现系统的信号采集、监控和控制。在现有 ZigBee 数据传输速率下，在 40 m 范围内，测得主局与子局点对点通信、主局和所有子局同时通信采样频率为 120～150 Hz。

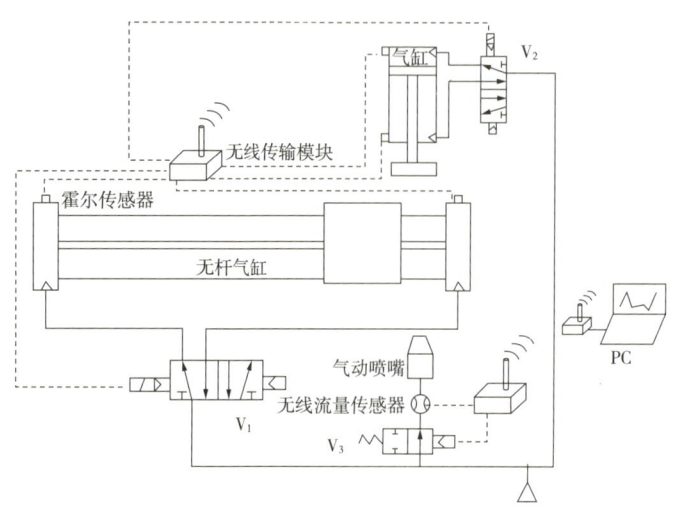

图 2　气动技术中无线控制系统示例

无线传感器节点使用简单方便,无线数字信号传输方式消除了长电缆传输带来的噪声干扰,整个测量系统具有极高的测量精度和抗干扰能力。所有的无线节点可组成网络,通过多级中继传输,不受距离的限制。图1(d)所示的手持无线测控器同时具备掌上电脑和ZigBee无线远端主控模块的功能,可以取代现有的有线PLC控制,利用它可在工厂内的任何一点实现对多个控制单元的信号监测和控制,它还具有数据存储功能并可以通过无线网卡直接链接上传到互联网。

(2)气动系统能量回收发电技术。

无线低功耗元件和网络设备大都需要长时工作,若频繁更换电池,势必加大成本和感觉不便。若可从周围工作环境中获取能量,实现为无线传感器供电最为便捷。在气动系统中,气缸工作腔中的压缩气体做功后,直接通过电磁阀排到大气中,造成很大的能量浪费,因此我们研制了两种微型发电装置,图3(a)为利用气缸排气驱动的微型叶轮发电装置,它可以在不影响气缸正常运作的情况下,将气缸排放的一部分气体能量转换为电能,最大平均发电功率可达到180MW,可为就近安装的无线传感器供电,也可储存在充电电池中待用。图3(b)所示装置是基于射流振荡元件和压电材料的微型发电装置,气缸排气气流经过该元件时气流在内部产生摆动,引起腔室膜片的振动将动能转化为电能,目前最大发电功率为250μW,仅适宜储存充电用,有待选用灵敏度高的压电片,提高其发电能力。

(a)叶轮式发电装置　　　　　　　　　　(b)压电式发电装置

图3　利用气缸排气进行发电的微型发电装置

(3)无线气动泄漏检测技术。

气动管道系统发生泄漏会带来能量损失,针对现有泄漏检测技术复杂和相关产品成本较高、安装复杂和不宜大面积推广等局限性,设计了基于负压波检测原理和ZigBee无线传感器网络技术,在线进行管道泄漏监测与泄漏定位的总体方案。该系统包含无线压力传感器监测节点、无线网关和监测上位机三部分(图4)。基于小波提升算法的泄漏检测技术,可精确捕捉负压波的突变过程（图5），该算法具有无阈值设置的优点，能够有效减少固定阈值对算法性能的影响。检测的灵敏度取决于压力传感器的测量精度，对非泄漏的干扰信号通过压差分析易甄别剔除。泄漏检测的定位精度取决于无线传输速率和声波传播的速度，现有无线通信技术的响应时间在毫秒量级，对气体泄漏检测位置分辨率在 0.6 ~ 3 m，对长距离管网泄漏在线监测识别具有优势。

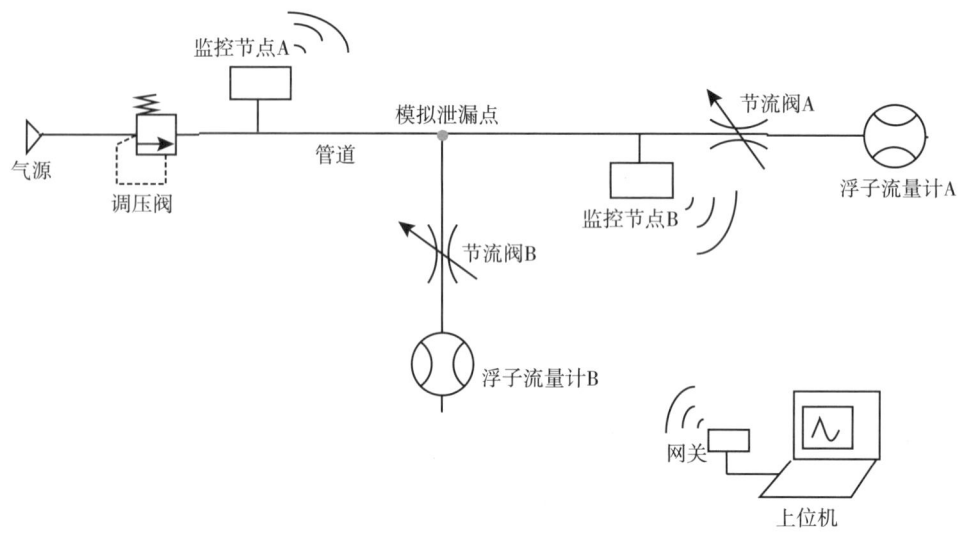

图 4　基于 ZigBee 无线传感器网络的管道泄漏检测与定位系统测试平台

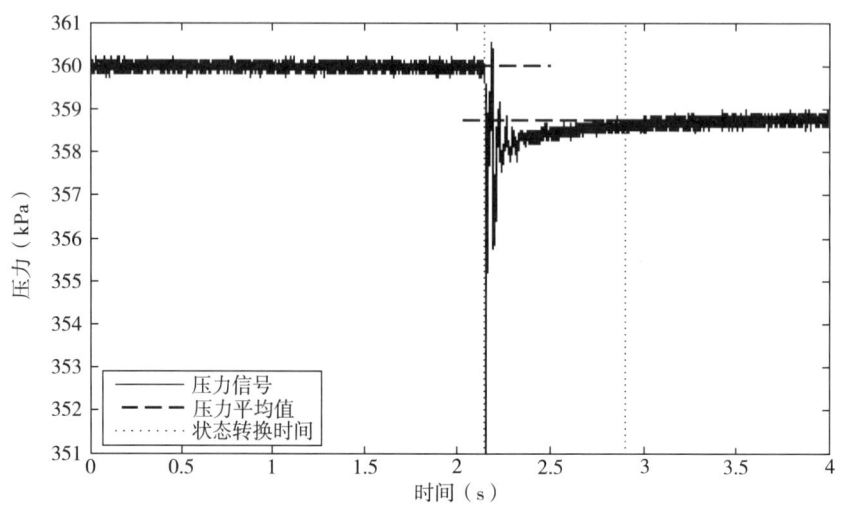

图 5　泄漏管路中负压波信号检测

2. 无线主流局域网技术对比分析

无线通信技术的发展非常迅速，无线通信技术在响应时间和组网能力的新突破可能是不可估量的，在当今竞争激烈的经济市场格局下，开展气动技术领域中的无线技术研究，可以快速地应对和应用无线新技术、新产品的出现。

Bluetooth、nRFShockBurst、ZigBee 和 WLAN 等是目前主流的几种无线技术，它们的一些技术参数对比见表 1，响应时间均为毫秒量级，其中具备路由模式的有 ZigBee 和 WLAN，可实现多级中继传输，从而可突破信号传输距离的限制。

表 1　无线技术参数对比

无线技术类型	点对点传输距离	传输速率	组网能力	低功耗	点对点数据通信平均响应时间
Bluetooth 4.0	10 m	2 Mbps	点对点模式	是	3 ms
nRFShockburst（nRF24L01）	30 m	2 Mbps	点对点模式	是	3 ms
ZigBee	50 m	250 kbps	点对点模式 路由模式	是	2 ms
WLAN（802.11n）	50 m	300 Mbps	点对点模式 路由模式	否	8 ms

Bluetooth 4.0 的组网模式只有点对点模式，而蓝牙 4.1 提供了更多组网能力，这可使得应用一部手机能将多个蓝牙设备连接在一起，但蓝牙还是难以组成较大规模的传感网络，仅适用于"点对点"的应用环境。

nRFShockburst 产品的组网方式只有"一点对多点模式"，没有"路由模式"。在"一点对多点模式"中，一个节点可以向数个节点分别发送数据，也可以用广播方式向所有节点发送数据，如果节点采用 ShockBurst 技术就会自动应答，导致数据碰撞冲突概率增大，会降低网络的可靠性。对于无线节点数小于 10 个的小型气动技术应用环境，可采用 nRF 无线技术。

ZigBee 虽然能组成较大规模的无线网络，但是由于传输速率只有 250 kb/s，对于数据传输量较大的工业气动技术的应用还是不适宜。

WiFi 不以低功耗见长，在数据传输时，WiFi 的功耗约为 ZigBee 的 10 倍，而且 WiFi 没有休眠和唤醒机制，这导致 WiFi 是当前智能手机的主要耗电量之一。但是对于工业气动技术应用环境来说，数据传输的功耗是可以忽略的，因此 WiFi 功耗高的缺点显得并不突出。经实测，在信号强度 RSSI 为 −50 dbm 时，WiFi 的平均数据通信响应时间约为 8 ms，满足工业气动环境对数据实时性的一般要求。对于节点数较大规模的气动工业应用环境，目前 WLAN 无线技术是理想之选。

四、总结及展望

本中心针对气动技术应用中的传感元器件和控制元件,研制了通用无线传输模块,并成功应用于无线传输和控制的气动技术系统中,实现了具有多节点及长距离中继组网能力的无线 PLC 控制技术,从而使气动系统中的布线成本和维护成本大大降低,而且随着低功耗无线芯片的应用与推广使系统的功耗也大大降低,目前无线控制器的平均功耗可以降低到 10 MW 以下,大大低于常规 PLC 的功耗;研制了利用气动系统排气为低功耗无线元件供电的小型发电装置,实现了废气有效回收和利用,其发电功率可以达到几十兆瓦,可以满足无线传感器的功耗要求;利用无线技术实现了气动管网系统的压力监测及气体泄漏检测定位。对比分析了现有无线通信技术的传输速率、响应时间和组网能力,为无线技术在气动领域里可能实现的无线数字控制、数字系统等方面的应用提供了参考。

目前本中心的无线技术研究还处于实验室研究阶段,无线传感器网络技术在气动领域的应用还基本是空白,但随着无线技术在人们生活中的应用越来越广泛,人们也越来越认同和享受无线技术的优越性。随着无线网络通信技术的迅速发展,无线产品的小型化,以及无线网络协议的多样化,将为无线技术在流动监测与控制中的应用提供技术基础。在不远的将来,无线技术将以越来越多、越来越成熟可靠的无线传感器和控制器的产品形态,组成无线网络,应用在气动技术生产实时控制上的前景将是非常广阔的。

气动系统应用案例——气动人机互动触觉接口

燕山大学

触觉再现设备提供了视觉/听觉再现设备无法实现的互动特性。本案例介绍了气动多面体的设计、智能气缸的控制等以及由智能气缸所组成的新型触觉机构的原理。通过使用由 20 个多自由度微型球铰链和 30 台智能气缸组成的多面体触觉接口，本案例实现了机器与人的人机交互（PMI）。通过触觉接口所实现的"虚拟触控"功能，操作者可以感受到计算机中虚拟对象的动作、受力、形状的变化和反作用力。

一、导言

借助触觉设备和计算机仿真环境，触觉再现技术能够提供作用力反馈，使操作者可以感觉、触摸和操纵虚拟环境/远程环境中的物体。

作为触觉再现系统中操作者和虚拟环境的交互接口，触觉设备在将操作者的行为（位置或动作）读入传送给虚拟环境的同时，也生成作用力反馈给操作者，因而触觉设备的性能直接决定了触觉再现系统的性能。

在军用领域，带触觉再现的虚拟现实仿真系统除了能够方便训练外还具有很好的升级灵活性，可以很好地满足军事方针训练要求。如探测和排除地雷训练系统，它使用触觉接口设备来提供触觉反馈。

在工业设计和制造领域，虚拟现实技术由于具备多模态交互、适应性和远程共享访问等特点而受到越来越多的关注。原型设计是新产品开发过程中的一个必经阶段，却也是一个耗资巨大的过程，从而使用虚拟原型来代替昂贵的物理模型成为一个较好的选择。触觉再现的融入，使得设计者能够触摸模型，这对于产品的原型评价和改进设计具有重要的意义。

此外，在日常生活中，触觉再现设备同样存在着广泛的应用。带触觉再现的新兴电子游戏，无疑可以增强娱乐性和游戏沉浸感。电子商务中的网络购物或者数字博览馆，都可以通过触觉再现设备，让用户直接感受到商品或者博物馆中的陈列品。

本案例给出的这种由智能气缸组成的新型的触觉机构，可以与包含受力和变形的分散信息的虚拟连续物体实现人机交互，是一种新型的人机交互接口。

二、气动活动多面体的设计

目前，科技工作者在研发触觉接口技术方面已经做出了许多的尝试和努力。实现触觉接口的关键元件是制作微型功能元件，诸如微型执行器，微型传感器和微型机械元件。通过把以上这些设备整合做成的触觉接口可以实现精细的变形。传感器和执行机构的小型化，使其可以植入小型的触觉设备中。接口装置可实现人机之间交互实际物体形状、力、刚性和惯性等双向信息。操作者可以感受到在 PC 机中模拟的虚拟对象的"虚拟触摸"，通过这个接口可以给操作者带来接触实际物体的感受。

微形智能气缸是本案例中触觉接口活动的多面体的主要组成部分，它是理想的微型执行器，所组成的二十面多面体参见图 1。

在设计连杆机构之前需分析该连杆机构机械约束条件，若多面体外形唯一地由连杆长度来决定，那么该条件决定了多面体的形状是平面还是三角形，因此，这导致只有规则的多面体才能满足该条件，形状仅由连杆长度决定的多面体只能是四面体、八面体和二十面体。

要设计制造一个活动的二十面体的系统，紧凑型伺服执行器是最基本的元件。用于该二十面体的执行元件是气缸，其内部装有线性光学编码器。气缸长度为 135 mm，移动行程为 40 mm。用激光代码条纹用激光刻在活塞杆上，其具有 0.6 mm 的间距。

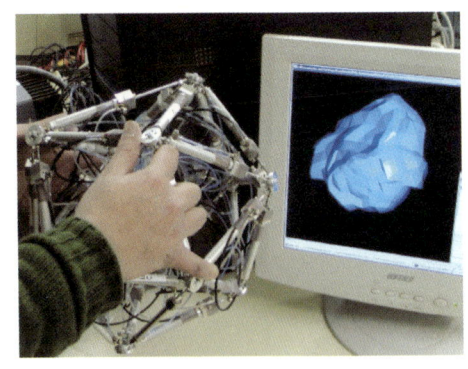

图 1　智能气缸和一个活动的多面体

编码器被安装在气缸的端部。光学检测器芯片被内置于气缸壳体内，以检测活塞杆的位置。压力传感器被装配备在附近的气动阀上，对气缸可实现位置和力的控制。

微型光学编码器可检测气缸的线性位移和活塞杆的方向，用于实现对气缸的控制。

最终活动的二十面体是由 30 台智能气缸和 20 个多自由度的铰链组成，每个气缸之间用铰链连接。

三、智能气缸的控制

控制系统包括一个微型编码器（图 2），一个 PWM 发生器气源和一台计数器。位置控制是通过比例控制位置反馈来实现。其中占空比 D 通过比较所期望的值 X_d 和气缸长 X_c 得到的偏差 e 来计算，基于所述占空比 D，气缸由 PWM 发生器驱动，气缸的轴向力 F_c 由来自于压缩机的压力 p 和占空比 D 控制。

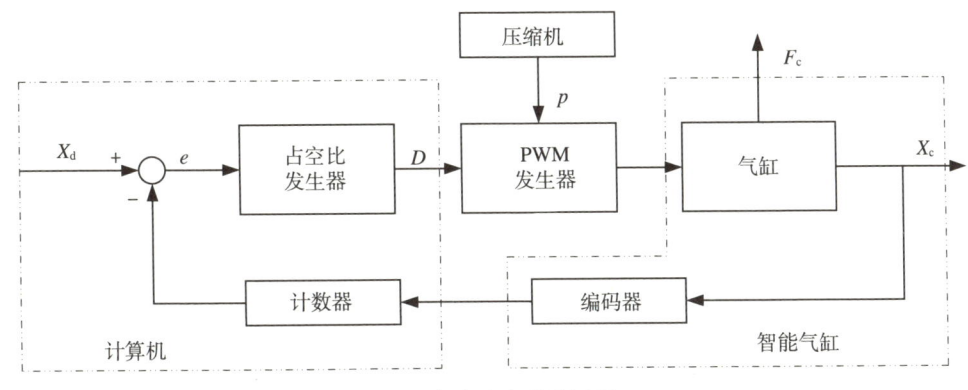

图 2　智能气缸控制系统

四、气动多面体的控制

当操作者进行实时互动时,由于机械模拟器有时间滞后,一种新型的驱动器控制程序被用于气动二十面体系统中。驱动程序从安装在气缸内的传感器获取位置信息,控制智能气缸,把当前的实际信息传送操作者,同样控制在 PC 机中的虚拟模型的形状。OpenGL 技术被用于虚拟模型的可视化显示,虚拟模型跟随活动的二十面体相同的形状变化,显示操作者的实时运动(图 3)。

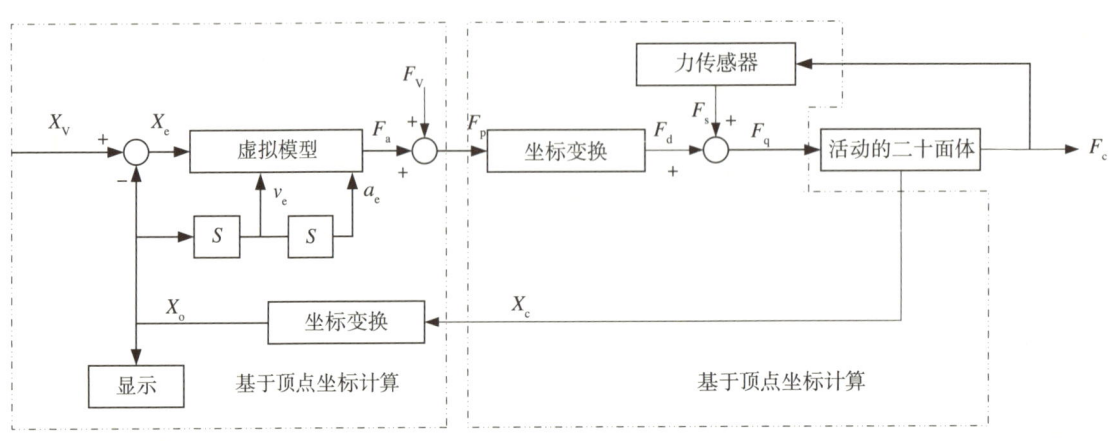

图 3　活动的二十面体驱动系统图

图中 X_v 是虚拟模型顶点的虚拟位置矢量,X_o 是活动的二十面体顶点的位置矢量,其就是来自气缸长度 X_c 的位置矢量的值,X_e 由 X_v 减去 X_o 得到,虚拟模型每个顶点的驱动力 F_a 是通过下面的动态方程得到:

$$F_a = (M_v s^2 + D_v s + Kv) X_e$$

其中,M_v、D_v 和 K 分别代表所述虚拟模型的质量,黏性和弹性刚度。F_P 是通过 F_a 加 F_v 得到,其代表虚拟力。F_d 是通过转换 F_P 到气缸基坐标获得。F_q 等于 F_d 加来自传感器的力 F_s,F_c 是智能气缸的轴向力,这个程序能使活动的多面体实现实时实际交互而无时间滞后。

五、展望

对于触觉再现设备,提高再现精度、设备微型化等将是未来研究的重要方向。

一般来讲,一个理想的触觉设备应当具备的特点为:

1）有较小的后向惯量和摩擦力，因此需要开发尺寸更小，摩擦力更小的气缸；
2）较大的再现作用力/力矩幅度和较大的操作空间，足够多的自由度；
3）对称的惯量、摩擦力、刚度和共振频率等特性；
4）较高的（位置检测与力生成）精度、分辨率和频响；
5）较好的人体工学设计等特点。

因而，从减小设备惯量和摩擦力，提高位移检测和作用力输出精度，提升设备的动态响应性能等各个方面入手，设计出高性能的触觉再现设备是重要的研究方向。目前，大部分的触觉设备使用操作者手部来进行交互的，其所再现的触觉感知范围有限。在未来的时间，研究能够对操作者身体各部位都提供触觉再现的设备或装置，无疑能进一步增强触觉再现感知和虚拟现实技术的应用。

案例 26
压缩空气系统节能技术

北京航空航天大学自动化科学与电气工程学院

气动系统效率偏低、浪费严重的问题日益引起了人们的关注。北京航空航天大学从压缩空气制造、输送和使用的角度，以能量优化为目标，开展了压缩空气系统节能技术的研究，提出了一套节能率高达30%、投资回收期小于1年的节能体系。应用该技术能够改变我国企业传统的单机节能模式，统筹能量的源头和末端，把控能量的输送环节，对今后制定相应的气动节能措施、深入地开展气动节能活动具有重要意义。

一、导言

　　气动系统由于系统构成简单、元器件价格低廉、维护容易等特点，从 20 世纪 70 年代开始在工业自动化领域的应用逐步扩大，至今已形成全球年销售约 110 亿美元的市场规模，在汽车生产、半导体制造等行业中发挥着重要的作用。但是，其能耗问题很少被关注。现在，气动系统中的耗能设备——工业压缩机的耗电占据了工厂总耗电量的 10%～20%，有些工厂甚至高达 35%。我国工业压缩机每年耗电量在 1000～1200kWh，约占全国总发电量的 6%。在原油价格日益高涨、能源问题突出的今天，压缩空气系统效率偏低、浪费严重等问题也引起了人们的关注，压缩空气系统的节能无论对于研究机构还是用户企业都已成为一个新的重要课题。

　　为了降低压缩空气系统的能耗，提高其工作效率，世界各国纷纷设立专项科研项目，如美国的 Compressed Air Challenge（CAC）项目、澳大利亚的 EEAP 项目、新西兰的 Compressed Air System（CAS）优化运行项目等。然而上述项目仅仅为企业提高压缩空气系统的效率提供较为全面的理论指导及建议，缺少具体技术手段及设备成果，其推广收益有限。

　　长期以来，我国制造业的发展模式以粗放型为主，大多数生产企业中，压缩空气系统的能源利用率很低，普遍存在着严重浪费。很多企业已经深刻认识到这个问题，为了提高企业利润，降低能耗，纷纷开展了简单节能活动，例如管道堵漏、空压机加装变频装置。但是由于缺少系统化的整体节能手段与技术，节能活动取得的效果十分有限。

　　为了解决当前压缩空气系统的能源利用效率低、浪费严重的问题，北京航空航天大学气动技术研究中心结合传统压缩机和气动两个领域各自发展的现状，从压缩空气制造、输送和使用的角度，以能量优化为目标，开展了压缩空气系统节能技术的研究，研制出了一套科学系统的压缩空气系统整体节能技术，并开展其应用研究，目前该技术已在纺织、化纤、火电、钢铁等行业得到应用，并取得了良好的经济效益和社会效益。

二、关键技术与趋势

　　北京航空航天大学科研团队提出了从源头至末端的系统节能思想，倡导源头按需供给的"省能"和末端减少需求的"节能"理念，该理念以流体传动与控制、智能控制和通讯信息理论为基础，开展了空压机群控、管网优化、用气末端节气的系统节能关键技术的研究，并采取了自动化、信息化和智能化的技术手段，建立了一套节能率高达 30%、投资回收期小于 12 个月的节能技术体系。

该体系涉及以下几个关键技术：

1. 压缩空气系统能量评价体系的建立

1988 年 Milsuoka 从能量转换的角度对气动、液压和电气这 3 种方式驱动系统的效率进行了研究，认为当时的电气系统效率为 80%，液压系统效率为 40%，而气动系统的效率仅为 20%。气动系统的效率较低，能量损失较大，欲提高系统效率，首先面临的难题是能量的量化评价。

当今，在全球范围的工业现场普遍采用的气动系统能量消耗指标是空气消耗量，即消耗空气的体积流量或体积。这种传统评价体系中存在并亟待解决的问题如下：

（1）空气消耗量不具有能量单位，不能独立于整个系统而表示各个设备能耗。使用空气消耗量评价体系无法对气源输出端到设备使用端的中间环节的能量损失做出量化，无法明确气动系统内部低效率环节及其能量损失。

（2）气动元器件、气动设备的效率无法正确评价，从而无法引导用户优先选用能源利用效率高的气动元器件和设备。

气动系统通常工作在大气环境中，在压缩机处消耗电力，通过电动机输出机械动力做功来压缩空气，将该部分机械能储存于压缩空气中。随后，通过管路将压缩空气输送到终端设备，终端设备的执行元件（如气缸）处对外做功，将储存于压缩空气中的能量还原成机械能。另外，由于压缩空气在输送过程中压力会逐渐下降，其能量部分被损失掉。以上过程中，如图 1 所示，压缩空气呈如下状态变化循环：大气状态→压缩状态→压缩状态（压力略降）→大气状态。

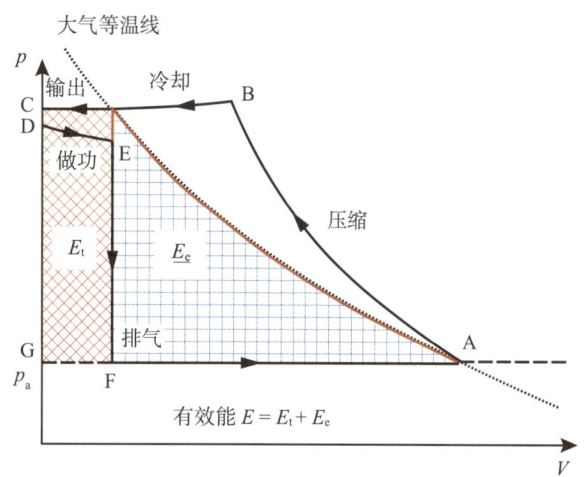

图 1 气动系统中的空气状态变化及系统损失

因此，气动系统中能量的转换/损失在压缩空气的状态中得到反映，用空气的状态量来表示存储于压缩空气中的能量是可行的。

基于压缩空气所储存和传送的能量与气体状态参数之间存在对应关系的客观事实，通过理论分析提出一种新的气动系统能量消耗评价标准——气动功率，该功率只取决于压缩空气的当前状态，其大小由压缩空气的流量，压力与温度来确定，单位为瓦特。

对于气动系统各中间环节采用气动功率的量化方法：首先测量气动系统各个环节入口及出口的压缩空气状态参数，然后分别计算入口及出口压缩气体的气动功率，入口与出口压缩空气的气动功率的差即为气动系统中的各个环节的能量损失,出口与入口压缩空气的气动功率的比值即为其效率。通过比较各个环节的效率值可以明确气动系统内部低效率环节并得到其能量损失值。

对于元器件、气动设备,采用上述同样的方法得到气动效率值和能量损失值,从而可以比较同类型元器件、气动设备效率的优劣,引导用户优先选用能源利用效率高的气动元器件和设备。

2. 面向节能的空压站运行优化理论及控制策略

目前国内外专家学者研究的螺杆式空压机群控制系统均是通过空压机群系统出口供气压力的变化控制机群内各空压机的运行,来满足气动系统末端气动设备的用气压力需求,从而保障车间生产线的正常运转。目前螺杆式空压机群控制系统原理框图如图 2 所示。

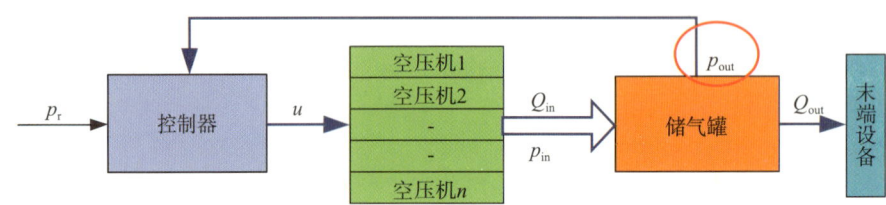

图 2 传统空压机站基于供气压力反馈控制系统原理框图

这种建立在以压力匹配为控制目标的空压站控制系统,仅满足末端设备的压力需求并完成其功能,但没有考虑到在满足功能需求的前提下,供气量与用气量不匹配会产生如下问题:

(1)为满足瞬时大流量需求,而调高空压站供气压力,使整个气动系统的运行压力提高,导致整个系统的泄漏量增大;流量需求长时间稳定于峰值点以下时,部分空压机长时间处于卸载状态,空压机空转不产生气体,净增了空压机站能耗。

(2)流量需求不断变化时,导致空压机出口压力波动,而螺杆式空压机加卸载压力设定值恒定不变,造成空压机频繁加卸载,降低了空压机运行效率。

(3)空压机站中各离心式空压机随着运行状态的改变而效率不一,各离心式空压机负荷分配不合理,即流量不够时,不能根据当前的运行状态,选择效率最高的空压机加载,流量富余时,不能选择效率最低的空压机卸载。

针对上述问题我们研究了工业现场气动系统供气侧空压机站运行特性,将空压机分为离散控制型空压机(如螺杆式空压机)和连续控制型空压机(如离心式空压机);并分析了用气侧流量负荷变化规律,负荷按时间变化频率可分为:分钟级流量负荷与小时级流量负荷,根据空压机类型和流量负荷的不同,以产气量实时匹配末端用气设备的耗气量为空压站最优运行原则,进而对空压站运行优化做出如下工作:

（1）基于气动系统末端用气量预测的空压机群运行控制策略，采用智能算法分析气动系统用气量历史数据，提取用气量变化规律信息，并预测下一个工作周期内用气量需求，根据用气量需求调整空压机台数和类型，如图 3 所示。

（2）针对各螺杆式空压机卸载压力设定不能适应流量变化的问题，提出了最优卸载压力线的控制方法，动态调节空压机卸载压力设定值，即供气量富余度小的时候，提高卸载压力设定值；供气量富余度大的时候，降低卸载压力设定值。

（3）基于各离心式空压机运行能耗随产气量变化的变化率不同，提出了等功率变化率控制方法，即供气量不足时，选择能耗变化率小的空压机，增加其负荷来增加产气量；供气量富余时，选择能耗变化率大的空压机，减小其负荷来减小产气量。

（4）设计和开发了空压机群的节能运行控制系统，该系统采用模块化设计的方法，其软件、硬件系统能兼容工业现场不同品牌、不同型号、不同类型的空压机群。

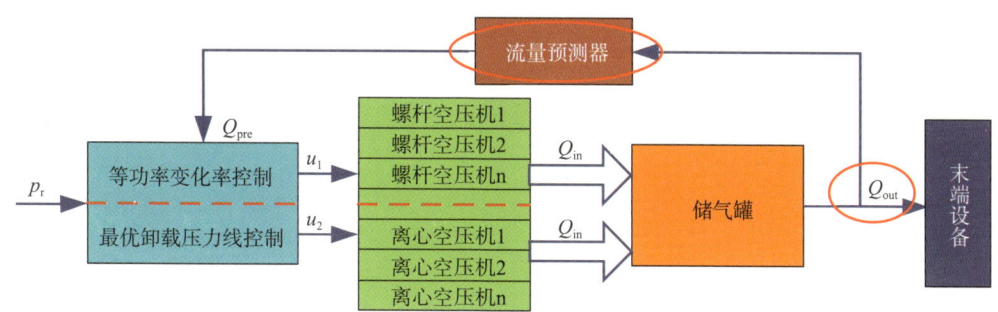

图 3　基于供气压力和预测流量的空压机群控制框图

3. 供气节能管理关键技术

长期以来我国企业的压缩空气供气系统采用粗放式的管理方式，这种管理方式造成能源管理效率低下，生产过程中的跑冒滴漏等各种浪费现象普遍存在。同时供气只以保压为目的，不能做到供需平衡，基于此，本项目拟解决的问题如下：

（1）解决现在各企业在查询泄漏上的难题，为工业现场堵漏提供依据。

（2）在不破坏现有企业供气系统的基础上对目前企业中用气流量进行测量，为精细化管理提供依据。

（3）解决工业用气管理供需不匹配的问题，从而做到供需平衡，节约压缩空气的用量。

针对工业现场普遍采用的供气管理技术存在操作繁杂、干扰工况以及效率低下等缺陷，提出了新的供气节能管理技术并研发了相应的设备，为压缩空气系统节能提供技术及设备支持。其包括如下技术：

（1）针对泄漏点定位提出了基于超声波的气体泄漏检测方法，并研制出相应的设备；针对泄漏量测量提出了基于基准流量的并联接入式气体泄漏量测量方法，并设计出测量装置应用于工业现场。

（2）对于管道气体流量测量首次提出了管道气体非介入流量测量方法、包括基于压力波传播的并联接入式测量技术以及基于管道温度场动态热特性的外置式测量技术。

（3）针对一些应用场合需求研制了一种可保持管道内压缩空气的压力和流量恒定不变的供气节能装置。

（4）针对工业现场的一些局部高压场合，提出了一种利用驱动腔内压缩空气膨胀能的高效、大流量压缩空气增压技术，并研制了样机。

4. 末端设备节气关键技术

在气动系统中，末端用气设备的节气是减少压缩空气使用量，降低气动系统能耗的根本性措施。长期以来，工业现场用气末端设备的设计过程中只考虑其工作性能要求，对其节气方面的要求却很少考虑。因此，用气设备工作过程中常出现压缩空气利用不合理的现象，从而导致设备耗气过多，降低了压缩空气系统的效率。课题组主要针对橡胶行业的上顶栓气缸、电解铝行业中的打壳缸驱动回路以及工业现场应用最多的喷嘴装置进行分析，得到如下关键技术：

（1）提出了一种节能双行程大型气缸，该装置由于在空载过程中采用小型气缸驱动，可有效降低空气的消耗量。

（2）针对在恶劣工况下工作的气缸进行研究，提出了一种节气装置，该装置可在打壳缸伸出时提供高压供气、缩回时低压供气，如此即可保证打壳缸的工作性能，又可减少耗气量、降低发生泄漏的概率。

（3）提出了一种将连续气流转化为矩形等不连续流量气流的装置，该装置由于不使用减压阀，可以减少减压阀部分造成的压力及能量损失，增强喷吹效果，降低空气消耗量。

三、主要的应用案例

1. 压缩空气能量评价体系

以构造最为简单的往复活塞式容积压缩机和气缸为对象，忽略摩擦力等因素，讨论气体压缩与做功的理想过程，提出了气动功率的概念，并设计了测试回路，如图4所示。利用气动功率揭示了压缩空气系统各环节的能量损失。表1应用气动功率的概念分析了某些元件的效率和系统中的能量流动。该能量评价体系已制定为日本流体动力协会（JFPA）行业标准以及国家标准化委员会国家标准立项同时获得ISO协会立项。同时根据气动功率理论，开发了工业气动功率仪，能实时测量气动系统功率。

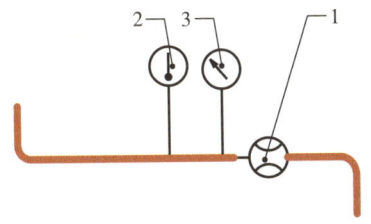 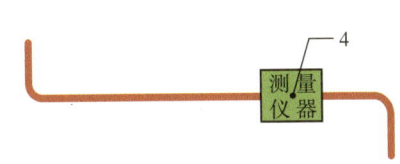

(a) 流量、温度、压力单独测量回路　　　　(b) 流量、温度、压力一体化测量回路

1. 流量计或流量传感器　2. 温度计或温度传感器
3. 压力计或压力传感器　4. 流量、温度、压力一体化测量仪器

图 4　测量管道中的气动功率

表 1　应用气动功率分析一个气动系统内的能量分布

元　件	绝对压力 （MPa）	体积流量 （dm³/s）	输入功率 （kW）	输出功率 （kW）	效　率[①]	备　注
空压机	出口：0.9	200	73.75	44.25[②]	60%	螺杆式，额定功率：75 kW
冷冻式干燥机	0.9→0.9	200→200	44.25	44.25	Kdy = 0.97	耗电：2.28 kW
过滤器	0.9→0.873	200→200	44.25	43.64	98%	
输送管道、接头、控制阀等[③]	0.873→0.8	200→160	43.64	33.49	76.8%	泄漏（20%）：40（dm³/s）沿程压降（8.36%）：0.073（MPa）
气缸	入口：0.8	160	33.49	8.37	25%	速度控制功率（22%）：7.369kW 气动膨胀率（53%）：17.75kW 气动传送功率（47%）：15.742kW

注：①系统总的效率为所有元件的效率相乘：10.95%；②空压机的输出功率此处计算的为有效功率；③由于空压机、冷冻式干燥机、过滤器间的管道连接相对较短，沿程压降和泄漏可忽略，总和影响均在管道处考虑进去。

2. 面向节能的空压站运行控制系统

按用气量特征来区分，可将工矿企业划分为两种类型，一种产品产量稳定，耗气量在较长时间内呈稳定且有一定规律的分布，但是耗气量大，一般采用离心式空压机作为压缩空气源；一种产品产量不稳定，耗气量随时间变化随机性比较大，但是耗气量小，一般采用螺杆式空压机作为压缩空气源。根据空压机类型和流量负荷的不同，以产气量实时匹配用气设备的耗气量为空压站优化运行原则，进行空压站运行优化。基于气动系统末端用气量预测的空压机群运行控制策略，采用智能算法分析气动系统用气量历史数据，提取用气量变化规律信息，并预测下一个工作周期内用气量需求，根据用气量需求调整空压机台数和类型，空压站节能监控系统架构如图 5 所示。针对各螺杆式空压机卸载压力设定不能适应流量变化的问题，提出了最优卸载压力线的控制方法，动态调节空压机卸载压力设定值，即供气量富余度小的时候，提高卸载压力设定值；供气量富余度大的时候，降低卸载压力设定值，螺杆式空压机节能运行控制系统主控制柜。

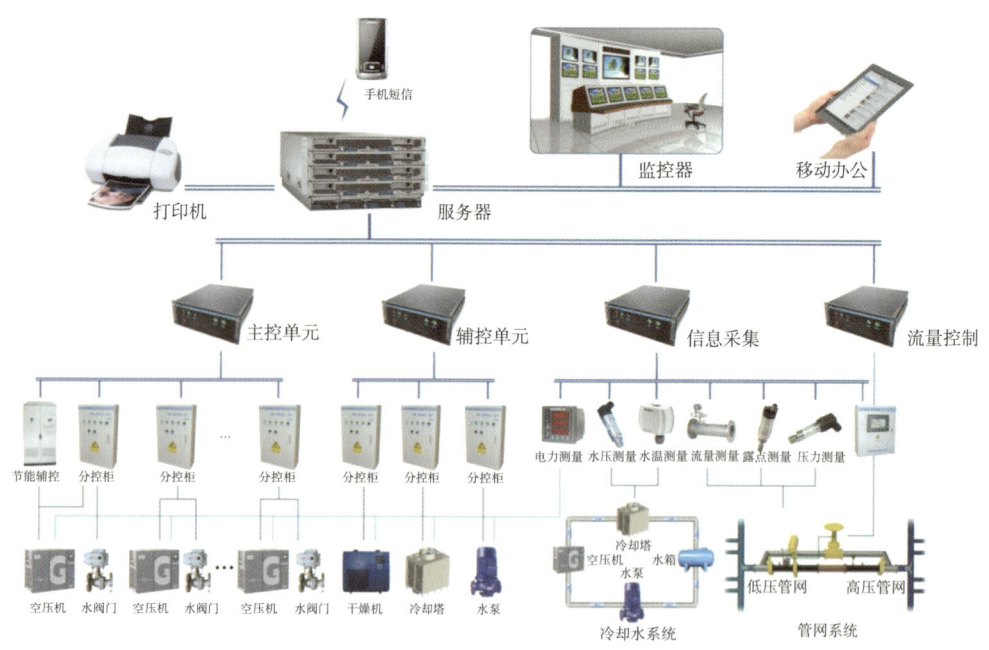

图 5　空压站节能监控系统架构图

基于各离心式空压机运行能耗随产气量变化的变化率不同,提出了等功率变化率控制方法,即供气量不足时,选择能耗变化率小的空压机,增加其负荷来增加产气量;供气量富余时,选择能耗变化率大的空压机,减小其负荷来减小产气量。设计和开发了空压机群的节能运行控制系统,该系统采用模块化设计的方法,其软、硬件系统能兼容工业现场不同品牌、不同型号、不同类型的空压机群。

3. 供气节能管理相关技术及装置

为了改变当前粗放式的管理方式,北京爱社时代科技发展有限公司联合北京航空航天大学对压缩空气进行精细化、数字化管理,针对压缩空气供气过程的监控、测量以及分配中的关键技术进行研究。在泄漏检测方面,提出一种基于超声波的气体泄漏检测方法,能有效区分压缩空气泄漏超声信号直射与反射,减少反射对泄漏点定位的干扰,工业化样机。在泄漏流量测量方面,提出了并联接入式泄漏检测方法,通过控制基准孔以产生不同的基准流量来匹配实际泄漏,根据基准泄漏发生前后管路气体压力的变化

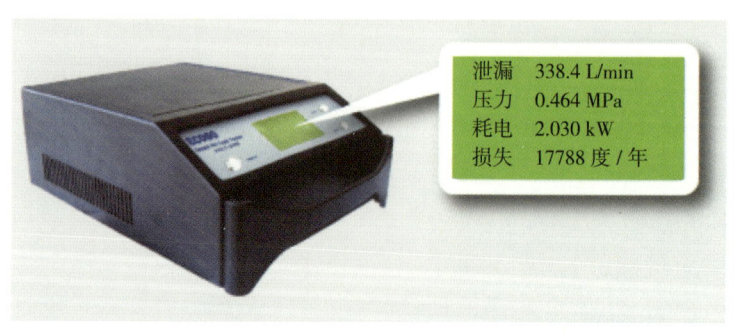

图 6　泄漏检测仪

率,最终求得泄漏量,达到测量泄漏量的效果,其工业化产品如图6所示。针对非接入式流量测量,提出了两种管道气体流量非接入式测量方法,分别为基于压力波的并联接入式测量技术和基于管道温度场动态热特性的外置式测量方法。针

图7 恒压流量节气节能装置

对一些特殊场合研制了一种恒压恒流节气装置,其产品如图7所示。为了满足局部系统对气体压力的需求,提出了高效大流量压缩空气增压方法并研制了相应的装置,其装置如图8所示。

4. 末端设备节气技术及装置

针对橡胶行业的上顶栓气缸、电解铝行业中的打壳缸驱动回路以及工业现场应用最多的喷嘴装置,根据压缩空气末端设备的实际工艺过程中的用气需求,开展了原理研究和装置研制工作。针对橡胶行业的上顶栓气缸提出了一种两级气缸驱动的节能双行程气缸。针对电解铝行业中的打壳缸驱动回路,提出了打壳缸分压供气回路。针对现有工业现场的喷嘴装置的应用特性,改变喷嘴的输出特性,提出了一种自振荡机构的脉冲节能喷嘴。

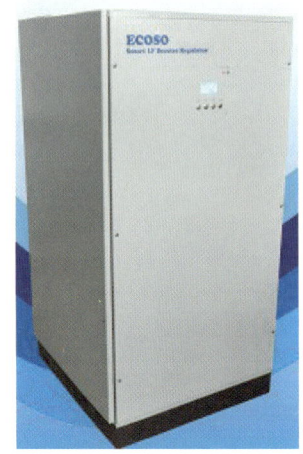

图8 高效大流量压缩空气增压柜

四、展望

针对目前压缩空气系统节能技术的发展,其发展将主要在以下几个方面:

(1)气动系统的能效评价标准将最终统一,以确定的标准来定义目前气动零件的工作效率,从而促进气动系统中基本元器件的升级。

(2)为了保证气动系统的节能运行,真正实现产气与用气的匹配,对目前工厂的用气量测量是必要的,这样对于现有的气动管路而言,管道内压缩空气的非接触测量技术将会随着这一要求快速发展。

(3)压缩空气系统的节能技术将从原来更多的关注于机器本身出发转向关注系统和用户的需求。

(4)压缩空气系统作为工业耗能系统的一部分,将最终和工业耗能的其他系统统一纳入企业节能监控管理体系。

案例 27
旋流非接触吸盘数字化仿真及优化设计

上海交通大学 SMC 技术中心

针对旋流非接触吸盘的产品结构参数化设计，依赖于经验与试验方法的现状，利用计算流体力学方法，形成适于旋流非接触吸盘参数化结构设计的数字化建模理论；建立了基于多目标优化设计理论的旋流非接触吸盘结构优化设计模型，构造了相应的计算机软件系统，为实现旋流非接触搬运器数字化设计提出了新的方法。本案例对半导体行业非接触搬运系统的关键部件——旋流非接触吸盘具有一定的理论指导意义。

一、导言

随着半导体行业的发展，人们对半导体硅片的质量要求越来越高。传统的搬运器与工件直接接触的方式经常会划伤晶片表面或者污染晶片而导致次品的产生。为了提高晶片质量，采用气动悬浮方法非接触搬运设备逐渐进入了人们的生活。气动悬浮方法运用气流对工件产生提升力，其具有几乎不产生热量、可以搬运任何材料的工件，不需要控制回路达到稳定状态、易于维护等优点。现有的气动非接触搬运方法有伯努利悬浮法和旋涡悬浮法。伯努利悬浮的空气消耗量巨大，并导致供应管道中的能量损失；旋涡悬浮法的特点是在产生相同的提升力时消耗的空气量少。因此，基于旋涡悬浮原理的非接触搬运方式具有较好的应用前景。旋流非接触吸盘在未来会有很广泛的应用领域，它主要通过压缩空气旋转在杯体中心产生负压，达到提升工件并且不与工件发生接触的目的。随着用量的增加，对于旋流非接触吸盘的数字化仿真和设计的需求日益增加。

二、关键技术及趋势

1. 适于优化设计旋流非接触吸盘性能的湍流数值模拟数学模型

目前的旋流悬浮静态模型有3种：第一种模型为一维离心力微元模型。第二种模型为对其控制方程过分简化的前提下（如轴对称，不可压缩流体等假设）得到的较为粗糙简单的模型。第三种模型为雷诺时均方程＋湍流模型，然而目前针对旋流非接触搬运器的研究工作非常少，而旋流非接触搬运器的杯体内部高雷诺数切向运动与工件和杯体组成的气隙低雷诺数径向流动共存的特点，也导致无法直接利用旋风分离器等旋转气流湍流模型的相关研究成果。建立描述适于优化设计旋流非接触吸盘的数学模型是其发展趋势。

2. 旋流非接触搬运器的内部结构与尺寸的优化设计

虽然市场上已经有旋流非接触搬运器产品问世，但是各个厂家的研究方式还仅限于实验，这不但会浪费大量的人力、物力，而且设计出的产品仅是满意解，并非最优解。建立全自动，完全无需人工参与的旋流非接触吸盘杯体曲线及气体静压支撑外形曲线的多目标非线性优化设计必将是旋流非接触吸盘的发展趋势。

三、主要应用案例

上海交通大学 SMC 技术中心针对现在旋流非接触搬运器的产品结构参数化设计过于依赖于经验与纯实验方法，在很大程度上限制了旋流非接触搬运器的产品设计与应用这一现实问题出发，建立了适于旋流非接触搬运器参数化结构设计的数字化模型；形成了全自动的基于多目标优化设计理论的旋流非接触搬运器结构优化设计模型，并构造了相应的计算机软件原型系统，为实现旋流非接触搬运器产品数字化的结构数字化设计提出了新的方法。

（1）采用粒子成像测速技术（particle image velocimetry，PIV）对旋流非接触吸盘实验模型在定常流动条件下进行了流场实验测量，获得了非接触吸盘内部不同水平面上的流场，揭示了旋流非接触吸盘内部流场随气膜间隙改变的变化规律。如图 1 为不同气膜间隙下的速度场分布测试结果。

（2）建立了旋流非接触吸盘三维计算流体力学数值模型。分别采用 $k\text{-}\varepsilon$ 湍流模型、RNG $k\text{-}\varepsilon$ 湍流模型和 RSM 湍流模型对旋流非接触吸盘进行数值模拟，并且分别与静态试验和 PIV 实验结果对比得出 RSM 湍流模型最为精确。RSM 湍流模型和 RNG $k\text{-}\varepsilon$ 湍流模型更为准确这一重要结论（图 2）。

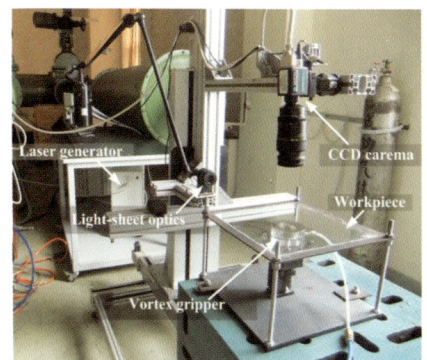

图 1 旋流非接触吸盘实物照片

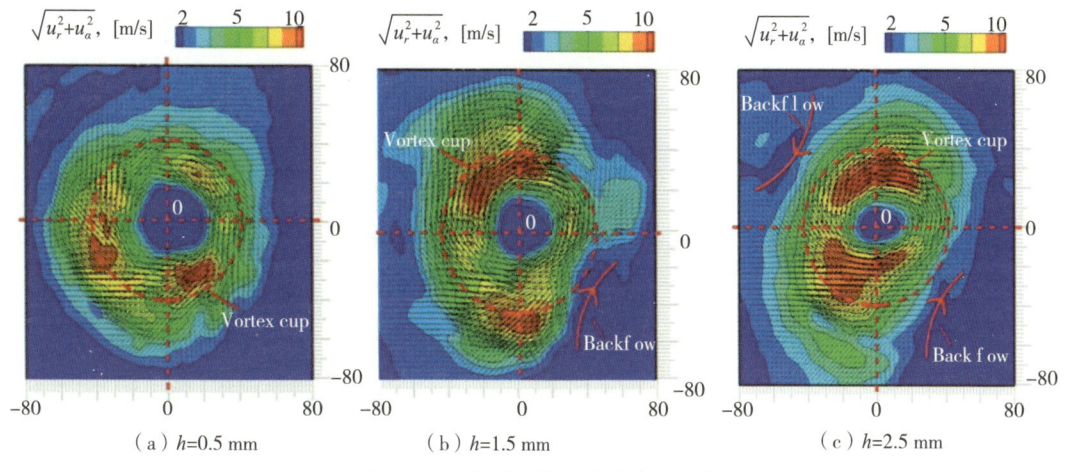

图 2 不同气膜间隙下的速度场分布

（3）提出了一种适合机械结构优化的多岛遗传算法与内点罚函数法相结合的优化方法（图 3）。基于该方法建立了旋流非接触吸盘多目标优化设计平台，并实现了含导流体的旋流

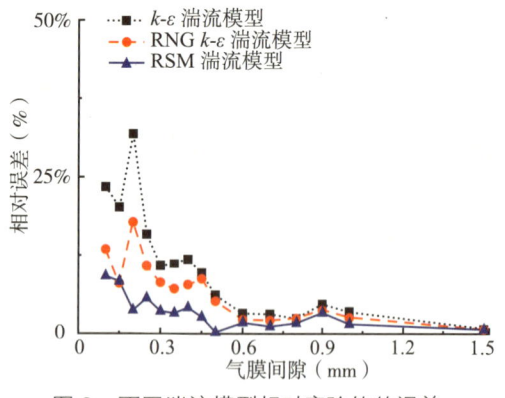

图3　不同湍流模型相对实验值的误差

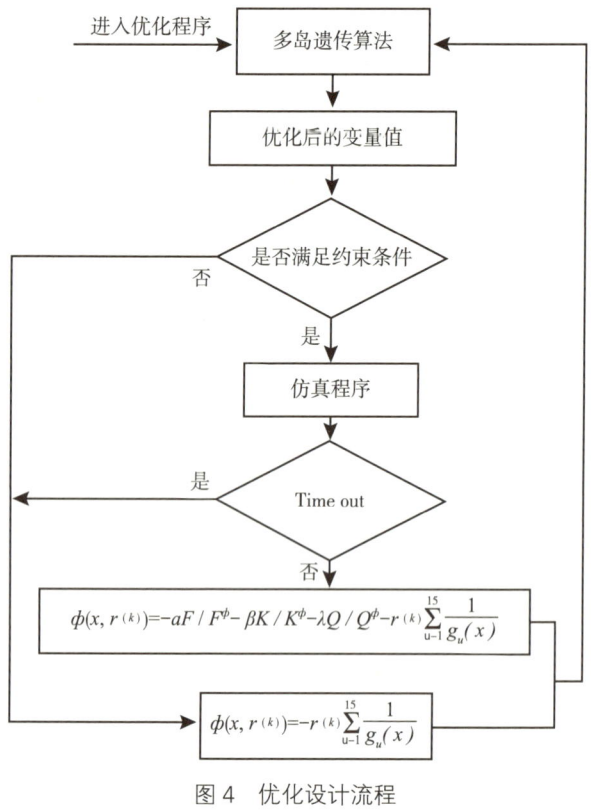

图4　优化设计流程

非接触吸盘的多目标优化设计（图4）。

（4）使用多目标优化设计平台对旋流非接触吸盘进行多目标优化设计后，优化设计结果显示吸盘性能提升显著，全局最优解位置吸盘产生最大提升力比优化前增大了105.7%，而在产生斥力位置的支撑刚度增大了95%。经过实验验证，数值模拟结果可以真实反应出模型旋流非接触吸盘的特性。

（5）本研究中开发的旋流非接触吸盘相对未优化前的吸盘，在耗气量基本不变的情况下，吸力增加一倍，其经济效益及节能效果是显而易见的。

四、展望

本案例通过PIV技术作为探索的切入口，对吸盘的内部流场流动特性和吸盘的工作性能进行了数字化仿真，并利用多目标优化算法实现了对旋流非接触吸盘的全自动自动优化设计。本案例主要对吸盘进行静态特性的仿真，然而吸盘的现实工况存在着很多扰动，因此研究吸盘的动态工作性能和夹持稳定性是本案例未来开展的研究方向。

案例 28

数字化高压电－气伺服阀及高压气动伺服技术

华中科技大学 FESTO 气动中心

针对国防重要装备对气动系统高压、高响应、高精度、连续控制等需求，研发了直接驱动式数字化高压电－气伺服阀。基于三维数值模拟技术分析高压电－气伺服阀内部流场特性，建立了关键参数与流量特性映射关系，为其数字化设计与制造提供理论依据。设计了带有干扰观测器的复合控制策略，并基于高性能数字信号处理器实现了高频响高精度控制，为高压气动伺服系统的深入研究及推广应用奠定坚实基础。

一、导言

气动技术因其工作介质为压缩空气，具有低成本、能源清洁无污染、易操作等优点而广泛应用于农业机械、自动化工业、交通运输、航空航天、国防军事等领域。目前国内外关于低压气动技术的研究较多；相较于低压气体，高压气体功率比重大、刚度较大、快速膨胀能力强，可有效改善系统动态性能，且有利于元件结构小型化及执行机构高速化，节省安装空间，使得高压气动技术成为当前国内外流体传动与控制领域的研究热点之一。

高压气动控制阀作为高压气动系统中的关键元器件，关于其基础性能研究与元件的研发受到广泛关注。国外CONFLOW公司、Emerson公司等研制成熟高压气动减压阀。国内北京理工大学、华中科技大学、浙江大学、同济大学等科研院所开展了大量相关研究，然而关于高压气动控制阀的研究主要集中在开关阀、减压阀、比例阀方面。

随着国防重要装备对气动系统高压、高响应、高精度、连续控制要求的不断提高，高压气动伺服控制成为亟须解决的关键技术。而高压电-气伺服阀作为高压气动伺服系统的核心部件，国外由于关键技术保密与限制因素导致未见相关报道，国内关于高压电-气伺服阀及高压气动伺服控制技术的研究处于探索起步阶段，因此，目前高压电-气伺服阀已成为高压气动伺服控制技术发展与应用的瓶颈。关于高压电-气伺服阀的数字化设计、数字化制造、数字化装配、数字化控制成为我国特种装备智能制造不可或缺的核心技术之一。

为满足某国防重要装备要求，华中科技大学FESTO气动中心研发了直接驱动式数字控制高频响高精度高压电-气伺服阀，在此基础上深入研究高压气动伺服控制系统数字化控制方法，并开展了高压气动伺服系统的应用研究。

二、关键技术与趋势

高压电-气伺服阀及高压气动伺服控制技术经过近年来的探索性基础研究，华中科技大学FESTO气动中心科研团队已研发数字化高压电-气伺服阀原理样机，其从无到有、从低性能到高频响、高精度的转变以及未来成为成熟化、数字化、智能化产品，涉及以下几个关键技术及趋势。

1. 流场数值模拟及微米级结构参数数字化设计

高压电-气伺服阀为滑阀结构，当前国内精加工水平能够保证环形配合间隙高度、阀芯工作边圆角尺度均为微米量级。伺服阀零位附近工作时阀口开度为亚微米量级，而阀芯与阀套间隙密封长度、阀芯直径尺度为毫米量级。此外，高压电－气伺服阀工作介质为高压压缩气体，压力大于 10 MPa。因此，高压电－气伺服阀内部气体流动是多尺度复杂三维可压缩黏性流动，且阀口处涉及高速气体射流理论。

为此，采用数值模拟方法，建立三维流动方程，开展跨尺度复杂流场计算模型研究，结合理论分析与实验研究方法，建立伺服阀关键结构参数与零位流量特性映射关系，提出微米级结构参数数字化设计理论及方法，是高压电－气伺服阀数字化制造的依据和关键，是高压电－气伺服阀精准化设计的发展趋势。高压电－气伺服阀阀口速度场分布特性如图 1 所示。

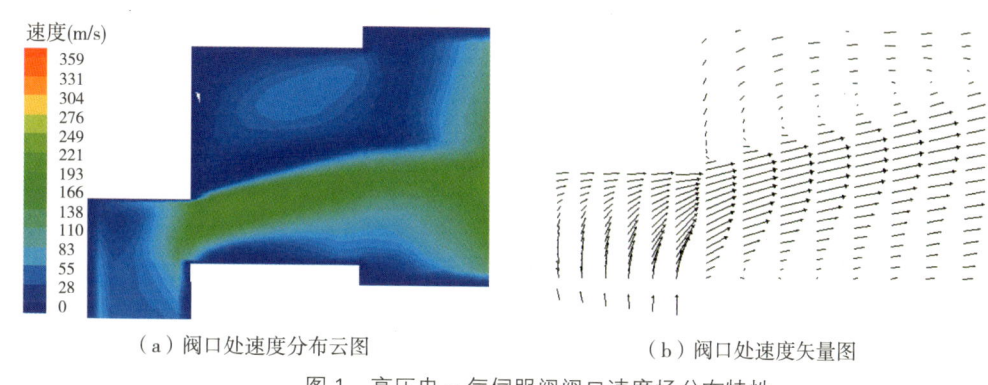

（a）阀口处速度分布云图　　　（b）阀口处速度矢量图
图 1　高压电－气伺服阀阀口速度场分布特性

2. 高响应驱动及阀芯动作灵敏性优化设计

高压电－气伺服阀动态响应特性是其核心性能指标之一，其对整个系统的响应快速性起到决定性作用。而高压电－气伺服阀动态响应能力依赖于电－机械转换装置，为此，研究团队开展了基于音圈电机驱动技术的高压电－气伺服阀理论与实验研究，采用音圈电机直接驱动单级滑阀模式，解决了喷嘴挡板式伺服阀易堵塞、高压电－气伺服阀动态响应慢等难题。

此外，高压电－气伺服阀工作过程中高压高速气体流经阀口产生较大稳态气动力，成为影响直接驱动式高压电－气伺服阀阀芯动作不灵敏及控制精度不高的重要因素。为此，研究团队结合数值模拟与实验方法，揭示了稳态气动力产生机理与变化规律，提出一种通过改变

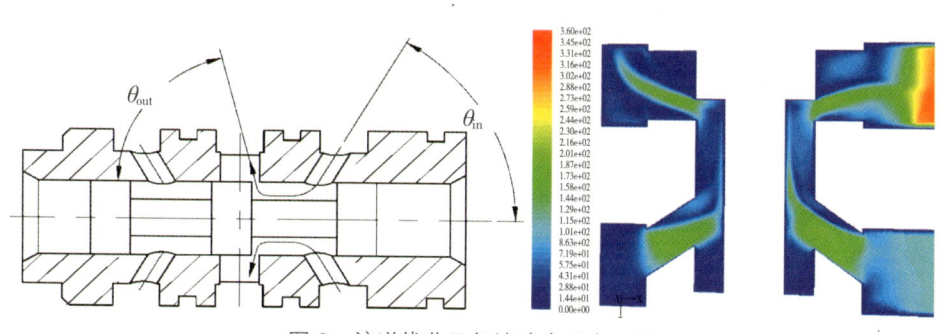

图 2　流道优化及气流速度分布云图

阀套非节流窗口流道角度的方法补偿并减小稳态气动力，如图2所示。解决了高压电－气伺服阀阀芯运动阻力大、电－机械转换装置耗能大等难题，提高了阀芯动作灵敏性，成为高压电－气伺服阀数字化设计的关键技术。

3. 抗干扰补偿控制算法研究

尽管在高压电－气伺服阀的数字化设计阶段，采用合理补偿方法可在一定程度上减小稳态气动力的影响，但高压电－气伺服阀工作过程中阀芯所受较小气动力、摩擦力成为影响高压电－气伺服阀高精度控制的重要干扰力。

高压电－气伺服阀控制策略采用复合控制方法，在 PID 控制器基础上，设计干扰观测器原理示意图如图 3（a）所示。为了验证干扰观测器的有效性，开展高压电－气伺服阀抗干扰能力实验研究，如图 3（b）所示，结果表明，所设计的带有干扰观测器的复合控制策略具有强鲁棒性，能够快速抑制负载干扰对阀芯位置的影响，成为高压电－气伺服阀高精度控制的关键技术。

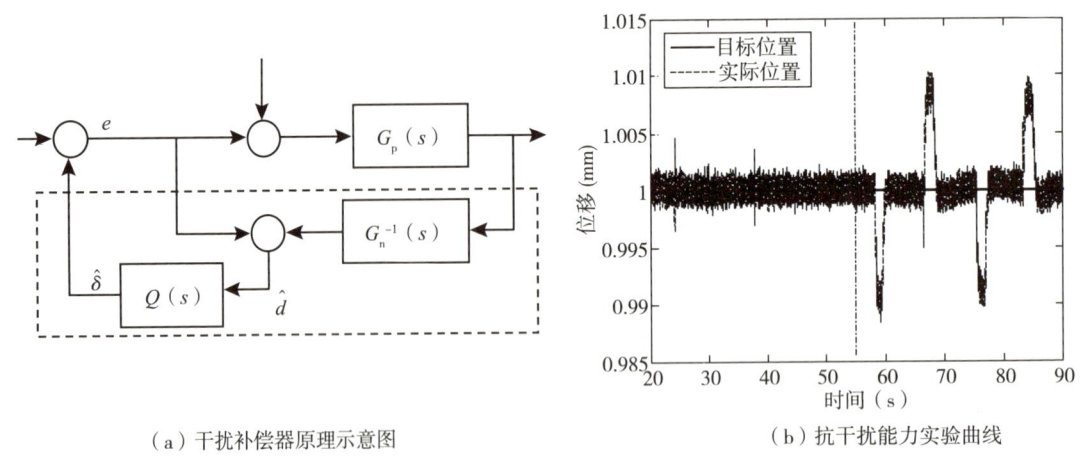

（a）干扰补偿器原理示意图　　　　（b）抗干扰能力实验曲线

图 3　干扰补偿器原理及抗干扰能力实验

三、主要的应用案例

1. 数字化高压电－气伺服阀

华中科技大学 FESTO 气动中心自 1996 年成立以来，针对某国防装备需求开展大量高压气动控制技术领域基础理论与工程应用研究，发展了高压气动元件流量特性测量方法；提出了高压气体充放气动态传热系数概念及确定方法，完善了高压气体充放气理论；提出了高压电－气伺服阀稳态气动力分析及补偿方法、高压电－气伺服阀零位流量特性数值分析方法，揭示了微米级设计参数与加工误差对高压电－气伺服阀零位流量特性的影响规律，完善了高压电-气伺服阀数字化设计理论。

基于高压气动基础理论，研发了直接驱动式高频响、高精度数字化高压电-气伺服阀，如图4所示，最大工作压力为25 MPa，最大空载流量为20000 L/min。

基于高性能数字信号处理器（DSP）TMS320F28335为核心的高精度实时数字控制器，完成了高压电-气伺服阀的高频响、高精度数字化控制。如图5、图6所示，稳态控制误差≤10 μm，滞环≤0.3%；满行程阶跃响应时间≤10 ms，满行程-3 dB 幅频宽为108 Hz，-90°相频宽为150 Hz；10% 行程-3 dB 幅频宽为190 Hz，-90° 相频宽为210 Hz。

图4 高频响、高精度数字化高压电-气伺服阀

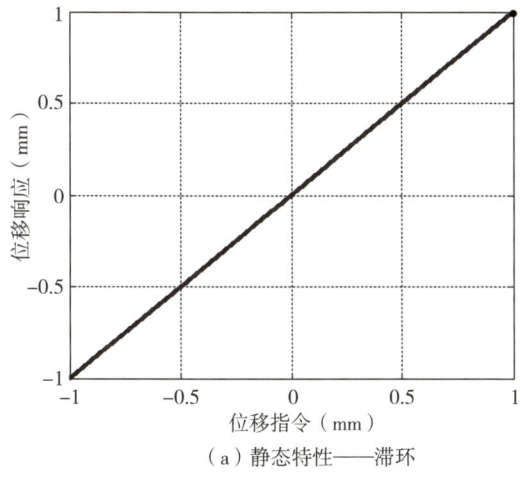
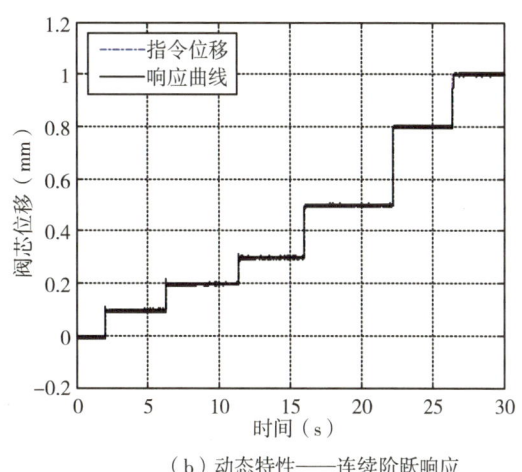

（a）静态特性——滞环　　　　　　　（b）动态特性——连续阶跃响应

图5 高压电-气伺服阀静动态特性

2. 高压气动压力伺服控制系统

华中科技大学 FESTO 气动中心针对航天飞行器半实物仿真需求，以自主研发数字化高压电-气伺服阀为基础，开展了高动态高精度高压气体压力模拟器研制。气动回路原理图如图7所示，固定容腔内气体压力的控制由三位三通数字化高压电-气伺服阀、高精度数字压力传感器、数字控制器等部分实现。解决了某飞行器的高精度高动态半实物仿真与标校检测等难题，拥有自主知识产权，达到国际领先水平。

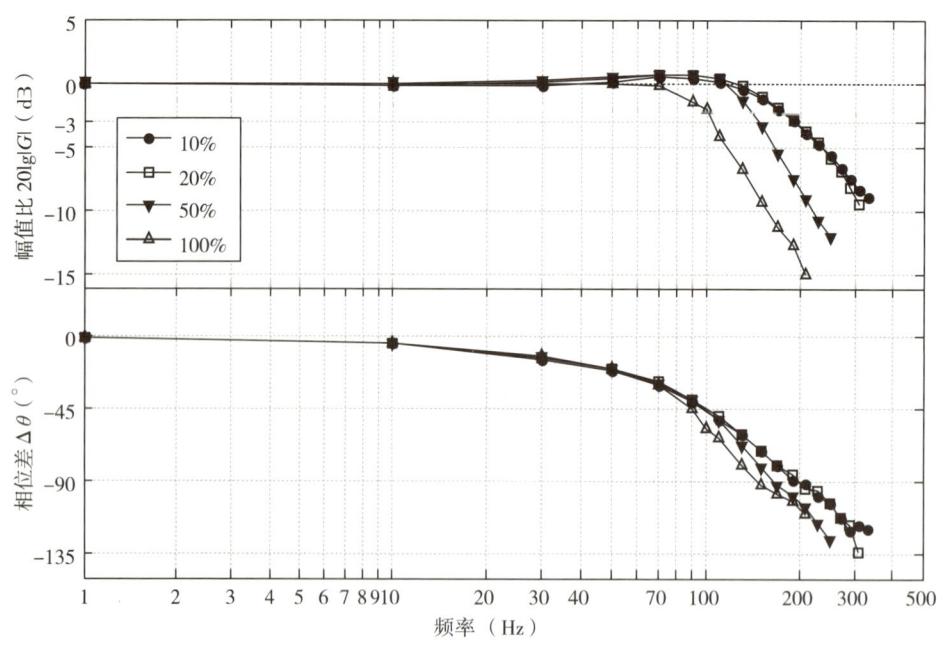

图 6 实验所测高压电－气伺服阀频率特性曲线

3. 高压气动位置伺服控制系统

华中科技大学 FESTO 气动中心针对某国防重要装备工作过程能量的快速精确控制需求，以数字化高压电－气伺服阀为基础，研制高响应高精度高压气动位置伺服系统，工作原理如图 8 所示。基于自主研发的三位五通数字化高压电－气伺服阀，实现了双作用气缸位置的高响应高精度动态跟踪，解决了某国防重要装备工作过程能量的大范围自适应高精度控制难题，可为提高我国某国防装备战斗力与生命力做出一定贡献。

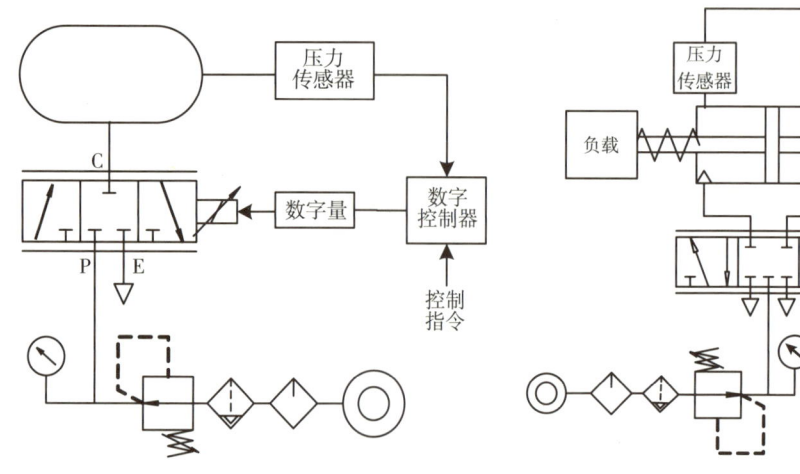

图 7 高压气动压力伺服控制系统原理图　　图 8 高压气动位置伺服控制系统原理图

案例 29
极端环境下电液伺服阀的数字化分析与设计

同济大学机械与能源工程学院

本案例介绍电液伺服阀（喷嘴挡板式电液伺服阀、射流管伺服阀、偏转板伺服阀）在航空、航天、舰船极端环境（极端高温、振动、冲击、加速度）下的模型及其数字化模拟方法，包括微米级配合偶件、温度筛选、零位漂移与抑制措施、冲蚀磨损、疲劳寿命等数字化设计成果，以及射流管伺服阀射流负压现象、偏转板伺服阀卡门涡街现象。本案例已应用于10余种型号产品的设计与制造过程。

一、导言

电液伺服阀最早出现第二次世界大战期间的飞行器姿态控制。1950 年 W. C. Moog 发明了喷嘴挡板式电液伺服阀，1957 年 R. Atchley 发明了射流管伺服阀，1970 年 MOOG 公司开发了偏转板伺服阀。此后，电液伺服阀应用于飞行器动力操纵系统以及各工业自动化系统。近年来，从油液清洁度和可靠性考虑，正逐步采用射流伺服阀（射流管伺服阀、偏转板伺服阀）替代喷嘴挡板式电液伺服阀。

喷嘴挡板式电液伺服阀、射流管伺服阀和偏转板伺服阀是航空航天和舰船用电液伺服机构中最精密的液压元件。我国电液伺服阀的研制主要集中在少数几个单位，包括中国运载火箭技术研究院第十八研究所、上海航天控制技术研究所、中国航空工业集团公司（简称中航工业）第 618 研究所、中航工业第 609 研究所（南京机电液压工程研究中心）、中国船舶重工股份有限公司（简称中船重工）第七〇四研究所等。中国运载火箭技术研究院第十八研究所、上海航天控制技术研究所是国内最早研制伺服阀的单位之一，从 1960 年开始研制航天用喷嘴挡板式电液伺服阀、偏转板伺服阀、多余度电液伺服阀。中船重工第七〇四研究所 1981年研制了我国第一台船用射流管伺服阀，近年来开始研制飞机用射流管伺服阀。中航工业第 618 研究所主要研制航空用喷嘴挡板式电液伺服阀、射流管伺服阀、偏转板伺服阀。中航工业第 609 研究所制造典型特殊应用场合下的电液伺服阀，包括多种介质（燃油、磷酸酯）的航空、航天、水下用喷嘴挡板式电液伺服阀、偏转板伺服阀。目前我国电液伺服阀仍然严重依赖进口，部分产品受制于国外。

本案例介绍极端环境下 3 种电液伺服元件的数字化分析与设计方法。喷嘴挡板式电液伺服阀案例：极端温度环境下多材料异形状以及微米级配合偶件流场与温度筛选；三维离心环境下零位漂移与抑制措施。射流管伺服阀案例：复杂零件微米级几何参数、制造工艺和服役性能之间映射关系；高速射流负压现象；高速射流冲蚀磨损量的数字化设计与预测；集成式复杂形状阀体疲劳寿命的有限元分析与设计方法；射流管伺服阀零偏漂移产生机理与抑制措施的数字化设计。偏转板伺服阀案例：偏转板前置级流场的数字化设计与卡门涡街现象。电液伺服阀数字化分析与设计方法来自于型号产品的研制过程，已在产品研制过程中得到应用和推广，缩短了型号产品的研制周期，产品故障率明显较少。电液伺服阀的数字化设计方法对我国基础件研制及技术进步有重要的参考意义。

二、主要创新点分析

1. 喷嘴挡板式电液伺服阀的数字化设计案例

由于精度高、响应快、体积小、重量轻等特点,电液伺服阀广泛用于航空航天领域的飞行器姿控系统(图1~图4)。飞行时电液伺服阀常处于三维振动、冲击、离心(加速度)环境下工作。目前的分析多集中在一维离心环境。本案例介绍考虑极端高温和极端低温环境时的零件材料、形状和偶件微米级配合尺寸的数字化设计方法;介绍考虑三维离心环境时的电液伺服阀特性及零偏值的数字化设计方法。

图1 FF-102/TXX 双喷嘴挡板式两级电液流量伺服阀(南京机电液压工程研究中心)

图2 喷嘴挡板式双级电液伺服阀(中航工业西安飞行自动控制研究所)

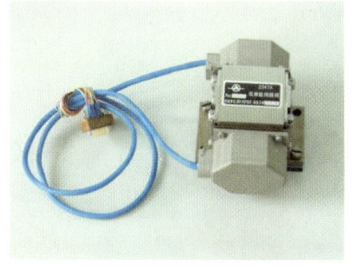
图3 喷嘴挡板式高压双单级电液伺服阀(中航工业西安飞行自动控制研究所)

图4 SF21 系列喷嘴挡板流量伺服阀(中国运载火箭技术研究院第十八研究所)

(1)极端温度环境下的电液伺服阀数字化设计。

电液伺服阀由二十余种不同材料、形状各异的零件装配而成。电液伺服阀数字化设计,首先需要考虑温度对零件材料、形状和配合偶件尺寸的微米级影响。电液伺服阀体积小,组成伺服阀的零件尺寸小,其中很多零件形状特殊。例如反馈杆是一根又细又长的弹性杆,最大直径只有 1.5 mm,而长度大于 30 mm;反馈杆一端为圆柱体,另一端为毫米级的球体,中部为圆锥体;弹簧管的中部壁厚为 0.05~0.07 mm,要求承受 30 MPa 的压力;挡板也是一个细长的零件,大端外径只有 3 mm,而中间有个 1.5 mm 的精密通孔,小端有两个对称的小平面。其他零件,如喷嘴、节流孔等零件是小而特殊的零件。电液伺服阀各零件之间具有各种轴向尺寸和径向尺寸配合情况。如阀芯和阀套之间的间隙配合量为 2～4mm；阀套和阀体之间的过盈配合量为 2mm（或间隙配合 2mm）；衔铁中孔和弹簧管的小端外径为过盈配合，过盈量为 8～12mm；弹簧管中孔与挡板大端之间是过盈配合，过盈量为 4～6mm；挡板内径与反馈杆之间为过盈配合，过盈量为 3～5mm；反馈杆下的小球与阀芯的中槽为无间隙啮合。喷嘴和阀体为过盈配合，喷嘴前端的压入量为 4～7mm。当温度降低，配合量减小间隙增加时，会造成泄漏量过大，电液伺服阀零漂大，某些结构的伺服阀节流孔组件在阀体内会出现窜动等现象；温度升高，如过盈配合尺寸增大时，配合应力增大，变形量增加。此外，温度升高时，阀芯以小球为中心向两端热膨胀，阀套在阀体内轴向对称膨胀，轴向配合的不对称性还可能引起零漂现象。

图 5 和图 6 分别为某飞行器电液伺服阀阀套和阀芯的结构图。其中，A、B、C 分别为阀

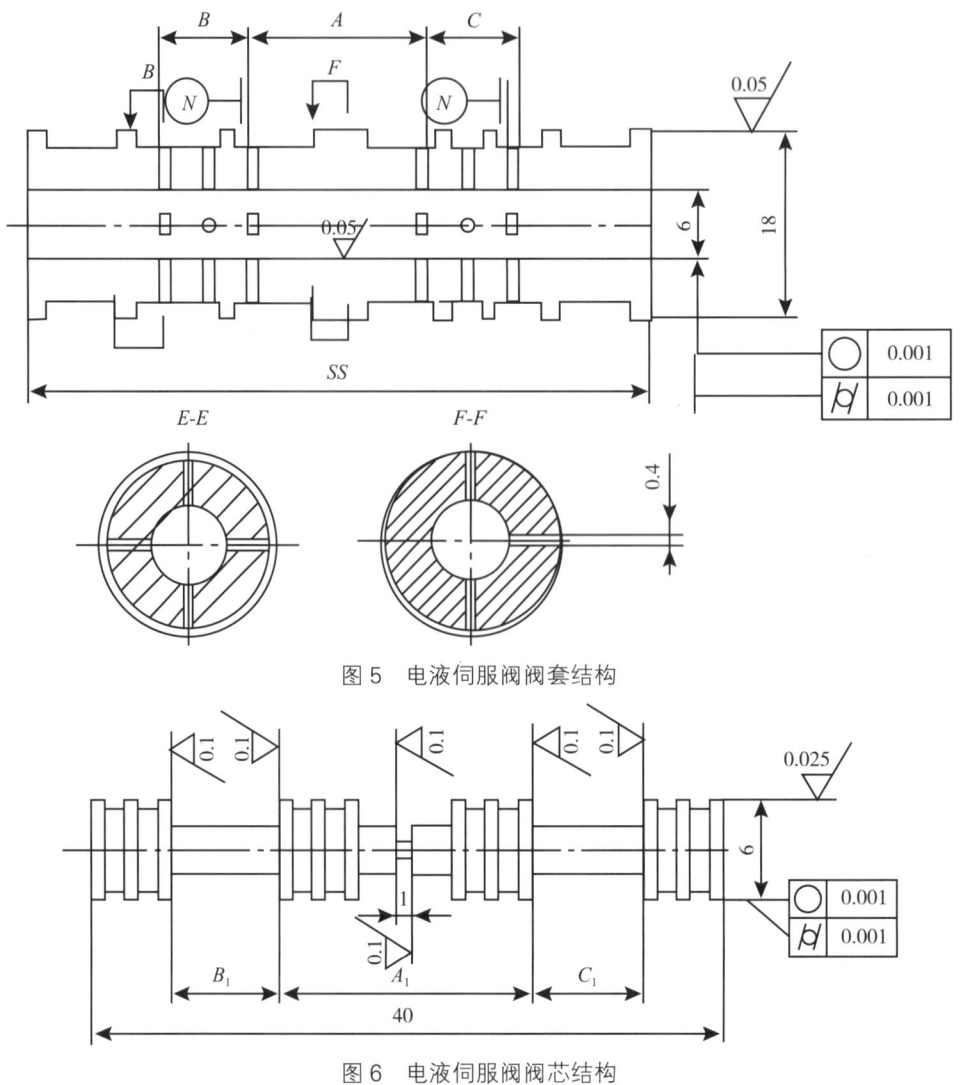

图 5 电液伺服阀阀套结构

图 6 电液伺服阀阀芯结构

套节流窗口之间的轴向配合距离。阀套内径为 6 mm，外径为 16 mm，阀芯与阀套常温下的配合间隙为 4 mm。当温度升高时，其配合间隙减小。温度过高时，阀芯阀套之间的相对运动受到影响，可能导致卡死的现象。环境温度 25 ℃，当液压油温度升高至 120 ℃时，阀套和阀芯的材料线膨胀系数为 11.4×10^{-6}/℃，导致阀套间隙变化量为 3.8 mm。理论上阀芯阀套由间隙配合转化为过盈配合的临界状态，温度高于 120 ℃时往往导致卡死现象。

电液伺服阀数字化设计，还需要考虑温度对阀腔流场的影响。采用一个阀腔对阀内流体的流动状态进行分析。油液初始温度为 50 ℃、150 ℃、−40 ℃时阀腔内流体速度的数字化结果如图 7 ～图 9 所示，节流口处出现高速射流，阀腔内出现漩涡现象，容易引起阀腔中的温升。

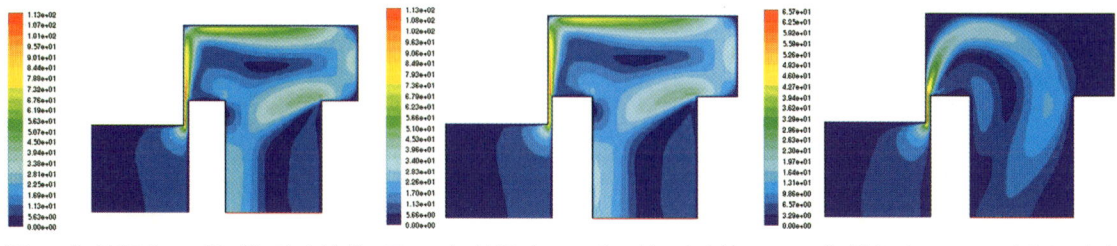

图 7 初始温度 50 ℃时阀腔内流体速度分布图　　图 8 初始温度 150 ℃时阀腔内流体速度分布图　　图 9 初始温度 −40 ℃时的阀腔内流体速度分布图

图 10 ～图 12 分别是温度为 50 ℃、150 ℃、−40 ℃时阀腔内流体的温度分布图。节流产生的热量传递到阀芯后达到热平衡时，阀芯的温升为 5 ～ 8 ℃。

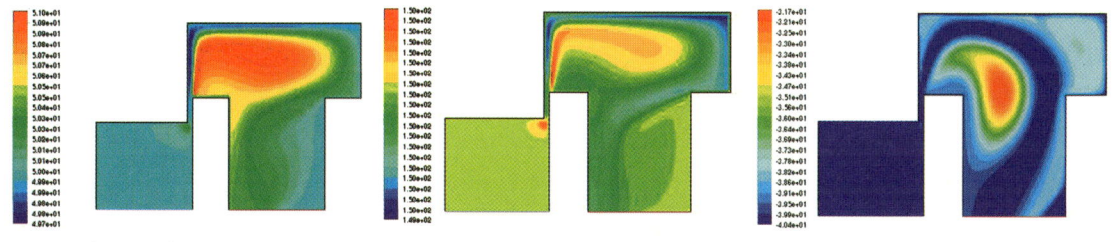

图 10 初始温度 50 ℃时阀腔内温度分布图　　图 11 初始温度 150 ℃时阀腔温度分布图　　图 12 初始温度 −40 ℃时阀腔内温度分布图

某飞行器电液伺服阀在生产、制造、调试合格后，出厂前经过高低温下（−40 ℃，120 ℃）环境试验考核。在某几次测试过程中发现某些电液伺服阀在高低温（−40 ℃，120 ℃）下正常。但恢复常温后，分别在温度为 0 ℃、40 ℃、70 ℃时进行性能测试，流量出现了锯齿波曲线。通过数字化设计和改进后，采取在零件装配前进行液压温度配对试验的工艺措施，如 0 ℃、40 ℃、70 ℃三组温度的配对筛选，最终消除了流量锯齿波现象。本案例成果用于某飞行器电液伺服阀的数字化设计、制造和调试过程，批量产品装备国防。

图13 被测喷嘴挡板式电液伺服阀

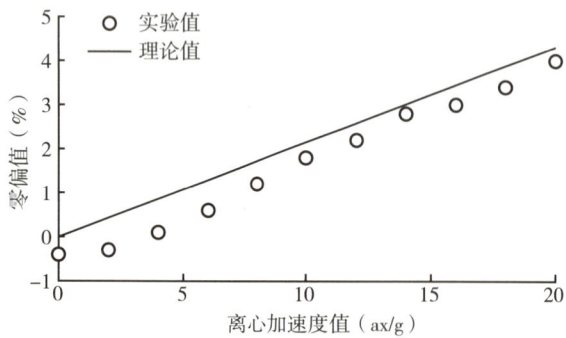

图14 离心加速度下电液伺服阀零偏值的数字化设计预测结果和实验结果

（2）三维离心环境下的电液伺服阀数字化设计。

典型空间姿态下的电液伺服阀数字化设计，必须考虑离心环境对工作点特性的影响。通过三维离心环境下的电液伺服阀数字化设计，发现了电液伺服阀耐加速度的布局措施：当主阀芯轴向与离心角速度矢平行布局时，耐加速度能力最强；当主阀芯轴向与离心角速度矢异面垂直布局时，耐加速度能力次之；当主阀芯轴向与离心角速度矢同面垂直布局时，耐加速度能力最差。

图13为被测某型电液伺服阀。图14为离心加速度下电液伺服阀零偏值的数字化设计结果和实验结果对比图。离心测试前，测得该电液伺服阀空载流量曲线如图15所示。启动离心机，离心加速度达到6.875 g时，稳定后保持15 min，期间测得电液伺服阀空载流量曲线如图16所示。可知，当电液伺服阀主阀芯轴向与离心力方向相同时，离心加速度会引起电液伺服阀产生零漂，且主阀芯偏移量与离心加速度成正比。

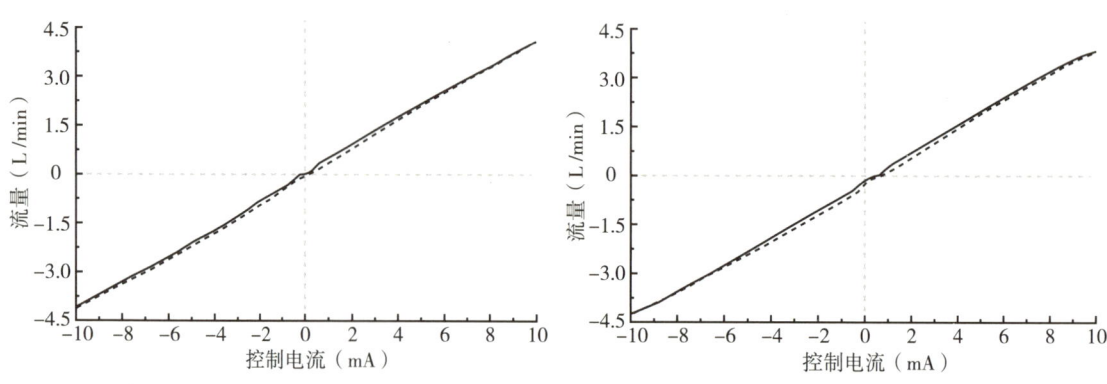

图15 非离心环境下电液伺服阀空载试验流量曲线　图16 电液伺服阀主阀芯轴线与离心力同向时的试验流量曲线

2. 射流管伺服阀的数字化设计案例

图17为CSDY型射流管电液伺服阀。可通过数字化设计进行模拟射流管伺服阀的基础

特性，如结构参数与恢复压力的数字化映射关系（图18），射流管和接收器接受孔内压力场的分布情况（图19），不同位移时前置级流场的分布（图20）。发现射流管伺服阀存在射流环状负压现象，即高速流体在射流口与接收器之间容易发生漩涡，产生环状负压区域的现象。

射流管伺服阀射流管直径约0.22 mm，抗污染能力强，因此对油液清洁度要求低。但是，油液中固体颗粒物高速射流容易产生零件磨损的问题，可对射流伺服阀的冲蚀磨损量进行数字化设计和预测。采用计算流体动力学（CFD）与冲蚀理论，结合单颗粒对靶材冲蚀磨损的大量实验结果，建立冲蚀磨损数学模型，可数值模拟射流管伺服阀多相流中油液和固体颗粒物的运动轨迹，取得离散相固体颗粒的速度和冲击角度等参数对射流管伺服阀冲蚀磨损的影响规律，得到前置级部件的冲蚀磨损率以及冲蚀磨损量。

图17　CSDY型射流管电液伺服阀（中船重工第七〇四研究所）

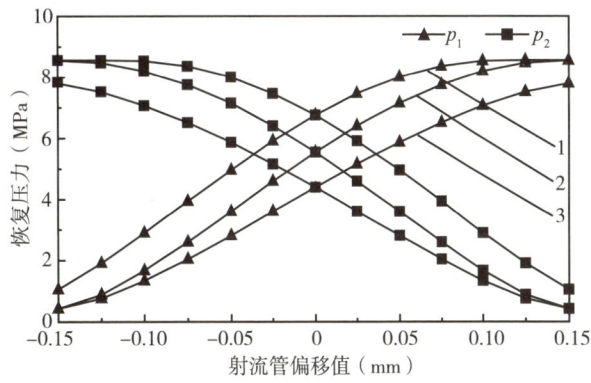

图18　射流管伺服阀左右接收孔径不同时恢复压力的数字化设计

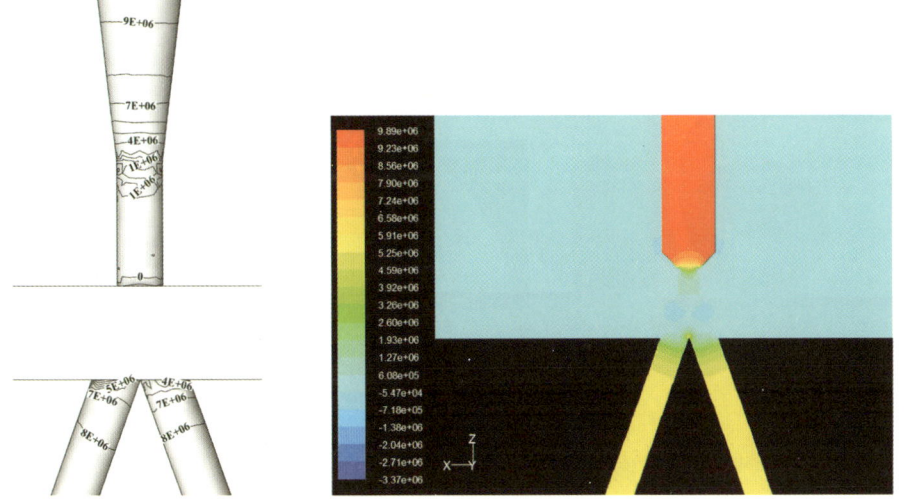

图19　射流管伺服阀中位时的压力场（环状负压现象）数字化设计

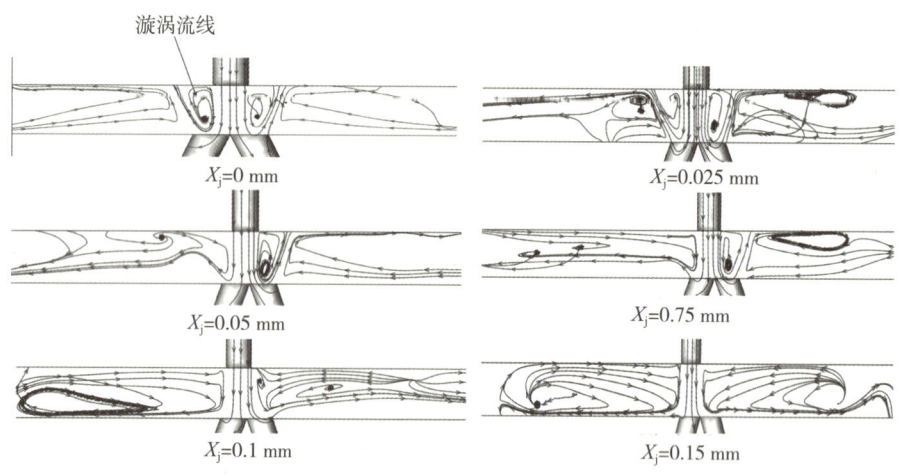

图 20 射流管伺服阀前置级速度矢量与漩涡状态图

图 21 为 CSDY 型射流管伺服阀在现场服役 5 年后，实物分解的接受器端面图以及冲蚀磨损的数字化设计结果。将实验已磨损的 CSDY 型射流管电液伺服阀前置级接收孔进行注模得到图 22 所示的注塑件实物图。两接收孔交界部分由原来的尖角变成了圆角，说明劈尖处发生了比较严重的冲蚀磨损，该结果与数字化设计预测的冲蚀磨损发生的位置相吻合。

电液伺服阀壳体结构复杂，采用数字化设计可以准确掌握壳体的危险薄弱部位及其疲劳寿命次数，进行预先评估和再设计。图 23 为某射流管伺服阀阀体疲劳寿命的数字化设计结果，材料为 7075 铝合金，供油口内部和阀套连接沟槽附近两侧为薄弱部位厚度 1.15 mm，有限元设计寿命为 3.83 万次。42 MPa 脉冲压力试验结果寿命次数为 3.13 万次。通过数字化设计后，找到了薄弱环节和改进措施，已用于某型号产品的改进设计过程。

射流管伺服阀的数字化设计技术，还可用于零偏漂移产生机理分析，以及抑制零偏或零漂措施的评估。图 24 为某射流管伺服阀零偏与零漂产生机理的鱼刺图。射流伺服阀的零偏漂移，包括力矩马达引发的零偏漂移，射流前置级引发的零偏漂移，滑阀级引发的漂移，制

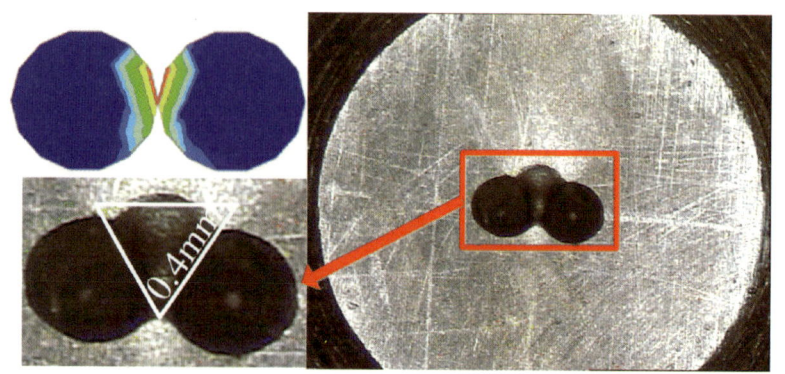

图 21 射流管伺服阀接受器断面磨损实物图与数字化仿真磨损图

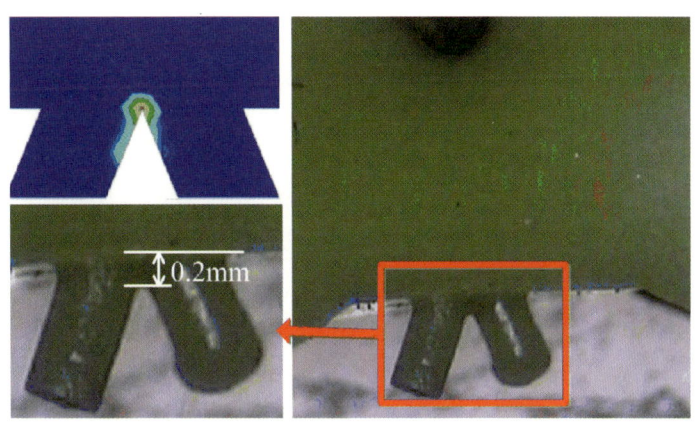

图 22 射流管伺服阀接受器接收孔磨损后注塑件实物与数字化仿真磨损图

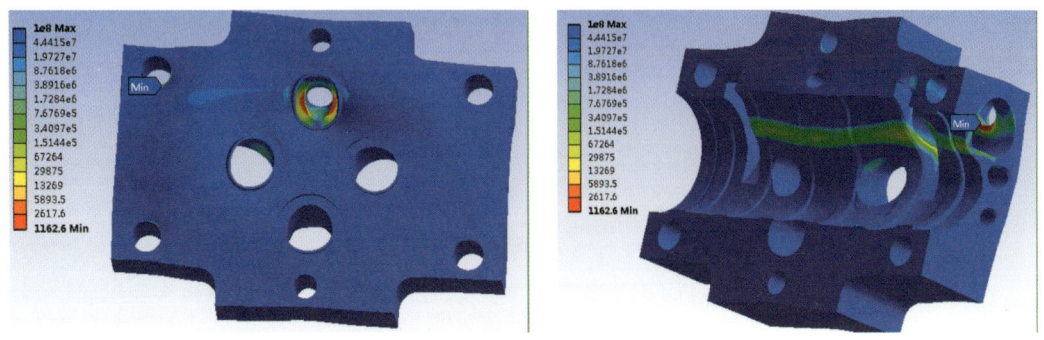

图 23 某射流管伺服阀阀体疲劳寿命次数的数字化设计结果

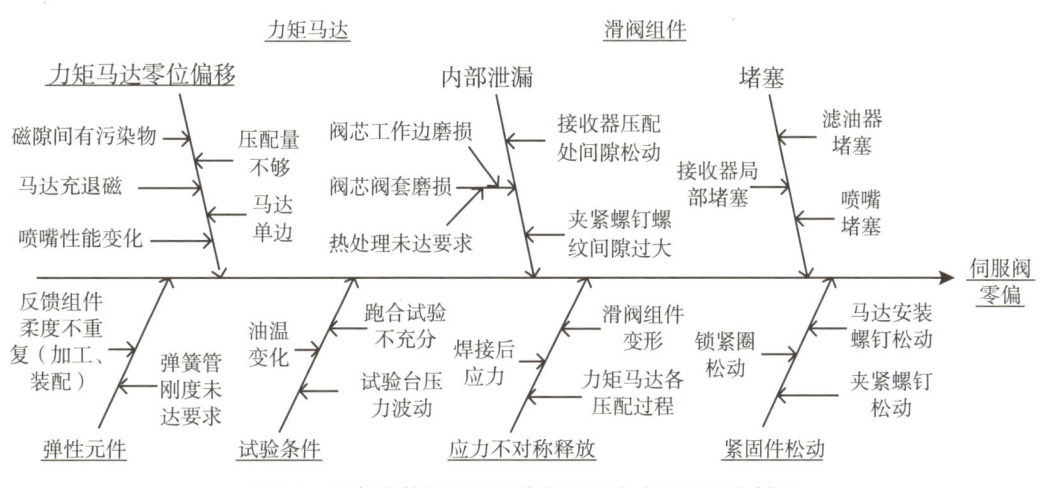

图 24 某射流管伺服阀零偏与零漂产生机理的鱼刺图

造、装配、调试工艺引起的漂移，以及设计方案引起的零偏漂移。此外，还包括供油压力零漂、回油压力零漂、温度零漂、加速度零漂、零值电流零漂以及流体介质变化引起的零漂（表1）。

表1 射流管伺服阀零位漂移产生机理与抑制措施的数字化设计

分 类	影响因素	零偏漂移机理	量化说明
加 工	接收孔大小有差异	零位时接收面积不同，从而接收流量不同，主阀芯两端有压力差，导致阀零偏	接收孔半径相差0.005 mm，零偏电流约增加1.65%。
	主阀阀口遮盖量不同	零位特性变化，执行机构两端零位压力差改变，产生零漂	—
	阀芯阀套间隙加工不合适	环境温度变化，间隙改变，易在工作过程中造成卡滞，回不到零位	—
装 配	力矩马达对接收器安装偏差	使得两接收孔接收流量不同，引起阀芯两端控制压力不一致所致	安装偏差每增加0.03 mm，纠偏电流增加0.1%
	力矩马达气隙变化	气隙变化，相同电流下力矩马达产生的力矩变化，零偏电流发生变化	气隙每增加0.583 μm，零偏增加1%
	阀套、阀体定位不准确	导致力矩马达对接收器安装偏差	—
	阀芯、阀套不对称磨损	造成单边零位泄漏增大，引起零漂	—
	装配时形成不对称应力	服役过程中应力释放，使伺服阀结构的对称性遭到破坏，引发零漂	—
环 境	温度变化	引发应力的不对称释放，导致伺服阀结构不对称，产生零漂使阀芯、阀套间隙的减小，引发卡滞	—
	离心加速度	产生的惯性力使力矩马达衔铁和阀芯产生偏移	离心加速度为10 g，离心零漂为1%。
工作介质变化	调试介质为10号航空液压油工作介质为RP3煤油	主要由于RP3燃油黏性小，渗透性强，使得阀芯夹紧螺钉处的泄漏增大，且泄漏量不一致，引起阀芯两端控制压力不一致所致	—

3. 偏转板伺服阀的数字化分析案例

偏转板伺服阀（图25、图26）采用偏转射流放大器取代双喷挡液压放大器，射流通过偏转板V形通道时，作用在偏转板上的液流力小，可以用较小的力矩马达来控制较大的输出流量。不需要绕性供油管，消除了结构上可能出现的振动，结构简单、工作可靠。偏转板伺服阀已应用于军机、民机、大型运输机等的飞行控制系统。我国偏转板伺服阀产品主要有：

案例 29 极端环境下电液伺服阀的数字化分析与设计

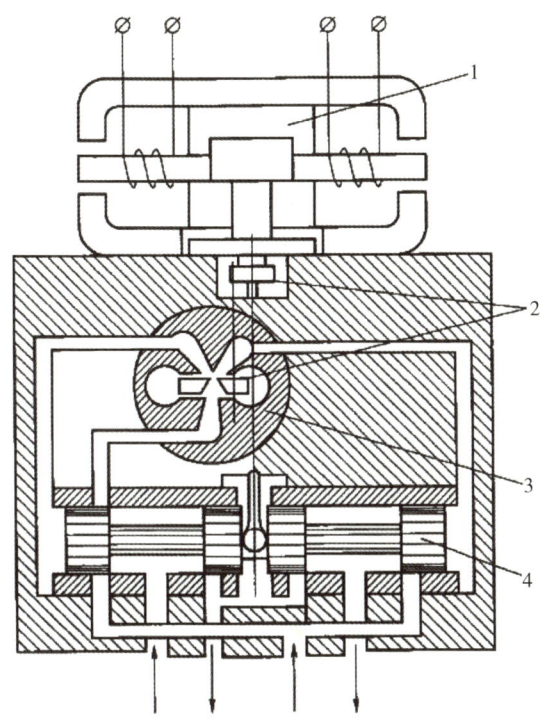

1. 力矩马达；2. 偏转板；3. 射流盘；4. 滑阀

图 25　偏转板伺服阀原理图

（a）偏转板前置级

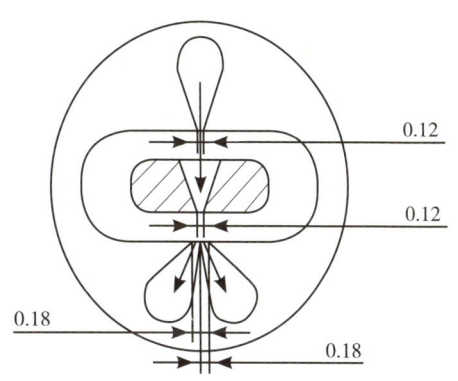

（b）偏转板前置级截面图（单位：mm）

图 26　偏转板伺服阀前置级原理图

中国运载火箭技术研究院第十八研究所研制的 SFL-22 偏转板伺服阀，中航工业第 609 研究所研制的 FF-260、FF-261 偏转板伺服阀，中航工业第 618 研究所研制的 2718A 偏转板伺服阀。偏转板前置级是偏转板伺服阀的关键部件，数字设计方法是前置级精细电加工质量和组合加工工艺和动静态性能的重要保证。

245

通过偏转板前置级流场分析，如图 27 所示，可对偏转板伺服阀关键 V 形槽进行数字化设计：V 形槽夹角 20°，上、下端距离为 0.4 mm，上、下端均有圆角 0.05 mm 时圆角处液流不收缩，不易产生气穴。在实际的线切割加工过程中，要优先保证偏转板伺服阀前置级 V 型槽下端圆角的加工质量。

偏转板伺服阀缺乏设计准则，采用数字化设计技术，可深入了解射流前置放大级的压力场、速度场和温度场规律，取得关键结构和参数的确定方法及其影响因素。本案例还发现如图 28 所示的偏转板伺服阀的卡门涡街现象，即高速流体在射流口及偏转板后部发生边界层分离，导致尾流漩涡现象。得到了流道内壁粗糙度和不同工作介质对流场的影响，以及射流伺服阀制造、调试、灵敏度设计和"零偏"纠正的依据。

（a）无圆角　　　　（b）上端有圆角、下端无圆角　　　（c）上、下端均有圆角

图 27　偏转板伺服阀偏转板 V 形槽上下槽口圆角对压力场的影响

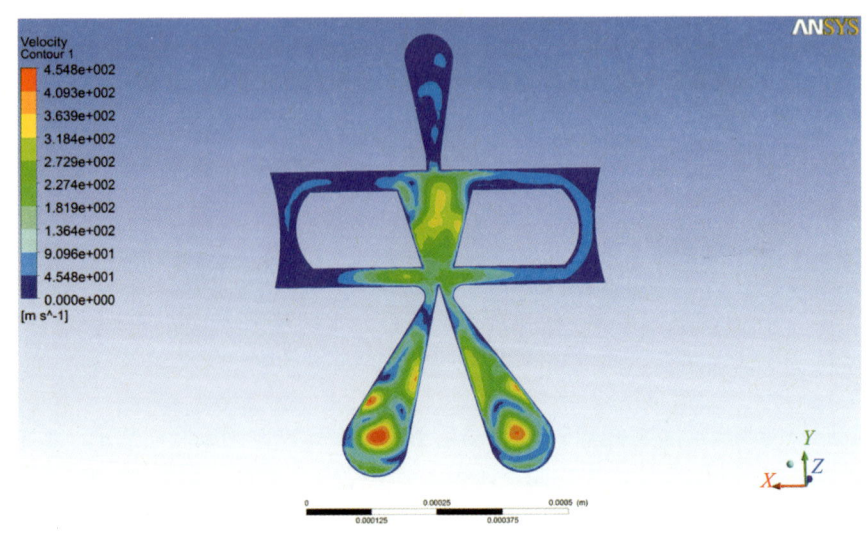

图 28　偏转板伺服阀的卡门涡街现象（前置放大级流场的速度云图）

三、结论与展望

本案例所介绍的电液伺服阀（包括喷嘴挡板式电液伺服阀、射流管伺服阀、偏转板伺服阀）的数字化设计与分析方法，已用于我国航空、航天、舰船等10余种型号产品的设计与制造过程，在国家型号任务研制和试验过程中得到了验证。所发现的偏转板伺服阀的卡门涡街现象，即高速流体在射流出口以及偏转板后部可能发生的边界层分离会导致产生尾流漩涡现象，以及所发现的射流管电液伺服阀射流环状负压现象，即高速流体在射流口与接收器之间产生环状负压区域的现象，对于我国偏转板伺服阀和射流管伺服阀的基础研究和产品研制具有重要指导意义。本案例已取得授权国家发明专利7项，出版专著《极端环境下的电液伺服控制理论与应用技术》《高速气动控制理论和应用技术》两部。

据不完全统计，国内民用领域的电液伺服阀年需求量在10万余台，目前国外进口电液伺服阀每台产品售价数万元甚至每台10万~20万元，用于购买国外电液伺服阀的费用每年高达数百亿人民币。民用领域，高性能飞行模拟器、高频响振动台、飞控系统、高性能机床的核心部件，均大量需要高性能电液伺服阀。国外企业垄断了包括航空和民用的大部分市场，而国内企业在民用电液伺服阀领域几乎处于空白状态。要走在世界前列、跟踪先进技术，立足国内研制高端电液伺服元件，必须以军品技术为牵引和依托，针对国内巨大的高性能电液伺服阀需求和海外市场，建立跨行业、跨系统、跨所有制创新创业联合体，自主研究和开发高性能、多品种的电液伺服阀迫在眉睫。

轴向柱塞泵/马达的数字化设计与测试关键技术及应用

浙江大学流体传动与机电系统国家重点实验室

高压轴向柱塞泵/马达是高端主机装备液压传动系统的核心基础件，我国目前严重依赖进口，造成主机装备"空心化"。创新地提出轴向柱塞泵/马达液－固－声多场耦合性能驱动设计方法，发明了轴向柱塞泵/马达宏微观特性拟实测试装备，研制了系列化高承载低噪声柱塞泵/马达，打破国外垄断，实现了在国内重大装备和重点工程中配套要求。

一、背景介绍和概述

液压传动由于具有极限功率大、功率密度高、便于实现过载保护等优点，广泛应用于大型高端装备，其中轴向柱塞泵/马达由于具有高功率密度和高压力等级而成为高端主机装备的"心脏"，是设计与制造难度最大的液压元件。面对主机装备日益严格的节能排放法规和电气传动竞争压力，液压传动高压化趋势持续升级，轴向柱塞泵/马达额定压力等级从 35 MPa 向 42 MPa 甚至更高过渡已是必然趋势。高压化可提高液压传动系统功率密度和效率，降低主机装备尺寸和能耗，但会导致柱塞泵/马达摩擦副承载特性恶化、冲击振动和噪声加剧等问题，传统设计方法和测试装备无法满足需求。以德国力士乐和亚琛工大为代表的国际著名液压企业和研究机构在先进的仿真设计工具及内部微观特性测试方法等方面正开展相关的理论和试验研究工作，从而支撑高性能高压轴向柱塞泵/马达的研制。

国内由于缺乏先进的设计工具、测试方法与装备，无法支撑高压轴向柱塞泵/马达的自主研制，甚至仿制产品在噪声和可靠性等方面也与国外产品存在较大差距，造成 35 MPa 高压轴向柱塞泵/马达严重依赖进口，吞噬了我国量大面广的工程机械行业 70% 以上的利润，严重制约了国产高端装备的核心竞争力。此外，西方国家对航天工程和大型舰船等军工应用领域的高压轴向柱塞泵/马达实行禁运和技术封锁，影响国家安全。为此，《国家中长期科学与技术研究发展规划纲要（2006—2020 年）》把包括液压在内的基础件作为优先课题之一。

综上所述，液压传动高压化趋势为轴向柱塞泵/马达设计带来了严峻技术挑战，但同时也给国内液压行业带来机遇。实现我国高压轴向柱塞泵/马达自主创新设计，对于促进我国装备制造业由大到强的转变具有重要意义。

二、面临的挑战和难题

为了打破国外技术垄断和提高自主创新能力，实现国产高压轴向柱塞泵/马达在我国重点工程和重大装备中的配套应用，主要有两个技术挑战：

（1）挑战一：轴向柱塞泵/马达的多场耦合设计方法。

传统轴向柱塞泵/马达设计通常假设静态极限工况点，以满足结构强度安全系数和压力-流量外特性为目标，采用集中参数经验公式进行校核。

高压轴向柱塞泵/马达液固耦合、刚柔耦合效应显著，因此高性能柱塞泵/马达设计需要根据流体力学、非线性动力学、声学等建立液-固-声多场耦合设计理论模型，并对其能耗、承载、噪声、可靠性等进行整体多目标优化设计。

缺少先进的多场耦合设计方法，是造成国产轴向柱塞泵/马达与国外同类产品存在较大差距的根本原因。围绕我国高端装备服役工况和技术需求，建立完整的基于性能驱动的固-液-声多场耦合精细化设计方法，提高国内企业的自主研发能力，为35 MPa及以上压力等级的高压轴向柱塞泵/马达的研制提供理论支撑，是国内企业面临的挑战之一。

（2）挑战二：轴向柱塞泵/马达的宏微观特性测量方法。

国内传统试验测试方法主要测量油口压力、平均流量和噪声等宏观外特性，测试技术和装备落后，对结构设计和加工工艺等考核不充分，无法揭示轴向柱塞泵/马达失效机理，这是造成国产柱塞泵/马达质量稳定性差的重要原因。为了探索轴向柱塞泵/马达失效过程中内部微观特性的演化规律，国外建立了摩擦副油膜特性的简化模拟测试装备，但是运动学和动力学特性与实际工况存在较大差异，测试结果难以复现摩擦副油膜在真实工作工况下的承载和能耗特性，无法为高压轴向柱塞泵/马达研制提供真实有效的试验数据。

模拟高端装备真实服役工况，实现轴向柱塞泵/马达内部微观参数在线测试，从微观层面揭示柱塞泵/马达在高压工况下的失效机理，建立宏观外特性和微观内特性映射关系，为基于性能驱动的多场耦合精细化设计方法提供试验验证，为限制国产轴向柱塞泵/马达与国外同类产品性能差距的薄弱环节提供解决方案，是国内企业面临的另一个重要挑战。

为此，依托"产-学-研"联合和多学科交叉，在国家科技支撑计划、国家"863"计划、自然科学基金等项目支持下，与国内龙头骨干企业进行了近10年的联合攻关，研制了完整的轴向柱塞泵/马达多场耦合精细化仿真软件，发明了系列化轴向柱塞泵/马达宏微观特性测试装备，突破了高压轴向柱塞泵/马达减振降噪技术瓶颈，实现了在国内重大装备和重点工程中的配套要求，打破了国外垄断。

1. 解决的关键技术

（1）轴向柱塞泵/马达液-固-声多场耦合设计软件。

高压轴向柱塞泵/马达是固-液-声多场强耦合的复杂液压元件，为了改变国内"知其然不知其所以然"的仿制和传统费时费工的"试错设计"现状，根据多学科联合仿真和微观特性驱动的精细化设计方法，开发了具有交互式操作和可视化功能的专业高压轴向柱塞泵/马达多场耦合仿真设计软件ViSPA（vitural simulation package of axial piston pump），软件对宏观参数的计算精度大于96%，对油膜压力场、厚度场等微观分布参数的计算精度大于90%，为轴向柱塞泵/马达的优化设计、系列化拓展及新产品研制提供了有效设计工具，且有助于缩短产品研发周期和降低研发成本。

1）建立了转子组件的多自由度多尺度运动学虚拟仿真平台。在传统柱塞泵/马达摩擦副运动学模型中存在大量简化情况。以柱塞副为例，传统模型为理想圆柱副，只考虑吸排油过程中柱塞在柱塞孔中的往复运动和绕主轴轴线的旋转运动。而实际工况是，在交变侧向力作用下，柱塞在柱塞孔中的倾斜姿态周期性变化，在圆周摩擦力作用下，柱塞绕自身轴线高速旋转。油膜厚度变化产生挤压效应，收敛油膜在柱塞运动下产生动压效应。因此宏微观多自由度运动特性求解是实现摩擦副油膜承载性能评估的关键。

柱塞泵／马达核心旋转组件由 4 类 28 个串并联高速重载摩擦副组成，建立了滑靴副 - 球铰副 - 柱塞副 - 配流副摩擦系统的雷诺方程 - 力／力矩平衡方程耦合求解模型，探索出摩擦副楔形非稳态油膜的周期性微观振荡特性。研究确定了拓扑结构的轴向柱塞泵尺寸驱动参数化建模与自动装配方法，开发出转子组件的多自由度多尺度运动学可视化虚拟仿真平台，该平台功能包括：①求解摩擦副微观运动特性；②求解滑靴 - 柱塞的自旋转速，揭示滑靴 - 柱塞自旋转速随工况变化规律；③精确模拟摩擦副油膜峰值数量及分布位置周期性变化规律。如图 1 所示。

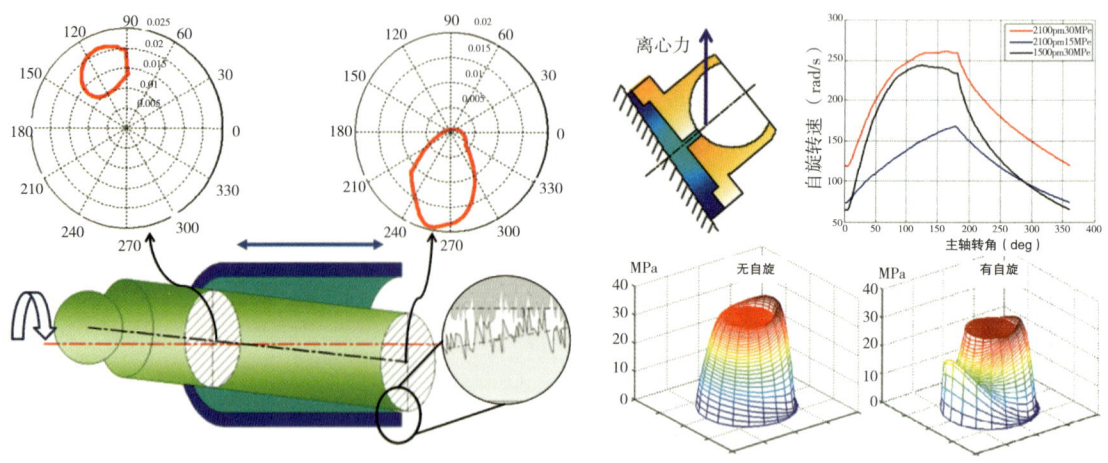

图 1　柱塞泵／马达核心组件多自由多尺度运动及其影响

2）开发了刚柔／液固强耦合摩擦副界面的承载 - 能耗设计工具。研究根据有限元模型的摩擦副刚度矩阵自动提取方法，优化稀疏矩阵元素排列，实现摩擦副滑动过程中油膜压力网格节点（数量时变）与界面变形网格节点（数量固定）之间的数值传递，修正摩擦副表面在油膜峰值压力作用下的弹性变形对油膜润滑特性的影响，提高对摩擦副最小油膜厚度附近混合摩擦状态仿真精度。提出确定拓扑结构摩擦副的刚度矩阵函数，显著降低了液固耦合过程中数据传递量降，改变液固耦合模型的仿真速度和精度，非常适用于摩擦副结构尺寸的优化设计，如图 2 所示。

建立基于旋转组件结构变形微观尺寸链驱动的摩擦副油膜厚度耦合解算模型，引入主轴及柱塞等杆件结构挠度变形对摩擦副楔形角度的影响，提出了高压轴向柱塞泵／马达旋转组件动不平衡量和承载界面刚度设计准则。开发了轴向柱塞泵／马达摩擦副油膜分布特性仿

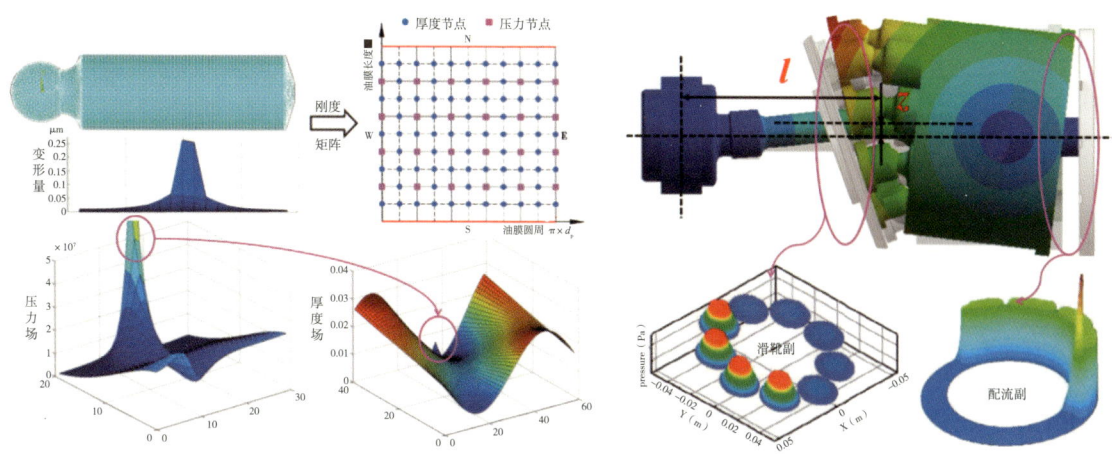

图 2　摩擦副液固耦合和刚柔耦合及其影响

真设计平台,该仿真平台功能包括:①摩擦副油膜压力场、速度场和厚度场求解与可视化;②核心旋转组件应力应变求解与可视化;③摩擦副泄漏/摩擦损失求解和分布统计。

3）开发了分布式多形态激振源耦合传递激振评估软件。轴向柱塞泵/马达在多柱塞腔压力冲击、出口流量脉动和气穴破裂等激振源综合作用下,通过壳体辐射高分贝噪声。提出油液全工况动态弹性理论公式,建立柱塞泵流量脉动、压力冲击和气穴气蚀多形态激振源全局评估模型。引入配流盘阻尼槽高速射流油液的惯性对柱塞腔流量脉动和压力冲击的影响,实现对高强度压差流和剪切流作用下气穴气蚀位置的精确预测。解决柱塞泵核心组件的多柔性体约束节点和力作用点自动识别难题,建立基于分布式实时激励在线提取的流固耦合振动和机械振动模态-声学边界元模型,引入分布式承载油膜动态刚度对柱塞腔周期性压力冲击耦合传递路径衰减特性的影响,开发了分布式多形态激振源耦合传递激振评估仿真软件,该软件的功能包括:①不同降噪结构的激振源强度求解及可视化;②不同降噪方案通过壳体和端盖的振动和噪声辐射分析。如图3所示。

解决了不同仿真子模块之间的数据在线传递难题。通过承载-节能-降噪性能的自动多目标优化,实现柱塞泵/马达设计方法从"尺寸驱动"设计向"性能驱动"设计的转变。

4）应用案例。该仿真软件及子模块在国内外多家企业产品优化设计及新产品研发中被推广应用,针对高速重载柱塞泵/马达设计提出多种原创性发明和设计方法。

（a）揭示滑靴副的高速非定常自旋运动产生的动压效应,提出微型"凸"形结构滑靴底面支承结构,并建立滑靴内/外倒角结构的匹配优化设计方法,滑靴倾覆时产生局部二次动压效应,产生较大的反倾覆力矩,从而使滑靴能够进行自适应姿态调整,改善间隙油膜对滑靴底面非线性弹性变形的顺应性,提高滑靴的抗倾覆、抗冲击及抗油液污染能力。

（b）降低激振源强度是轴向柱塞泵/马达减振降噪研究的核心问题。研制出柱塞腔流量

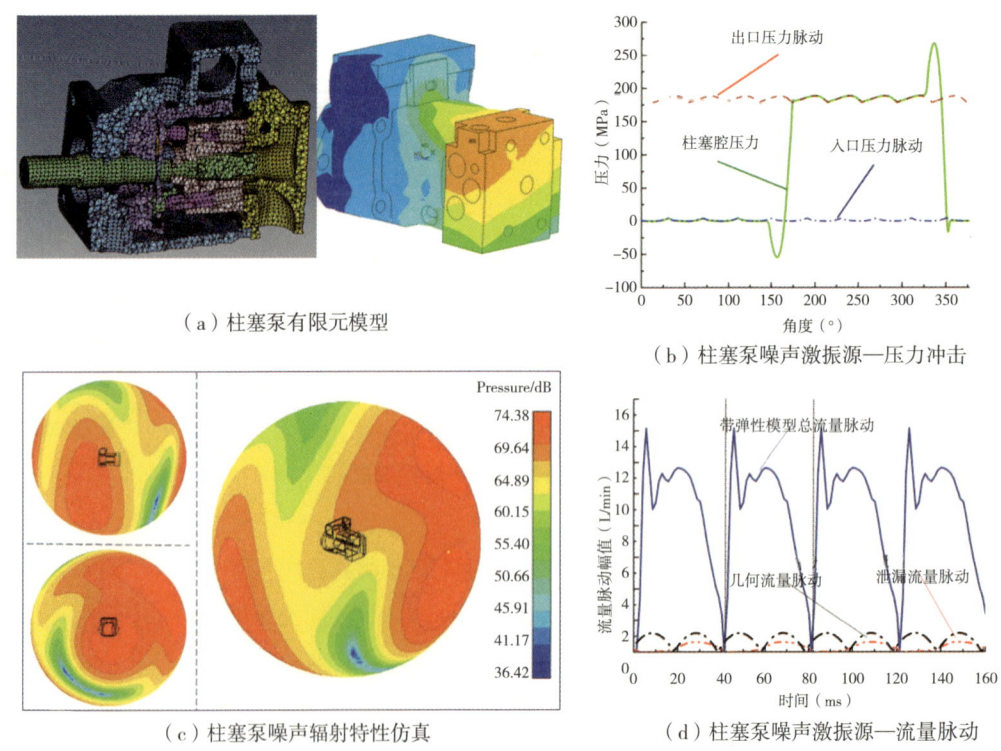

图 3 柱塞泵激振源和噪声仿真

倒灌波形的主动调控抗气泡析出低流量脉动配流盘，发明了具有"削峰填谷"转位角的同轴驱动双转子结构配流结构，以及抗压力冲击的低惯性柱塞，使全工况范围内流体噪声、结构噪声和气穴噪声的激振源强度降低 50% 以上。

（c）壳体是轴向柱塞泵／马达最大的噪声辐射面，在揭示多源耦合激振下壳体各型面噪声贡献率的基础上，基于"变密度法"优化设计壳体肋板拓扑结构，建立高刚度壳体正向设计方法，实现在不降低柱塞泵／马达功率密度基础上提高壳体刚度，声功率最大降幅达 5 dB (A) 的要求。

（2）拟实工况轴向柱塞泵／马达宏微观特性测试装备。

传统柱塞泵／马达耐久性试验负载与主机装备服役工况差异较大，无法复现复杂冲击振动工况下的磨损和疲劳失效演化过程，难以对轴向柱塞泵／马达工程应用中的可靠性进行评估和预测。基于进出口压力－流量等外特性监测的加速寿命试验，能直观确定限制柱塞泵综合性能指标的薄弱环节（故障部位），但无法从深层解释薄弱环节失效机理（故障成因）。为此，在模拟冲击振动极端服役工况前提下，提出摩擦副微米级间隙油膜分布特性实时在线测试方法和泵源高频非定常流量脉动"管道实参"测试方法，为基于性能驱动的多场耦合精细化设计方法验证及高可靠性高压轴向柱塞泵/马达研制提供试验支撑，探索在真实负载激励下柱塞泵/马达微观特性演化与宏观参数失效的映射规律。

1）摩擦副微米级间隙油膜分布特性在线测试装备。复现摩擦副油膜形态特征的拟实测量方法是轴向柱塞泵/马达试验研究的国际性难题。传统基于简化模拟装置的测试方法与摩擦副实际运动学和动力学特性有较大差异，测试结果可靠性低。根据柱塞分布的对称性和周期性，提出多个柱塞腔内具有固定相位差的测点数据的时序和空间拟合方法，实现单个柱塞副油膜特性的多点分布式测量，解决狭小空间内传感器密集布置安装的难题，实现在真实柱塞泵柱塞副狭小空间内安装固定41个压力和32个温度传感器；发明了基于多源交叉供油静压支承原理的浮动式衬套结构，实现了柱塞副三维摩擦力和自旋转速的精确测量；设计了基于无线遥测技术和空心主轴结构的数据传输和采集系统，解决旋转体内数据线缠绕难题；发明了柱塞副微米级间隙油膜分布特性在线测试装备，实现柱塞副/滑靴副/配流副三维摩擦力、自旋转速、油膜厚度/压力场等微观特性的精确在线测量，从油膜压力场分布及动态摩擦力等微观层面探索柱塞副油膜承载-能耗特性在失效累积过程中的演化规律，如图4所示。

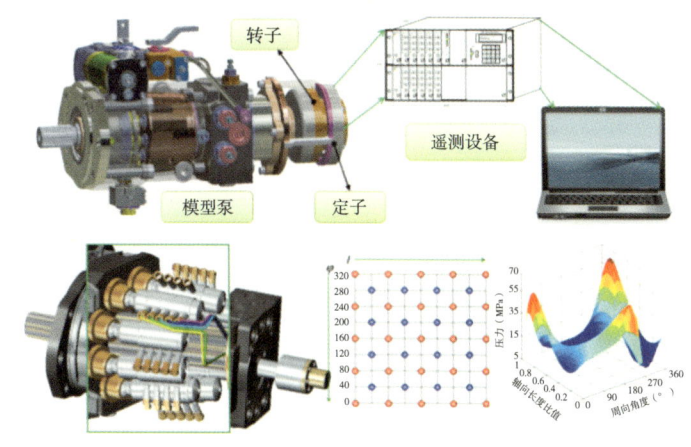

图4　摩擦副微观特性测试方法及装备

2）泵源高频非定常流量脉动测试方法和装备。高频流量脉动是激发泵流体噪声和机械噪声的根源，对其精确测试是评估轴向柱塞泵减振降噪效果的最直接手段。然而，国际上动态流量计频率（<300 Hz）无法满足柱塞泵出口高频流量脉动（>2000 Hz）的测量要求，需要通过阻抗原理和压力波传递特性对其进行间接测量，是柱塞泵减振降噪理论研究的国际难题。"二次源法"作为ISO标准，受压力传感器间距与压力波波长的倍频关系限制，存在测试盲区；由于对泵出口流道等效直径与硬管直径差值有严格要求，测试台的通用性较差；且测试步骤繁琐及数据处理复杂，限制了其工业推广。

提出将油液动态振荡形成的附加流量脉动与管路阻抗耦合转化为压力波，通过测量空间4点压力波幅值和相位的衰减特性求解泵源脉动流量，取消二次源辅助泵，使测量步骤减半；提出采用线性衰减技术代替传统分布参数法，建立简化的泵源阻抗估值算法和非等径管道特征参数计算模型，复杂出口管道泵源阻抗估值精度和效率分别提高20%和70%，拓宽流量脉动测试装备的适用范围；开发了GUI人机界面的标准化数据处理系统，研制了柱塞泵出口流量脉动"管道实参"法测试装备，消除倍频共振测试盲区，脉动流量测试精度为基准值的

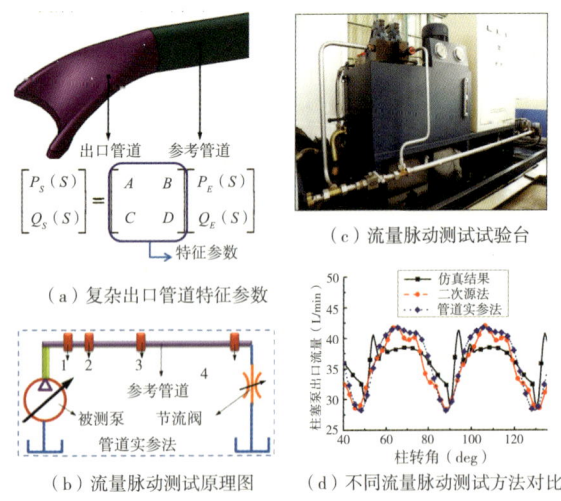

图 5 流量脉动测试方法及装备

92%，是目前最适合工业应用的流量脉动测试装备，如图 5 所示。

3）模拟真实服役工况的柔性加载系统。实验室测试负载工况的单一性与实际应用场合负载历程的多样性是导致轴向柱塞泵/马达可靠性评估与预测失效的关键因素。基于真实服役工况与环境模拟的测试装备，可以对液压元件服役寿命进行有效预测，环境试验包括高低温、冲击振动、粉尘污染等试验。设计了具有良好自循环能力的迷宫式隔板油箱，提出了参数自整定模糊 PID 控制策略，解决了液压动力系统介质温度大滞后的系统控制难题，油温控制精度 ±1℃。发明了基于锥阀网络的负载口独立控制单元，实现压力冲击幅值及飞升速率主动调控和柔性加载，模拟复杂多样的载荷谱加载过程。开发了基于非接触传感器和触发式采集的数据采集系统，解决严重冲击工况下高频数据数据采集的抗干扰和数据存储难题。研制了泵阀联调柔性加载系统，实现不同主机装备液压传动系统真实服役工况的模拟，并采用功率回收系统解决传统耐久性试验能耗高的问题，节能率达 50%，如图 6 所示。

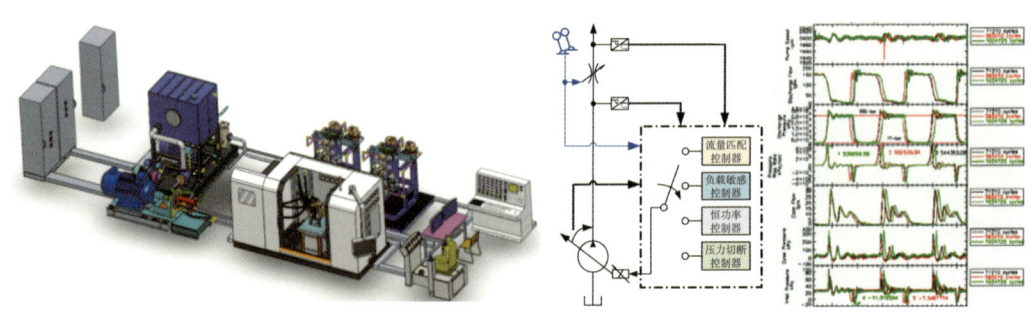

图 6 柱塞泵/马达拟实工况柔性加载装备

4）应用案例。柱塞泵/马达摩擦副配对材料选择通常分为基于摩擦磨损试验机试样实验和产品台架试验，前者无法模拟摩擦副承载界面的运动和接触特性，后者难以监测摩擦副运行过程中的微观特性，给高速重载摩擦副减摩耐磨材料的优选带来困难。与宁波博威合金材料股份有限公司合作，采用本项目研制的摩擦副微米级间隙油膜分布特性在线测试装备，从承载压力、润滑油膜分布及三维摩擦力等微观层面揭示摩擦副材料的磨损失效机理，通过充分的实验测试，结合双金属浇铸顺序凝固工艺优化复杂锰黄铜组分和烧结工艺，解决摩擦副在高压工况下的磨损和烧盘现象，在国内柱塞泵/马达企业推广应用。

2. 评价与应用

授权发明专利25项，软件著作权5项，发表SCI/EI论文100余篇，国际会议作大会特邀报告2次，获大会优秀论文3次。形成了由设计软件、检测方法与发明专利构成的高压轴向柱塞泵/马达设计体系。设计软件和测试装备在国内外十余家龙头股干企业推广应用，显著提高企业新产品设计研发能力，获得高度评价。与企业联合研制的多个系列/规格的高压柱塞泵/马达产品，打破国外垄断，成功应用于我国大型水面舰艇、大型科学仪器、大型抢险救援机械等军民重点工程和重大装备，满足国家重大需求，提高了我国装备制造业的核心竞争力。

研究成果获得2013年教育部高等学校技术进步二等奖和2015年度中国机械工业科学技术奖技术发明一等奖。

三、展望

经过近10年的产-学-研-用联合攻关，我国柱塞泵/马达在效率、噪声及可靠性等综合性能方面与国外差距显著缩小，满足部分重点工程和重大装备液压系统的国产化需求。根据行业和学科的国际发展趋势，柱塞泵/马达未来向智能化、轻量化、高速化、小型化等方向发展，需要继续开展液压传动、信号处理、振动控制、新材料、成形制造等学科交叉研究，不断满足我国高端机电装备配套新型液压系统和高性能液压元件的技术需求。

案例 31
液力元件流场仿真技术

北京理工大学

液力元件是流体传动技术的典型应用，针对车用液力元件的高功率密度研制需求，以流场仿真技术为核心，开展了系列变矩器及其设计理论、扁平循环圆液力元件、非接触测绘造型与观测方法等课题的研究，建立了液力元件集成设计体系，研制了直径和角度系列化车用液力元件，功率覆盖范围 100～1100 kW，最高效率 84%～88%，起动变矩比 1.8～2.5。其成果在新一代国产特种车辆以及工程机械上得到了广泛应用。

一、综述

1. 液力元件及其流场仿真

液力元件是利用工作液体的动能变化来传递或变换能量的一类液体元件，传动系统中有一个或一个以上环节采用液力元件来传递动力时，称为液力传动，与液压和气动传动同属液体传动形式。

自 1905 年液力元件发明以来，由于它能够改良原动机特性，扩展稳定工作区间，增加调速调矩范围，因此在船舶、车辆、矿山、石化等多个领域广泛应用，并取得了显著的技术经济效益。虽然我国应用液力传动具有一定的基础，但与欧美发达国家相比，应用范围窄、数量较少，以汽车工业领域为例，各类大批量生产的乘用车辆上鲜有自主设计研制的液力元件。随着我国装备制造业由大到强的兴起和城市化进程的加速，各类液力元件的自主设计和以仿真技术为代表的研究手段成为我们关注的焦点。

通过应用液力元件的计算机仿真技术，对液力元件通过对其核心叶栅系统的建模和流场分析，能够实现对传动性能的准确预测和优化设计，减少试制和实验工作量，降低研发成本，缩短研制周期。随着三维流动设计技术的发展和多学科集成优化设计技术的逐渐成熟，液力仿真技术现在已经成为液力元件开发的关键环节。

2. 国内外液力元件流场仿真技术

早期的液力仿真手段主要参考各类叶片式流体机械的计算方法，如经典欧拉一维束流理论和吴仲华的两类流面理论以及正司秀信和石原智男等对叶栅内部二维和三维势流的求解等。对液力元件而言，从 20 世纪 70 年代开始，由 Whitefield 提出了一种突破平均流线约束的计算方法，随后经过 Liebau 和 Anderson 等人的改进，形成了适用于液力元件的准二维仿真方法。

德国鲁尔大学（Ruhr-Universitaet Bochum）的 Ziegs 和 Thiele 开发了有效体积法代码计算了液力变矩器泵轮和导轮内部流场，并得到了实验验证。日本 Fujitani 等人将液力元件多个叶轮耦合起来进行了多元件 N-S 方程求解。Abe 等人对汽车液力变矩器流场进行求解并在各元件间均发现了强烈的二次流动现象。鲁尔大学的 Schulz 等人提出了一种采用非正交贴体网格技术的液力元件三维粘性流场仿真方法，对一种单级单相的非汽车用液力变矩器稳态和非稳态工况进行了计算。

日本小松（Komatsu）公司的 Kano 和 Terasaka 等人通过三维流场分析了解液力元件内部流场，通过调整叶形改进设计提升传动效率。韩国现代—起亚（Hyundai-Kia）汽车公司的 Song 和 Kim 等人开发了液力变矩器设计与分析集成环境 TDOS，将二维和三维几何结构设计、三维流场分析和设计优化器集成到便于人机交互的 GUI 图形界面之中。美国福特（Ford）汽车公司则结合商业 CFD 软件集成 TCAP 设计系统，初步实现了液力元件的全三维数值设计，大幅缩减了设计时间，减少了大量物理样机的加工。

在液力元件流场仿真技术的运用过程中，流场求解一般是采用商用 CFD 软件。而实现液力元件的全数字化设计，目前的一般趋势是将 CFD 软件与自行开发的几何结构设计模块结合，通过优化设计技术的调用和人机交互界面的开发，构建液力元件的集成开发环境。

国内早期液力元件流场计算多参考相关叶轮机械，根据流线迭代法或流函数法等，过学迅、马文星和张斌等人采用自行编制的程序对液力元件进行势流、黏性以及势流—边界层流场计算。而后随着 Fluent、CFX、Star-CD、Pheonix 和 Numeca 等基于有限差分法、有限体积法以及有限元法的各商业 CFD 软件的逐渐成熟，采用三维流场分析逐渐成为液力元件设计构成中性能预测和验证的必要手段。如北京理工大学、吉林大学和同济大学等均结合 CAD 建模技术与 CFD 流场分析技术开发了液力元件集成设计与制造环境和工具，但尚未实现液力元件相关软件的商业化。

二、关键技术与趋势

随着 CFD 技术和计算机辅助设计及仿真技术的发展，液力元件流场仿真技术也经历了从二维到三维，从辅助性的预测和验证到设计主角的发展。液力元件内部流动为复杂的瞬态三维黏性涡旋流动，对液力元件原始特性的预测，是一个不断去除假设而逐渐接近其物理本质的过程。对内部三维流场的仿真计算实质上是求解 N-S 方程，其中合理的湍流模型是关键，目前常用的标准 k-ε 两方程模型、剪应力输运模型、重正化群 k-ε 模型、涡粘输运方程模型、雷诺应力模型等，都是对雷诺时均 N-S 方程中雷诺应力项的处理方式的不同，但这些处理往往会带来误差，随着涡流计算方法的发展，目前大涡模拟等技术被逐渐引入到液力元件仿真中，以提高其计算精度。

在这一过程中，有以下几个关键特点和趋势。

1. 灵活的叶栅几何设计

叶栅系统的三维参数化设计是指将叶片结构的三维拓扑形状用一组尺寸参数通过几何和工艺约束进行描述，通过人机交互操作或算法的自动寻优，对参数进行调整并可直接反映到最终叶片结构。它在满足叶片拓扑结构的共性基础上，通过对参数的局部驱动可以实现相似叶片的柔性设计。实现叶栅系统造型设计有两种途径，一种是根据给定各设计参数（如入、出口角度值等）进行正向工程设计；另一种是根据对已有叶栅系统进行测绘后，利用所得离

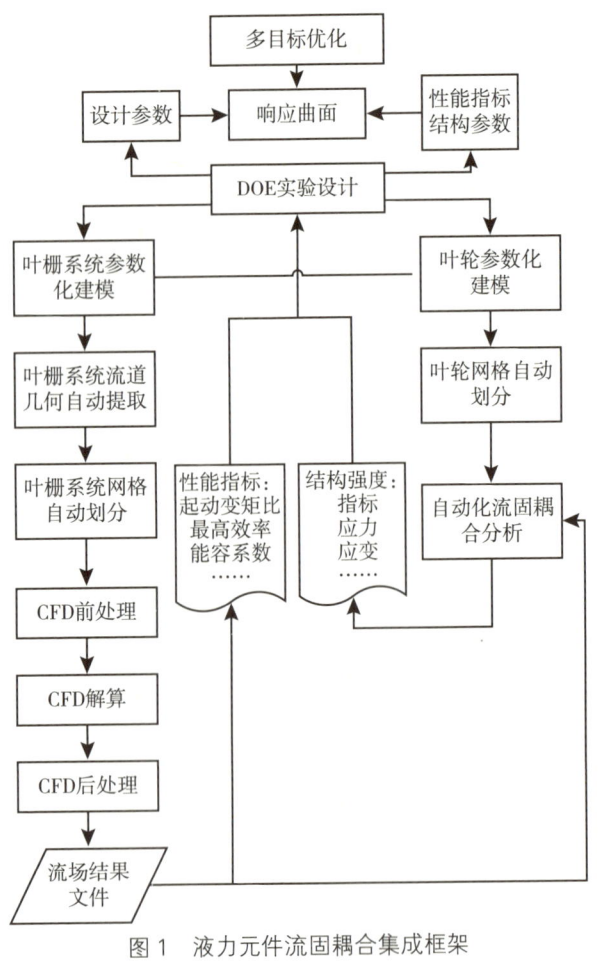

图 1 液力元件流固耦合集成框架

散测绘点拟合并重构曲面以实现逆求工程设计。良好的叶栅参数化模型应具有较强的适应能力及较好的灵活性、易于施加工艺约束与结构约束、较高的鲁棒性，叶栅构型方法是液力元件设计的关键，其关系到后续设计过程效率的高低和叶栅综合性能的优劣。

2. 集成的多学科优化设计

为有效实现参数化驱动，需要将叶栅几何设计、湍流流场数值模拟、原始特性预测集成起来，与试验设计技术和单目标或多目标优化算法、近似模型以及组合优化策略等技术，构建三维流动设计优化的集成平台。同时，液力元件设计为典型的多学科设计，应当实现流体力学、弹塑性力学、冲击动力学、传热学、控制理论等在内的多学科设计优化，实现液力元件基本设计理论和现代设计技术的高度融合。图 1 为液力元件流固耦合集成框架。

三、主要的应用案例

北京理工大学具有几十年研究液力传动的历史，在设计、制造、试验等方面积累了大量的经验，建立了液力变矩器现代设计与制造理论体系，液力减速器叶栅优化设计理论体系。

1. 液力变矩器流场仿真与设计优化

为提高液力变矩器设计精度及设计效率，开发了扁平循环圆设计方法、叶栅参数化造型方法，利用自编程序及二次开发实现叶栅系统造型、CFD 特性仿真的自动化处理，搭建了液力变矩器三维流动平台，成功进行了多种液力变矩器的设计及优化。

（1）提出了一种扁平循环圆液力元件设计方法。利用直线与圆弧进行设计流线构造，确保循环圆过流截面积相等，该设计方法具有可连续调节循环圆宽度的特征。从宽度角度出发，能够更加合理地实现对发动机和液力传动系统的性能匹配，同时可以大幅缩减循环圆设计参数，简化叶栅构型过程，同时明确了循环圆宽度压缩极限尺寸和工作腔最小极限体积；

（2）通过对流体机械三维叶片造型的研究，提出了利用两段三次贝塞尔曲线构造叶片二维骨线和厚度分布的方法，建立了叶片角度、叶片厚度、峰值点等几何控制参数与Bezier曲线控制点间的数学关系，实现了叶片形状的交互设计。采用骨线和厚度叠加的方式构造叶片二维型线，这种叶片造型方法能够较好的保证叶片形状的合理性及加工工艺性。图2为液力变矩器叶片型线参数化模型。

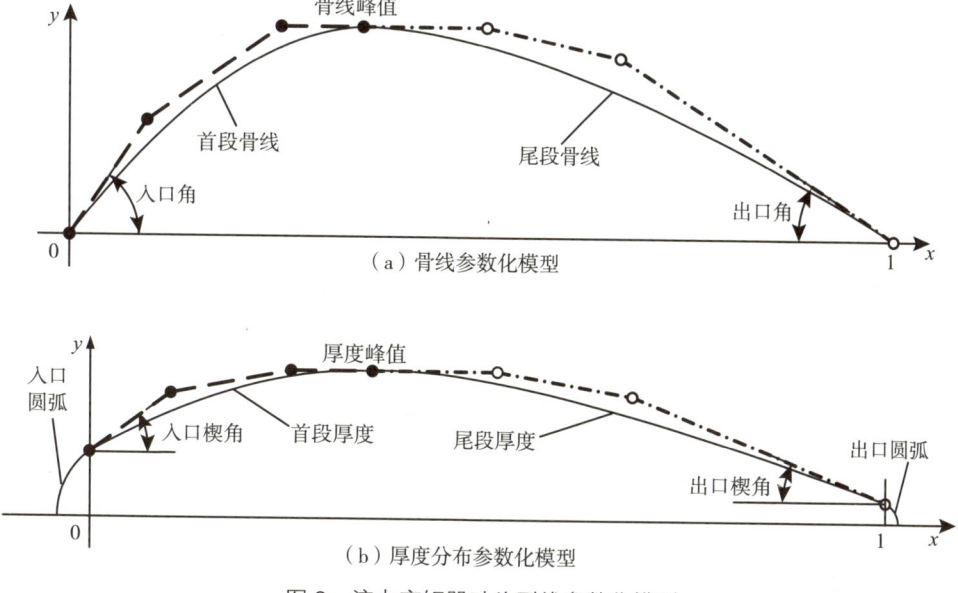

图2 液力变矩器叶片型线参数化模型

（3）构建了能够实现三维流动设计优化的液力元件叶栅系统设计平台，见图3。建立了液力元件三维流动设计体系，高度融合了循环圆设计、叶栅构型、流场分析、试验设计、响应曲面近似模型和优化算法等环节，实现了车用液力元件优化设计的参数化、通用化和自动化，为基于三维流动理论的高功率密度液力元件的开发奠定了技术基础。

利用上述液力变矩器三维流动设计平台，实现了液力变矩器的扁平化设计，如图4所示。扁平率最小可压缩到0.19，相比原型液力变矩器，其轴向尺寸减少40%，体积缩小60%。同时，针对扁平率为0.21的液力变矩器，采用智能优化算法驱动参数化模型进行多目标优化，使得最高效率由原型的75.5%升高到86.2%，泵轮扭矩系数由原始的$4.77 \times 10^{-6} \min^2 \cdot r^{-2} \cdot m^{-1}$升高到$5.51 \times 10^{-6} \min^2 \cdot r^{-2} \cdot m^{-1}$，大幅提高了扁平液力变矩器的经济性及功率密度。

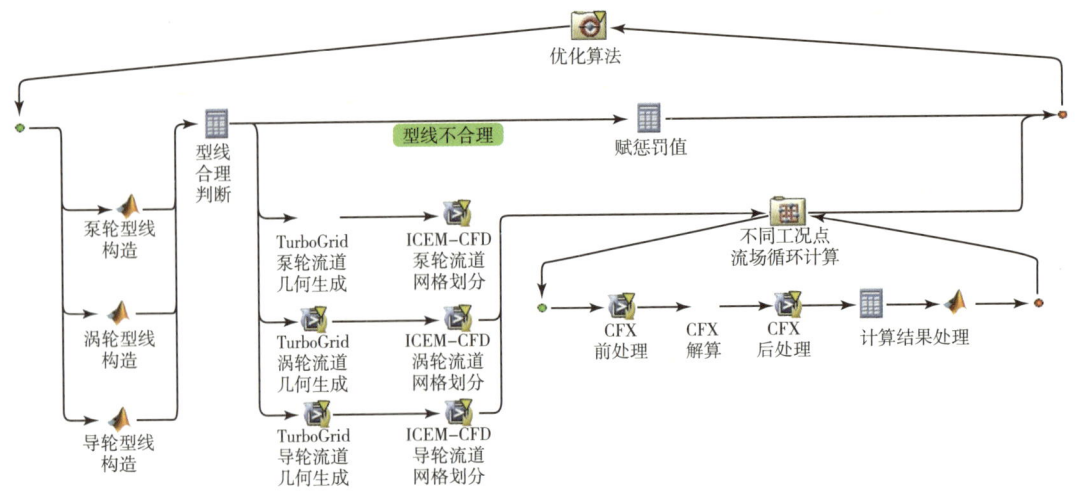

图3 液力变矩器三维流动设计平台

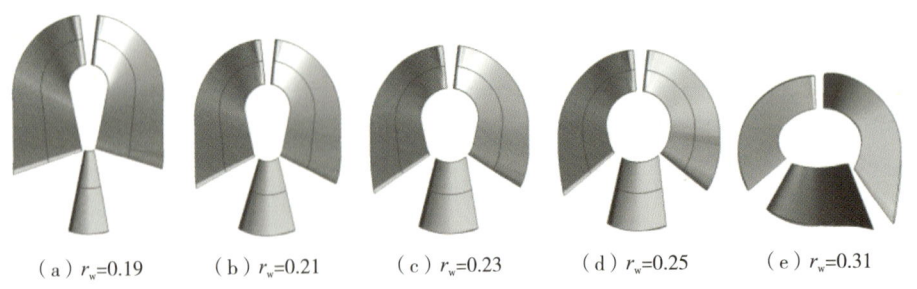

(a) r_w=0.19　　(b) r_w=0.21　　(c) r_w=0.23　　(d) r_w=0.25　　(e) r_w=0.31

图4 不同扁平比叶栅系统设计结果及体积功率密度对比趋势

利用上述液力变矩器三维流动设计平台,实现了某装载机用液力变矩器设计优化,通过改变其能容系数以满足不同装载机的匹配要求,涡轮和导轮叶栅及其他零件保持一致,这样提高了零部件通用性,只需更换泵轮,就能够实现不同能容系数的选择。该液力变矩器具有高效、高功率密度的特点,其最大泵轮扭矩系数为 $7.8 \times 10^{-6}\ min^2 \cdot r^{-2} \cdot m^{-1}$,最高效率为86%,有效地提高了装载机的动力性及经济性,取得了较好的经济效益。图5为YD310系列泵轮叶片。

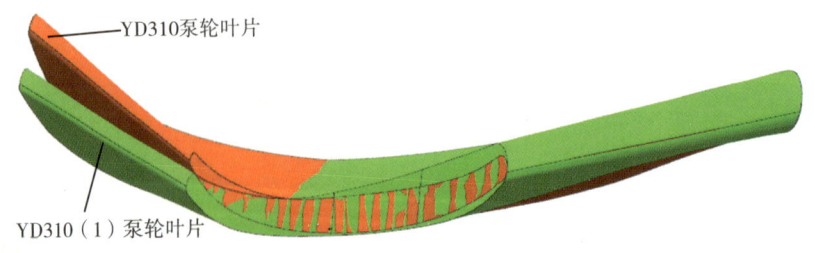

图5 YD310系列泵轮叶片

液力变矩器三维流动设计平台解决了传统设计方法的经验约束，且使得设计更加灵活，基于该平台，北京理工大学成功研制了系列化铸造型液力变矩器型谱，功率覆盖 100 ~ 1100 kW，冲压型液力变矩器功率覆盖 35 ~ 330 kW。

2. 液力减速器流场仿真与设计优化

为实现基于三维流动的液力减速器参数优化设计，建立了液力减速器预测设计体系，其总体框架如图6所示。

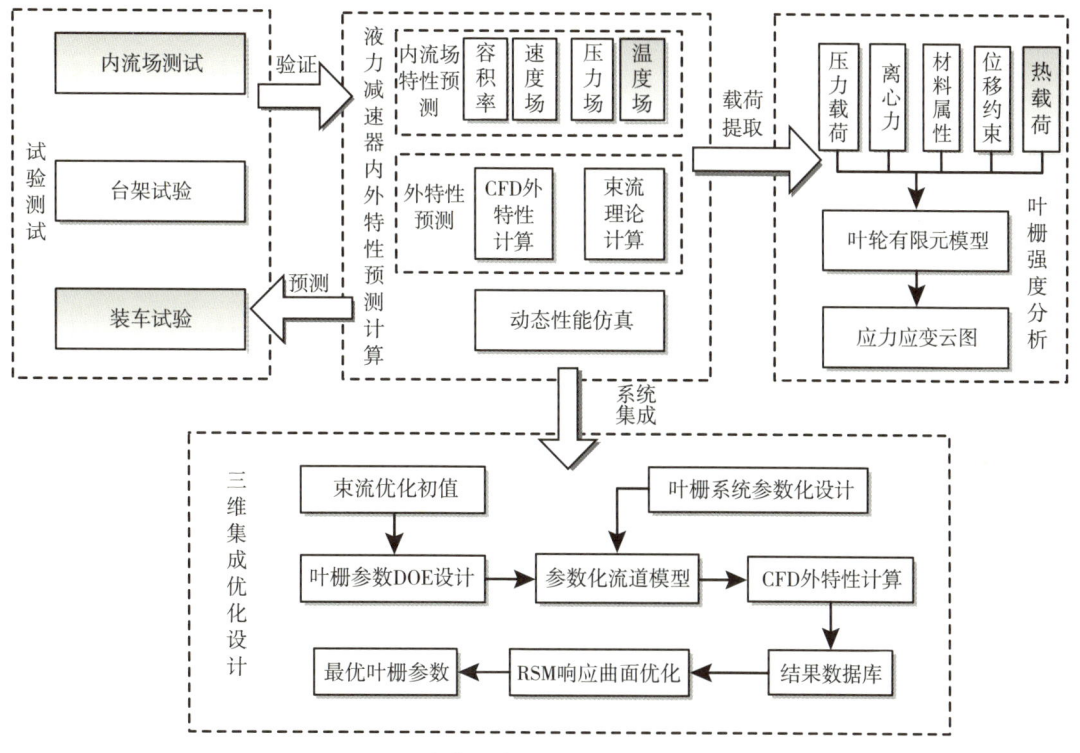

图 6　液力减速器预测设计体系框架

针对等厚、具有前倾角度的直叶片式液力减速器，建立如图7所示叶片参数化设计模型。其中 v 为动轮相对定轮运动方向，用下标 R 表示动轮参数，S 表示定轮参数，α 为叶片前倾角，δ 为叶片厚度，z 为叶片数目，建立了六参数叶片造型模型。

建立了液力减速器稳态工况流场数值模拟计算模型，对全充液及部分充液工况下的液力减速器内腔两相容积率、速度分布、压力分布等特性进行研究。融合束流预测、参数化建模、CFD 数值计算、叶栅参数优化设计为一体，建立了液力减速器三维集成优化设计系统（图8）。

265

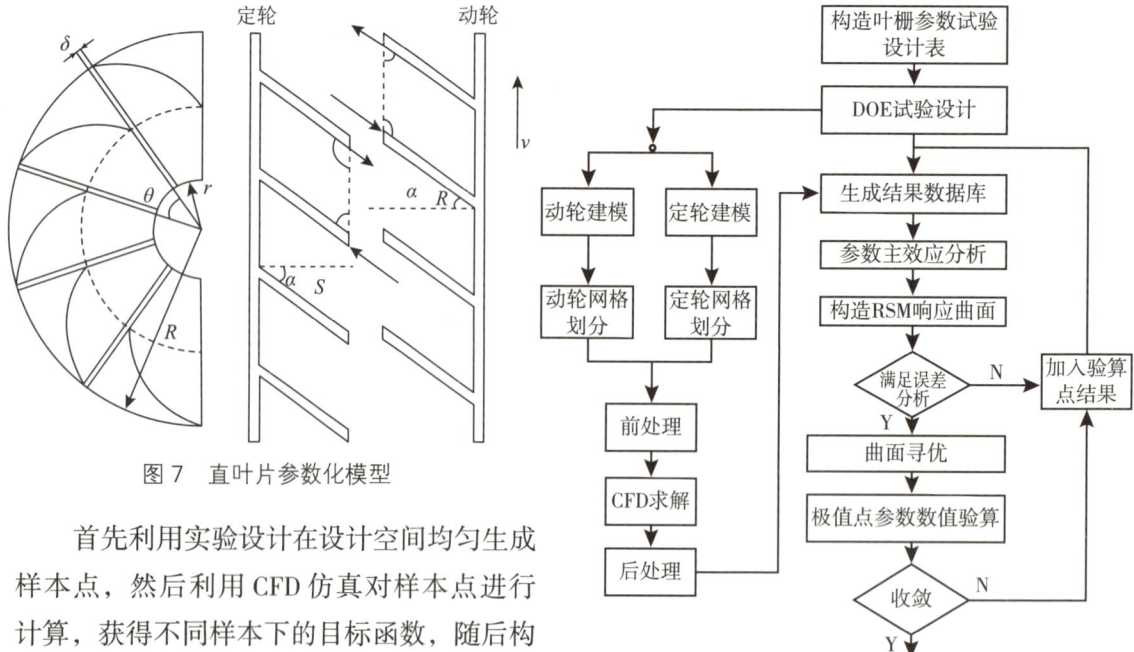

图7 直叶片参数化模型

首先利用实验设计在设计空间均匀生成样本点,然后利用CFD仿真对样本点进行计算,获得不同样本下的目标函数,随后构造近似模型(图9),实现对整个设计空间的高精度拟合,最后再在近似模型上进行优化,从而大大加快了优化搜索过程。通过实

图8 液力减速器三维集成优化设计流程

验设计,进行了叶栅参数主效应分析,获得循环圆宽度参数叶片倾角、叶片数目等叶栅参数的敏感性信息。利用该预测设计体系,对原型直径为380 mm的直叶片液力减速器进行叶栅优化,利用自适应模拟退火方法在RSM曲面上进行寻优,获得优化解后对其结果进行验算,使得其制动力矩较原型提升14.5%,见图10。

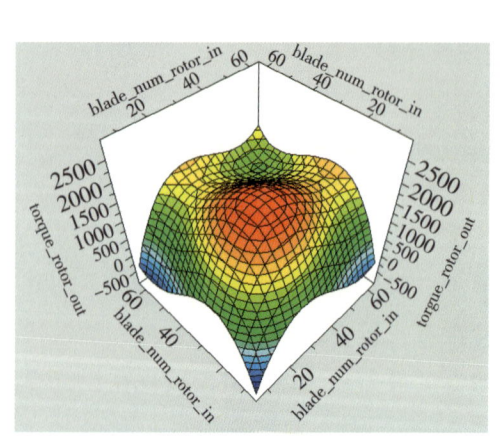

图9 二维三次RSM响应面近似模型

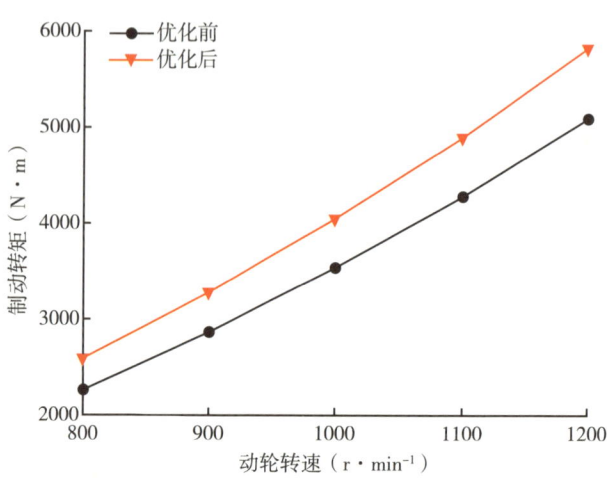

图10 优化前后制动力矩对比

四、结论与展望

本案例研究采用液力元件流场仿真技术为核心，提出了可变宽度的柔性循环圆最简参数设计方法，构建了对应的三维流动优化设计框架，有效提升了液力元件的体积功率密度，在满足车辆使用需求的前提下大幅缩短了液力变矩器的轴向占用空间，为多挡液力自动变速器的开发提供了便利。开发了用于车辆辅助制动系统的适用不同制动功率等级的液力缓速器，以及适合于重型车辆使用的融合液力变矩器与液力缓速器为一体的系列化液力变矩－缓速装置，提出了对应的两相流动下的叶栅系统三维集成优化设计方法，建立了面向快速响应的充放液系统，实现了瞬态制动过程的两相流动模拟分析，能够实现车辆在复杂制动策略下的缓速制动动态性能设计。

相关案例在新一代国产特种车辆以及工程机械上的多轮研制产品实例应用表明，基于液力元件流场仿真技术的液力元件集成设计体系和方法具有较高准确性和可靠性，相关理论和技术的创新在液力元件开发上得到了较为充分的应用，取得了显著的社会效益和经济效益。相关技术在将来有望在液力偶合器、多功能集成化液力传动系统、风电调速液力传动等领域得到推广应用，同时对我国流体传动行业的发展起到推动作用。

案例 32
液压仿真技术

北京航空航天大学　浙江大学　燕山大学

液压领域是重型工业和军事技术的支柱产业，高端核心液压技术的掌握对于推动科技和经济的进步具有重要的意义。随着计算机技术的发展，建模仿真在液压系统的研发过程中占有越来越重要的地位，是研制高性能液压系统的必备手段。本案例回顾了液压系统仿真的发展历程和国内外的技术进展，总结了液压仿真的主要特点和关键技术。同时，通过液压管路、液压泵、液压阀以及液压系统4个案例，对国内目前液压仿真的应用情况作了介绍。

一、综述

1. 液压系统及其仿真

液压系统（或称为流体传动系统）的基本原理是利用流体传递压力，实现机械能的传输，是除机械机构传输外，最早和最重要的动力传递方式。从能量的角度来看，人类社会的第一次工业革命是将热能转换成机械能；然而如何对其进行传输和控制，成为了当时的一个难点。由于液压动力源可以直接由发动机驱动，且在较长距离和复杂传递路径上（相比于机构传动），流体的压力传递优势十分显著。因此，液压系统得到了广泛的研究和应用，成为工业化的主要推动技术。即使到今天，液压技术仍然有强大的生命力。近年来，世界液压行业的产值以两位数增长；重型机械、加工制造、航空航天、船舶运输等支柱行业都离不开液压系统。虽然流体传动是较为传统的学科，但高端液压元件和集成技术仍为国外所垄断。目前，我国处于工业化转型的关键时期，如何提升液压系统的自主设计能力和研制手段是亟待解决的问题。

计算机仿真技术已应用于诸多领域，它可以在设计阶段建立对象模型，实现对系统性能的预测和评估，从而达到减少设计时间和优化系统的目的。此外，对于复杂系统、复杂应用环境和高成本试验环境，计算机仿真能够模拟系统使用情况，减少研制费用。液压仿真技术作为仿真技术在液压领域的一种应用，对液压系统的改进与性能的提高发挥着越来越重要的作用。液压系统仿真作为系统仿真的一个分支，为液压系统的设计、优化与控制，特别是动态工作性能的提高，提供了一种有力的技术手段，业已成为现代化液压系统设计体系中的一个非常重要的环节。

2. 国外液压仿真技术

国外在开发液压 VWV 系统仿真软件方面发展较早，始于 20 世纪 70 年代，如德国亚琛工业大学（Rheinisch-Westfaelische Technische Hochschule Aachen）流体传动及控制研究所开发的 DSH plus。作为应用较成功、流传较广的液压仿真软件，DSHplus 最大特点是具有两种自动建模方法：①通过对液压系统进行拓扑逻辑描述，编译模块自动生成仿真模型；②转换成可识别的原理图表达方法，进行仿真。1981 年，我国浙江大学流体传动及控制研究室引进了该软件，对之进行了消化、移植和改进，并在国内进行了推广。

英国巴斯大学（University of Bath）于 20 世纪 80 年代研制了液压系统自动仿真程序 HASP，并在 90 年代升级为 Bath/fp 软件，专门用于液压与气动系统的时域仿真。该软件采用面向原理图的图形建模方法，具有友好的操作界面。在 Bath/fp 的基础上，法国 IMAGE 公司开发了 AMESim 软件，在同一平台上实现了多学科领域的建模和仿真，包括机械、液压、气

动、电气等物理领域，并且不同领域的模块之间采用直接的连线方式进行组装。AMESim 提供了齐全的分析工具以方便用户分析和优化系统，包括：线性化分析工具、模态分析工具、频谱分析工具、三维可视化功能，是目前应用最广泛的多学科建模软件之一。

瑞典林雪平大学（Linköping University）于 20 世纪 70 年代开始研发的 HOPSAN 软件，拥有丰富的液压元件子程序库，具有良好的实时仿真和分布式计算功能。美国波音公司开发的多学科系统仿真分析软件 MSC.EASY5，具有简单易用的图形化建模方式，并提供强大的专业库支持。

此外，许多技术开发人员根据系统的数学方程或传递函数，通过 Matlab Simulink 直接建模，进行液压系统的仿真。

3. 国内液压仿真技术

国内认识液压系统仿真技术，是自路甬祥教授于 20 世纪 80 年代从德国留学归国开始的。他第一个把德国亚琛工业大学的液压数字仿真软件 DSH 引入国内，并且带回了其导师 BACKE 教授赠送的、当时非常先进的 PDP11 分布式计算机。浙江大学为此专门建立了计算机机房，成立了计算机仿真技术研究小组，并开办了全国的液压仿真培训班，为液压仿真技术的推广和普及起到了巨大的推动作用。80 年代中期，浙江大学对该软件进行了改造升级，完善了元件模块，加入了液压管路模型，形成了浙江大学版的 DSH 软件。

此后，国内掀起了研究液压系统仿真技术和自主开发液压仿真软件的热潮。如上海交通大学开发了面向液压原理图的仿真软件包 HYCAD；浙江大学流体传动及控制研究所开发了液压系统及元件仿真软件 DLYSIM；北京航空航天大学基于统一化建模方法开发的液压系统自动建模仿真软件 MEHSIM，以及类似 AMESim 的多学科仿真软件 HSS。另外，华中理工大学和大连理工大学等单位也进行了不少研究工作。由于受商业模式限制，国内液压仿真软件主要在高校和研究所中应用，没有推向市场化。

二、关键技术与趋势

经过几十年的发展，液压仿真软件历经从编程命令行输入到友好的图形界面输入，从简单基本模型到复杂多学科模型，从精度低、速度慢到精度高、速度快的创新与变革，其具有以下几个关键特点及趋势：

1. 便捷的人机交互

如何将系统更便捷地描述成计算机可以理解的仿真形式，是人机交互的一个永恒主题。

良好的人机交互能够更直观地建立系统和展示结果，大大地发挥计算机仿真的效能。在计算机图形功能还很弱的时候，人们以文本的形式描述液压系统，用编程命令行的形式输入到计算机中；为解决图形输出问题，甚至需要单独用宏汇编程序写输出模块，颇费周折。

随着计算机界面能力的发展，尤其是Windows系统的出现，仿真软件的人机交互也发生了革命性的改变，可以直接面向系统原理图进行建模仿真。目前，几乎所有知名的液压仿真软件都支持图形化操作界面，即：元件模型用图标表示，通过绘制液压、电气等原理图，实现系统建模。软件通过识别回路和元件信息，获取系统参数，自动生成模型描述文件。图形化操作方式具有很好的人机交互性，帮助用户从繁琐的数学公式描述中解放出来，专注于系统搭建和功能实现，使得仿真技术能够更广泛地用于工程实际。值得注意的是，面向原理图建模的背后，本质仍是文本格式的模型描述，这是对之前的人机交互方式的继承与发展。

图形化建模仿真原理如图1所示。此外，在图形化建模的基础上，新的人机交互方式也在延续和发展。例如，引入具有三维体感识别功能的设备，根据用户的手势输入信息就是很好的尝试。

图1 图形化建模仿真原理

2. 多学科建模方法

在实际的工程系统设计中，液压系统仅仅是主系统的一部分，为了实现液压系统的功能仿真，还应包括其他领域的子系统。因此，对于液压仿真软件，其实质是多学科建模仿真，模型元件包括液压、气动、机械、电气等领域。

多学科建模的关键，是在多学科、多领域层面实现模型的统一化表达。其难点在于：如何利用通用基本单元对跨学科的不同模型进行组合式表达。例如功率键合图法，就是将流体系统的压力、流量，与机械系统的力（力矩）、速度（角速度）以及电气系统的电压、电流相对应，分别定义为势变量和流变量，通过描述系统能量跨领域的传递和转化，建立多学科系统模型。以此原理形成的标准Modelica语言，以及基于此开发的SimulationX（德国ITI公司）、MWorks（华中科技大学）等商业软件得到了较广泛的应用。

目前，多学科建模手段已经较为成熟，能够解决绝大多数的跨领域学科模型问题。但现有的方法基本都是针对集中参数情况，对于以场描述为代表的分布参数模型（如液压管路中的流场），仍没有很好的多学科建模方法。因此，多学科分布参数模型，以及与集中参数模

型的联接交互问题都是未来发展的关键点。

3. 快速精确的仿真算法

仿真算法是求解常微分方程、传递函数、状态方程的数值计算方法，主要有欧拉法（Euler）、阿达姆斯法（Adams）、龙格库塔法（Runge-Kutta）等，其都建立在泰勒级数的基础上。欧拉法是最早出现的一种数值计算方法，它用矩形面积来近似积分计算，比较简单但精度不高。阿达姆斯法是欧拉法的改进，它用梯形面积近似积分计算，计算量较大。龙格库塔法是间接使用泰勒级数展开式的方法，构造更高精度的数值积分计算方法，是目前系统仿真的最常用方法。在此基础上衍生出的多种改进算法，在快速性、鲁棒性和精确度等多方面有不同程度的提高。

此外，现代液压系统通常是机电控制系统，其包含的机械子系统与电气子系统的动态响应不在一个数量级上，这会导致计算发散和失败。因此，机电合一带来的计算"刚性"（stiffness）问题，是仿真算法发展中需要考虑的一个重要问题。

4. 通用数据交互

液压系统仿真软件涵盖液压、机械、电气等多个学科领域，涉及的数据包括：模型信息、元件参数、连接关系、环境参数、仿真信息和计算数据。因此需要通用的数据交互平台，对数据进行存储和管理。传统的数据存储方法采用数据库进行信息管理，如SQL、Access等，具有管理简便、操作函数功能齐全的特点，但读写速度较慢。此外，部分仿真软件定义单独的数据文件实现数据存储，但在软件环境之外查看不易。

以XML（extensible markup language）为代表的结构文档存储是新兴的数据保存方式。它类似于文本文件，读写速度快；数据具有树形结构，可代替数据库。此外，XML还代表了一种数据交互的协议，具有通用的跨平台性质，甚至能够直接发布在互联网浏览器上。因此，XML数据文本是实现通用数据管理的良好方式，能够很好地适应分布式仿真的特点，在液压仿真中会有更多的应用。

5. 半物理仿真

根据所介入的模型不同，仿真可分为全数字仿真和半物理仿真（或称为半实物仿真、或硬件在环仿真）。半物理仿真的定义是：在仿真中，用真实物理样机代替其中的一部分模型，达到测试模型或测试样机的目的。有时液压系统的某些部分难以用数学模型精确表达，引入部分真实的物理模型，有助于解决这个问题而获得高精度的仿真结果。此外，研究人员在半物理仿真阶段即可进行部分系统调试，及时发现问题，从而大幅度缩减开发周期和费用。由于实际物理系统是按真实时间变化和运动的，因此要求计算机仿真模型也按照真实的物理时间来运行,这是其与全数字仿真的区别之一。目前,液压仿真软件具备实时仿真功能是一个基本趋势,是在全数字仿真之后,实物实验之前进行的一个关键验证环节,对于系统工程化有着显著的作用,是当前液压系统研发的重要手段。

三、主要的应用案例

1. 飞机液压管路振动仿真分析

北京航空航天大学自动化学院自 20 世纪 80 年代开始对输流管路的振动问题进行研究,发展了管路流体振动分析、泵源脉动仿真、管路流固耦合分析等方法及相应的软件平台,已应用于多型军/民机液压管路系统的分析中。本案例将介绍仿真技术在管路流固耦合振动分析中的应用。

随着飞机液压系统向高压高速的方向发展,液压管路系统的振动问题日益突出,包括复杂管路流固耦合振动问题、机体振动导致的多源耦合振动问题、以及多个液压泵的脉动叠加问题等,给实际使用带来了很大挑战。但目前对流固耦合振动的复杂性缺乏有效的分析工具和手段,在实际设计中,往往依靠工程经验在物理试验环境中反复匹配管路参数以减低振动与噪声。因此,对于飞机液压管路系统的设计,迫切需要振动分析的工具,在设计阶段即进行预测和初步验证。

管路系统设计采用的分析手段通常有频域分析和时域分析,其中频域分析关注管路系统的振动特性、流体的瞬态特性和管路的结构特性,时域分析侧重于管路关键部位的振动特性分析。通过建立管路 14 阶方程流固耦合解析模型,以及流固耦合有限元模型,可以应用频域、时域和模态方法,对系统进行仿真分析,如图 2 所示。频域计算结果反映了管路系统的整体特性,给出了谐振峰等信息;时域有限元计算结果反映了管道应力和流体压力的分布情况,给出了应力集中和压力变化等信息;有限元模态计算反映了管路系统的固有频率和模态,给出了振动形态信息。研究人员根据这些仿真结果,即可对管路的流固耦合振动水平进行预测,从而为下一步的优化设计提供依据。

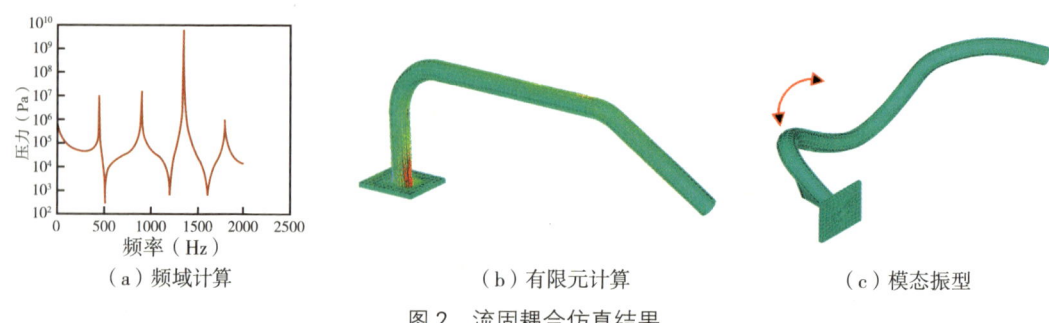

(a)频域计算　　　　　　(b)有限元计算　　　　　　(c)模态振型

图 2　流固耦合仿真结果

2. 液压柱塞泵多场耦合仿真设计方法

液压柱塞泵是工程系统中应用最广泛的一种液压泵，是液压系统中的核心元件。该泵的设计集中了包括机械学、摩擦学、流体力学、热力学在内的众多学科，面临诸多挑战。其中，"滑靴－柱塞－缸体－配流盘"旋转组件、配流盘结构和壳体设计，影响承载、能耗和噪声新能，是实现高性能柱塞泵的关键技术。

为了实现柱塞泵各项性能指标的综合优化设计，针对柱塞泵固－液－声多场强耦合特性，浙江大学提出了对串／并联高速重载承载界面的刚柔／液固耦合快速解算方法，及基于形位公差等微观尺寸链耦合传递的精细化设计方法，开发了承载－节能－降噪多目标优化的柱塞泵多场耦合仿真设计软件 ViSPA(vitural simulation package of axial piston pump)。主要技术包括：

（1）在传统宏观旋转和往复运动的基础上，考虑摩擦副随楔形油膜厚度场变化产生的微观振动，以及摩擦副在周向摩擦力作用下产生的自旋运动，研究油膜承载力各组分（静压支承、动压支承及挤压效应）随承载界面结构参数和柱塞泵工况的变化规律，显著提高摩擦副油膜峰值数量及分布位置计算精度。

（2）提出摩擦副刚度矩阵函数，相比传统离线刚度矩阵，使液固耦合过程中数据传递量降低 76%，实现摩擦副滑动过程中油膜压力网格节点（数量时变）与界面变形网格节点（数量固定）之间的快速数值传递，提高对摩擦副混合摩擦力及摩擦损失的仿真精度。

（3）首次考虑配流盘阻尼槽高速射流油液的惯性对柱塞腔流量脉动和压力冲击的影响，实现对高强度压差流和剪切流作用下气穴气蚀位置的精确预测。引入了分布式承载油膜动态刚度对柱塞腔压力冲击耦合传递路径衰减特性的影响，解决柱塞泵旋转组件的多柔性体约束节点和力作用点自动识别难题，建立基于分布式实时激励在线提取的流固耦合振动模态－声学边界元模型。

如图 3、图 4 所示，该仿真软件在国内外多家企业产品优化设计及新产品研发中推广应用，包括中航力源液压、北京华德液压等国内液压泵龙头企业，以及国际最大的工程机械液压元件供应商——丹佛斯和

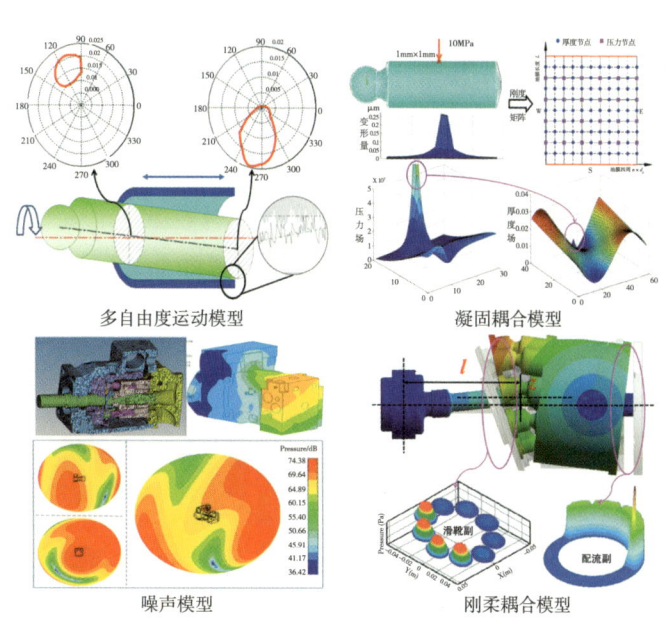

图 3　多场耦合仿真设计

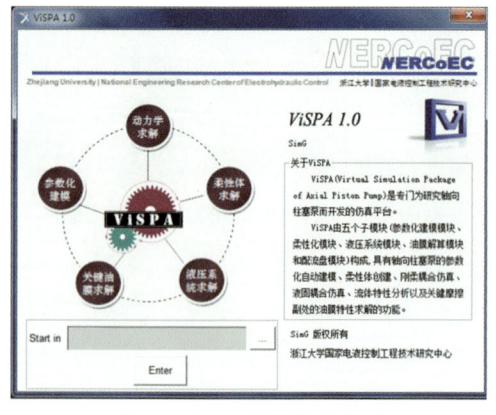

世界最大的挖掘机制造商之一——日立建机株式会社,获得较高评价。

图4 ViSPA 仿真软件界面

3. 液压阀气穴控制的仿真研究

浙江大学在液压元件中的介质空化机理及其控制技术上已有十余年的研究积累,在介质相变机理、空化诱发振动噪声、激振流场控制等方面取得了大量成果。从流场微观层面入手,建立了阀口气穴发育模拟、空泡溃灭行为分析、空化噪声分析等数值计算平台,可对液压滑阀、锥阀、柱塞泵等关键液压元件内的空化现象开展分析,并从气穴控制角度指导设计,相关成果已在多家国内外知名企业推广应用。本例将介绍液压仿真技术在阀口空化分析和结构优化方面的应用。

在流速高、压差大的液压阀口区域,液体介质在低压区空化形成气穴。气穴溃灭形成高速射流和压力脉动,进而诱发气蚀、振动、噪声等一系列问题。阀口空化的控制是液压元件实现长寿命、低噪声的关键,而随着液压系统向高压大流量方向发展,阀口空化带来的问题更加突出。液压阀口复杂的高速强剪切多相流场中,气穴对结构与流动参数非常敏感,而目前由于相关分析手段的缺乏,对阀口气穴多样化的形态与行为认识不足,因此难以采取针对性的气穴控制设计。新一代高压、大流量和高品质的液压元件设计,迫切需要能够阀口气穴的分析工具。

阀口气穴的仿真分析中,一方面建立阀口瞬态流动模型,获得不同结构、流动参数下的阀口流场特征,并通过与多相流模型的耦合,获取气穴附着位置、分布形态、脱落频率、压力脉动强度等信息;另一方面建立空泡动力学理论模型,应用边界元、边界跟踪等数值方法,定量描述流场中游离空泡形成、发育直至溃灭的非线性过程,并分析周围壁面及相邻空泡的影响。仿真结果反映了气穴发生对液压系统压力和流量的非线性影响,以此为基础可实现气穴区液压阀流量精确预测。如图5所示,仿真揭示了结构及流动参数、气穴特性与噪声三者之间的本质联系,可帮助研究人员掌握不同阀口形状下的气穴位置与形态,并预测噪声

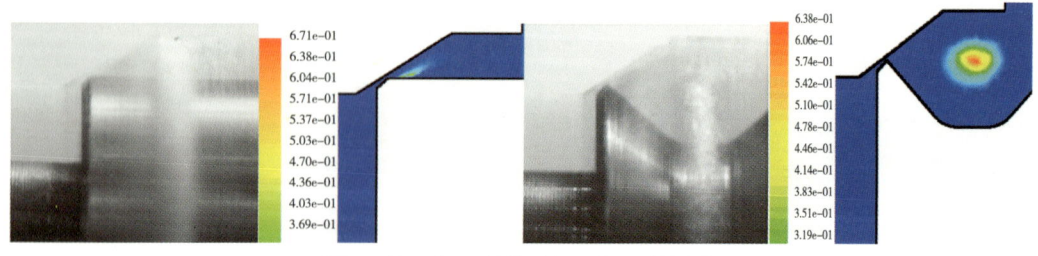

图5 液压阀口结构对阀口气穴的影响

能级及中心频率的变化。对阀口气穴形成与发育过程的充分认识，可为液压阀的气穴控制提供依据，以设计出具有良好降噪效果的节流口创新结构。

4. 虚拟轧制技术

燕山大学机械工程学院在板形板厚液压控制理论和技术的研究已有 20 多年历史，在连轧带钢的板厚、板形、板凸度控制以及产品质量预报等方面所取得的大量成果，主要包括轧机、电、液综合动态控制仿真研究和材料组织性能与轧制工艺参数的关系研究、板形板厚综合控制理论和技术研究、板形检测系统及板形仪的研制等，在邯钢、首钢和宝钢等大型钢铁企业中都得到了应用。本案例将介绍仿真技术在连轧机中的应用。

虚拟轧制仿真系统是将轧制系统以数学模型的形式进行描述，按信息规则构成大系统，借助系统辨识的方法来确定一些具有不确定性的软量和非线性单元，采用数值方法研究冷连轧机组的动/静特性的一套大型软/硬件集成系统。它基于先进建模技术、多领域仿真技术、信息管理技术、交互式用户界面技术和虚拟现实技术，如图 6 所示。

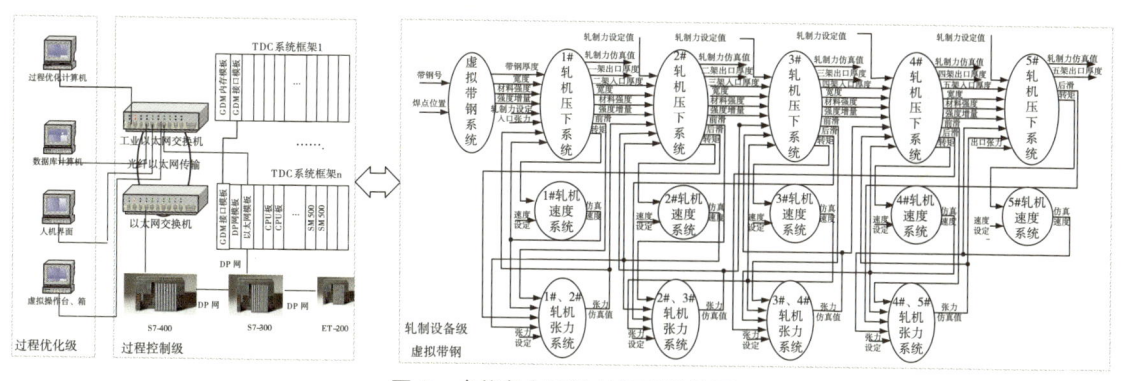

图 6　虚拟轧制系统的原理结构图

冷连轧虚拟轧制系统可为现有轧机的改造和新建轧机提供技术支撑，其功能应具备能够对轧制规范的制定、控制算法的研究、轧制能力的评定等提供仿真试验环境，能够预测系统各组成部分对输出特性的影响，还可以离线进行下列测试和分析：系统干扰分析，设备故障分析、实时模型分析和轧制质量分析。其次虚拟轧制系统可以探索现有设备的最佳工艺参数与控制模型，以提高产品的质量与产量。

四、结论

在重型工业与尖端科技领域，液压系统以其高功重比、控制灵活的特点，仍然占有重要的地位。在新型工业化的浪潮中,液压系统迎来了新的发展,更加精确、紧凑和高效节能是其发展方向。在液压系统的研究和研制中,仿真技术的应用和创新愈发得到重视。从人机交互方式、多学科跨领域方法、复杂系统建模、系统评估与优化等多个方面,液压系统仿真技术都在不断地进步和完善,推动液压技术的进步。

案例 33
液压挖掘机多学科联合仿真平台及其应用

太原理工大学机械电子工程研究所

采用多学科联合仿真软件构建了 6 t、20 t、76 t、260 t 挖掘机参数化数字样机，实现了挖掘机整机机、电、液、控制系统，载荷的实时信息交换和协同计算，研究了挖掘机负载敏感、进出口独立控制、闭式泵控液压系统的运行特性及其能效特点，应用这一平台，成功研发了 6 t、20 t、76 t、260 t 挖掘机进出口独立控制系统、闭式控制系统等。

一、导言

液压挖掘机广泛应用于工程建设和矿山挖掘中，其典型特点是工作环境多变、负载情况不可预测以及多执行器耦合运动，整机是一个多输入、多输出和多参数的强耦合系统。在技术攻关和工业生产研发过程中，理论分析难以充分考虑各子系统之间的相互影响。基于多学科联合仿真技术的数字化样机，可以综合考虑整机系统级和元件级耦合特性，可对设计备选方案进行分析和评价，对系统的能耗规律、能量平衡和热平衡特性进行预测，为整机集成设计方案和控制策略优化提供指导，实现液压挖掘机高效、绿色运行，为技术自有化和产品研发提供技术支撑。

挖掘机工作过程中，回转平台的转动惯量随工作装置位置的变化而变化；挖掘机自身重量远大于负载质量，自重对工作装置动态特性影响不可忽略；并且挖掘机机械结构复杂，各部位相互耦合，如斗杆和铲斗的位置变化会直接影响动臂液压缸的受力，单一维度的仿真方法难以模拟上述多维度时变惯量机械结构的动力学和运动学特性，难以充分考虑质量惯性等对系统的影响，仿真结果只具有一般意义的参考价值。为了充分研究整机系统各参数和物理结构对整机系统动态特性、能量效率的影响，尤其是研发新型设备时，需要在极大程度上按真实物理结构及其作用机理构建仿真模型，多学科多体联合仿真能很好地解决上述问题。

多学科联合计算就是将不同领域的模型在同一界面下整合，不同类型子系统之间的信息通过接口传递，可以实时地分析和计算多领域系统的工作特性，是现代机械设备不可或缺的一种设计方法。目前，联合仿真方法有两种典型方案：一种是在同款软件中进行多学科联合计算，这种方法不需要调试复杂的软件接口，而且计算结果之间无缝连接和计算精度较高，但是对软件要求较高；另一种是通过不同软件不同领域模型之间的联合仿真得到结果，这种方法可以实现软件间的优势互补，但是受接口数据传输步长影响，计算偏差可能较大。在平台搭建过程中需要根据软件功能和分析目标进行选择。

二、技术方案

如图1所示为液压挖掘机多学科联合仿真平台总体技术方案，总体过程为：①建立基于真实物理参数的元部件模型，完善挖掘装备各功能子系统模型，模型具有机、电、液、热和控制等多领域特性；②在统一建模环境下，构建包括机械、电气、液压、控制和热力学特性的整机多物理过程联合仿真模型，模型中充分考虑机械结构与液压系统之间的耦合关系，多重约束下多执行器自身的耦合影响，电气与液压系统之间的耦合影响；③构建物料的离散元模型，获得物料密度、材质和铲斗切入角度、切入速度及深度与挖掘阻力之间的定量关系。④将计算获得的挖掘阻力，经虚拟样机数据交换接口输入到整机多学科联合仿真模型，进行仿真计算，将仿真结果铲斗切入角度、速度和深度等经数据交换接口提供到挖掘阻力模型，计算新的挖掘阻力，完成一个仿真循环；⑤用整机试验结果对数字样机模型进行验证，修改完善；⑥以完善的数字化平台，开展整机运行能效和稳定性研究。

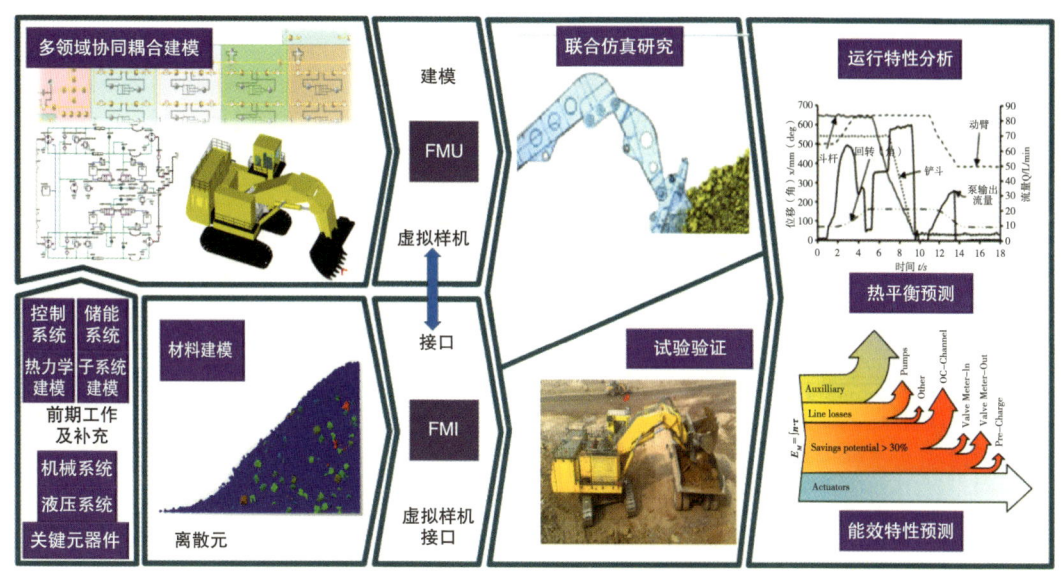

图1 液压挖掘机多学科仿真平台建模原理

三、液压挖掘机多学科联合仿真平台主要创新点分析

1. 液压挖掘机多学科联合仿真平台解决的主要问题

（1）能量损失。

多执行器挖掘装备多源供能、多执行器耦合以及多种型式执行器相互耦合，厂家主要设计目标是协同动作执行器的稳定可靠运行，而对整机运行能耗考虑较少，如负载敏感系统中，常设置负载补偿阀，调控不同压力等级的执行器流量分配，导致在能量传递过程中存在较大的节流损失。挖掘装备工作装置质量大、惯性大，在工作过程中也存在着大量的动势能损失。

（2）多执行器耦合动作。

液压挖掘机一般都具有液压缸驱动的动臂、斗杆、铲斗和回转马达驱动的回转及行走机构，为了完成工作目标，多执行器经常耦合动作，并且由于空间限制，采用单泵或双泵供油，因此不可避免地存在单动力源驱动多执行协同动作时的流量分配问题。

(3）元件在冲击负载下与系统互耦及参数匹配。

液压挖掘机采用变量泵和控制阀驱动控制执行机构动作，元件的动态特性对整机工作特性影响较大，如泵的动态响应与阀的动态特性的匹配对执行机构运行平稳性和系统能效有较大影响，在研究中应充分考虑元件动静态特性、整机系统与元件耦合匹配特性以及负载条件下元件工作特性和元件寿命。

2. 液压挖掘机多学科联合仿真平台主要创新点

（1）关键元器件及整机动静态特性耦合分析。

针对常规简单封装模型难以分析元件参数对系统特性影响的问题，采用基于真实物理结构和连接特征的方法，充分考虑元件自身特性及其与系统的耦合特性、机电液多学科互为驱动系统耦合特性等，自上而下在统一建模环境中，构建整机参数化数字样机。研究整机系统能耗水平及分布、液压系统典型工况下发热及热平衡特性、多执行器并行工作系统动态特性和多源能量匹配方法，以及冲击负载下执行器与元件动态耦合关系及元件动态特性对设备的影响规律。

（2）液压挖掘机挖掘阻力动态仿真。

挖掘机装备主要工作是物料的剥离和装车，挖掘阻力对整机的能耗及运行特性具有较大影响，可以通过离散元方法研究和物料密度、材质和内部作用力相关的物料破碎机理，并引入铲斗切入角度、运行速度及工作机构位置等参量，建立挖掘阻力模型，为整机加载运行特性分析提供数据支撑。

（3）液压系统热平衡研究。

液压系统工作过程中不可避免地存在节流损失和沿程损失，尤其在大流量情况下，节流损失带来了油液升温问题，需要设置专门的耗能方式冷却液压油，在工程装备上常用风冷方式。油液温升一方面带来油液性质变差，另一方面需要耗能冷却，因此基于能量流研究液压系统的发热情况，很有必要。采用虚拟样机技术，研究多种负载工况下整机的能量传递特性、动势能回收及再利用特性和热平衡特性，了解液压系统能耗及温升规律，对整机长时间运行的能效和温升进行预测，为确定液压元器件的结构参数、冷却系统结构与方案、整机装机功率提供科学依据。

四、主要实施成果

太原理工大学权龙教授团队早在1990年就开始对液压元器件及系统的优化设计研发开展仿真和试验研究，逐渐形成了基于单柱塞的泵模型，基于真实物理模型的比例阀模型，基于液压环境和工作装置联合仿真的多体动力学液压挖掘机模型。在此基础上研究了泵脉动特性并研发了可用于差动缸驱动的多油口泵；研究了插装阀流场及工作特性并设计了大通径比例流量插装阀；研究了小型液压挖掘机工作及能耗特性并装机试验了进出口独立控制液压挖掘机工作特性；与太原重工集团合作研发了超大型矿用液压挖掘机，在项目全周期，采用虚拟样机优化了动臂再生方案、开闭斗方案、闭式回转方案以及整机能量匹配方案等。

历经多年发展，在丰富的元部件模型基础上，形成了 6 t、20 t、76 t 以及 260 t 液压挖掘机元件及整机参数化数字样机平台，可对采用不同的液压系统控制方案、工作装置机械结构、控制策略下，整机在多种运行工况运行特性进行分析、对比和论证；可对整机在多种工况下的能耗特性进行分析评价并追根溯源；可研究关键元器件动态特性与整机运行的互耦规律。

1. 6 t 级液压挖掘机多学科联合仿真平台及其应用

太原理工大学权龙教授团队早在 2005 年就开始采用联合仿真方法研究液压挖掘机能耗特性和运行特性，并结合 MSC.Nastran 和 MSC.Fatigue 研究了工作装置的刚度、强度及疲劳特性。在此基础上，对液压挖掘机发动机可停缸节能技术进行了仿真和试验研究，获得了一个完整工作循环降低燃油消耗 13% 的良好效果（图 2）。

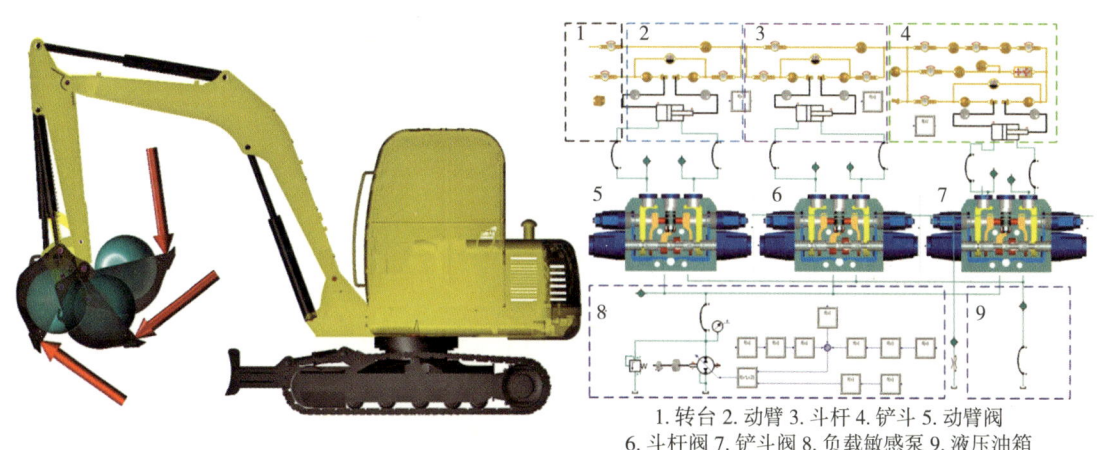

1. 转台 2. 动臂 3. 斗杆 4. 铲斗 5. 动臂阀
6. 斗杆阀 7. 铲斗阀 8. 负载敏感泵 9. 液压油箱

图 2　6 t 级液压挖掘机多学科联合仿真平台

团队在前期对负载敏感系统深入研究的基础上，针对传统四边联动阀控制液压执行器可控性差、在超越负载工况下能耗大的不足，根据团队 2007 年申请的国家发明专利，提出动臂、斗杆和回转采用泵阀复合、流量压力匹配进出口独立控制、铲斗与行走采用原有四边阀的整机试验改造方案。图 3 为液压挖掘机进出口独立控制原理及试验现场。图 4 为液压挖掘机进出口独立控制动臂工作特性分析，采用泵阀复合流量匹配控制进出口独立控制系统，较传统 LUDV 系统，液压挖掘机动臂工作时的压力波动从 6.9 MPa 降低到 1.7 MPa，显著改善了运行平稳性，同时动臂一个工作循环的能耗降低 15%。

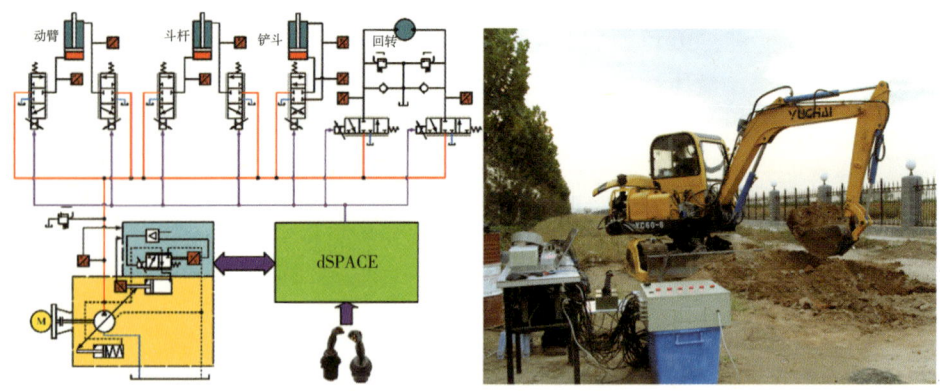

图3 液压挖掘机进出口独立控制原理及试验现场

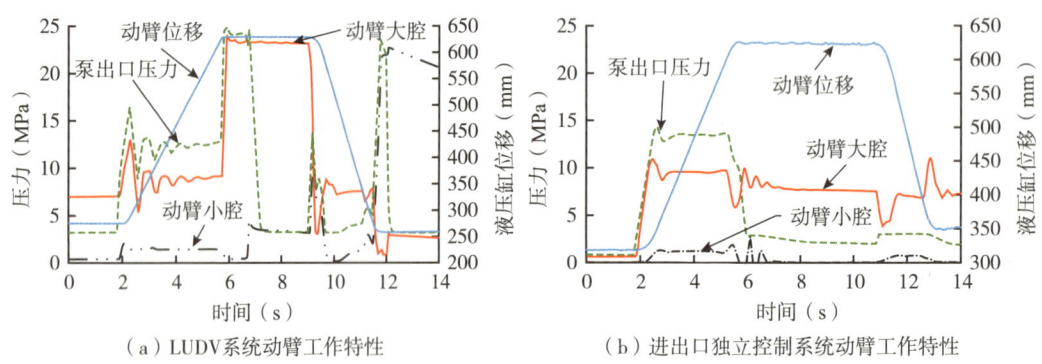

（a）LUDV系统动臂工作特性

（b）进出口独立控制系统动臂工作特性

图4 液压挖掘机进出口独立控制动臂工作特性

2. 20 t级液压挖掘机多学科联合仿真平台及其应用

泵控闭式系统具有无节流损失、驱动与动势能回收一体化的与阀控系统相比，泵控闭式系统具有无节流损失、驱动与动势能回收一体化的优点，但在传统对称型液压泵驱动非对称液压缸系统中，需附加流量补偿回路平衡液压缸面积差，在负载方向改变时会产生压力和速度突变。为解决这些问题，2010年团队提出一种能够匹配非对称液压缸面积差的非对称泵闭式方案，在对称型轴向柱塞泵的基础上，将原配流窗口由2个修改为3个，1个连通液压缸的无杆腔，将原吸油窗口修改为2个，1个与液压缸的有杆腔连通，另1个可与蓄能器或油箱连通。

如图5所示为基于20 t液压挖掘机斗杆多油口泵闭式驱动联合仿真平台，将新回路原理用于斗杆，在仿真平台上，对采用新方案后斗杆的运行和能效特性进行研究。与传统对称阀控系统相比较，新系统具有良好的控制特性（图6），可消除负载方向改变造成的速度波动，同时也显著降低了系统能耗。

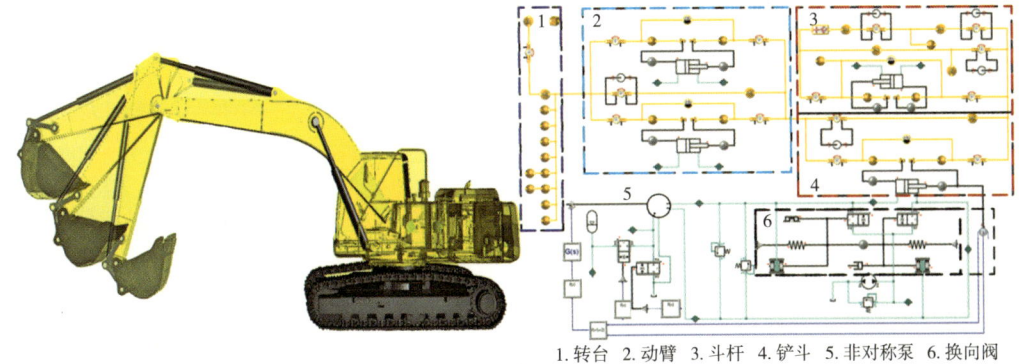

1. 转台 2. 动臂 3. 斗杆 4. 铲斗 5. 非对称泵 6. 换向阀

图 5　20 t 级液压挖掘机多学科联合仿真平台

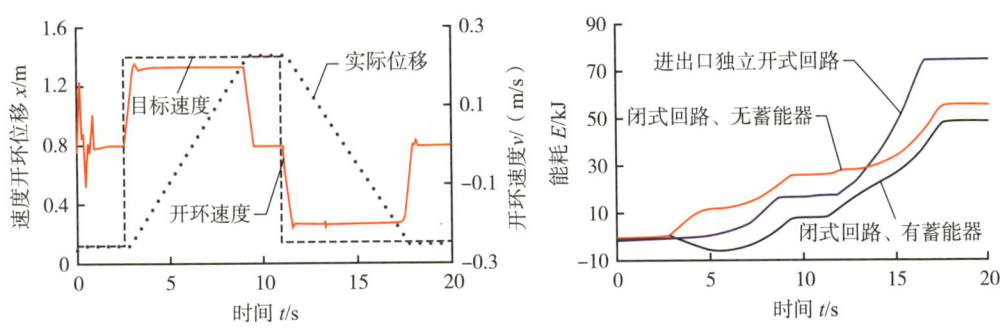

图 6　多油口泵闭式驱动斗杆工作特性

3. 76 t 级液压挖掘机多学科联合仿真平台及其应用

团队从 2014 开始与山东常林机械集团就 76 t 级挖掘机成套液压系统研制和整机示范应用展开合作（图 7）。在项目过程中，采用团队构建的多学科联合仿真平台研究挖掘机能量流；根据仿真平台对整机的动力学特性进行研究，找出元件需要特殊设计和优化的部位，协同整机特性优化匹配各液压元件参数；优化整机能量和动力匹配控制策略，为分布式智能流量共享型电液控制系统及液压泵节能组合技术研究，提供指导。

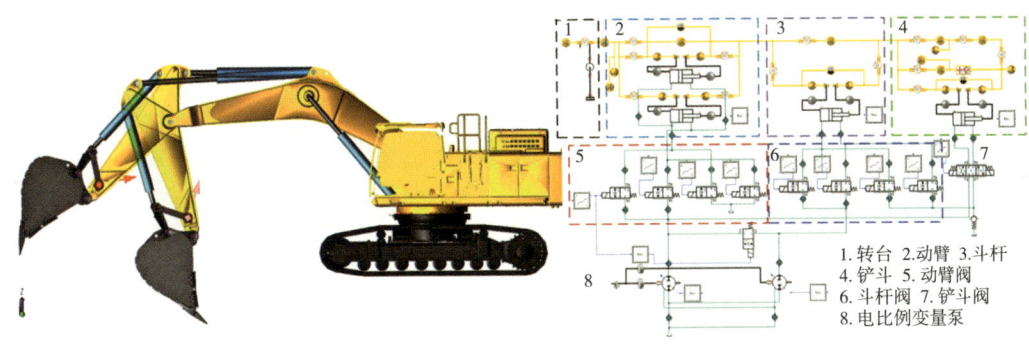

1. 转台 2. 动臂 3. 斗杆
4. 铲斗 5. 动臂阀
6. 斗杆阀 7. 铲斗阀
8. 电比例变量泵

图 7　76 t 级液压挖掘机多学科联合仿真平台

4. 260 t 级液压挖掘机多学科联合仿真平台及其应用

从 2008 年开始，团队和太原重工合作研发大型矿用液压铲，是国内第一台投入使用的国产机型。团队负责整机电液控制系统方案制定、元件选型、建模仿真、图纸设计、管路布置、车间安装调试、现场测试的全流程研发工作。研发中制定的工作装置全电比例控制和双液压马达电比例闭式回转驱动的整机控制策略，获得了企业和德国专家的高度认可，已直接推广到其他规格机型。如图 8 为团队研发的 260 t 级液压挖掘机多学科联合仿真平台，在研发过程中，充分考虑整机机械结构的动态特性，利用仿真平台为元件选型、控制策略制定提供数据支撑。

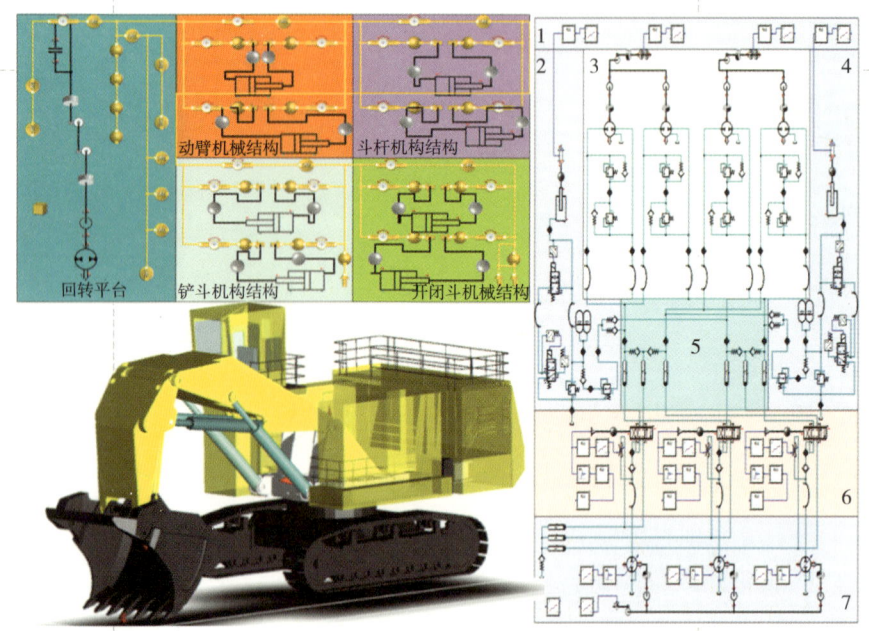

图 8　260 t 级液压挖掘机多学科联合仿真平台

图 9 为采用多学科联合仿真平台对超大型矿用液压挖掘机工作装置的强度、刚度、使用寿命，泵控闭式回转系统以及动臂、斗杆、铲斗等工作装置速度特性研究的数据结果。工作装置的强度和刚度分析可以为挖掘机工作装置轻量化提供理论支撑。泵控回转闭式系统的研究可为国产超大型液压装备回转系统的平稳、高效运行控制策略优化设计提供技术支撑。

（a）WYD260 现场照片

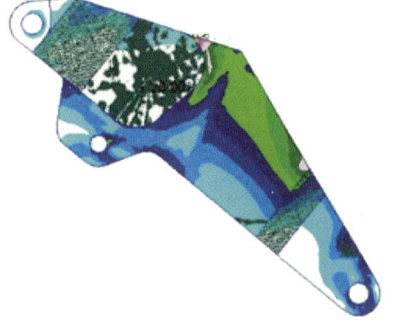
（b）工作装置刚度、强度分析

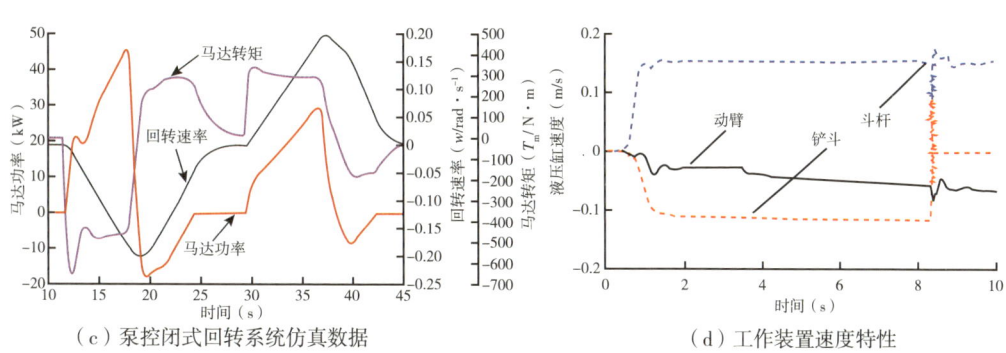
（c）泵控闭式回转系统仿真数据　　　　（d）工作装置速度特性

图 9　260 t 级液压挖掘机工作装置试验级仿真研究

五、展望

在前期丰富的模型基础上，将其拓展形成液压挖掘机数字化研发平台，为我国挖掘装备低能耗、高动态特性成套化、规律化液压系统设计方法提供参考，形成面向负载工况的整机系统方案理论，为研发更大规格、系列化挖掘装备提供设计工具，为多执行器工程装备高能效、绿色运行提供技术支撑和指导。

案例 34
锻造液压机组多学科建模及控制优化

燕山大学

锻造液压机组在我国机械制造行业中占有重要地位，是衡量一个国家制造能力及经济实力的重要标志。国内自主研发的锻造液压机组普遍存在高端锻造能力不足、自动化程度较低、节能效果较差等问题。多年来，燕山大学成功地将多学科协同仿真技术和先进控制理念应用于锻造液压机组的设计优化和控制性能改善，所取得的研究成果已应用于多家企业的生产实践中，提高了锻造液压机组的整体控制性能。

一、导言

锻造液压机组由液压机和操作机两部分组成,其中:液压机是一种利用液体静压力来加工金属、塑料、橡胶、木材等制品的机械,操作机有助于改善劳动条件并提高生产效率。近年来,随着我国航空航天、军工、造船、核电、汽车等制造业的高速发展,锻压行业也迎来了一个前所未有的发展机会,同时,也面临一个巨大的挑战。

发达国家的锻造液压机发展较快,大部分液压机均采用阀控系统,其中具有世界先进水平的液压机大部分来自梅尔、西玛克等公司;还有一种以德国威普克公司的正弦泵为主控元件的新型锻造液压机传动系统,这种传动方式节能优势明显。国外液压机具有以下优点:①整机控制精度高;②自动化程度高;③生产效率高;④安全可靠性高;⑤设计方法先进、设计周期短。我国锻造液压机主要经历了"引进、消化吸收、仿制、研发创新"的技术路线,虽说在锻造吨位与锻件总量上已经赶超发达国家,但在锻件的质量和性能上与发达国家还有较大的差距。

本案例综合考虑了锻造设备、加工工艺和锻件性能等因素,基于多学科协同仿真技术,面向锻造液压机组设计优化、控制性能改善、新型节能控制原理和技术、液压机与操作机联动控制技术等方面,开展理论分析及实验验证工作,所取得的部分研究成果已成功应用于锻造液压机组的生产实践中。

二、主要创新点分析

1. 解决的关键问题

(1)锻造液压机多学科建模技术。

锻造液压机因其设计周期长、投资大、风险及在线试验成本高,使得计算机技术和系统仿真技术成为该行业原理速成、系统性能分析、控制技术改进优化以及工艺过程研究的首选方式。

锻造液压机多学科仿真平台是液压机锻造过程在计算机上的本质实现,采用结构化的软件设计方法,解决多领域软件采样同步、接口衔接及大数据交互等关键技术问题,实现锻造过程的虚拟模拟,分析预测锻造液压机液压控制系统性能及其锻造工艺对输出特性的影响,为锻造液压机控制系统设计提供有力工具。图1为协同ADAMS动力学分析软件及MATLAB/Simulink液压控制系统软件的锻造液压机多学科仿真模型。

(2)锻造液压机高精高鲁棒控制技术。

锻造工艺决定着锻件质量,锻造工艺的制定与材料成分、锻造温度、设备工作效率、材料演变规律等因素有关,但无论什么样的锻造工艺,均要保证其锻造的控制精度和快速性,

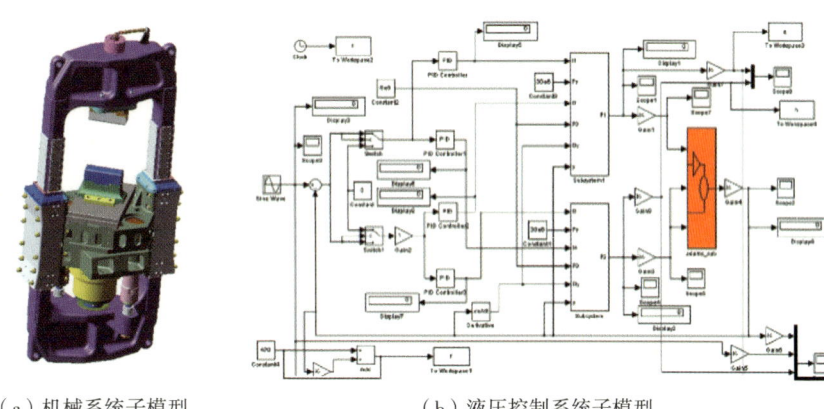

（a）机械系统子模型　　　　　　（b）液压控制系统子模型

图1　锻造液压机多学科协同仿真模型

并使其控制器具有一定的自适应性，这是液压机驱动控制系统关键技术之一。

大功率重型装备液压控制系统不同于普通的电液比例系统，其高压、大流量、大惯性负载、强非线性以及大的负载、速度时变性等对系统的平稳性和控制特性带来了更大的挑战。研究锻造液压机本体及液压控制系统的高精度建模技术、平稳卸荷卸压控制算法、兼顾高精度和鲁棒性的智能控制策略，形成多学科协同仿真技术的基础仿真框架及核心控制模块，将为锻造液压机高性能控制优化奠定基础。图2给出了带载工况下，锻造液压机在0.75 Hz正弦位移给定下的位移响应实测曲线及相应的压力实测曲线。图3给出了采用自学习二级模型后实测的主缸卸压曲线，较好地解决了主缸压力冲击与其运动快速性之间的矛盾。

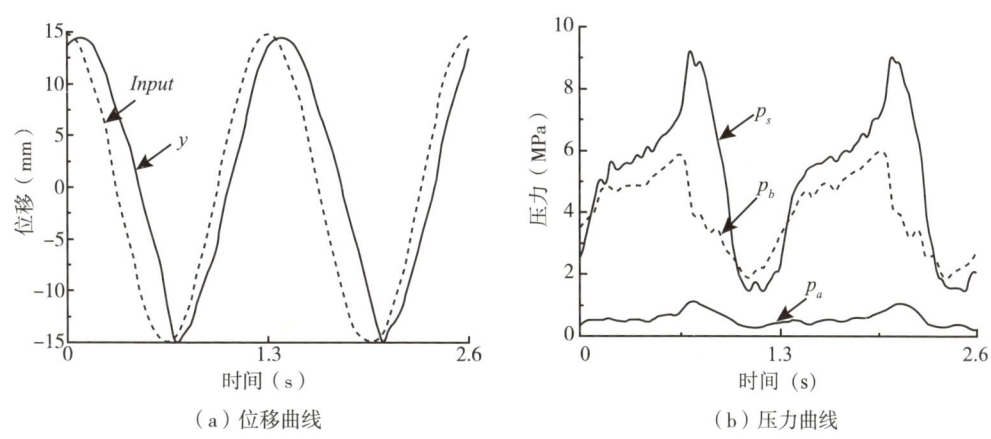

（a）位移曲线　　　　　　（b）压力曲线

图2　0.75 Hz正弦位移给定下实测曲线

（3）锻造液压机节能控制技术。

节能技术一直是液压领域所关注的重大课题之一，是降低系统运行成本和装机容量的有效途径，特别对于高压大流量系统，节能技术显得尤为重要。资料显示，传统液压机锻造过程中

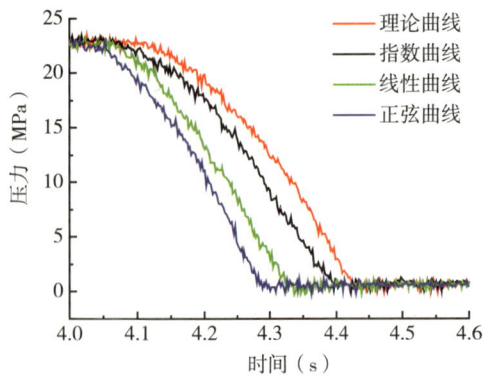

图3 23 MPa加压下的主缸实测压力响应曲线

只有12.74%的能量转化为金属塑性变形功,74.4%的能量转化成节流损失、溢流损失、容积损失以及压力损失。因此,锻造液压机节能控制技术研究具有重要的现实意义并可取得可观的经济效益。

锻造液压机能量的传递过程涉及了电能、机械能、液压能、热能多场的能量传递和转换,单一学科的建模和分析方法将难以形成全面的锻造液压机能耗评价体系及节能控制方法,如何有效表征、计算和统计能量的流动与耗散,并有效提高其能量利用率,将是锻造液压机有待解决的关键技术。本案例提出了位置—双压力复合控制、基于泵阀复合控制两种控制方法,并与传统控制方法进行对比,如图4所示,可以看出,两种控制方法均在一定程度上提高了能量利用率。图5给出了两种泵直驱的节能控制原理,现已搭建了实验系统并开展了节能控制的研究工作。

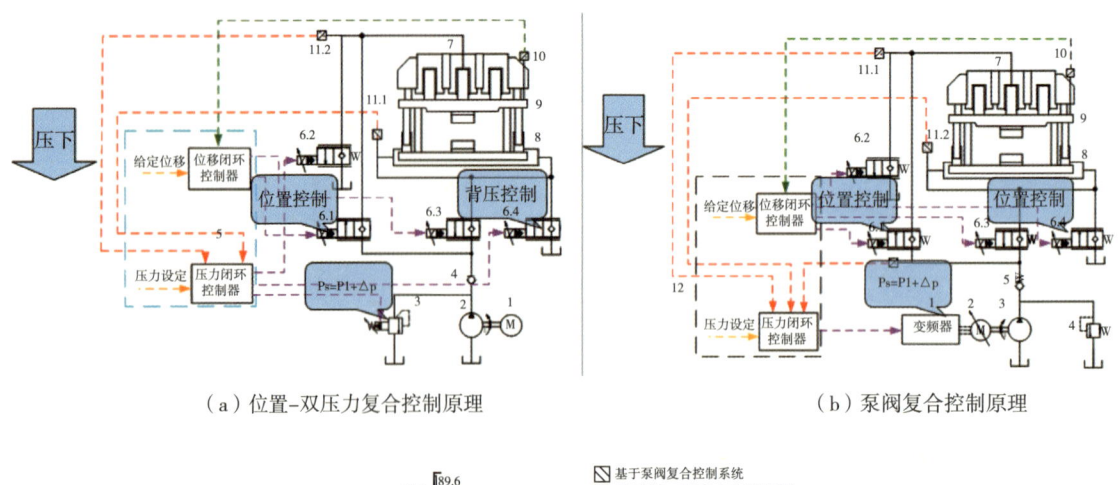

(a) 位置-双压力复合控制原理　　(b) 泵阀复合控制原理

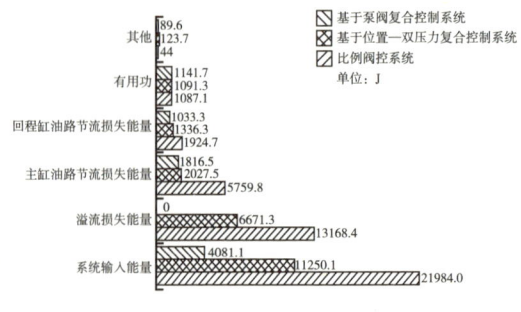

(c) 能耗比较

图4 新型节能控制方法及与传统控制方法的能耗比较

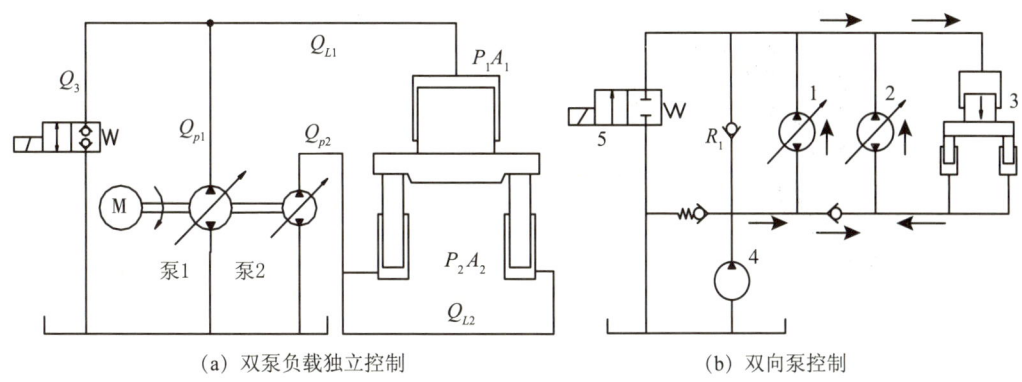

(a) 双泵负载独立控制　　　　　　(b) 双向泵控制

图 5　两种泵直驱的节能控制原理

（4）锻造操作机高性能控制技术。

锻造操作机液压控制系统具有大运动惯量、负载惯量变化大等特点，这些特点往往带来操作机快速性和稳定性协调困难、卸压卸荷换向冲击大、控制精度低等一系列问题。解决这些问题，需要结合锻造操作机的工作特点，研究大惯量系统频繁启动制动控制技术、高压大流量液压系统高精度控制方法、多自由度协调和同步控制策略，这是实现锻造操作机高性能控制的基础和前提。

锻造操作机是一个复杂的多自由度空间机构重载锻造机械手，综合考虑执行机构的运动规律、力流传递规律、液压系统的控制特性，建立锻造操作机多学科协同仿真模型是研究和实现锻造操作机高性能控制的技术关键。图 6 为 20 kN 操作机实物照片及 ADAMS 与 AMESim 协同仿真模型。图 7 给出了基于该协同仿真模型得到的仿真曲线与实测曲线的对比效果，可见模型具有很高的精度，在此基础上对锻造操作机复合动作控制特性及其影响因素进行了研究，并提出了一种锻造操作机自补偿绝对位置控制方式。

（5）锻造液压机与操作机联动控制技术。

锻造操作机与液压机配合作业，改善了自由锻造的工作环境，有利于提高生产效率，并降低能耗。锻造液压机与操作机联动已成为自由锻造行业发展的必然趋势，对于促进锻造生产向自动化和数字化方向发展具有重要意义。

锻造液压机与操作机联动控制，需要研究锻造液压机与操作机、液压机与高温锻件、高温锻件与操作机之间的数据通讯交互方式，参数量纲之间的匹配关系，液压机与操作机联动控制性能及其指标评价体系，解决锻造液压机、操作机、高温锻件在位置与速度、时间与空间上的联动问题，保证锻造质量与锻件生产效率的协同匹配。图 8 为双操作机与液压机联动控制的协同仿真模型，是锻造液压机与操作机联动控制技术研究的基础。

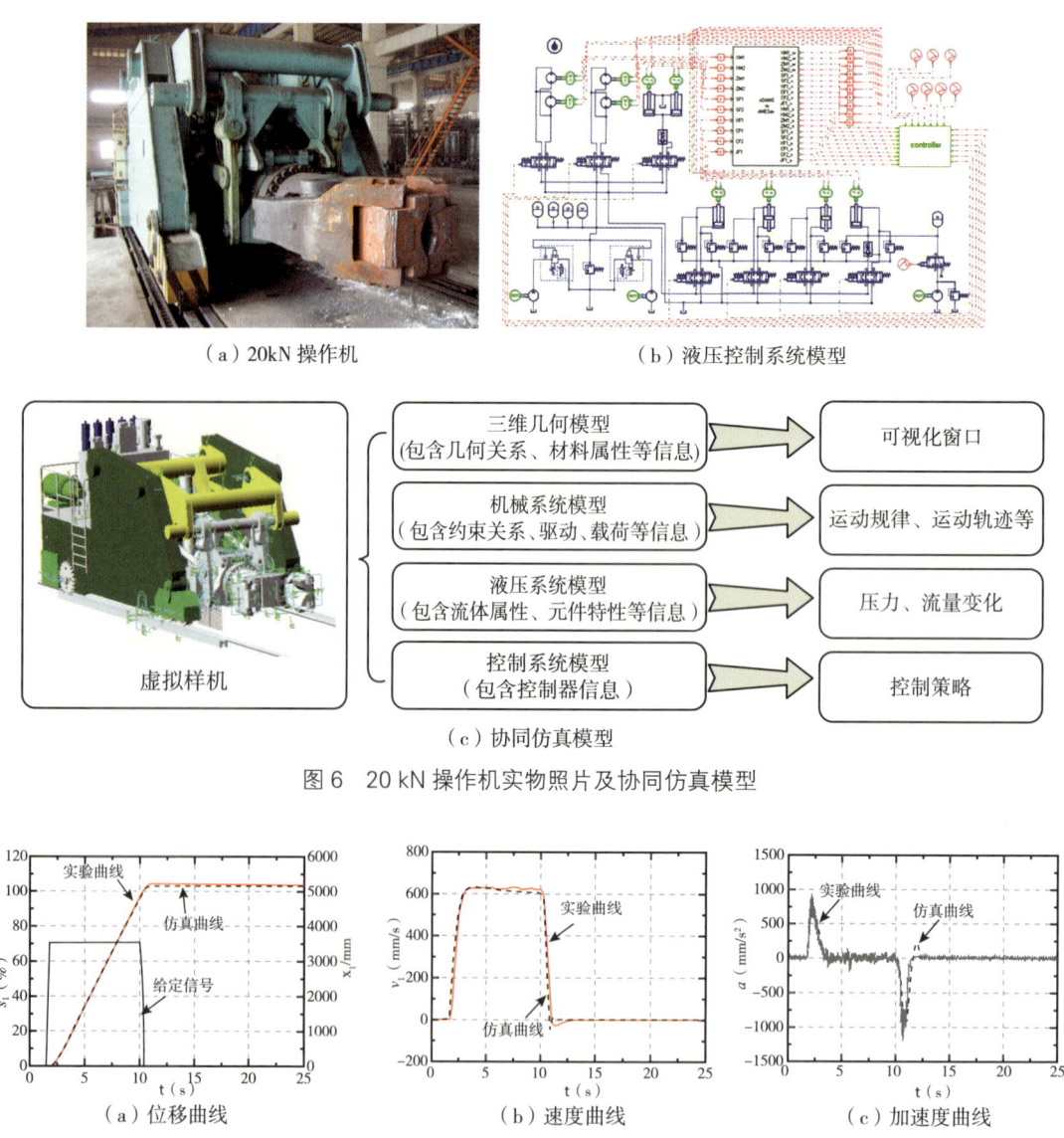

(a) 20kN操作机　　(b) 液压控制系统模型

(c) 协同仿真模型

图6　20 kN操作机实物照片及协同仿真模型

(a) 位移曲线　　(b) 速度曲线　　(c) 加速度曲线

图7　仿真与实测对比曲线

图8　双操作机与液压机联动控制的协同仿真模型

2. 实施的效果

燕山大学机械工程学院自20世纪80年代开始对锻造液压机组进行研究，发展了液压机本体机械结构的优化、液压机流体动力及传输系统的特性分析及控制方法、操作机流体动力及传输系统的特性分析及控制方法、液压机及操作机的机电液多学科协同仿真等技术及相应的软硬件平台。

图9为燕山大学设计的22 MN快锻液压机，采用高精度高鲁棒控制技术，其快锻频次可达80~100次/分，重复定位精度为±1 mm，应用于广东佛山某企业。图10为燕山大学设计的60 MN锻造水压机、机械设计模型及流场仿真模型，应用于山东烟台某企业，其锻造频次可达45~60次/分。图11为燕山大学设计的50 MN锻造水压机及10 MN单臂锻造液压机，分别应用于江苏无锡某企业及天津某船厂。图12为燕山大学设计的6 MN阀/泵双控中试快锻液压机，可实现比例阀控制、泵直传驱动及阀泵复合控制等多种控制方法，重复定位精度小于±0.5 mm，应用于河北省重型机械流体动力传输及控制实验室。

（a）液压机主体　　　　　　　　　　（b）液压机泵站

图9　佛山22 MN快锻液压机

 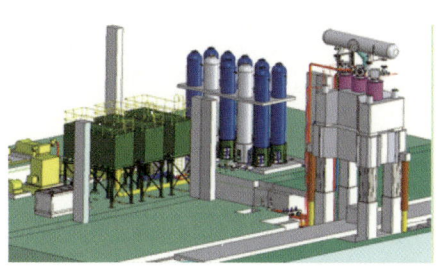 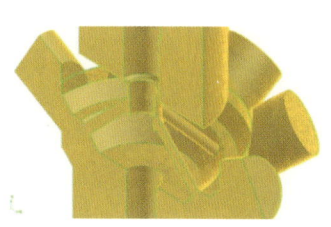

（a）液压机主体　　　（b）机械设计模型　　　（c）液压机关键元件流场模型

图10　烟台60 MN锻造液压机

（a）50 MN 液压机主体

（b）50 MN 液压机泵站

（c）10 MN 单臂液压机

图 11　无锡 50MN 锻造液压机及天津 10 MN 单臂锻造液压机

（a）液压机主体

（b）液压机泵站

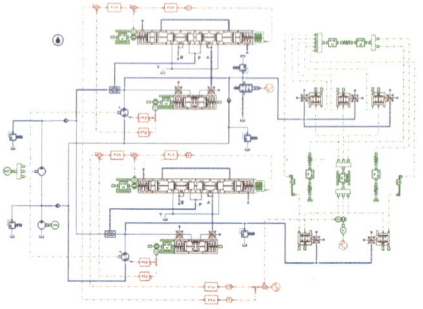
（c）液压控制系统仿真模型

图 12　河北省 6 MN 阀/泵双控中试快锻液压机

三、未来的发展

本案例建立的锻造液压机组多学科协同仿真模型具有较高的精度，在此基础上研究的高性能控制、节能控制等取得了较好的效果，但也存在一定的不足。日后，将会在现有的仿真平台及实验系统基础上，重点在锻造设备智能化、锻件尺寸精密化、工艺成形数字化、控制系统高性能化和高效率低能耗化等几个方面开展进一步研究工作，并进一步实现研究成果的工程转化及有效推广。

后 记

在中国机械工程学会的领导和帮助下，在中国机械工程学会理事长、中国工程院院长周济院士和中国机械工程学会宋天虎监事长的大力支持下，中国机械工程学会流体传动与控制分会于2015年7月启动《"数控一代"案例集（流体传动与控制卷）》的组织编撰工作。

2015年7月24日组织相关专家在北京华德液压工业集团有限责任公司召开了案例编写启动预备会议，宋天虎监事长亲临会议指导并讲话。会议重点解读了中国机械工程学会关于《"数控一代"案例集》的编写要求，讨论并初步确立案例编写组织机构、时间节点、案例组织单位范围以及案例编写纲要。北京华德液压工业集团有限责任公司、北京航空航天大学积极响应，主动承担起案例范本的起草工作。

2015年8月5日在哈尔滨召开流体流传动与控制分会第六届委员会换届会议期间，召开了《"数控一代"案例集（流体传动与控制卷）》编委会第一次工作会议，会议由分会主任委员、燕山大学副校长孔祥东教授主持，中国机械工程学会左晓卫副秘书长、王玲处长，浙江大学杨华勇院士以及行业内相关专家出席了此次会议。左晓卫副秘书长传达了宋天虎监事长在本案例集启动预备会议上的讲话，对"数控一代"的由来、发展及学会主编案例集的目的进行了介绍。王玲处长介绍了《"数控一代"案例集（山东卷）》选材依据及编写过程，并对出版内容及时间提出了要求。杨华勇院士建议，流体传动与控制卷案例集编写可以按照两种方式，一个是元件角度，一个是系统方向，重点是元件，是实施"强基战略"的核心内容，案例集应针对设计、试验、制造、装配过程中的数字技术进行叙述，体现数字化与传统生产方式的区别，以及企业通过生产过程数字化达到的效果,并且要体现学术性。流体传动与控制分会赵曼琳副总干事汇报了预备会议的情况以及预备会议确定的本案例集起草组织机构架构和构成原则、编写题纲和总体设想、编写工作进度时间表。孔祥东主任委员对本案例集编辑工作的重要性和必要性做了全面的说明。北京华德液压集团有限公司周维科副总工程师和北京航空航天大学自动化学院院长焦宗夏教授分别介绍了其起草的企业案例模板和高校案例模板,与会专家对案例模板进行了热烈的讨论,提出了切实可行的修改意见,并确定了编写纲要的基本要求。

根据2015年8月哈尔滨会议精神,流体传动与控制分会积极部署秘书处工作人员开展案例编撰工作,共分8个阶段进行:推荐、筛选和初步确定案例起草单位;起草单位提交案例题目、摘要;编委会专家评审并给出指导意见,并淘汰不合适的案例;起草单位根据编写意见按模板要求编写案例初稿;相关专家针对案例初稿进行评审;起草单位根据意见修改完善;《液压与气动》杂志编辑部对案例稿进行编辑加工;由燕山大学孔祥东教授团队对案例拟定稿进行终审工作。

《"数控一代"案例集(流体传动与控制卷)》的编写工作,是依托中国机械工程学会流体传动与控制分会、《液压与气动》杂志编辑部、全国液压与气动标准化技术委员会和各有关高校、科研院所和企业进行的。所收录的案例均来自国内知名企业和重点高校的技术创新和学术研究成果,每个案例的撰写都由高校相关专家参与审查和指导,充分保证了流体传动与控制领域数字化的代表性和学术的先进性。在此,衷心感谢参与案例组织、编写、评审的全体专家和工作人员,特别是浙江大学杨华勇院士和燕山大学孔祥东教授,对案例编撰提供的重要指导;感谢参与案例编写的相关企业和高校,特别是北京华德液压工业集团有限责任公司、燕山大学、北京航空航天大学,对案例编撰提供的大力支持;另外,对前期积极参与工作,但是因为所提出的案例内容与本案例集的预定方向不符而没有采用的单位,也表示诚挚的感谢。最后要感谢为此次案例推进活动做了大量的前期筹备和指导工作的中国机械工程学会,没有学会的领导和支持,就没有本案例集的问世。

由于水平所限,案例集出现不当之处在所难免,敬请批评指正。

2016年1月